Alicia Dujovne Ortíz

Evita Perón – Die Biographie

Alicia Dujovne Ortíz

Evita Perón
Die Biographie

Aus dem Spanischen
von Petra Strien-Bourmer

Aufbau-Verlag

Titel der Originalausgabe
Eva Perón

»Über Evita wurde schon alles gesagt. –
Oder vielleicht muß noch alles gesagt werden«.

Eva Perón kurz vor ihrem Tod.

I
Uneheliche Geburt

Evitas Kindheit. Der Geburtsort. Die Indios. Der Großgrundbesitzer und die Köchin. Die Geschwister. Die Beerdigung des Vaters. Abgeschiedenheit. Die lahme Puppe. Das verbrannte Gesicht. Die Flucht nach Junín. Eintausendachthundert glückliche Argentinier. Evita möchte eine andere sein. Regentage. Das Kino. Evita und das Theater. Die bösen Jungens. Evita geht fort.

Die Hanfschuhe waren schwarz und die Schürze weiß. Doch im Laufe der Woche wurde alles grau. Am Freitag hatte der Straßenstaub diesen sozialen Unterschied aufgehoben. Der Präsident Domingo Fausto Sarmiento, ein Idealist des neunzehnten Jahrhunderts, hatte weiße Schürzen als Schuluniform eingeführt, da er keine Klassenunterschiede wünschte. Die Kluft zwischen reichen und armen Landeskindern sollte nach europäischem Muster mit diesem Schneeweiß auf wundersame Weise verschwinden. Mit seinem Buch FACUNDO, CIVILISACION O BARBARIE (Facundo, Zivilisation oder Barbarei) hatte Sarmiento dem nationalen Bewußtsein diese Idee unauslöschbar eingebrannt: Europa war die Zivilisation, und in Argentinien herrschte Barbarei. Sarmientos Traum schien mit den adretten, kultivierten Schürzen dieser kleinen freien, gleichen und brüderlichen Schüler wahr zu werden, obwohl die ewig zerlöcherten Hanfschuhe, die Alpargatas, aus denen stets ein Freiheit suchender Zeh lugte, dann doch ihre tatsächliche Barbarei verrieten. In seiner Begeisterung hatte Sarmiento die Füße vergessen: der tiefe Graben, der den Schüler mit Lederschuhen von dem mit Alpargatas trennte.

Evita gehörte zu letzteren, wenn auch nicht unwiderruflich.

Denn im Gegensatz zum Überfluß ist die Armut kein definitiver Zustand (daher ihre Ängste und Hoffnungen). In dieser ungewissen Lage war alles denkbar: spiegelnde Lackschuhe, von den Schwestern geerbt, oder die Spuren der Hanfsohlen auf dem lehmigen Schulweg. Was immer gleich blieb, war die Sauberkeit: Doña Juana, ihre Mutter, eine robuste, doch hübsche, immer nach Seife duftende Frau, stärkte und bügelte die Schürzen ihrer Töchter zweimal pro Woche. Am Donnerstag kamen Eva und ihre Schwester Erminda so adrett in die Schule wie am Montag. Ein seltener Luxus: Selbst die Schürzen der Schülerinnen, die nie Alpargatas trugen, waren am Donnerstag voller Tintenflecken. Aber auch ein verdächtiger Luxus: Welche Sünden wollte die reinliche Frau auf diese Weise wohl fortwaschen?

»Du bist gar keine Duarte, du bist eine Ibarguren«. Beim Betreten der Klasse hatte Erminda diese gefürchteten Worte an der Tafel entdeckt. Sie war in Tränen ausgebrochen, und die anderen Schüler hatten entweder Mitleid gezeigt oder sie ausgelacht. Jetzt hockte Erminda auf einem künstlichen Felsen auf dem Dorfplatz und schilderte ihrer jüngeren, stumm lauschenden Schwester Evita diesen schlimmen Augenblick.

Der Platz von Los Toldos unterschied sich in nichts von allen anderen argentinischen Dorfplätzen. Schule, Kirche, Rathaus, Bank und Kramladen säumten ihn, und mitten auf dem freien Gelände, das zum Flanieren und Spielen gedacht war und wo jeder jeden bespitzelte, thronte das Standbild. Natürlich das von General José de San Martín, dem Helden, der zwei Länder vom spanischen Joch befreit und dann die argentinische Tradition des Exils begründet hatte. Sein Heldentum wurde bewundert, aber sein Rückzug nach Boulogne-sur-Mer warf auch unbequeme Fragen auf: Was bedeutete »freiwilliges Scherbengericht?« Wie viele argentinische Kinder hatten sich über diese Frage schon den Kopf zerbrochen! Blieb die Zivilisation damals in Europa? War der Befreier aus freien Stücken dort zu den Austern gegangen? Das war alles irgendwie merkwürdig! Aber vielleicht handelte es sich gar nicht um San Martíns Standbild. In diesen Pampanestern, die sich hinziehen wie ein langes Gähnen, schenkte man den Toten kaum Aufmerksamkeit. Es gab sicher einen Grund dafür, daß der Nationalheld mitten auf dem Platz thronte, mit seinem Säbel hoch zu Roß. Auf dem Felsen kauernd, interessierten sich die Mädchen nicht dafür. Sie hatten andere Probleme: Warum hieß es in Los Toldos, ihr Name sei nicht Duarte?

Der aus Gleichgültigkeit für San Martín gehalten wurde, war nicht das einzige Standbild. Es gab noch andere, unbedeutendere Helden und, senkrecht auf dem Rasen, zwei Wappen: das argentinische mit Jakobinermütze und Lorbeerzweig und das des Ortes General Viamonte, der seinen Namen einem anderen Kriegshelden des neunzehnten Jahrhunderts, Juan José Viamonte, verdankt. Dieses Wappen zeigte eine Kuh, einen Maiskolben, eine Indianerlanze und eine weiße Hand, die eine andere – mehr oliv- als kupferfarbene – schüttelte. Die gesamte Stadtgeschichte kam darin zum Ausdruck. Los Toldos trug seinen Namen wegen der Indios und ihrer Zelte (TOLDERIAS), und die dunkle Hand erinnerte an die Indios. Früher war der Ort ein kleines Dorf, in der Provinz Buenos Aires gelegen, einem fruchtbaren, doch melancholischen Landstrich, weshalb man auch von »feuchter Erde« spricht. Evita lebte mit ihrer Mutter und ihren Geschwistern nicht mehr auf der Estancia La Unión, die ihrem Vater Juan Duarte gehörte. In früheren, glücklicheren Tagen war sie von dort mit ihrem Vater ins Dorf gefahren. Er hatte sie auf den leichten, zweirädrigen Wagen gehoben und neben ihr Platz genommen. Durchgerüttelt beim Trab der Pferde, die der Vater immer wieder mit den Zügeln antrieb, sah Evita lange den Indios nach, die auf halbem Weg zwischen der Estancia und dem Dorf lebten. Fuhrleute, die Weizen für ihren Vater zum Bahnhof transportierten. Man nannte sie Coliqueos.

Daß sie hier mitten in der Provinz Buenes Aires lebten, war ungewöhnlich. Bis 1879 hatte General Rosas' »Wüstenkampagne« die gesamte Pampa von den letzten Indios »gesäubert«. Außerdem waren die Coliqueos Mapuche-Indianer aus Chile. Sie hatten sich 1862 in der Gegend niedergelassen. Ihr Cacique, Ignacio Coliqueo, hatte sich mit seinem Stamm den Truppen von General Urquiza angeschlossen, dem Gouverneur des Zweistromlands Entre Ríos und Sieger über den Tyrannen Rosas. (Später sollte Evita die Coliqueos verurteilen, wenn auch nicht allzu streng, weil sie ihnen immer noch zugetan war: denn der Peronismus rehabilitierte Rosas, den Caudillo der Foederalen, der sich 1830 zum Diktator des Landes aufschwang und den die Gauchos und die Dunkelrassigen verehrten. Er war ein großer Feind Englands, wohin er dann doch später ins Exil ging, obwohl die Geschichtsbücher in seinem Fall zur großen Verwirrung der Schüler nicht von Scherbengericht sprechen, was ausschließlich San Martín vorbehalten ist). Nachdem die Coliqueos also mit ihrer olivfarbenen Hand zum Sieg über Rosas beigetragen hatten, gründeten sie ein Dorf an der Stelle des heutigen Los Toldos, das zweimal hintereinander von anderen Stämmen, die Rosas folgten, zerstört wurde.

All das konnte Evita nicht wissen. In der Schule hatte sie es nicht gelernt. Die meisten Schulbücher beschränkten sich darauf, die traditionellen Muster indianischer Töpferarbeiten zu beschreiben. Weder in der Schule noch im Dorf hatte Evita von diesen Dingen erfahren. Wer wußte das denn noch in Los Toldos? Argentinien hat eine kurze Geschichte und versteht es meisterhaft zu vergessen.

Um die Gegenwart jener aus Gewohnheit nicht mehr wahrgenommenen Überlebenden zu bemerken, brauchte man einen ebenso unvoreingenommenen wie einen verzweifelten Blick: den Blick eines einsamen kleinen Mädchens. Bei den Indios entdeckte Evita jene Spuren der Trostlosigkeit, an denen sie Jahre später ohne Zögern ihr »Volk« erkennen sollte. Sie konnte sie kaum übersehen, wo doch ihrem eigenen kleinen Mädchenkörper eben diese untrüglichen Zeichen eingebrannt waren. Andererseits waren Verstehen und Dankbarkeit für sie eins: erkennen hieß auch dankbar sein. Und gerade den Indios war sie verpflichtet. Am 7. Mai 1919, dem Tag ihrer Geburt, war ihrer Mutter eine Hebamme zu Hilfe geeilt. Es war ein regnerischer Morgen gewesen. Die Geburtshelferin, die sich Unwetter und verschlammten Wegen ausgesetzt hatte, gehörte zum Stamm. (Sie hieß Juana, wie die Gebärende, Juana Guaquil. Wie hätte sie auch anders heißen können? Es ist der Name aller, die in Evitas Leben eine Rolle spielten. Juan hießen ihr Vater, ihr Bruder, ihr Mann, und selbst dessen Mutter hieß Juana.) Die Voraussetzung, um eine bis zur Geburt zurückreichende Schuld zu begleichen, ist allerdings, daß man sich erinnert. Und Evita erinnerte sich: Sie war jemand, der nie vergißt. Ihrem Herzen blieben Freund und Feind auf immer eingebrannt. Eine Indiofrau hatte sich im Morgengrauen aufgemacht, um ihr auf die Welt zu helfen? Also waren die Indios gut. Die hingegen, von denen diese beschämenden Worte an der Tafel stammten, sollten dafür büßen.

Don Juan Duarte stammte aus Chivilcoy, einer – für die riesigen Entfernungen der Pampa – relativ nahe bei Los Toldos gelegenen Kleinstadt. Scheinbar hatte er die Estancia »La Unión« von dem konservativen Bürgermeister Malcolm gepachtet, der ihn auch zum Untersuchungsrichter ernannt hatte. Doch laut Aussage von Pater Meinrado Hux, einem schweizer Benediktinermönch, der sich mit Regionalgeschichte befaßt, lagen die Dinge nicht ganz so einfach. Zum einen scheint Duarte die Estancia, um die Steuer zu umgehen, über einen Strohmann gekauft und nicht gepachtet zu haben. Außerdem enthob ihn Malcolm persönlich seines Amtes wegen Veruntreuung von Geldern. Duarte war ein konservativer Caudillo mit persönlichen Ambitionen: ein konservativer Duartist. Auf »LA UNION« führte er, ohne auf die Kosten zu achten, seine eigene Wahlkampagne durch. Für ein Fest hatte er ein ganzes Orchester aus der Stadt kommen lassen. Die Gauchos mit ihren schwarzen Hüten, ihren Münzgürteln und ihren Pluderhosen brauchten nicht zu hungern, wenn sie ihn wählten: Dafür sorgte Duarte der Große mit Unmengen von blasig-prallen, goldgebackenen Empanadas. Auch die Hände von Doña Juana, der Köchin und Konkubine, die die Empanadas geknetet, ausgerollt und eine nach der anderen mit Fleisch gefüllt hatte, waren blasenübersät.

Duartes Freigiebigkeit beschränkte sich nicht auf die Fest- und Feiertage. Auch unter der Woche konnte jeder Besucher auf »LA UNION« essen und trinken und kostenlos auf Don Juans Wohl anstoßen. Er war ein gut aussehender, kräftiger Mann, fröhlich und leichtlebig: Die Gelder, die er für sein Vergnügen verschwendet hatte, gehörten der Stadt. Evita entsann sich nicht mehr, ob der Betrunkene, der ihr diese Schreckensnachricht zugeraunt hatte (was uns von Pater Hux bestätigt wurde), ein Gast ihres Vaters gewesen oder ob er schwankend aus einer Dorfkneipe gekommen war, doch seine Worte hatte sie nicht vergessen: »Deine Mutter wurde für eine Stute und ein leichtes, zweirädriges Gespann verkauft.«

Der rechteckige Dorfplatz war nicht nur dem bärtigen Nationalhelden vorbehalten. Er bot auch gute Möglichkeiten zum Verstecken: den künstlichen Felsen mit seinen Höhlen, seinem grün schimmernden Brunnen, wo man die roten Fischchen mit den Fingern berühren und einen nackten Gott bewundern konnte; die für das Orchester gedachte Rotunde mit ihren dickbäuchigen Säulen und Liebesgirlanden; und schließlich die Kermesbeere, der riesige Pampabaum mit seinen dicken, überbordenden Wurzeln. Die Kermesbeere ergießt ihre Wurzeln über den gesamten Erdboden. Wenn wir Argentinier uns über unsere Wurzellosigkeit beklagen, so vergessen wir die Kermesbeere, in deren Schutz wir spielen, wie in Mutters Schoß.

Höhle, Rotunde, schützender Mutterschoß: Evita versteckte sich, um über das Gesagte und das nicht Gesagte nachzugrübeln. Über den abwesenden Vater, der sie verlassen hatte, als er mit seiner Frau und seinen ehelichen Kindern, denen niemand ihren Namen absprechen konnte, nach Chivilcoy heimgekehrt war. Ihre drei Schwestern – Elisa, Blanca, Erminda –, ihr Bruder Juan und sie, Evita, im mütterlichen Schutz der Kermesbeere kauernd. Eine Familie aus lauter Frauen und einem einzigen, zu sehr verwöhnten männlichen Mitglied: einem zukünftigen Don Juan, unwiderstehlich mit seinem pechschwarzen Haar und den langen, samtigen Wimpern, der einzige schwache Punkt seiner Schwester. Es braucht nicht viel, um eine Familie zu einem um ein Oberhaupt gruppierten Clan zusammenzuschweißen: das Verbot anderer Eltern, mit diesen Kindern von zweifelhaftem Ruf zu spielen (egal, ob sie erst sechs oder sieben Jahre alt sind, wenn die Mutter als schlechtes Beispiel vorangeht); böse Dinge, die einem auf den Straßen voller Lehm und Staub über die Großmutter zugezischelt werden. Mehr braucht es nicht, um unlösbare Bande zu knüpfen. Als Mitglied eines Frauenclans zog Evita sich in sich selbst zurück, wie alle Entrechteten des Volkes hin- und hergerissen zwischen der Solidarität zur Familie und der Scham, dazuzugehören. Nach innen fröhlich und voller Phantasie, doch nach außen spröde und wortkarg. Und mit einer ungeheuren Wut! Bei ihren Wutausbrüchen fragte man sich, wie ein so zarter Körper sich so schütteln konnte. Weder die feuchten Grotten noch die ausladenden Wurzeln der Kermesbeere waren wie Evita: so war ihre Mutter. Evita glich eher einem seltsamen Baum mit verkümmerten, eingerollten Blättern und Zweigen, den man mit Recht »elektrische Weide« nennt.

Jenseits des Dorfes wohnte die Familie der Mutter, »diese Nuñez«, wie die rechtschaffenen Leute mit einer verächtlichen Handbewegung sagten, als wollten sie sie verscheuchen.

Die Nuñez standen für die andere Seite von Los Toldos, für den anderen Teil des Dorfes. Seit jeher waren sie anders gewesen. Seit 1892, als Don Electo Urquizo den Ort gründete. Eigentlich hieß der Begründer von Los Toldos Urquiza wie der General, der den Diktator Rosas besiegte. Doch Don Electo meinte trotz seines gewichtigen Namens, ein Mann wie er könne keinen auf »a« lautenden, keinen Frauennamen tragen, und änderte Urquiza um in Urquizo.

Urquizo also eröffnete einen Laden mit Ausschank, eine PULPERIA, genau dort, wo die Coloqueos einstmals versucht hatten, ein Dorf zu gründen. Als er hörte, daß hier eine Eisenbahnstrecke geplant war, kaufte Urquizo Land. Er ließ einen Landvermesser kommen, der ihm das rechteckige Gelände ausmaß, wo San Martín oder wer auch immer im Zentrum des Dorfplatzes, an diesem Nabel der Welt, thronen sollte. Er ließ auch die erste Kirche errichten.

Doch ein Dorf braucht Einwohner. Die Coliqueos wagten keinen neuen Versuch und blieben in ihren Zelten. Da rief Urquizo die Kreolen. Nach den Kreolen tauchten zahllose Italiener, Spanier, Basken, Franzosen auf. 1895 wurde in Los Toldos der Spanisch-Französische Verein gegründet. 1903 löste er sich wieder auf. Die Einwanderer, egal aus welchem Herkunftsland, hatten alle die gleichen vom Regen zerdellten Hüte und den gleichen Glanz in den Augen. Alle beklagten sie den Verlust eines Landes, eines Heims, einer Verlobten, eines Hundes. Die Mischung aus all diesen Sehnsüchten ließ den Tango entstehen.

Juanas Vater war ein baskischer Fuhrmann und hätte wie die anderen Juan heißen sollen, um die Symmetrie der Story zu wahren. Doch er hieß Joaquín. Vielleicht war das der Grund, warum er sich jenseits der Grenzen des Platzes ansiedelte, wo die rechtschaffenen Leute wohnten. Statt sich an Don Electo Urquizo zu wenden, entzog er sich und geriet an einen anderen Ortsgründer, Espíritu Núñez, der einen womöglich noch angeseheneren Namen trug, einen Namen mit neutraler Endung, der glücklicherweise unverändert bleiben konnte.

Espíritu Núñez war das Oberhaupt der dortigen Núñez. Evitas Großmutter, Petrona Nuñez, war möglicherweise seine uneheliche Tochter.

Mütterlicherseits stammte Petrona, wie es in Borronis und Baccas Biographie heißt, »von diesen umherziehenden Marketenderinnen« ab, »die den Soldaten während der Wüstenkampagne zu Willen waren«. War Evita auch eine Art Marketenderin, oder hatte sie das Unstete nur im Blut, ein ererbtes Vagabundentum, eine Fähigkeit zu überleben, indem man »zu Willen ist«?

Der Baske Ibarguren, der eine Vorliebe für ausgefallene Orte hatte, liebte Petrona, wie viele andere auch. Sie brachte zwei Kinder zur Welt: Juana Ibarguren, die sie laut Aussage des Trunkenboldes für eine Stute und ein zweirädriges Gespann hergab, und Liberata Nuñez de Valenti. An dem Tag, als Evita sich mit Perón verheiratete, beeilte sich Doña Juana zu vergessen, daß sie eine Schwester hatte.

Ihrem Beispiel folgend löschte Evita in ihrer offiziellen Geschichte Los Toldos von der Landkarte. Ihre Schwester Erminda erzählt in ihren Memoiren, Evita habe 1927 als ganz kleines Mädchen aus ehrlicher Verzweiflung über Petronas Tod fürchterlich geweint. Die Schilderung des in Tränen aufgelösten Mädchens klingt überzeugend. Wem soll man glauben? Wenn der Betrunkene Recht hatte, ist es nur zu verständlich, daß der Frauenclan die alte Petrona auf dem armseligen Rancho verborgen hielt und ihren Tod um zwanzig Jahre vorverlegte. Pater Hux meint hingegen, Petrona habe sich eines langen Lebens erfreut. Laut seiner Aussage starb sie erst am 29. Mai 1953, genau ein Jahr nach dem Ableben ihrer berühmten Enkelin. Wer war dann aber die Petrona Nuñez, die 1927 starb und deren Grab wir auf dem Friedhof von Los Toldos ausfindig gemacht haben? Geheimnisse und ein schwaches Gedächtnis, was uns im

Laufe dieser Geschichte noch öfter überraschen wird, als wollte jeder Evita-Biograph und jeder Zeuge mit seiner Version sein eigenes Leben erzählen. Auch Frauengeheimnisse. Evita lebte in einer Zeit der Geheimnisse und verbotenen Worte. Die Familien verschwiegen Namen und Daten, verheimlichten Liebesaffären und Krankheiten. Doch über die lebens- und überlebensnotwendigen Lügen hinaus eint Petrona, Juan und Eva ihre bedingungslose Treue.

Juanas Lebensumstände verlangten Mut. Als Juan Duarte sie verließ, zog sie mit ihren fünf Kindern nach Los Toldos, wo sie in der Calle Francia eine Lehmhütte mietete. Sie bestand nur aus einem einzigen, durch eine Stellwand geteilten Raum. Die Küche hatte einen gestampften Lehmboden. Doch immerhin war Juana stolze Besitzerin einer wunderbaren Singer-Nähmaschine mit schmiedeeisernen Verzierungen. Mit der Singer konnte sie im Auftrag eines Ladenbesitzers, der sie ihr fertig zugeschnitten lieferte, Pluderhosen für die Landbevölkerung nähen. Sie saß so viele Stunden an der Nähmaschine, daß ihr die Venen an den Beinen platzten. Jeden Morgen griffen die Mädchen ihr unter die Arme, um ihr aufzuhelfen. Und dann begann die Nadel wieder in gleichmäßigem Takt zu rattern, maß die Zeit zentimeterweise.

Doch trotz ihrer Korpulenz, ihrer Krampfadern und ihrer Kinder gefiel sie den Männern immer noch. Sie brauchte einen Beschützer und fand mehrere. Der wichtigste war Don Carlos Rosset, ein Großgrundbesitzer, der um 1928 die Wahlkampagne des Bürgermeisters von Los Toldos, Doktor Heubert, finanzierte. Unterstützte er auch Doña Juana? Daß sie ununterbrochen das Pedal ihrer Singer betätigte, zeigt, daß es damit nicht so weit her war. Doch als Besitzer des Hauses scheint Rosset großzügig mit der Miete gewesen zu sein. Außerdem bat er Bürgermeister Heubert, Elisa im Dorfpostamt einzustellen und Juancito, das einzige männliche Familienmitglied, als Laufburschen im Schulamt. Blanca war nach Bragado gegangen, um Lehrerin zu werden.

In Evitas Augen tat Don Carlos mehr, als ihnen die Miete zu erlassen. An Regentagen hatte sein Chauffeur den Auftrag, bei Juana vorbeizufahren, um die Kinder in die Schule zu bringen.

In einen Chevrolet einzusteigen, der nach Leder und Zigarre roch, war ein herrliches Abenteuer! Während der gesamten Fahrt sang Evita und streichelte die blankgeputzten Polster. Sehnsüchtig wartete sie auf den nächsten Regen, um sich wie eine Prinzessin zu fühlen.

Nachbarn aus Los Toldos, die anonym bleiben wollen, haben uns anvertraut, Don Carlos sei Jahre später in Doña Juanas Bett gestorben. Zu jener Zeit lebte die vorwiegend aus Frauen bestehende Familie in Junín. Alfredo, Rossets Sohn, kam, um den Leichnam abzuholen. Später protegierte Doña Juana diesen Jungen, und als sie die Macht hatte, verhalf sie ihm zu einem Bürgermeisterposten. Eva hingegen zeigte sich unversöhnlich und vereitelte einen Auftritt von Alfredos Schwester Lina Rosset als Sängerin im Teatro Colón.

Widersprüche, Launen oder mysteriöse Gründe bei Evita? Die anonymen Zeugen sprechen auch von einer erstaunlichen Ähnlichkeit zwischen Lina Rosset (die weltweit Karriere gemacht und sogar in der Scala in Mailand gesungen hat) und Evita. Ihre offiziellen Halbschwestern hat Eva hingegen häufig besucht und ihnen geholfen, vielleicht, um sich selbst weniger unehelich zu fühlen.

Und doch war ihr erstes Zusammentreffen nicht leicht zu vergessen. Die ehelichen und die unehelichen Kinder lernten sich am Tag der Beisetzung ihres Vaters kennen. 1926 kam Don Juan ausgerechnet durch einen Autounfall ums Leben. Es war, als habe er sie zum zweiten Mal verlassen. Zumindest für das Mädchen. Wie sollte Evita ihm beides verzeihen: fortzugehen und nicht zu warten, bis sie heranwuchs? Oder als er auf dümmste Art vorzeitig starb und damit ihren Traum zunichte machte, ihn eines Tages hübsch und elegant wie eine Königin aufzusuchen. Der Verräter hätte sie auf Knien um Verzeihung gebeten, doch sie wäre stolz geblieben wie eine Marmorstatue. Verlorene Illusionen.

Es ist nicht bekannt, wann er sie freiwillig verließ. Die Meinungen hierzu sind widersprüchlich. Manche Autoren nehmen an, er sei nach Evitas Geburt nach Chivilcoy heimgekehrt. Borroni und Vaca deuten sogar einen Zusammenhang zwischen dieser Geburt und seinem Verschwinden an. Hegte er etwa Zweifel an seiner Vaterschaft? Doch die Berichte einiger Zeugen, darunter Pater Hux und der Historiker Fermín Chávez, lassen vermuten, daß Evita ihren Vater in den ersten Lebensjahren kannte. Wir neigen ebenfalls zu dieser Annahme, da sie uns logisch erscheint. Die Tatsache, daß Evita sich Jahre später einen Mann suchte, der wie der Vater, wenn auch in größerem Stil, von Anhängern und Getreuen umgeben war, bekräftigt diese Hypothese. Sie fühlte sich als Tochter einer »Vagabundin«, doch auch als die eines Caudillo.

Man nimmt an, Duartes legitime Ehefrau sei 1922 gestorben, zwei Jahre nach Evitas Tod. Vielleicht ersetzte Evita deshalb bei ihrer Hochzeit mit Perón ihre Geburtsurkunde durch eine gefälschte, nach der sie 1922 und nicht 1919 geboren war. Um sich jünger zu machen? Nach Ansicht von Chermín Chávez ist der wahre Grund ein ganz anderer: Da sie zu Lebzeiten der rechtmäßigen Ehefrau ihres Vaters geboren war, galt sie nicht nur als unehelich, sondern auch als Frucht eines Ehebruchs. Und ein Berufsoffizier konnte unmöglich die Tochter einer Ehebrecherin heiraten. Dieser Schandfleck mußte beseitigt, das Geburtsjahr in die Zeit nach dem Tod der Señora Duarte verlegt, und, da man schon dabei war, sie gleich noch ehelich gemacht werden.

Nach dem Tod der rechtmäßigen Ehefrau machte sich Doña Juana auf nach Chivilcoy, um dort zu triumphieren. Nach der Aussage von Pater Hux wurde sie nicht in allen Ehren empfangen. Ihre auftrumpfende Geste zeigt, wie sehr sie verletzt war. Hatte die Verstorbene auch nur geahnt, daß es im Leben ihres Gatten eine Doña Juana gab? Sie hat wohl so getan, als wüßte sie nichts, und sich gedacht, daß ein Mann so weit entfernt von seiner Familie eine Frau braucht. Ihrer Ehe zuliebe drückte sie ein Auge zu. Von Zeit zu Zeit erschien sie auf »La Unión«, um Don Juan zu sehen und die ehelichen Bande aufzufrischen. Dann verstellte sich auch die andere Frau, versteckte ihre Kinder und spielte tagsüber die Rolle der Köchin.

Duarte und seine Frau trugen erstaunlicherweise den gleichen oder doch ähnlichen Familiennamen. Fermín Chávez meint, sie habe D'Huart und nicht Duarte geheißen; schuld seien die Verwirrung eines Hafenangestellten von Buenos Aires und die Verständigungsschwierigkeiten im Umgang mit den des Spanischen nicht mächtigen Einwanderern. Als die baskische Familie Duarte, D'Huart, Diuart oder Douarte aus Pau argentinischen Boden betrat, stammelte jeder seinen Namen vor einem anderen kreolischen Beamten, der ihn nach Gutdünken notierte. Hinzu kam die Erschöpfung von der Reise und die Verzweiflung, sich nicht ausdrücken zu können. Bei solchen Kommunikationsschwierigkeiten resigniert der Einwanderer: »Wie wollen Sie, daß ich heiße? D'Huart? Duarte? Was soll's. Jetzt will ich nur ein Bett zum Schlafen«.

Juanas Vater hatte mehr Glück: ein baskisch-spanischer Name war in Buenos Aires nicht schwer zu schreiben. Überdies hieß Juan Duartes Mutter María Echegoyen, woraus wir schließen können, daß Evita von drei Seiten her baskischer Abstammung war. Selbst ihr Pate und ihre Patin gehörten diesem eigenwilligen Volk an: Don Antonio Ochotorena und Doña Paz Michotorena füllen eine ganze Linie ihrer Geburtsurkunde aus, des einzigen authentischen Dokuments, das zu fälschen sie nicht für nötig hielt (denn Evita besaß alle Eigenschaften außer der, die Wahrheit zu sagen).

Don Juan starb also als Witwer. An dem Tag bewies Doña Juana ihre Hartnäckigkeit: sie sah sich wider alle Vernunft als Duartes Witwe, trug Schwarz, nähte eilig vier Kleider und einen Traueranzug und zog mit ihrem Clan nach Chivilcoy.

Ihr mußte bewußt sein, auf was sie sich einließ, und sie tat es, ohne zu zögern, aus Trotz, um der Welt zu zeigen, daß sie ihre Pflicht tat und ihr Platz dort war. Selbstbewußt bot sie ihnen die Stirn. Doch ihre Kinder waren die Leidtragenden, als eine Halbschwester ihnen den Zutritt zum Haus verwehrte und alle fünf auf der Straße blieben.

Sie waren an Beleidigungen gewöhnt. Manch einer grüßte sie in Los Toldos nicht. Andere meinten, wenn sie Elisa oder Blanca mit ihren Freunden flirten sahen, voller Schadenfreude: Der Apfel fällt nicht weit vom Stamm. Das hatte sie nicht gerade abgehärtet. Beleidigungen in Maßen stärken die Willenskraft, doch in dieser massiven Form verletzen sie, graben sich auf immer ins Gedächtnis ein. So war es bei Evita.

Sie war sieben Jahre alt, als sie sich nach Chivilcoy aufmachten. Ohne Rücksicht hatte ihre Mutter sie mitgeschleift, nur um ihres Stolzes willen. Evita mußte sie allesamt hassen: die ehelichen Kinder, weil sie sie ansahen, als käme sie von einem anderen Stern, und ihre Mutter, weil sie tatsächlich von einem anderen Stern war.

Schließlich durften die fünf Ibarguren, die Duartes sein wollten, den Aufgebahrten küssen und dem Trauerzug im Gänsemarsch gemeinsam mit ihrer Mutter folgen. Eva war die Kleinste und lief daher als Letzte hinterher. An jenem 8. Januar mitten im Sommer war der Weg zum Friedhof weit. Für einen waschechten Basken ist das, wenn überhaupt, der Augenblick, sich zu schwören, eines Tages vorneweg zu schreiten.

So wurde in dem Dorf im eigentlichen und übertragenen Sinn so viel Staub aufgewirbelt, daß man notgedrungen die Fensterläden schloß. Die Ibarguren-Duartes lebten zurückgezogen und schlugen sich irgendwie durch. Zum Glück hatte Doña Juana nicht nur die Tugend, sich halbtot zu arbeiten. Obwohl sie zu jedem Opfer bereit war. Wenn man bat, sie möge die Singer auch mal ruhen lassen, lautete ihre Antwort immer gleich: »Ich habe keine Zeit zu verlieren.« Worte, die Evita, vielleicht unbewußt, später oft wiederholen sollte.

Doch sie opferte sich auch nicht nur auf. Anders als ihre Tochter war Doña Juana den fleischlichen Gelüsten nicht abgeneigt. In Los Toldos verteidigen die Alten sie und meinen: »Sie hat alles, was sie tat, nur für ihre Kinder getan«, und vergleichen sie mit »einer Löwin, die ihre Jungen verteidigt«. Mit »alles, was sie tat« sind ihre Affären gemeint. Vielleicht war das die einzige Abwechslung in ihrem tristen Dasein.

Ihre Töchter hingegen sollten adrett, wohl erzogen, anständig sein und eine ordentliche Partie machen. Ehrgeizige Pläne, ganz anders als die Episode mit der Stute und dem zweirädrigen Gespann. Nur Juancito begann ihr Sorgen zu machen mit seiner großspurigen Art. Woher hatte er nur das blaue Auto, einen Ruby, zu einer Zeit, als nur die Reichen Autos besaßen? Doch wenn Doña Juana Herumlungern und leicht verdientes Geld auch nicht billigte, so übte sie doch keinen Druck aus. In dem Backsteinhäuschen auf dem großen, von gelbblühenden

Dornensträuchern eingezäunten Stück Land schien der Traum von einem anderen Leben möglich.

Eva und Erminda hegten ihre Träume (Erminda berichtet davon in ihrem Buch MI HERMANA EVITA, Meine Schwester Evita). Dabei konnten sie auf Juancito zählen, der ihnen geholfen hatte, aus einer Holzkiste ein Klavier zu basteln, das echte Töne erzeugte, und der ihnen Drachen und kleine Gartenlauben baute. An Regentagen lauschten die Mädchen hier, wie die Regentropfen auf das Blechdach trommelten. Und wenn Evita in einem improvisierten Zirkus als Seiltänzerin auftrat, hätte man meinen können, das Seil, das zwischen der Trauerweide und dem Paradiesbaum gespannt war, sei ganz ihr Element. Ihre ältere Schwester Elisa nähte ihnen schließlich die Clowns- und Karnevalskostüme. Ein unvergessenes Jahr, in dem Erminda als Zigeunerin ging. Evita, ganz in sternenübersäten, dunkelblauen Tüll gehüllt, ging als Fee der Nacht.

Ein Stoff und etwas Flitter genügten, um Wunder zu wirken. Am Dreikönigstag, wenn die Heiligen Drei Könige den Kindern Geschenke bringen, kamen ihre Neigungen ans Licht: Evita wünschte sich eine riesige Puppe. Doña Juana bemühte sich redlich, im Dorfladen eine aufzutreiben, bis sie eine überdimensionale Puppe entdeckte, allerdings mit einem zerbrochenen Bein. Wegen des Schadens kostete sie fast nichts. Am 5. Januar legte sie die Puppe, als Evita schlief, auf ihre Schuhe oder besser auf ihre Alpargatas. Am nächsten Morgen nahm Evita sie in die Arme und sah sie nachdenklich an. Auf diesen Augenblick hatte die Mutter gewartet, um ihr alles zu erklären. Die arme Puppe! Sie sei einbeinig, seit sie vom Kamel gestürzt sei, doch deshalb brauche sie umso mehr Liebe. Als Evita das hörte, drückte Evita die Puppe mit dem Manko heftig an sich. Aber was fehlte ihr? Die Psychologen, die nie zögern, mächtige Frauen als »phallusfixiert« einzustufen, haben sich auf diese Episode aus Evitas Kindheit gestürzt, um prompt daraus zu folgern, der Puppe habe ein Bein gefehlt und Evita ein Phallus.

Interessanter als Evita scheint uns in dieser Anekdote die Mutter. Doña Juana fehlte es nicht an Phantasie. Eine strenge, einfallslose Mutter hätte eine kleine Puppe gekauft und Evita eine Standpauke über das wahre Leben gehalten. In dieser Familie hingegen trieb man das Spiel noch weiter, indem man die kleine, hinkende Puppe unendlich behutsam an der Hand führte. Die Familie schürte die Illusion. Elisa nähte der Puppe ein langes Kleid, um den Defekt zu kaschieren, denn ein solches Manko muß man ebenso wie die Scham verheimlichen.

Evita war brünett und blaß und trug das dunkle, kastanienbraune Haar zum Pagenkopf geschnitten. Das beweist wiederum den Sinn der Mutter für das Praktische, so verständnisvoll sie auch mit Puppen war. Doch die Mädchen träumten von langem, möglichst goldgelocktem Haar. So bald sie konnte, machte die kleine Dunkelhaarige ihren Mädchentraum wahr, ein Detail, das die Psychologen übersehen haben. Das ist bedauerlich, denn Evitas Frisuren erzählen ihre Geschichte, und der Wechsel von der zarten Lockenpracht zur festen Einschlagfrisur spricht Bände.

Sie hatte einen fahlen, elfenbeinfarbenen Teint ohne rosigen Hauch: die typische Haut einer blassen Brünetten. War ihre Haut seit jeher so durchscheinend, oder wurde sie erst später so? In ihren Memoiren erzählt Erminda eine seltsame Anekdote. Eines Tages beobachtete Evita in der Küche, wie die bläulichen Flammen auf dem blank polierten Kupferbecken tanzten. Nehmen wir an, der Ofen habe einen eleganten lateinischen Namen, wie man ihn in der Messe hörte: Primus. Fasziniert vom Feuer und vom Gold (anderes Metall gab es für sie nicht), ging das Mädchen so nahe heran, bis die Pfanne voller Fett ihr ins Gesicht kippte. Sie weinte kaum. Die brennende Wunde versetzte sie in einen Schockzustnd. Die weit aufgerissenen Augen leuchteten aus dem schwarz verkrusteten Gesicht wie aus einer Maske hervor. Nach einigen Tagen trocknete die Kruste aus und wurde faltig. Als sie abfiel, war Evitas Haut fast zu makellos: glatt und schön, wie die Haut einer verführerischen Sirene, wie die Haut einer Toten.

Die Politik hatte Doña Juana dazu verholfen, mit Rossets Unterstützung Elisa und Juancito unterzubringen, die Politik sollte diese unsichere Konstruktion auch wieder zunichte machen. Das glaubte sie zumindest oder gab vor, es zu glauben, um die neue Lage auszunutzen. Tatsächlich war Heubert von einem

Bürgermeister der radikalen Partei abgelöst worden: Pascual Lettieri.

Sein Zeugnis ist aufschlußreich. Er beschreibt sie als eine mutige und intrigante Frau, mit der Gabe, den Ereignissen zuvorzukommen. Man kann sich die Szene folgendermaßen vorstellen: Nach Littieris Sieg erscheint die mollige, immer noch adrette Señora im Rathaus. Schon von weitem riecht man das Eau de Cologne. Sie ist eine der wenigen Frauen im Dorf, die sich parfümieren. (»Immer schien sie eben dem Bad entstiegen«, hat uns die Fotografin Anne-Marie Heinrich erzählt.) Der Bürgermeister erwartete sie mit zwei Zeugen. Er hat eingewilligt, sie zu empfangen, doch um sich abzusichern, hat er zwei Männer mit Namen Castagnino und Azcárate kommen lassen. Mit anderen Worte, er kennt sie und rechnet mit einer Szene. Sie kommt gleich zur Sache: »Und jetzt«, sagt sie, die Fäuste in die Hüften gestemmt, »was wird aus Elisa? Werden Sie sie entlassen?«

»Ich fürchte, ja«, gab Lettieri zu. Da brach Doña Juan in Schluchzen aus. Er fühlt sich hilflos angesichts dieser üppigen, vom Weinen geschüttelten Fleischmassen unter dem geblümten Kleid. Verführerisch aufreizendes Fleisch, wie er bemerkt: In einem Provinznest wie diesem besuchen alle Männer, ob Konservative oder Radikale, das gleiche Café. »Na ja, ich könnte vielleicht eine Versetzung erwirken«, lenkt er kleinlaut ein. Bei diesen Worten schaut Doña Juana auf und erwidert mit listig funkelnden Äuglein ohne zu zögern und in verdächtig triumphierendem Ton: »Ja, nach Junín.«

»Sie hatte also alles seit langem geplant, diese Teufelin«, sollte der Bürgermeister später erzählen, als die Geschichte von unerwartetem Interesse geworden war. Dieser Mann, der im Grunde seine neue Macht auskostete und sich zunächst streng zeigte, um sich dann großzügig zu geben, er, der zwei Männer als Schutzschilde brauchte, verstand am Ende: Doña Juana hatte ihn an der Nase herumgeführt, als sie das Opfer spielte. Sie war es, die fortwollte.

Am Abend verließ die Frau mit ihrer Familie Los Toldos. Was blieb, waren ihre unbezahlten Rechnungen. Evita ließ ihre Schulfreundin, Ema Vinuesa, zurück, eine der wenigen, der man nicht verboten hatte, mit ihr zu spielen. Zurück blieben auch die arme, kranke Frau, die Evita mit Gesang, Tanz und Clownereien getröstet hatte, und die einsame Señora, die zu Hause einen richtigen Altar hatte. Jeden Sonntag lud die fromme Frau die Kinder ein, um ihnen das Jesuskind zu zeigen, wobei sie jedesmal wieder vor Rührung erschauderte, wie schon beim ersten Mal. Die Kinder erschauderten ebenfalls, genossen immer aufs neue diese Ergriffenheit (wie das Volk später auf der Plaza de Mayo immer wieder diesen Schauder bei Evitas magischen Worten neu erleben wollte).

Wir wissen nicht, mit welchem Transportmittel der Umzug erfolgte, nur, daß ihr Weg sie durch die Pampa führte, die sich von Los Toldos nach Junín endlos hinzieht. Die Pampa schleppt sich dahin »wie ein Verblutender«, nach den Worten am Schluß von Ricardo Güiraldes' Roman DON SEGUNDO SOMBRA. Wenn man durch die Pampa fährt, scheinen Vergangenheit und Zukunft in diesem Land mit seinem endlosen Horizont ewig. Obwohl die Pampa völlig flach ist, glaubte die Familie, eine Steigung zu spüren. Der Wechsel von Los Toldos nach Junín bedeutete einen Aufstieg. In Junín war Doña Juana weniger bekannt. Niemand würde mehr von der Stute oder dem zweirädrigen Gespann sprechen. Das Schlimmste hatten sie hinter sich.

Die Krise findet ihren Ausdruck im Tango

Ein echter Argentinier ist nur, wer Land besitzt, worunter man sich nicht etwa einen kleinen Garten vorstellen darf. Um die Dimensionen zu erfassen, muß man wissen, daß Argentinien 1930 laut Navarro y Fraser unter 1804 Landbesitzern aufgeteilt war. Diese 1804 glücklichen Argentinier hatten ihre Ländereien von den Vorfahren geerbt, die sie wiederum den Indios gestohlen oder im Laufe der Bürgerkriege erhalten hatten. Die Regierung war es ihnen schließlich schuldig. Hatten sie nicht als Zeichen für jeden getöteten Indio ein blau verfärbtes Ohr ausgestellt?

Bevor sie aufgeteilt wurde, hatte die Pampa niemandem gehört: Sie war das Land von Nomaden, die es in dieser Unendlichkeit immer weiterzog. Je länger man reitet, desto mehr weicht der Horizont zurück. Man setzt den Weg fort, nur um zu erfahren, ob der Horizont einmal endet oder nicht. (Sagt der argentinische Schriftsteller Héctor Bianciotti nicht, daß man sich bei dieser Endlosigkeit gleichsam gefangen fühlt?) Als Söhne vergewaltigter Frauen setzten die Gauchos in ihrer Zerrissenheit als Mestizen das Nomadenleben der Indios fort. Sie waren nicht dazu geschaffen, Väter, Ehemänner oder Teil einer Gemeinschaft zu sein. Sie zeugten Kinder und gingen fort. Wenn sie Hunger hatten, brauchten sie nur eines der unzähligen herrenlosen Rinder einzufangen, von denen es auf dem flachen Land wimmelte. Dann stiegen sie vom Pferd, schnitten ihm die Kehle durch und die Zunge heraus, grillten das begehrte Stück Fleisch über dem Feuer und ritten wieder davon. Das ganze Rind ließen sie den Raben.

Doch seither hatte sich das Land verändert. Jetzt lebten nur noch die Oligarchen in Freiheit, die 1804 Glücklichen, wie sie sich nannten: sechs Monate auf der Estancia und sechs in Paris. Wenn sie sich zur Überfahrt nach Europa einschifften, erwogen die Luxusnomaden ernsthaft, ob sie nicht eine Kuh mitnehmen sollten, um in Biarritz gute Milch zu trinken.

Die restlichen zweieinhalb Millionen Argentinier, die nicht nach Frankreich reisen konnten, schwebten, welches Schicksal auch immer sie ereilte, im luftleeren Raum. Da sie kein Land besaßen, fühlten sie sich nicht als echte Argentinier. Sie waren »Heimatlose«, Einwanderer im eigenen Land. Die landlose Mittelklasse stammte unmittelbar von Einwanderern ab. Manche hatten Land von den 1804 Glücklichen gepachtet und die argentinische Landwirtschaft erfunden: Dank der Italiener entdeckte dieses Land von Fleischessern die Tomate und den Salat. Doch der überwiegende Teil der Bevölkerung hatte sich an wenigen Stellen über das Land verteilt, Buenos Aires und einige unbedeutendere Städte. 1930 kamen immer noch europäische Einwanderer. Doch das Landesinnere setzte sich bereits in Bewegung. Die Landlosen schulterten ihr Bündel und machten sich auf nach Buenos Aires, oder schlimmstenfalls auf den halben Weg, etwa nach Junín.

Warum diese Bewegung in den Provinzen? Die Weltwirtschaftskrise hatte Argentinien nicht verschont. Das Land war von seinen Exporten abhängig. Die Münzen zeigten die beiden Symbole des argentinischen Reichtums: einen Rinderkopf und eine Weizenähre. Doch das Gewicht richtete sich nach dem Pfund Sterling. Durch Spekulationen hatte das Land im ersten Weltkrieg Gewinne gemacht. Argentiniens Neutralität bestand nur auf dem Papier: wirtschaftlich hing Argentinien völlig vom Commonwealth ab. Sie waren reich geworden, indem sie die Engländer ernährten und sie mit Schuhwerk belieferten. Die zwanziger Jahre waren die goldenen Jahre. Buenos Aires, die königliche Stadt am La Plata, war die größte Stadt Lateinamerikas und die drittgrößte des gesamten Kontinents nach New York und Chicago. Wirtschaftlich stand Argentinien auf dem Niveau von Kanada. Die liberale Oligarchie befürwortete weiterhin die Einwanderung aus Europa und machte sich gleichzeitig über die Imigranten lustig: Wie komisch waren doch diese sentimentalen Neapolitaner, die ihr Gemüse singend, mit einer Nelke hinter dem Ohr, verkauften! Und wie finster diese Galizier mit ihren zusammengewachsenen Augenbrauen und der niedrigen Stirn!

Doch man brauchte sie noch. Als freilich die Radikalen unter der Führung von Yrigoyen 1916 und 1926 die Wahlen gewannen, begann die Oligarchie, sich ernstlich Sorgen zu machen. Die Radikalen vertraten die Mittelschicht, die von dem Neapolitaner mit der Nelke im Ohr und dem Galizier mit den finsteren Augenbrauen abstammte. Wollten sie etwa das Land regieren? fragten sich die alteingesessenen Großgrundbesitzer Argentiniens. So war der Stand, als die Weltwirtschaftskrise ausbrach.

Da beschlossen die 1804, die Zügel wieder in die Hand zu nehmen, und unterstützten 1930 den Staatsstreich von General Uriburu, Yrigoyens siegreichem Gegenspieler. Den 1804 waren die Veränderungen innerhalb des Militärs nicht entgangen: Die gehorsamen Soldaten, die sich damit zufriedengaben, bei Staatsfeierlichkeiten aufzumarschieren und ihre nach unten gezwirbelten Schnauzbärte zu kämmen, gaben nicht mehr den Ton an. Jetzt ahmte man die Deutschen nach und benutzte sogar preußische Pickelhelme. Bisher hatte die anglophile und frankophile Oligarchie sie problemlos benutzt. Doch angesichts von deren wachsender Deutschenfreundlichkeit und ihres Machtstrebens hatte die Oligarchie die Militärs schließlich fallenlassen, wie sie es mit ihren Dienstmägden machten, und hielt sich dank eines Wahlbetrugs ein ganzes Jahrzehnt an der Macht.

Aber was hatte diese Situation mit der Migration zu tun? Die Antwort ist einfach: Um die aus anderen Teilen der Welt importierte Krise zu bekämpfen, wechselte die Oligarchie vom reinen Liberalismus zu einer Politik des Protektionismus, die zu einer beschleunigten Industrialisierung führte. Fortan mußte man die Produkte, die man bisher von Europa bezogen hatte, selbst herstellen. Die meisten Firmen ließen sich in Buenos Aires nieder. Ein Überschuß an Arbeitskräften in der Provinz brachte auch die Nachteile des Fortschritts mit sich: Arbeitslosigkeit und Wohnungsnot. Enttäuschungen, auf die der Tango mit der Kleidung anspielt: kein Tango der 30er Jahre, der nicht das brave Mädchen vom Viertel im Perkalkleid erwähnt, und die böse Frau im Hermelinmantel.

Der Tango spricht auch von den Mietskasernen, diesen heruntergekommenen Häusern, wo viele Familien zusammenwohnten, die sich im Hof versammelten. Jeder sprach ein anderes Spanisch. Auf der Weltbühne des Hinterhofs entstand das argentinische Theater: ein Ort der Begegnung der Mustafas, Giuseppes, Manolitos oder Dimitris, denen es an allem mangelte, außer an Witz. Das Theater, das sie inspirierten, hieß SAINETE und ließ reichlich Tränen fließen, aber vor Lachen.

Seltsamerweise werden im Tango weder der Hunger noch die Volksküchen erwähnt, die auf den Straßen von Buenos Aires die Opfer der Krise ernährten: Schamhaft und aristokratisch klagte der typische Argentinier damals nicht über Dinge, die kein Luxus waren. Er weinte niemals, weil die Seinen kein Brot hatten; wie für den Gaucho existierten auch im Tango weder die Frau, noch die Kinder. Auch nicht der Vater. Nur die heilige Mutter war der Tränen eines Mannes würdig (obwohl er sich auch über den Hermelinmantel beklagte). Der Argentinier, egal welcher Abstammung, blieb der Einzelgänger, der den Raben das ganze Rind überließ. Dieser Porteño, der wie in EL HOMBRE QUE ESTA SOLO Y ESPERA (Der einsam wartende Mann) von Raúl Scalabrini Ortiz stundenlang auf einer Straße im Zentrum lässig an der Wand lehnt. Wartete er auf etwas, oder machte ihm sein

Zorn darüber zu schaffen, daß er nicht sechs Monate in Paris verbringen konnte? Wandte er sich, von der Liebe zur Mutter und zum Tod und vom Haß auf die Frau erfüllt, von der trüben Zukunft ab, um in die unwiederbringlich verlorene Vergangenheit zu blicken?

Junín war eine Kleinstadt. Größer als Los Toldos, doch immer noch klein. Zumindest zog sie aber als Eisenbahnknotenpunkt eine Menge Arbeiter aus allen Provinzen an. Es war eine Brutstätte doktrinärer Anarchisten und hehrer, wortgewaltiger Sozialisten, die die höchsten Ideale predigten. Die argentinischen Gewerkschaften haben versichert: Wenn der Peronismus nicht gekommen wäre, um Gaben unter den Arbeitern zu verteilen, wäre die Geschichte ganz anders verlaufen! Doch bleiben wir bei den Tatsachen und damit bei den Abenteuern von Doña Juana und ihrer Familie, die genau zu der Zeit ihre wenigen Habseligkeiten auspackten: blauen Tüll, eine hinkende Puppe und ein Primusöfchen aus reinem, nur vom Staub der Reise ein wenig stumpf gewordenem Gold.

Norma Shearer in Junín

Doña Juana lachte das Glück häufiger als anderen. Elisa hatte Arbeit in der Post. Blanca war Lehrerin, und Juancito war auch untergekommen, bei JABON FEDERAL, einer Seifenfabrik. Folglich lebte die Familie nicht völlig im Elend, was bedeutete, in zwielichtigen Stadtvierteln zu wohnen, extra für die Neuankömmlinge von jenseits der Gleise errichtet. Die Ibarguren waren arm, mußten aber nicht darben. Das Haus war der entscheidende Unterschied. Solange der Arme ein richtiges Haus aus solidem Material bewohnt, ist er noch er selbst, denn sein Haus hebt ihn heraus, ebenso wie ein kleines Gehöft, ein Rancho aus luftgetrockneten Lehmziegeln. Doch wer sein Haus oder sein Rancho gegen eine rasch zusammengehauene Blechhütte eintauscht, verliert seine Seele.

Im Schutz einer bescheidenen Bleibe mit Geranien im Patio verlor die Familie nicht ihre Identität. Doch sie faßte auch nicht Fuß: Als Heimatlose mußten sie dreimal das Haus räumen, wenn sie auch im Zentrum von Junín blieben. Sie hatten weder Land noch einen Familienvater. Ihre Situation erinnert an einen Tango von Gardel: »Es waren drei Geschwister,/ und sie war eine Heilige.« Zum Glück für sie und ihre Kinder hatte Doña Juana keinen Heiligenschein. Schließlich gelang ihnen doch noch der soziale Aufstieg – als der Mutter der segensreiche Gedanke kam, zu Hause für alleinstehende Herren zu kochen.

Selbst Borges hat behauptet, Doña Juana habe in Junín ein Bordell geführt. Begierig auf schlüpfrige Details, haben die Gegner der Peronisten bei diesem Gedanken vieles ausgeschmückt. Politik war den Argentiniern seit jeher langweilig. Man braucht sich nur die Dokumentarfilme aus der Zeit vor (und nach) Perón anzusehen. Wer hätte sich beim Anblick dieser Militärs mit der schon von Natur aus niedrigen Stirn, die durch die Schirmmütze noch mehr verdeckt wurde, oder dieser Zivilisten, die fast an ihren steifen Krawatten erstickten und doch so brav wirkten »wie ein Hund auf dem Schiff«, wie man in Argentinien sagt, einfallen lassen zu träumen? Die peronistische Regierung war die einzige, die es wagte, auch Frauen zu zeigen. Ihre Gegner kritisierten sie deshalb, wobei sie sich insgeheim die Lippen leckten. Keine andere Regierung hat ihnen soviele schlaflose Nächte bereitet. Eine lebenslustige Doña Juana genügte ihnen nicht. Sie wünschten aus tiefster Seele, sie habe ein Bordell geführt.

Zu ihrem Leidwesen traf das nicht zu. So viel Platz gab es gar nicht in ihrem Haus in Junín. Doña Juana konnte allenfalls noch den einen oder anderen jungen Mann aus Los Toldos, der in Junín studierte, unterbringen. Zu den Mahlzeiten verbannte sie ihre Kinder in die Küche, denn das Eßzimmer war drei vornehmen Herren vorbehalten: dem Major Alfredo Arrieta, Don José Alvarez Rodríguez, Rektor des staatlichen Gymnasiums, und seinem Bruder, dem Rechtsanwalt Justo Alvarez Rodríguez. Von Zeit zu Zeit gesellte sich zu den drei Kostgängern noch Doktor Moisés Lebensohn, ein bekannter Journalist und Parteiführer der Radikalen von tadellosem Ruf, von dem noch die Rede sein wird. Als Beweis für die Harmlosigkeit dieser Mahlzeiten genügt seine Anwesenheit.

Die drei Herren speisten gemeinsam. In Junín gab es wenige Kantinen, und Doña Juanas einfache, doch reichhaltige Mahlzeiten waren allemal vorzuziehen. Sie sprachen über Politik, mit gedämpften Stimmen und ausgesprochen wohlerzogen, wobei sie sich von Zeit zu Zeit die Mundwinkel mit der makellos weißen Serviette abtupften, bevor sie sie wieder auf den Schoß legten. In ihrer Neugier, zu wissen, wie man es anstellt, »vornehm« zu sein, beobachtete Evita sie von der Küche aus. Elisa und Blanca spionierten mit, doch zum Kaffee hatten sie die Erlaubnis, die Herren aus der Nähe zu betrachten.

Frisch zurechtgemacht, tadellos gekleidet und diskret geschminkt, verlieh ihnen eine Mischung aus erfahrenem Leid und dem Wunsch nach Rechtschaffenheit etwas Interessantes. Später sollte Elisa ähnliche Ambitionen entwickeln wie Evita. Blanca und Erminda waren sanfter, zurückhaltender. Doch alle drei gehorchten der Mutter. Sie muß ihnen befohlen haben, diesen Männern ein dezent höfliches Lächeln zu schenken, und sie haben das wohl befolgt. Denn Elisa heiratete am Ende den Major Arrieta (manche sagen, sie hätten sich »liiert«) und Blanca den Rechtsanwalt Alvarez Rodríguez.

Gott hatte Juanas Gebete erhört. Das Bild war freilich nicht vollkommen: Erminda hatte weniger Glück als ihre Schwestern und ehelichte einen Fahrstuhlführer namens Bertoli, von dem sie sich 1953 in Zusammenhang mit Juancito Duartes Selbstmord – oder Ermordung – scheiden ließ. Als Angestellter der Firma JABON FEDERAL trug Juancito in den 30er Jahren Leinenanzüge und lüftete den Panamahut, wenn er am Steuer seines Packard saß, den Arrieta ihm geschenkt hatte. Er war gewinnend, aufgeweckt und beeindruckte die Mädchen mit seinem akkuraten Schnauzbart.

Evita hatte andere Ambitionen: Sie wollte anders sein. Das war sie im Grunde genommen auch, ebenso wie ihre Schwestern und ihr Bruder. Schon von Geburt an war sie zwiegespalten. Hatte sie nicht eine doppelte Zugehörigkeit, wie der Soziologe Juan José Sebreli es nennen würde? Stammte sie nicht zu gleichen Teilen von Großgrundbesitzern (väterlicherseits) und von Besitzlosen (mütterlicherseits) ab? Und war diese doppelte Zugehörigkeit nicht charakteristisch für ein Land von Mestizen, für ein Land, das wie ein Spiegel war, zerrissen vom Wunsch, anders und an anderer Stelle zu sein?

Doch sie empfand den Zwiespalt stärker als die Geschwister. Immer gibt es in den Familien, in den Nationen einen Auserwählten, der empfindet, was die anderen vergessen. So wurde Evita in ihrem Charakter zunehmend widersprüchlich. Ihre Klassenkameradinnen fanden sie sanft, doch wußten sie auch, daß sie sich durchsetzen konnte. Eine von ihnen, Elsa Sabella, hat uns erzählt, Evita habe die anderen herumkommandiert. Sie war einmal sitzengeblieben und war vierzehn statt wie die anderen zwölf Jahre alt. Sie war »die Große« in der Klasse und gehörte zu den unglücklichen Schülern, die gleichzeitig schlauer und unbeholfener sind als die anderen und dadurch eine Mischung aus Furcht und Bewunderung einflößen. Aus Anlaß eines Geschenks am Jahresende für die Lehrerin war es ihr gelungen, die Klasse zu spalten: Die eine Hälfte der Klasse war für ein Meßbuch, die andere, angeführt von Evita, stimmte für einen Rosenkranz. Wieviel Unfrieden sollte sie, sanft, doch bestimmt, wie sie war, mit verträumten, doch durchdringenden Augen und kontrollierten, doch abrupten Bewegungen, noch stiften! Die Heilige und die Hure, »tatendurstig und kämpferisch«, Fee und Märtyrerin, die »weiße Legende« und die »schwarze Legende«.

Sie war anders und wollte es so. Die Anstrengungen ihrer Mutter und ihrer Schwestern, so zu sein wie die übrigen, verachtete sie. Ihr Stolz hinderte sie daran, ebenso nach Eingliederung in die Gesellschaft zu trachten, ein Versuch, der ohnehin zum Scheitern verurteilt war, denn Doña Juanas Ruf war bis nach Junín gelangt. Auch hier war es ihren Klassenkameradinnen verboten, mit den Mädchen zu spielen. Diesen Anstrengungen der weiblichen Familienmitglieder zog sie allemal Juancitos provokative Art vor, die Eleganz, mit der er seinen Stil durchsetzte. Ein anderer zu sein, bedeutete auch unantastbare Schönheit, das Gefühl, entrückt zu sein, den Traum aller Argentinier erfüllt zu haben. Indem sie Verachtung mit Verachtung strafte, blieb sie ihrer Rolle als Außenseiterin treu. Junín langweilte sie. Ihre größte Angst war, Doña Juana könnte sie eines Tages mit einem neuen Gast verheiraten.

Doch wenn eine Stadt oder ein Leben uns langweilen, liegt das daran, daß wir eine andere Vorstellung haben. Das traf auch bei Evita zu. Evita wußte von der Existenz weißer Telefone, von herzförmig geschnittenen Betten und Seidenlaken. Allein das Wissen, daß es so etwas gab, verlieh ihr die Gewißheit, daß sie nur einen Prinzen oder einen Präsidenten heiraten würde, wie sie Erminda gestand. Es gibt eine Form von Verzweiflung, aus der sich nur rettet, wer höchste Ambitionen entwickelt. Evita ging häufig ins Kino und wünschte sich, Norma Shearer zu sein, in der Rolle Marie Antoinettes. Es geschieht selten, daß ein Wunsch so genau in Erfüllung geht.

Ohne die Hollywoodfilme oder das Magazin SINTINIA mit seinen Klatschgeschichten von Filmstars, mit Mode und Radioseifenopern wäre Evita diesem monotonen Leben nie entronnen. In seinem Roman BOQUITAS PINTADAS (Der schönste Tango der Welt) hat Manuel Puig dieses Milieu ausführlich geschildert. Er hat den Menschen weniger zugeschaut als zugehört und ihre Sprache wiedergegeben. Keiner hat es wie er verstanden, den Tonfall der Mädchen aus der Provinz nachzuahmen, die vom Prinzen träumen und einen Zahnarzt heiraten. Antonio Seguí läßt uns sehen, was wir bei Puig hören: auf einem Bild, das ein Dorf in der Pampa zeigt, wo der schwindelerregend weite Horizont einen an jeder Straßenecke einholt. Die Häuser, ein Nachbar und ein Hund wirken wie erdrückt unter dem trüben Himmel, der sich über eine Landschaft erstreckt, die ihm ähnelt. Doch ein riesiger, bunter Ballon, der an diesem Himmel schwebt, zeigt das Lächeln von Carlos Gardel. Die Botschaft ist klar: Die Realität ist nicht die zwischen Himmel und Erde erdrückte Existenz, sondern der wunderschöne Ballon, angefüllt mit unseren Träumen.

In der Schule war Evita meist die schlechteste Schülerin in Mathematik und die beste beim Vortragen. Und immer noch wartete sie auf die Regentage, nicht wegen des Chevrolets mit den Ledersitzen, der nicht mehr kommen würde, sondern weil an solchen Tagen viele Schüler fehlten und ihre Lehrerin, Palmira Repetto, Evita durch die Klassen ziehen ließ, um Gedichte vorzutragen.

Die Jungens hörten ihr kaum zu, doch die Mädchen seufzten bei diesen sentimentalen Versen aus dem Schulbuch, die Evita mit viel Gefühl und katastrophaler Aussprache vortrug. Selbst als sie schon als Schauspielerin Rollen im Radio bekam, sprach sie noch einen schlimmen Slang. Statt OBJETO (Objekt) sagte sie OBJEPTO und statt ETER (Äther) ECTER. Erst als Eva Perón korrigierte Evita diese Fehler, als hätte sich ihre Zunge mit ihrer Machtposition gelöst. Die Sprache ist wie der Landbesitz eine Frage der Geburt. Als Evita, die beides entbehrte, zu Ruhm gelangte, fielen ihr die anderen Mittellosen ein, und sie ordnete an, ihre »muchachas peronistas«, Peróns Anhängerinnen, die wie sie mit Slang aufwuchsen, in korrektem Ausdruck zu unterrichten.

Am Sonntag gingen die Leute ins Kino, weil neue Filme gezeigt wurden, allerdings für höheren Eintritt. Evita bummelte wie alle Mädchen am Sonntag die Avenida Rivadavia auf und ab. Sie war inzwischen schon elf, wurde bald zwölf, dann dreizehn ..., das Alter, in dem jedes Jahr ein Jahrhundert dauert. Als sie an den Jungens vorbeizogen, die lässig an den Hauswänden lehnten und an den Straßenecken herumstanden, kniff Erminda sie so heftig in den Arm, daß es schmerzte. Von früh an lernten die Mädchen, sich vor den Jungens zu fürchten. Die riefen ihnen freche Bemerkungen zu, nur um sich gegenseitig zu zeigen, daß sie sich trauten. Im Grunde genommen dienten die Mädchen lediglich als Vorwand für ein Spiel, das, zumindest vorläufig, reine Männersache war. Von den Mädchen wurde erwartet, daß sie sich taub stellten und mit gesenktem Blick wortlos vorübergingen. Doch eines Tages bohrte sich ihnen jede nicht gegebene Antwort in die Magengrube.

Evita und Erminda aßen ein Eis, grüßten von weitem irgendeine Mitschülerin, die nicht näherkam, um nicht in schlechter Gesellschaft gesehen zu werden, und kehrten dann gegen Abend heim. Der Geruch nach gebratenen Schnitzeln empfing sie schon an der Straßenecke. Evita wandte sich angeekelt ab. Jedesmal, wenn Doña Juana ihr ein Stück Fleisch auf den Teller legte, spürte sie Gefahr. Ein Mädchen, das dazu bestimmt war, einmal eine Norma Shearer zu werden, durfte nicht zunehmen. Ihr ganzes Leben lang weigerte Evita sich zu essen, um nicht zu werden wie ihre Mutter. So formte sich ihr Körper aus Trotz, ein Körper, dessen Sinn und Ziel es war, sich den Rundungen ihrer Mutter zu verweigern.

Sie gingen dienstags ins Kino, wenn der Eintritt nur dreißig Centavos kostete. Evita kam mittags aus der Schule heim und stocherte mit zugeschnürtem Magen unter den vorwurfsvollen Blicken ihrer Mutter, die sich durch ihren mangelnden Appetit verletzt fühlte, im Essen herum. Dann schleifte sie die getreue Erminda mit ins Kino.

Sobald die Lichter im Kinosaal ausgingen, stieg in ihr ein banges Gefühl auf, wie es die Jungens einflößten. Wenn sie so im Dunkel auf den sternenumkränzten Löwen wartete, der mit zur Seite geneigtem Kopf liebenswürdig brüllte, wußte Eva bereits mit vierzehn Jahren, welche die stärkste Sehnsucht ihres Lebens sein würde. Nicht die Erwartung der Liebe, sondern die der Vorstellung, die gleich beginnen wird. Die jugendlichen Zuschauer stampften mit den Füßen in einem Rhythmus, der ein wenig wie ein Marsch klang und den man aus unerfindlichen Gründen »französisches Brot, englische Schokolade« nannte. Und dann endlich: Licht! Kamera! ... Action! Die Wogen Hollywoods erfaßten die Mädchen von Junín. Während der Dauer von drei Filmen (nicht einer weniger: wenn sie das Kino verließen, waren sie wie im Taumel) schwebte Evita in einer anderen Welt.

Sie begnügte sich nicht damit, den Film als Zuschauerin zu genießen, sondern sie hatte schon einen geradezu »professionellen« Blick. Auch die anderen Mädchen hatten Norma Shearers Biographie gelesen. Sie wußten, daß Evitas Idol arm und unbekannt in Montreal geboren war und ihr Glück in Hollywood gesucht hatte, wo Irving Thalberg sie für die MGM unter Vertrag genommen hatte, die Gesellschaft des freundlichen Löwen. Wie Evita wußten alle Bescheid, und doch war es bei Evita anders. Bei der Heimkehr hatte sie ein zutiefst ernstes Gesicht. Mit der Hand wehrte sie den Geruch nach gebratenen Schnitzeln ab und meinte zu ihrer Mutter: »Ich werde Schauspielerin«. Die Mutter, die mit vierzehn Jahren keine Zeit für Zukunftsvisionen gehabt hatte, weil ihre Zukunft vorgezeichnet war, fühlte sich verraten: »Wie? Solche Anstrengungen, um wie die anderen zu sein, damit die Prinzessin jetzt kommt und alles zunichte macht?«

Doch der Traum von einem anständigen Leben hinderte Doña

Juana nicht daran, die Gelegenheit beim Schopfe zu greifen, wenn sie sich bot; eine Inkonsequenz, die Evita auszunutzen verstand. Trotz ihrer Strenge war die Mutter keineswegs unnachgiebig. Sie hatte ein großes Herz, das sie etwa den Wunsch nach einer Riesenpuppe erfüllen ließ. Daher schwankte sie: Wenn die Kleine nun doch begabt war? So schlecht hatte sie die Rolle in diesem Stück ja nicht gespielt – wie hieß es noch? – »Ein Hoch auf die Studenten«. Don Pepe Alvarez Rodríguez hatte ihr den Zugang zur Truppe der staatlichen Schule verschafft, als Evita noch im letzten Grundschuljahr war. Und dann gab es noch den Friseur der Familie, Evaristo Tello Sueyro, der sie ermutigte, mit ihm in einer Truppe von Amateurschauspielern mitzuwirken. Sie hatte sogar schon ein- oder zweimal im Musikgeschäft vor einem richtigen Mikrophon gesprochen. Um die verschlafene Stadt ein wenig wachzurütteln, hatte der Ladeninhaber einen Lautsprecher mitten auf der Straße aufgestellt. Evitas Stimme klang seltsam im Lautsprecher. Evitas Stimme, die über der Stadt schwebte ... Ein Wink für die Zukunft? »Doña Juana«, hatte Don Pepe gesagt, »wir haben kein Recht, die Kinder daran zu hindern, daß sie ihrer Bestimmung folgten. Gönnen Sie ihr einen Versuch. Sollte sie scheitern, wird es ihr nicht schaden. Sollte sie Erfolg haben, umso besser.«

Und die Liebe? Eine Zeitlang war Evita mit Ricardo ausgegangen, einem Rekruten der Garnison von Junín. Dann geschah das Unvermeidliche. Es beginnt mit einer großen Puppe und endet mit der Frage: »Sind die gesellschaftlichen Schranken für ein hübsches Mädchen wirklich unüberwindlich?« Elisa und Blanca hatten sich dank ihrer Schönheit mit zwar langweiligen, doch gesellschaftlich weit über ihnen stehenden Männern verlobt. Alle vier waren hübsch, ebenso wie die Mutter. Was spricht denn dagegegen, sein Glück zu versuchen? raunte ihr der Teufel zu. Erzählten die Seifenopern im Radio nicht auch von der Liebe armer Mädchen mit reichen Männern oder armer Taugenichtse mit Prinzessinnen? In Junín gab es nur Eisenbahnarbeiter, Kleinbürger und Reiche. Kein Interesse. Außerdem gab es zwei Sorten von Männern, die so unerreichbar waren, als lebten sie in einer anderen Stadt: die Engländer, Direktoren oder Angestellte der Eisenbahn, und die Großgrundbesitzer. Mit ersteren war nichts zu machen: Die Engländer sahen niemanden an und blieben nur unter sich, mit ihren Gattinnen, ihrem Bridge und ihren Scones. Blieben nur die letzteren.

Daher willigte sie mit einer Freundin in den Vorschlag zweier junger Oligarchen ein (ein Wort, das ihr bis dahin fremd war und das sie später so oft benutzen sollte). Die Señoritos luden die beiden Mädchen niederer Herkunft zu einem Ausflug nach Mar del Plata ein, der Perle am Atlantik, dem luxuriösen und ausschweifenden Badeort. Eine Fahrt im Automobil. Wenn man in den 30er Jahren und in Junín lebte, durfte man noch unschuldig und naiv sein: Die beiden Freundinnen haben wohl von einem breiten Strand geträumt, an dem man Federball spielt, im Meer badet und allenfalls einen Kuß unter dem Sternenhimmel gewährt, doch sie werden nicht einen Moment damit gerechnet haben, daß das Auto an einer abgelegenen Estancia haltmachen, die beiden jungen Männer aus guter Familie versuchen würden, ihnen Gewalt anzutun, um sie für ihre Tränen zu strafen, und sie dann beide nackt am Straßenrand liegenlassen würden. Ein Lastwagenfahrer, der mit seiner Familie vorbeikam, brachte sie in eine Decke gehüllt heim. Sicher dachte Evita an beide jungen Männer, als sie Jahre später vor dem versammelten Volk auf der Plaza de Mayo bis zur Heiserkeit gegen die Oligarchie hetzte.

Diese aufschlußreiche Episode hat uns Fermín Chávez anvertraut. Carmen Llorca, die ebenfalls kurz auf die Geschichte eingeht, behauptet, Evita habe sich an den beiden Vergewaltigern gerächt, was nur zu wünschen wäre.

In einem Liebesbrief, den sie Perón 1947 im Flugzeug auf der Reise nach Europa schrieb, spielt Evita auf Gerüchte über ihr Leben in Junín an, von denen Rudi Freude (ein sehr blonder, sehr attraktiver und Perón sehr nahestehender Deutscher, von dem noch die Rede sein wird) den Präsidenten der Republik in Kenntnis gesetzt hatte: »Als ich Junín verließ, war ich erst dreizehn Jahre alt!«, beteuert Evita in diesem Brief; die Verzweiflung hatte augenscheinlich ihr Gedächtnis getrübt, denn in Wirklichkeit war sie fünfzehn: »Wie gemein anzunehmen, ein Mädchen sei einer solchen Schamlosigkeit fähig!«

Angesichts der besagten Episode wirkt ihre Ungeschicklichkeit rührend. Der Klatsch, den Freude weiterleitete, konnte sich nur auf das Mißgeschick von Mar del Plata beziehen. Auf der Höhe der Macht sah Evita sich immer noch genötigt, ihr Verhalten zu rechtfertigen. (Tatsächlich ergriff man damals selten Partei für die Frauen. Wenn ein Mädchen in der Straßenbahn von einem Mann belästigt wurde, hatte sie zu schweigen. Wagte sie es, laut zu protestieren, waren alle Fahrgäste, selbst die Frauen, auf Seiten des anständigen, von der Schamlosen ungerechterweise beschuldigten Herrn. Und sollten noch Zweifel bleiben, äußerte der Herr den unwiderlegbaren Spruch: »Sie hat mich provoziert«.)

Ihr Versuch, sich mit Großgrundbesitzern einzulassen, war kläglich gescheitert. Wollte sie nicht werden wie ihre Mutter oder ihre Schwestern, sondern etwas völlig anderes, nämlich Schauspielerin, hatte sie nur die Wahl fortzugehen.

Über ihren Fortgang gibt es so viele unterschiedliche Versionen, daß die meisten Biographen sich nur in einem einig sind: Wesentlich ist, daß sie fortging. Eine Vielzahl von Aussagen, der wir immer wieder begegnen. Zu den nebensächlichsten Ereignissen in Evitas Leben gibt es sich widersprechende Versionen oder zumindest leichte Abwandlungen. Wie ein im Wasser glitzernder Kieselstein, der in dem einfallenden Licht vielfach gebrochen scheint. Gespaltene Wahrheiten, die im Grunde alle zutreffen, da jede Lüge, jedes Vergessen, jede Verfälschung uns doch immer das gleiche zu verstehen geben.

Dennoch scheint es häufig so, als habe jemand die Spuren absichtlich verwischt. Wer? Evita selbst, wie sie versucht hatte, die Behinderung ihrer Puppe zu verbergen. Sie mußte sich im Leben verhalten wie das Mädchen in der Straßenbahn, das gezwungen ist, den Mund zu halten, da niemand auf ihrer Seite steht. Vierzig Jahre später sollten wir zumindest das Recht haben, die Fahrgäste aufzurütteln: »Seht Ihr nicht, daß dieses Mädchen sich fürchtet, etwas zu sagen?«

Laut der ersten Version, die von Erminda Duarte stammt, bat Evita ihre Mutter, sie zu einem Vorsprechtermin bei Radio Nacional nach Buenos Aires zu begleiten. Nach langem Zögern willigte die Mutter ein. Evita trug ein Gedicht von Amado Nervo vor: »Wohin gehen die Toten?« (Adónde van los muertos?), und Pablo Osvaldo Valle, der Leiter des Radiosenders, bot ihr einen kleinen Vertrag an. Also läßt sich die junge Schauspielerin in Buenos Aires nieder, bei Freunden ihrer Mutter.

Die zweite Version von Fermín Chávez besagt: Evita bittet ihre Mutter, sie nach Buenos Aires zu einem Vorsprechtermin bei Radio Belgrano zu begleiten. Seit einem Monat übt sie drei Gedichte ein mit Hilfe ihrer Lehrerin Palmira Reperti, die ihr so zugetan ist. Eines davon ist »Muerta« (Die Tote) von Amado Nervo. Mutter und Tochter fahren nach Buenos Aires, Evita trägt das Gedicht einer Jury vor, dann kehren sie heim nach Junín. Da die Antwort vom Sender auf sich warten läßt, erklärt Evita ihrer Lehrerin: »Macht nichts. Ich gehe mit oder ohne Bescheid.« Juancito leistet gerade seinen Militärdienst in Buenos Aires ab und wird sich seiner Schwester annehmen.

Version drei, die unter anderem der Journalist Jorge Capsitsky und Rodolfo Tettamanti vertreten: Der Tangosänger Agustín Magaldi taucht in einem Theater von Junín auf. Der Nachtschwärmer Juancito trifft ihn und erzählt ihm, daß seine Schwester Schauspielerin werden will. Eva sucht ihn in seiner Garderobe auf und bittet ihn, sie nach Buenos Aires mitzunehmen. Magaldi willigt ein, und alles verläuft völlig korrekt, denn der Sänger reist in Begleitung seiner Gattin.

Die vierte Version von Mary Main (ihrer engagiertesten Biographin) lautet: Eva erscheint in der Garderobe des Sängers, wird seine Geliebte und reist mit ihm nach Buenos Aires, wo sie ein unstetes Leben beginnt.

Nicht alles an diesen unterschiedlichen Varianten ist verwunderlich. Zwänge einer prüden Zeit, denen Evita sich beugen mußte, oder politische Gründe machen diese Verfälschungen der Wahrheit plausibel.

Die erste Version stammt von der Familie und wahrt den Rahmen des Schicklichen. Die zweite stützt sich auf eine wahre Begebenheit – die Aussage der Lehrerin –, doch über die Reise wird ausweichend berichtet. Die vierte evoziert eine phantastische Szene. Die dritte haben wir übersprungen, um sie im folgenden näher zu beleuchten.

Agustín Magaldi galt auch als »Provinz-Gardel«. Er war ein

blasser Mann mit einer schrillen italienischen Tenorstimme. Um den herzzerreißenden Schmelz seines dünnen Stimmchens zu untermalen, drückte er beim Singen die Hand aufs Herz und blickte wie die Heilige Madonna zum Himmel auf. Tatsächlich war er verheiratet und viel zu schüchtern, um ein Frauenheld zu sein. Daher sein Ruf als Kavalier.

Die Schöne war nicht minder blutleer. Sie handelte mit der Kühnheit der Schüchternen, doch ihre immer kalten und feuchten Hände verrieten sie. Weder Hüften noch Brust oder Waden zeigten Rundungen. Ihr einziger Reiz bestand in der durchscheinenden Haut und den lebhaften Augen. Sie war noch nicht zur vollkommenen Schönheit gereift, wie eine noch hinter Frühnebel verborgene Morgensonne. Evita hat sich selbst kreiert. Sie hat alles erfunden: ihr Leben, ihre Schönheit, ihren Tod. Wenn sie sich damals schon schön fühlte, dann weil sie ihr zukünftiges Erscheinungsbild im Spiegel sah. Aber haben die anderen sie ebenso gesehen? Und hat vor allem der melancholische Magaldi die Strahlen hinter den Wolken erkannt?

Wohl kaum. Die wahrscheinlichste der vier Versionen, angeordnet wie die Pferde in einer Quadriga, scheint die dritte zu sein: Die keusche, die von Agustín Magaldi, in Begleitung seiner Gattin, der das arme junge Mädchen in Faltenrock und weißer Bluse (sie selbst hat ihren Aufzug einmal dem Modeschöpfer Paco Jamandreu geschildert) in seinem Automobil mitnimmt. Wahrscheinlicher noch: Magaldi gab ihr seine Adresse, damit Evita ihn in Buenos Aires aufsuchen konnte, und Evita fuhr mit dem Zug. Doch sicher ist, daß Magaldi sie kannte. Ohne Zweifel war er es, der sie dem Theaterkritiker Edmundo Guibourg vorstellte.

Am überzeugendsten ist also folgende Version: Am 2. Januar 1935 verläßt die fünfzehnjährige Evita ihre Mutter und ihre Schwestern und nimmt den Zug nach Buenos Aires. In der Tasche hat sie den Zettel, auf dem der »Provinz-Gardel« ihr seine Adresse notiert hat. Ihr Bruder Juancito wird sie am Bahnhof abholen und sich, so weit wie möglich, um sie kümmern. Evita läßt die eintönige Ebene und ihr langweiliges Leben hinter sich. Auch Buenos Aires steht zwar auf flachem Land, doch hier versucht man mit Hochhäusern wie dem Kavanagh, dem höchsten

Wolkenkratzer Lateinamerikas, sich zu unvergleichlichen Höhen aufzuschwingen.

Vielleicht identifiziert sich Evita insgeheim mit diesem imposanten Hochhaus von dreiunddreißig Stockwerken (wie die Zahl ihrer Lebensjahre), das alle anderen überragt.

2
Schauspielerin

Buenos Aires. Erster Auftritt. Eine »zurückhaltende« Schauspielerin. Der tödliche Kuß. Das Seidenkleid. Evita und der Tango. Endlich die Liebe. Verlorene Häuser. Die Hörspielserie vom Aschenputtel. Seife und Spionage. Evita glaubt immer, was sie sagt.

1935 besaß Buenos Aires das Flair einer wahren Großstadt: nicht nur das kleine Mädchen aus der Provinz war überwältigt. Im 19. Jahrhundert hatte Buenos Aires sich als Hauptstadt gegen die Föderation der Provinzen durchgesetzt. Dieser Hafen mit Blick auf Europa hatte sich zu einem riesigen, kosmopolitischen Kopf auf einem gigantischen, fast unbewohnten Körper aufgeschwungen. Buenos Aires war der Schienenknotenpunkt, die Schlachtbank, wo das Vieh (auf Englands Altar) geopfert wurde, das Zentrum des Landes.

Ein vielgestaltiges Herz: Seine Architektur spiegelte die gesamte Welt wieder. Warum einen Stil dem anderen vorziehen, wenn dort an der sumpfigen Küste doch die ganze Welt gestrandet war? Berauschende Freiheit! Es schien gerade so, als habe jeder einzelne Architekt Freude an diesem kindlichen Theaterspiel des »So-tun-als-ob« gehabt. »Laß uns den Engländern nacheifern. Oder den Spaniern. Oder lieber dem gotischen Mittelalter. Vielleicht doch dem Barock. Besser noch den Mauren! Wie wenn Kinder ihre Eltern imitieren, übertrumpfte Buenos Aires noch seine Vorbilder. Der Nordamerikaner Waldo Frank, zitiert in Navarros und Frasers Evita-Biographie, schrieb 1931: »Nirgends wirkt der italienische Stil der kaleidoskopisch bunten Mischung so bombastisch wie in Buenos Aires; nirgends erlangen Hospitäler, Clubs, private und öffentliche Gebäude eine solche Ausdruckskraft.«

Und doch erlebte die Puzzle-Stadt ihre Menschenfülle als etwas Bedrohliches. Nicht einmal in dieser Zeit des Wachstums und des Stolzes traf man auf Spuren des New Yorker Optimismus. Das hatte sicherlich mit der Krise zu tun. Doch da war noch etwas anderes: eine seltsame Melancholie, ein Hang zur Vergangenheit, der den nordischen Städten fremd war. Der Hafen mit der tragischen Seele suchte verzweifelt nach einer Identität, ohne zu erkennen, daß er bereits eine besaß. Was war diese Üppigkeit, die vielfältige Zersplitterung denn sonst? Und doch stellte man sich weiterhin von Europa übernommene Fragen (»Wer bin ich?«), als müßte die Identität notgedrungen eine unteilbare sein; man wollte nicht erkennen, daß die Antwort im Spaß am bunten Kaleidoskop lag.

Evita war die Hauptstadt nicht ganz fremd. Zu ihrer großen Enttäuschung hatte sie schon früher feststellen müssen, daß es nirgendwo weiße Telefone oder Satinlaken gab. Doch ihre Aufenthalte waren immer nur kurz gewesen, und die Mutter hatte sie mit ihrem Leibesumfang beschützt. Jetzt war sie ganz auf sich allein gestellt: Evita allein in Buenos Aires, ein ausgesprochenes Fliegengewicht. In solchen Momenten spürt man mehr denn je die eigene Nicht-Existenz. Wo würde sie enden? Wo war sie überhaupt?

Nach der ersten Version kam sie bei der Kusine der Schauspielerin Maruja Gil Quesada unter, die wiederum mit Magaldi befreundet war. Ein Augenzeuge, Eduardo del Castillo, den Borroni y Vacca zitieren, beschreibt ausführlich die Wohnung besagter Kusine in der Calle Sarmiento: »Sie hatte eine sehr hohe Decke und einen halbmondförmigen Balkon.« Doch nach anderen Zeugenaussagen soll Evita sich zunächst in einer mehr als bescheidenen Pension eingemietet haben, ohne jede Spur eines Balkons mit mütterlichen Rundungen. Beide Versionen sind sich einig, was das Stadtviertel betrifft: Sowohl das Haus der Kusine als auch die Pension sollen in der Nähe des Kongreßgebäudes gelegen haben.

Wenn sie ausgehen wollte, war Evita also nur zwei Schritte von dem Platz entfernt, auf dem eine ungewöhnlich nachdenkliche Figur stand, das Kinn in die Hand gestützt: Rodins DENKER. »Der echte, keine Kopie«, beeilten sich die Porteños zu versichern, stolz darauf, wenigstens einen echten Denker zu besitzen. Doch auch hierin irrten sie: Der DENKER in Buenos Aires ist zwar keine Kopie, aber doch ein Doppelgänger, das heißt eine Zwillingsfigur des DENKERS in Paris. Aber war ein Doppelgänger nicht ein noch stärker vergeistigter Zustand, folglich noch meditativer, sprich argentinischer? Zweifellos machte das Standbild die Plaza del Congreso zum idealen Ort, um über die Vergänglichkeit der Welt zu sinnieren. Hier fütterten die Rentner die Tauben mit Maiskörnern, ganz in die philosophische Betrachtung des vorbeiziehenden Lebens versunken. Ein Leben, das die gesamte Avenida de Mayo füllte, den Brennpunkt des politischen Geschehens, eine direkte Verbindung zur Casa Rosada.

Doch die Avenida de Mayo hatte noch einen anderen, weniger prächtigen Aspekt. Zu Ehren der im alten Mutterland Geborenen auch »Avenida de los Españoles«, Avenida der Spanier, genannt, wimmelte es hier von spanischen Immigranten, die ihre Zeit damit zubrachten, fettgebackene und mit Puderzucker bestreute Churros in dickflüssige heiße Schokolade zu tunken. Unterwegs wird Evita mehr Interesse für die Churros als für die rosafarbene Fassade des Regierungsgebäudes gezeigt haben. In ihren kühnsten Träumen wird sie sich nicht ausgemalt haben, daß sie eines Tages auf diesem Balkon der Macht stehen würde.

Benigno Acossano, einer von Evitas Biographen, der die Variante mit der Pension vertritt, nennt einen Namen: Giovanni oder Giovannone, ein weiterer Freund von Doña Juana. Ein alter Nachbar aus Junín, ein gewisser Müller, hat uns bestätigt, daß sich Reisende aus Junín in Buenos Aires im Restaurant von Giovannonis Pension trafen. Möglicherweise hat Evita anfangs in diesem Restaurant gegessen, wenn auch nicht lange, denn schon bald befolgte sie wieder die Diät, die sie sich angesichts der mütterlichen Schnitzel selbst auferlegt hatte.

Nichts besser in solchen Fällen als ein guter heißer Mate. Das Ritual des Matetrinkens, wenn man diesen Tee mit spitzen Lippen durch ein Silberröhrchen einsaugt, ist mit Hast unvereinbar. Ein Alleinstehender, der schnell etwas zur Beruhigung des Magens braucht, brüht am besten drei oder vier Löffel dieses wohltuenden Krauts in einem Topf mit Wasser auf. Wenn Not herrscht, reicht der Aufguß vom Vorabend, weiß doch der Tango von noch schlimmeren Fällen: »Und hast du nicht mal … Kraut von gestern zum Trocknen in der Sonne …«. Dann muß man das grüne Naß in großen Schlücken trinken; ein leichter Bodensatz bleibt in der Tasse zurück, und Frieden hat die Seele. Der Volksmund irrt nicht, wenn er den aufgebrühten Mate auch »grünes Schnitzel« nennt, denn häufig ersetzt der Matetee mit dem pelzigen Bodensatz eine Mahlzeit.

Später sollte der Peronismus dem Elend, das Evita in den Jahren 1930 bis 1940 erlebte, den Jahren der Volksküchen und des Wahlbetrugs, auch einen Namen geben. Diese zehn Jahre nannten sie das »Jahrzehnt der Schmach«. Hätte sie das damals gewußt, hätte es ihr mindestens so wohl getan wie das Matetrinken. Doch noch erlitt sie die Schmach am eigenen Leib, ohne sie zu benennen zu können. Als sie Perón kennenlernte, der die passenden Worte für diese Schmach, für den Hunger und alles andere gefunden hatte, machte sie sich diese Worte eifrig zu eigen, wiederholte sie unablässig wie ein »Sesam öffne dich«.

Mit fünfzehn war ihr diese magische Formel leider noch fremd. Dazu mangelte es ihr auch am Wortschatz, an der korrekten Aussprache und an strahlender Schönheit, um die fehlenden Worte zu ersetzen. Da sie ums Überleben kämpfen mußte, blieb ihr keine Zeit für Schauspielunterricht. Allerdings ist fraglich, ob sie unter anderen Umständen welchen genommen hätte. Nur wenige Theaterleute besuchten das Conservatorio, die Schauspielschule. Nach ihrer Ankunft in Buenos Aires lernte Evita nur kennen, was ihr zu Recht wesentlich schien: wichtige Leute aus Theaterkreisen. Wem man sich vorstellen, und in welchen Cafés im Stadtzentrum man Kontakte knüpfen mußte.

Wahrscheinlich war Magaldi ihr am Anfang nützlich, um den Theaterregisseur Joaquin de Vedia und den Schauspieler José Franco kennenzulernen. Später, als ihr schmales Gesicht in Künstlerkreisen bekannt war, klopfte Evita direkt an die Theatertüren. Es ist jedoch anzunehmen, daß ihr jemand half.

Ihre erste Erfahrung in der Welt des Theaters ließ sie erkennen, daß berühmte Regisseure, Schauspieler und Theaterkritiker kleine Debütantinnen nur so herumstoßen konnten. Evita hatte eine Welt voller Intrigen betreten, schäbig wie Junín, nur noch übler. Doch das kannte sie schon, und wie früher hüllte sie sich in Schweigen. In dieser anderen »kleinen Hölle« war nicht mehr Doña Juana der Gesprächsstoff, sondern sie selbst. Man fand sie unscheinbar und wartete hämisch grinsend auf ihren Fehltritt, der so unausweichlich schien, als sei er ihr in die Linien der Hand eingeschrieben.

José Franco und Joaquín de Vedia gaben ihr ihre erste Rolle in einem Stück mit dem Titel »Señora Pérez«. Evita war das Dienstmädchen, das verkünden mußte: »Es ist serviert«. Nur vier einfache Worte, die sie offenbar korrekt hervorbrachte, da die Truppe von Eva Franco, Francos Tochter, ihr noch Rollen – natürlich stumme – in zwei weiteren Stücken gab, mit den vielversprechenden Titeln »Cada Casa es un mundo« (Jedes Haus ist eine Welt) und »La dama, el caballero y el ladrón« (Die Dame, der Herr und der Dieb). Die Premiere der »Dame« fand am 2. Januar 1936 statt, ein Jahr nach ihrem Fortgang. Ein ganzes Jahr! Wie schnell verging doch die Zeit in Buenos Aires! Und wie fern die geruhsamen Zeiten, als ein Jahr wie hundert Jahre war. Jetzt führte sie ein Leben, wie sie es verdiente: schnell und aufregend. Es stimmt zwar, daß die Kritiker höchstens ihre Zurückhaltung lobten. Doch allzu schlecht beurteilte man sie auch nicht. Und trotz der schlechten Gage hatte sie ohne Unterbrechung gearbeitet. Die Bilanz schien insgesamt positiv. Nach der letzten Vorstellung von »La dama« folgte jedoch eine schwierige Zeit ohne Perspektive. Und da Armut unstet macht, sagten die Leute bald leicht schmunzelnd: »Sie zieht so häufig um, daß sie in meinem Adreßbuch schon die ganze Rubrik D füllt.«

Dieses unstete Leben zog sich bis Mai hin. Vier Monate, in denen sie, um sich Mut zu machen, ständig ihren Triumph vor Augen gehabt haben muß, aber auch die Gefahr, als sie nämlich die Rolle einer Schwester Napoleons in MADAME SANS GENE von Moreau und Sardou spielte. Das Empirekleid brachte ihren Alabasterteint zur Geltung. »Das Kleid einer wichtigen Persönlichkeit, die Macht hat und gerne davon Gebrauch macht«, sollte Eva Franco später nicht ohne Anspielung sagen. Anzunehmen, daß die hohe Taille die Rundungen der Brust betonte.

Was tun, wenn man nicht viel vorzuweisen hat? Evita behalf sich insgeheim mit einem Paar aufgerollter Strümpfe.

Entzückt von diesen vorgetäuschten Rundungen, schickte ein Zuschauer ihr Blumen. Eva, ohne Nachnamen. Automatisch fühlte der Star der Vorstellung sich angesprochen. Umso erstaunter war sie, als sie erkennen mußte, daß die Visitenkarte mit Goldrand einer anderen, bisher fast unsichtbaren Eva galt. Eva Duarte. Wegen dieser unglückseligen Blumen blieb ihr Verhältnis fortan gespannt. Bald spielte Eva – die glücklose Eva mit dem Elfenbeinteint – ihre letzte Rolle in dieser Truppe.

Während der Proben zu MADAME SANS GENE trieb man mit Eva einen plumpen Scherz. Ihre lieben Kollegen hatten gedrängt, Eva solle ihre schauspielerischen Fortschritte beweisen, indem sie mit einer Kerze auf dem Kopf auf einen Tisch stieg. »Die Wahrung des Gleichgewichts ist wichtig für einen Künstler«, meinten sie. Das arme Mädchen, das seine Gedichte auf Teufel komm raus jedem vortrug, der sie hören wollte, bestieg tatsächlich mit einer brennenden Kerze auf dem Kopf den Tisch. Doch als sie oben stand, vernahm sie das schadenfrohe Gelächter. War es möglich, daß diese Schadenfreude, die sie so sehr an ihre Kindheit erinnerte, auch hier unter den Künstlern verbreitet war? Nun wollte sie wenigstens elegant wieder auf den Boden springen. Doch vergeblich: Der Gedemütigte tut sich schwer, sich elegant zu zeigen. Sie traf so ungeschickt mit den Absätzen auf, daß diese zu allem Unglück bei dem heftigen Aufprall auch noch abbrachen.

Das einzig Positive war: Da Hitze den Appetit raubt, ist die Arbeitslosgkeit im Sommer weniger hart als im Winter. Im Herbst nahm die Truppe von Pepa Muñoz, Eloy Alfaro und dem bereits erwähnten José Franco sie erneut unter Vertrag. Die Stücke, bei denen Evita meistens stumm mitwirkte, waren naive, volkstümliche Komödien. Anders war nur das Stück EL BESO MORTAL (Der tödliche Kuß) von Loic Le Goudariec, mit dem der jungen Schauspielerin innerhalb derselben Truppe unter José Franco ein Rollenwechsel gelang. Mit dem tödlichen Kuß war die Syphilis gemeint, ein aufregendes Thema für ein wenig an das Thema Hygiene und Sex gewöhntes Publikum; Eva spielte hier eine Krankenschwester.

Damals war eine Theatertournee ein wahres Abenteuer. Wenn man wenig einnahm, mußte jeder zusehen, wie er auf eigene Faust nach Buenos Aires zurückkam. Wiederholungen wurden nicht bezahlt. Jeder Schauspieler mußte selbst für seine Kostüme sorgen. Nach einer anonymen Zeugenaussage, auf die Navarro und Franco sich berufen, spotteten die Regisseure über die schlechte Kostümierung der Schauspielerinnen: »Was für eine Schauspielerin bist du eigentlich, wenn dein Freund dir nicht mal ein paar ordentliche Klamotten kaufen kann?« An Wochentagen gab es zwei Vorstellungen und an Sonn- und Feiertagen drei. Der Schriftsteller David Viñas schildert die Situation folgendermaßen: »Es waren die guten Zeiten der Republik, als noch die Großgrundbesitzer den Ton angaben. Das Theater wurde damals geführt wie eine Estancia.« Zu Evitas stummen Rollen meint er, sie hätten »die anonyme, schweigende Masse des Volkes«, mit anderen Worten »die Volksseele« repräsentiert.

Will man Fanny Cúneo glauben, ebenfalls zitiert bei Navarro und Fraser, hielt sich die Truppe in Mendoza auf, als José Fraser in Evitas Garderobe kam und mit der Miene eines Estancieros meinte: »Wenn du nicht mit mir schläfst, bist du gefeuert.« Wenn sie gewußt hätte, daß sich zur gleichen Zeit in ihrem Hotel, dem Royal, ein junger Bergtruppenleutnant namens Juan Domingo Perón eingemietet hatte!

Sie bat einen guten Freund, den Souffleur der Truppe, um Rat, der ihr wohl zur richtigen Antwort riet, denn Franco entließ sie nicht. Doch dann kam seine Ehefrau extra nach Rosario, um nicht nur ihrem Mann eine Szene zu machen, sondern auch Evita, denn, wie es auch im Tango heißt, immer ist die Frau schuld. Zurück in Buenos Aires, verließ die übel behandelte Eva die Truppe.

Diese Information verdanken wir Carmen Llorca, einer weiteren Evita-Biographin, nach deren Aussage sie José Franco Jahre später einen wichtigen Posten in ihrer Wohlfahrts-Organisation verschaffte. Daraus schließt die Autorin, daß die Beziehung zwischen beiden harmlos gewesen sei. Vorstellbar wäre aber auch, daß sie es genoß, den Feind mit einer Flut von Gunstbeweisen zu demütigen.

Eine letzte Anekdote hinsichtlich der Familie Franco gibt uns eine genauere Vorstellung von Josés Charakter. Immer noch in Mendoza, einer Stadt voller Möglichkeiten und Gefahren, wie man sehen konnte, wurde eine Darstellerin krank. Es war zwar nicht die Syphilis, aber doch eine ansteckende Krankheit. Der Regisseur verbot seinen Leuten, sie im Krankenhaus zu besuchen. Doch Eva tat sie leid, und sie besuchte sie heimlich. Diese gibt ihr den »tödlichen Kuß« und steckt sie an. Viele Jahre später sollte Evita Tag für Tag Hunderte von Elenden empfangen, unfähig, einen Leprakranken, eine Frau mit von Narben entstelltem Gesicht oder auch nur einen Straßenjungen voller Läuse zu sehen, ohne sie allesamt abzuküssen, mehr darum besorgt, sie nicht zu verletzen, als darum, sich selbst in acht zu nehmen.

Der Theaterdirektor, der das arme Mädchen nach ihrer Rückkehr von der Tournée wieder unter Vertrag nahm, hieß Pablo Suero, genannt Sapo, der Frosch. Vom Autor César Tiempo stammt das Urteil: »Ein super-hetero-analgetischer Skorpion, und noch dazu Spanier«. Frosch oder Skorpion, Sapo war fettleibig mit hervorquellenden Augen. Seine Tage verbrachte er an einem Tisch im Café Real, in der Avenida Corrientes, einer neu verbreiterten Straße voller Theater und Leuchtreklamen, stolz auch »die Straße, die niemals schläft« genannt. Inmitten stickiger Dunstschwaden und dem Geruch nach ranzigem Fett standen die arbeitssuchenden Starlets vor diesem Tisch Schlange und ließen sich eine nach der anderen von den haarigen Händen dieses Kerls mit der glänzenden Knollennase und dem fetttriefenden Doppelkinn aufs Hinterteil tatschen, nur damit er ihnen aus der Patsche half. Evita, die seit Ende der Tournée das Pensionszimmer und den aufgebrühten Mate mit zwei Leidensgenossinnen teilte – Fina Bustamante und Anita Jordán –, nahm es zähneknirschend in Kauf. Immer noch besser, als mit »welker Stirn« zur Mutter heimzukehren, wie es bei Gardel im Tango »Volver« von einer Heimgekehrten heißt. Im Dezember 1936 gab Sapo ihr die Rolle der Catalina in LAS INNOCENTES (The innocents, Die Unschuldigen) von Lilian Hellmann. Nun mußte sie, die selbst mit der Muttersprache Schwierigkeiten hatte, auch noch »Ferebant« auf Latein sagen und dann auf Spanisch »sie ist so schwer von Begriff, daß sie mehr als einen Tag braucht, um ihre Lektion zu lernen«. Es war der längste Text, den sie je gesprochen hatte. Eine nicht namentlich genannte Schauspielerkollegin, auf die sich Navarro und Fraser berufen, behauptete, Evita habe keine Probleme gehabt, die Naive zu mimen. »Sie hatte kastanienbraune Augen, sehr rote Lippen und einen durchscheinenden, zarten Teint wie Magnolien. Sie mimte die Unschuld in Person, und das war sie auch: Im Grunde war Evita die reine Unschuld.«

Einmal hatte der Hetero-Analgetische ein paar Schülerinnen von der Theaterschule eingestellt, Mädchen aus der Mittelklasse, die sich nicht die Hacken abliefen, nur für eine Tasse Milchkaffee. Zur ersten Wiederholung erschien Evita an Sapos Arm, in einem einfachen, doch sorgsam gebügelten blauen Popelinekleid. Leider war aber gerade Seide in Mode. Die Blümchenkleider mußten aus Seide sein und vor allem die rauchfarbenen Strümpfe, und die von Evita waren ungebührlich blickdicht. Die Mädchen waren erstaunt, als Sapo mit seinem jungen Schützling eintraf; Evitas mit langen weißen Bändern bis zur Wade hochgebundene Alpargatas verschlugen ihnen schier die Sprache. Überflüssig zu sagen, daß Evita sie nicht aus Nostalgie trug. Zunächst herrschte betretenes Schweigen und dann übertriebene Freundlichkeit, die Evita zurückwies, indem sie sich wie üblich in Schweigen hüllte. Sie wußte sehr wohl, daß nicht nur Unhöflichkeit, sondern auch auffällige Liebenswürdigkeit erniedrigend sein kann: wenn der Gesprächspartner sich mit zuckersüßer Stimme an einen wendet, als spräche er im Krankenhaus mit einem unheilbar Kranken.

Die Anekdote mit den Alpargatas stammt von Benigno Acossano. Sie wurde überall erzählt. Andere Zeugen, etwa der Schauspieler Raúl Rossi, finden die Episode jedoch empörend. Selbst ganz zu Anfang ihrer Laufbahn kleidete Evita sich ganz normal. Diese Empörung ist verständlich. Zu oft haben eingefleischte Antiperonisten solche Details, angeblich in reiner Naivität, mißbraucht. Wie einige andere Biographen, etwa Mary Main, Damonte Taborda oder Román Lombille, gilt Benigno Acossano als Verleumder. Bei dieser Fülle tendenziöser Einzelheiten muß man Phantasie und echte Beobachtung sehr wohl unterscheiden. Der haßerfüllte Blick ist gemeinhin entlarvender als blinde Liebe. Unsere Feinde kennen uns vielleicht besser als unsere

Freunde. Warum sollten wir also eine Bemerkung von Damon Taborda verschweigen, der zu erzählen weiß, daß Evitas Daumen im Verhältnis zu den übrigen Fingern auffällig kurz waren? Wenn es um Fakten, Daten und Namen geht, können wir uns irren oder vorgeben, uns zu irren. Nur das mit eigenen Augen Gesehene überdauert die Zeit.

Die Truppe trat in Montevideo auf. Während die anderen Mädchen in Begleitung ihrer Mütter reisten, mußte Evita mit ihren Koffern und ihren Nerven allein zurechtkommen. Die Strandspaziergänge versüßten ihr allerdings den Aufenthalt in dieser Stadt. Glücklicherweise sahen ihre Kollegen anziehender aus als Sapo, wenn auch ebenso stumpfsinnig. Ein junger Uruguayer aus guter Familie meinte: »Evita war attraktiv, aber durchschnittlich: weder sehr intelligent, noch allzu dumm. Ein Mädchen wie Dutzende, und von sehr bescheidener Herkunft.«

Acossano verrät mit der Absicht, das mit dem kurzen Daumen zu erzählen, ein weiteres Detail, das unfreiwillig rührend wirkt. Eines Abends, als Evita in ihr Hotel in Montevideo zurückkehrt, trägt sie ein wenig dezentes Seidenkleid (sicherlich, weil sie es leid war, als unscheinbar zu gelten), dazu Seidenstrümpfe und Schuhe mit atemberaubend hohen Plateausohlen, eine überdimensionale Handtasche und ein Hütchen mit einer Rose. Die anderen Mädchen folgen ihr ins Zimmer, wo sie sich ungerührt entkleidet, als sähe sie das Staunen der anderen nicht. Daraufhin geben sich die Mädchen ebenfalls desinteressiert und schielen nur aus den Augenwinkeln auf den Spitzenbüstenhalter und den Unterrock aus lachsfarbenem Seidensatin. In dem Moment klopft es an der Tür, und ein riesiger Blumenstrauß wird für Eva Durante abgegeben (der Grund für die zeitweilige Namensänderung ist unbekannt), so groß, daß er den ganzen Raum ausfüllt. Ein so üppiger Blumenstrauß gilt als Zeichen des Erfolgs. Die Mädchen vergessen ihre Zurückhaltung, stürzen sich auf Eva, schütteln sie, umarmen sie und bestürmen sie mit Fragen. Nun bricht Evita ihr Schweigen, ihre Wangen röten sich, sie findet ihre Worte wieder, von den Händen weichen Kälte und Feuchtigkeit, und dann erzählt sie lachend, was geschehen ist, fühlt sich einen wenn auch nur kurzen Moment lang von menschlicher Wärme umgeben.

Zurück in Buenos Aires suchte sie Sapo wieder auf. Der Frosch bereitete gerade ein Theaterstück im Teatro Astral vor. Evita war nicht mehr in Seide, sondern in bedruckten weißen Kattun gekleidet. Im Ausschnitt trug sie eine große grüne Blüte. Zum Glück war ihr Gesicht im folgenden Vorfall fast völlig von der breiten Hutkrempe verdeckt. Der Warteraum war überfüllt mit Darstellern, die wie Eva ihre Dienste anboten. Als sie sich anmeldete, riß Sapo die Tür auf und brüllte: »Laß mich endlich in Frieden! Ich bin ein verheirateter Mann!« Es folgte eine Flut von Verwünschungen. Eva erwiderte sanft, sie wolle nur Arbeit, woraufhin dieser Mann wenig galant meinte: »Nur weil ich mit dir geschlafen habe, muß ich dir noch lange keine Arbeit geben!« Die Zeugen wohnten dieser Szene wie erstarrt bei. Eine anwesende Schauspielerin meinte laut Navarro und Fraser, Evita habe kaum ein Wort hervorgebracht. Ihre Stimme habe noch sanfter oder noch erstickter geklungen. Alles Blut sei ihr aus dem Gesicht gewichen.

Nach diesem Vorfall hatte sie eine Zeitlang Ruhe: Sie spielte in einem Stück von Pirandello mit, DIE NEUE KOLONIE, unter der Regie von Armando Discépolo, einem hervorragenden Theaterschauspieler (MATEO, HOMBRE DE HONOR, MUSTAFA) und völlig anders als Sapo. Allerdings hatte Evita in diesem bekannten Stück, das weniger als eine Woche auf dem Spielplan stand, in einer kleinen Nebenrolle nur vier Worte zu sagen. Doch zumindest machte niemand sie schlecht, und der Theaterkritiker Augusto A. Guibourg hielt sie ausnahmsweise mal nicht für »unauffällig«, sondern fand sie sogar »anmutig«.

Am 5. März 1937 feierte LA NUEVA COLONIA Premiere. Seit der Szene mit Sapo hatte Evita kurzzeitig keine Beschäftigung gehabt. Nichts im Vergleich zu dem, was sie noch erwartete: 1937 war das schlimmste Jahr ihres Lebens. Was tat sie in den Monaten der Arbeitslosigkeit? Und was machte sie in den zwei Monaten nach dem Stück von Pirandello und einer ersten, doch folgenlosen Begegnung mit dem Film (eine Nebenrolle in SEGUNDOS AFUERA – Sekunden draußen – von Chas de Cruz)?

Sagen wir es rundheraus: Eva hat das Schicksal der »gefallenen« Mädchen ereilt, das der Tango mal klagend, mal zornig, doch stets mit Verve besingt. In den zwanziger Jahren hatten die Pariser Prostituierten den »Weg über Buenos Aires« gesucht, weil sie vom Großgrundbesitzer mit dem pomadisierten Haar träumten, der sie aus der Gosse auflesen würde: vom steinreichen Estanciabesitzer, der ihnen Jahr für Jahr hyperelegant, blendend aussehend, attraktiv und geheimnisvoll mit seinem blassen Teint und den pechschwarzen Augen in Paris begegnet war. Noch eine andere Sorte erfolgreicher Argentinier fuhr nach Paris, von Kopf bis Fuß in Leder gekleidet und angeblich mit blitzenden Goldzähnen: die »Hochstapler«. Nicht nur die Prostituierten schifften sich nach Buenos Aires ein, sondern auch polnische Jüdinnen, die eine Organisation jüdischer Mädchenhändler, die Migdal, mit der Aussicht auf eine gute Partie lockte und die sich dort plötzlich als Gefangene eines Bordells im Hafenviertel La Boca wiederfanden. Diese polnischen Mädchen bleiben im Tango unerwähnt. Das Schicksal der französischen Prostituierten, die nach zehn Jahren ihren ESTANCIERO immer noch nicht gefunden hat und wie alle unter der Wirschaftskrise leidet, hat er hingegen ausführlich beklagt. Arme MADAMA! Wie konnte diese frauenverachtende Musik so einfühlsam den Schmerz der »armen Französin«, die unter Heimweh leidet, besingen? Die Antwort liegt auf der Hand: Der Tango hat auch die kleine, von den Männern mißbrauchte Porteña nicht vergessen. Damit der Macho im Tango einen Moment lang seine Mutter und sein verletztes Ego vergessen konnte und sich vom Schicksal der Frau rühren ließ, mußte wohl erst das schreckliche Elend der Wirtschaftskrise jener Jahre kommen.

Evita war nicht wie diese Frauen. Ihr hatten die Männer wie der Milonguita im Tango Leid zugefügt, doch sie empfand eine Berufung, von der sie erfüllt war, ja so besessen, daß sie zu jedem Opfer bereit war, um nur ihr Ziel zu erreichen. Während ihrer Zeit als Künstlerin erfolgte die Wahl ihrer jeweiligen Liebhaber nur nach einem Prinzip: Sie wollte eine Rolle. Die anderen waren dann nützlich, wenn sie keine Arbeit hatte, doch nur solange die Durststrecke bis zum nächsten Film oder zum nächsten Theaterstück anhielt. Ein Mann, der sie nur protegierte, ohne ihr zum Erfolg zu verhelfen, kam für sie nicht in Frage, denn Männer galten ihr nur als Mittel, nie als Ziel. Ein notwendiges Übel: Ohne sie lief nichts. Das war ihre Lebensstrategie. Es wäre falsch, das zu leugnen. Daß sie sich mit ihrer Freundin Juanita Larrauri vor dem Eingang zum Radiosender postierte und darauf wartete, daß ein Mann sie einlud, ist eine Tatsache. Es stimmt auch, daß sie einwilligte, mit einem anderen Mädchen und zwei Unbekannten ein Wochenende auf einer Tigre-Insel zu verbringen, und ein Freier sie als vulgär verschmähte. »Sie als Geliebte zu halten, war teuer – hat uns ein Dritter verraten (alle Zeugen wollen anonym bleiben). Sie war immer kränklich und brauchte teure Medikamente«. Welche Medikamente? »Kalziumspritzen, die ihr Doktor Pardal verordnete«, wissen wir von einem Freund des Arztes, Doktor Larrauri. Kalzium gegen Unterernährung.

Der Freier, der sie vulgär fand, stieß sich wohl an ihrem Slang. Eine saloppe Sprache, die damals nur die Prostituierten hatten. Erst seit den sechziger Jahren fanden die sogenannten emanzipierten Frauen bestimmter kultureller Kreise in Buenos Aires Gefallen daran, derbe Flüche auszustoßen. Sogar in diesem Punkt war Evita eine Pionierin. Nebenbei gesagt, war sie berüchtigt wegen ihrer derben Ausdrucksweise. Während der Zeit der Macht liebte sie es, Minister oder Botschafter mit unverblümten Beschimpfungen zu überschütten, mit Worten, die innerhalb dieser rotbespannten Wände noch nie gefallen waren. Doch sie legte sich nur mit wichtigen Persönlichkeiten an. Ihre CABECITAS NEGRAS, die Dunkelhäutigen, behandelte sie mit ausgesuchter Höflichkeit. Ihre Opfer suchte sie sich unter den Mächtigen dieser Welt. Auch hier zeigte sie zwei Gesichter, je nach dem gesellschaftlichen Stand ihres Gegenüber. Nur das arme Volk hatte ein Anrecht auf ihr Lächeln und durfte sie Evita nennen. Wenn sie diese Sprache bei dem zimperlichen Verehrer vom Tigre benutzt hat, der sie zurückwies, dann weil sie sich als die Prostituierte gab, die er in ihr sehen wollte, eine Art, ihm ihre Verachtung zu zeigen.

Als ihre Schwester Erminda eine Brustfellentzündung bekam, eilte Evita nach Junín, um am Krankenbett zu wachen. Ihre Mutter und Schwestern nutzten die Gelegenheit, um zu versuchen, sie zur Heimkehr zu bewegen, sie zu bitten, ihre Illusionen aufzugeben. Doch sie ließ sich nicht erweichen.

Seit dem Tag ihrer Abreise hatte die dickköpfige Baskin sich nicht verändert. »Ich komme wieder«, hatte sie erklärt, »aber erst später, wenn ich Erfolg habe.«

Tatsächlich lernte sie 1937 den chilenischen Journalisten und Direktor des Magazins SINTONIA und ehemaligen Rennfahrer Emilio Kartulowicz kennen. Vacca und Borroni halten das für verbürgt und meinen, Evita habe ihm eine kleine Nebenrolle in SEGUNGOS AFUERA zu verdanken gehabt. Marysa Navarro hat sich allerdings die Mühe gemacht, Evitas Lebensweg Tag für Tag zu verfolgen, und was sie schildert, ist ein weiterer Winter voller Elend. Wieder ohne Arbeit, hatte unsere Vagabundin sich auf durchlöcherten Sohlen und mit leerem Magen ins Abenteuer gestürzt, was bedeuten würde, daß ihre Begegnung mit Kartulowicz später stattfand, entweder vor oder nach der Premiere von NO HAY SUEGRA COMO LA MIA (Keine Schwiegermutter ist wie meine). Dieses brandaktuelle Thema muß die Massen begeistert haben, denn es blieb von November 1937 bis März 1938 auf dem Spielplan. Außerdem wurde es von Radio Splendid ausgestrahlt, was Eva wenig Mühe kostete, da sie wieder nur eine stumme Nebenrolle hatte. Aber das war nebensächlich. Zumindest hatte sie Arbeit und somit diesem Jahr 1937, das wie verwunschen schien, ein Schnippchen geschlagen. Anfang März brachte ein Radiowettbewerb, organisiert vom Magazin SINTONIA, sie mit Emilio Kartulowicz zusammen.

Ob wahr oder erfunden, die Liste ihrer Liebhaber aus dem Künstlermilieu ist lang. Und dennoch gebührt diesem Mann mehr Aufmerksamkeit als anderen. Neben Perón war er der einzig wichtige Mann in ihrem Leben. Man muß sich klarmachen, was SINTONIA für sie bedeutete, das Filmmagazin, in dem sie in Junín gelesen hatte, auch die Biographie von Norma Shearer. Das Herz muß ihr in Ehrfurcht erstarrt sein. Diese Lektüre war es doch eigentlich, warum sie nach all den Jahren an diesem Wettbewerb teilnahm. Es ging um eine Rolle in LA GRUTA DE LA FORTUNA (Die Glückshöhle), einer Komödie, die Pierina Dealessis Truppe im Teatro Liceo aufführen sollte. Eigentlich hätte Evita sich Kartulowicz mit den Worten vorstellen müssen: »Ihretwegen bin ich hier.« Was sie tatsächlich sagte, ist nicht bekannt, doch man weiß, daß sie sich auf der Stelle in ihn verliebte.

Natürlich liebte sie ihn auch wegen seiner Macht. Neben der Liebe suchte sie immer das eine: Protektion, eine Empfehlung, ein Foto in der Zeitschrift, was ihre Gefühle keineswegs schmälerte. Um sich gegen den Vorwurf zu wehren, die Männer nur wegen ihres Geldes zu lieben, sagt Marylin Monroe in BLONDINEN BEVORZUGT, Geld sei ein Teil von ihnen, und mit dem Geld liebe man gleichzeitig den Mann. Das war die Art, auf die Evita den Chilenen slawischer Abstammung liebte, weil er groß gewachsen war, stark, warmherzig und eben auch mächtig. Ein sportlicher, gestandener Mann, noch in seinen besten Jahren und in der Lage, ihr zu helfen: ihr Traum vom Prinzen, der ihr später in der Gestalt eines anderen, äußerlich nicht weniger stattlichen und ebenso sportlichen Mannes begegnen sollte. Diese Liebe diente ihr quasi als Generalprobe. Hätte sie nur schäbige Affären erlebt, hätte Peróns Liebe bei ihr kein Echo gefunden.

Kartulowicz veröffentlichte tatsächlich ein Foto von Evita. So bezahlte er mit dem, was ihm zur Verfügung stand, für eine Liebe, die ihn bald beängstigte. Zu leidenschaftlich, um berechnend zu sein, war Evita alles andere als die kokette Verführerin. Doña Juana hätte dort sein müssen, um ihr mit mütterlichen Ratschlägen zur Seite zu stehen: »Es ist falsch, ihn zwanzigmal am Tag anzurufen. Hab deinen Stolz.« Mauricio Rubinstein bestätigt laut Borroni und Vacca, Evita im Flur der Redaktion gesehen zu haben, wo sie, sich die Nägel feilend, zwölf Stunden lang auf Kartulowicz wartete. Und die Darstellerin Juanita Quesada, die mit Evita bei Radio Belgrano zusammengearbeitet hatte, gestand ihrer Schwester, die es uns bestätigte: »Evita hatte kein Glück mit Männern. Sie verfolgte und langweilte sie. Als Kartulowicz seine Wochenenden mit anderen Mädchen im Tigre verbrachte, verfolgte sie ihn bis dorthin.« Ehrlich, direkt, mit Leidenschaft im Herzen, wenn schon nicht im Körper, mochte und konnte sie nicht um die Dinge herumreden und platzte immer gleich heraus. Auch mit dieser

Strategie lebte sie im falschen Jahrzehnt. Im Buenos Aires der sechziger Jahre hätte sie ungestört fluchen können wie ein Fernfahrer und unverblümt ihre Gefühle äußern, ohne daß man sie schräg angesehen hätte.

Das Foto in SINTONIA war ihr zweifellos von Nutzen. Nach der Trennung von Kartulowicz erschienen noch weitere, woraus man schließen kann, daß er nicht der Schlechteste war. Laut Carmen Llorca soll Evita, als sie die Frau des Präsidenten geworden war, ihm das Papier für seine Illustrierte geschenkt haben, in einer Zeit, als die argentinische Presse unter Papiermangel litt. Doch andere glaubwürdige Zeugen behaupten, Kartulowicz sei von der Regierung verfolgt worden und schließlich nach Chile zurückgekehrt.

Daß Evita 1938 ausnahmsweise ein bescheidenes Auskommen hatte, verdankte sie einer Frau. Alles begann mit einer Rolle in LA GRUTA DE LA FORTUNA. Nach dem Wettbewerb war Evita zu Pierina Dealessis Truppe gestoßen. Als die italienische Schauspielerin die Kleine dort warten sah, bis sie an die Reihe kam, hatte es ihr im Herzen wehgetan, und so erbarmte sie sich ihrer. Später sollte sie folgendes Bild schildern: »Evita war ein durchscheinendes Etwas, dünn und zerbrechlich, mit schwarzem Haar und langem, schmalem Gesicht. Wir stellten sie für eine Hungergage ein. Wir arbeiteten sieben Tage pro Woche und gaben am Sonntag vier Vorstellungen hintereinander. Nachmittags trafen wir uns in der Garderobe, um gemeinsam einen Schluck zu trinken. Evita trank Mate, da sie aber eine angegriffene Gesundheit hatte, tat ich ihr immer ein wenig Milch hinein. Evita war so dünn, daß man durch sie hindurchsehen konnte. Vor Hunger, Elend und ein wenig aus Nachlässigkeit hatte sie immer feuchte, kalte Hände. Auch bei ihrer darstellerischen Arbeit war sie kalt, kalt wie ein Eisblock. Sie war kein Mädchen, das Leidenschaften weckte. Sie war sehr folgsam und schüchtern. Sie aß kaum. Fast könnte man denken, daß sie überhaupt nie aß. Als sie aus dem Elend heraus war, unterließ sie das Essen aus Zeitmangel. Die einzige Liebe ihres Lebens war ihr Bruder Juan, ein liebenswerter Taugenichts.«

Pierina Dealessi war alleinstehend, lebte mit ihrer Mutter zusammen und lud Evita immer mitfühlend ein: »Komm heute abend nach dem Theater zu uns schlafen. Es ist gefährlich, um drei Uhr morgens allein heimzukehren«. Neben ihrer bei der Einwanderung mitgebrachten Truhe richtete sie ihr dann ein Bett her.

Navarro und Fraser behaupten, in jenen unsteten Jahren habe Evita bei einem jungen Schauspieler gewohnt, der bereit war, sie zu heiraten. Der noble junge Mann hatte Evita eine kleine Wohnung eingerichtet, wo sie ein normales, unauffälliges Leben führte. Doch als sie eines Nachts in ihr Liebesnest heimkehrte, fand sie die Wohnung völlig leer vor. Der Schauspieler war fortgegangen und hatte alles mitgenommen, das Bett, den Schrank, die Töpfe. So kehrte Evita in ihre schäbigen Pensionen zurück.

John Barnes und Jorge Capsitski erzählen ebenfalls eine Geschichte von einer verlorenen Wohnung, nur daß es hier nicht um eine gelöste Verlobung geht, sondern um den liebenswerten Taugenichts. Der vergötterte Bruder hatte in Buenos Aires seinen Militärdienst abgeleistet und immer engen Kontakt mit Evita gehalten. Er war ihr engster Vertrauter. Sie verstanden sich auch ohne Worte, und Juancito durfte alles wissen, selbst das, was man sonst lieber für sich behält. Der Gerissenste der Familie machte gemeinsame Sache mit der abenteuerlustigen Schwester. Doch im Grunde genommen waren beide ausgesprochen naiv: Provinzler, die sich ungeheuer schlau vorkamen. Die Biographen datieren die Episode nicht, doch vieles deutet darauf hin, daß sie in die Jahre 1939 oder 1940 fällt. Evita hatte eine kleine Wohnung bezogen (Capsitski meint ein luxuriöses Hotelzimmer im Savoy), die sie mit einem reichen Industriellen teilen wollte. Da erfuhr sie die Neuigkeit: Juancito hatte Gelder der Sparkasse veruntreut, bei der er angestellt war. Evita verkaufte alles, um die Schulden zu zahlen, und bezog wieder ein Zimmer in einer Pension. Capsitski geht noch weiter und behauptet, sie sei in einer Mietskaserne untergekommen, der Theaterwelt par excellence, was sie wohl kaum zu schätzen wußte.

Am 1. Mai 1939 (das Datum, das der Peronismus zum Symbol erheben sollte) erfuhr Evitas Werdegang eine brüske Wende: Die Truppe des Hörfunktheaters begann mit der Ausstrahlung einer Reihe von Stücken von Héctor P. Blomberg. In den Hauptrollen: Eva Duarte und Pascal Pelliciotta. Evita war der Star der Truppe, und ein bekannter Autor schrieb ihr das Skript auf den Leib.

Im gleichen Monat erschien zweimal ihr Foto in der Illustrierten ANTENA, eins in Schwarzweiß, das andere als Titelfoto in Farbe: Zum Teil ist das kastanienbraune Haar auf dem Kopf über einem Haarkissen zu einer Rolle aufgetürmt, die ihr Gesicht einrahmt, und zum Teil fällt es offen auf die Schultern. Die halbfertige Frisur einer Evita, die noch nicht alle ihre Fähigkeiten gebündelt hat. Erst später gelang es ihr, das Haar ganz in einem strengen Knoten zu bändigen, und erst dann hatte sie ihr Schicksal völlig in der Hand. Aber wie kam es dazu, wer war Héctor P. Blomberg?

Er war ein Mann um die Vierzig. Als Romancier und Dichter war er mit seinen historischen, oft in der Rosas-Zeit angesiedelten Theaterstücken bekannt geworden, denn er gehörte einer nationalen Bewegung an, die den Diktator des 19. Jahrhunderts rehabilitieren wollte und gleichzeitig die Volkskunst hochhielt. Frei von jeder Ideologie, begann Evita erst, Erfolg zu haben, als sie sich mit einem Autor zusammentat, dessen Ideen bereits dem Peronismus vorgriffen.

Die Autoren der Gegenpartei rümpften entsetzt die Nase. Die argentinische Kultur eiferte in den 30er Jahren in erster Linie der französischen und in zweiter Linie der englischen Kultur nach und gab sich immer weltoffen. Die Linke war sich in diesem Fall mit der »Oligarchie« einig. Die einen wie die anderen hegten die gleiche Verachtung für den durch Evita repräsentierten Pöbel. Das heißt allerdings nicht, daß die Rosas-Bewegung mit den Hörfunkserien gleichzusetzen wäre, die mehr von Rührseligkeit als von Ideologie geprägt waren. Kurzum, der Peronismus und seine Gegner hatten unter anderem auch unvereinbare Vorstellungen von Ästhetik. Hinsichtlich des Geschmacks war Evita schon lange, bevor sich Perón seines Programms bewußt war, »peronistisch«. Vom gesellschaftlichen Dünkel über die Ästhetik des Tango bis zu den Hörfunkserien gab es unzählige Gründe, sich mit Perón zu verstehen. Und doch befreite sich Evita von einem bestimmten Moment an von allen sozialen und psychologischen Vorbelastungen und schaffte es, über sich hinauszuwachsen: schon unter dem Einfluß des Todesengels?

Der Schriftsteller César Riempo schildert in diesem Zusammenhang eine Episode: Eines Abends hielt Roberto Arlt heftig gestikulierend in einer Bar eine seiner üblichen leidenschaftlichen Reden. Mit am Tisch saß eine blasse junge Frau und nippte an einer Tasse Milchkaffee. Sie wirkte so zerbrechlich und hustete so erbärmlich, daß sie einem seiner Romane entstiegen schien. Mit einer heftigen Geste stieß er schließlich die Tasse um, deren Inhalt sich über ihren Rock ergoß. Um Verzeihung heischend, kniete er, eine Hand aufs Herz gelegt, vor ihr nieder. Eva sprang auf und rannte in den Waschraum. Als sie zurückkam, hatte sie einen sauberen Rock und verweinte Augen. Sie nahm ruhig wieder Platz und meinte nur: »Bald werde ich sterben.« »Sei unbesorgt«, erwiderte er, »ich werde eher sterben.« Er starb am 26. Juli 1942 und sie auf den Tag genau zehn Jahre später.

Jetzt erschien ihr Foto also regelmäßig in Zeitschriften, mit oder ohne Hut, die dunklen Locken auf die zerbrechlichen Schultern fallend. So oft, daß das Publikum schon ihr Lächeln kannte. Sie hatte makellose Zähne, die durch den leicht vorstehenden Oberkiefer besonders zur Geltung kamen. Sie neigte dazu, sich auf die ein wenig zurückstehende Unterlippe zu beißen, was sie unschuldig, vielleicht etwas zu naiv wirken ließ.

Doch zumindest nahm man sie jetzt wahr, sie war jemand. War sie auch glücklich? Unzufriedenheit scheint eine ihrer Eigenschaften gewesen zu sein. Im Elend war sie zwangsläufig allein geblieben, doch jetzt bezahlte sie ihren Erfolg mit noch mehr Einsamkeit. Freundschaften und Liebe dienten ihr nur für ihre Karriere. Bei den Aufnahmen ihrer Sendungen wechselte sie im Rundfunkgebäude mit niemandem ein Wort und kehrte unverzüglich wieder heim. Der Schauspieler Pablo Raccioppi, der mit ihr arbeitete, spricht von ihrem Männerhaß. »Alle wollen das gleiche von mir«, habe sie geklagt. Als Raccioppo, der verheiratet war, Evita von seiner Frau und seinen Kindern erzählte, schwieg sie voller Groll. Dieses Zeugnis wird durch andere bestätigt, die Evita als eine verkrampfte, ehrgeizige, kalte Frau ohne jeden Sexappeal beschreiben. Aufgrund dieser Eigenschaften galt sie bei vielen als unweiblich. Es war die Zeit, in der ein bekannter Bolero das Weibliche folgendermaßen definierte: »Eine Frau, die nicht der Liebe folgt/ heißt zu Unrecht Frau.«

Immer noch nach Blombergs Skripts begann Evita mit einer zweiten Reihe von Hörfunkserien, die Radio Prieto ausstrahlte, und dann mit einer dritten. Außerdem trat sie in einem historischen Film über Patagonien auf, LA CARGA DE LAOS VALIENTES (Die Last der Tapferen), sowie in zwei Theaterstücken. Zugegeben, sie war nicht für die Bühne geschaffen. Sie verdiente sehr wenig und hatte weiterhin nur Nebenrollen mit wenig Text. 1941 trat sie in zwei weiteren Filmen auf, EL MAS FELIZ DEL PUEBLO (Der Glücklichste des Dorfes), mit dem Komiker Luis Sandrini, und in UNA NOVIA EN APUROS (Eine Braut in Schwierigkeiten) des Nordamerikaners John Reinhardt. Doch ihre Leistung war nicht weltbewegend. Die Lösung war der Rundfunk, und das wußte sie. Ihr Beichtvater, Pater Benítez, überliefert folgenden Ausspruch von ihr: »Im Theater war ich schlecht, im Film habe ich mich arrangiert, doch wenn ich überhaupt etwas geleistet habe, dann im Radio.«

Ein Radio, das als so wichtig galt, daß es laut Navarro und Fraser weltweit an zweiter Stelle nach dem nordamerikanischen stand. Noch waren die Transistorradios nicht erfunden, die sich später im ganzen Land ausbreiteten. Doch die Radiohersteller schickten Wagen mit einer fest installierten Anlage in die Dörfer ohne Stromversorgung. Durch die Lautsprecher nahmen die Dorfbewohner an einer heilen Welt teil, die ihr Leben radikal verändern sollte und für die sie von nun an kämpfen würden.

Jeden Nachmittag um fünf Uhr tauchten Hausfrauen, Dienstmädchen und, wenn der Lärm es erlaubte, auch die Fabrikarbeiterinnen für einen Moment in eine Welt der Magie ein. Die Themen der Radioserien waren immer gleich, denn seltsamerweise wirkt die Wiederholung beruhigend auf den Hörer. Die Geschichte von Aschenputtel kam immer wieder. Ein armes, doch hübsches und anmutiges Mädchen, keusch und glücklos, liebt den Sohn des Herrn. Jeden Tag quält sie sich und weint eine halbe Stunde, und das über Monate. Doch am Ende gelingt es ihr wegen ihrer Schönheit, aber auch aufgrund ihres guten Charakters, die gesellschaftlichen Barrieren zu durchbrechen. Eine Rolle, wie geschaffen für Evitas Stimme, etwas schrill und gleichzeitig gebrochen, unschuldig und leidend; eine ungelenke, kindliche Stimme ohne Auffälligkeiten, die sich nicht von anderen Stimmen unterscheidet. Für diese Frauen war das ein einmaliger Moment, der nur ihnen allein gehörte. Es war auch die Matezeit, und wenn sie den letzten Tropfen durch das Silberröhrchen aufsaugten, schien das Geräusch in Evitas Seufzer einzufallen.

Zwischen 1939 und 1940 fällt Evas Name in Zusammenhang mit ein oder zwei Seifenmarken. Sie hatte mehrere Fabrikanten kennengelernt, und laut Mauricio Rubinstein, zitiert bei Borroni und Vacca, haben ihr diese neuen Bekanntschaften geholfen, ihren Bruder in der Sparkasse unterzubringen, wo Juancito, wie wir gesehen haben, später Gelder veruntreute. 1941 war der liebenswerte Filou auf jeden Fall wieder als Seifenvertreter für die Firma Guereño tätig, für die er bereits in Junín gearbeitet hatte. Manche haben daraus gefolgert, der Werbevertrag, den seine Schwester erhielt, sei auch Juancitos Werk gewesen. Tatsächlich verhielt es sich wohl umgekehrt: Eva brachte Juancito dort unter, nachdem sie seine Schulden beglichen hatte.

Alles hatte damit begonnen, daß Evita mit einem gewissen Raimundo López, einem Verwandten des Eigentümers der Firma Guereño, befreundet war, der nach seinem Aufstieg zum Manager der Firma Evitas Programm in Radio Prieto förderte. Guereño soll die Schauspielerin auch einem anderen Seifenfabrikanten namens Llauró vorgestellt haben, mit dem sie sich ebenfalls anfreundete. Llauró stellte sie seinerseits Anfang 1942 Pablo Oswaldo Bayer vor, dem Leiter des Kulturprogramms von Radio El Mundo, der Evita engagierte.

Erwähnt sei auch das Speiseöl COCINERO, mit dem Verdienst, Evitas Programm in Radio El Mundo gefördert zu haben, sowie die Unterstützung von Lafrenz, dem ebenfalls mit Evita befreundeten Herausgeber der Zeitschrift GUION, den, »um zur allgemeinen Verwirrung beizutragen«, wie es bei dem Surrealisten Aldo Pellegrini heißt, einige Jorge, manche auch Enrique nannten. Die Firmen benutzten Evitas Radioserien mit großem Erfolg zu Werbezwecken. Evita wirkte sogar in einem Werbefilm der Agentur Linter Publicidad mit, LA LUNA DE MIEL DE INÉS (Ines auf Hochzeitsreise) und posierte für Werbefotos. Erstaunlich ist dabei mehr die Zeit als sie. Während Evita sich gerade in Paris aufhielt, erschien am 27. Juli 1947 in FRANCE DIMANCHE eines dieser Fotos. Die steinreiche, antiperonistische Familie Bemberg hatte diesem Sensationsblatt angeboten, dem französischen Volk den wahren Charakter der argentinischen First Lady zu enthüllen. Auf dem Foto erscheint die Präsidentengattin nur in einen lockeren Schleier gehüllt, den sie mit einer Hand über der Brust und mit der anderen auf dem Leib festhält. Die hochhackigen Sandalen rutschen ihr vom Fuß wie bei Manets Olympia, was seinerzeit als Skandal empfunden wurde, und obendrein war das Bein völlig nackt.

Wie viele leicht geweinte Tränen und falsche Seufzer mag Evita in jenen Jahren bis 1943 produziert haben! Die Skripts stammten von Martinelli Massa oder dem treuen Héctor P. Blomberg. Jeden Tag verteilte der Autor eine halbe Stunde vor Aufnahmebeginn die frisch aus seiner Feder geflossenen Dialoge. Hatte Eva damals immer noch mit der Aussprache zu kämpfen? Raúl Rossi dementiert das: »Es trifft zwar zu, daß sie den Autor manchmal bat, ein unaussprechliches Wort durch ein einfacheres zu ersetzen. Doch das taten wir alle ohne Ausnahme. Nur als Evita Peróns Geliebte wurde, hatte man sie im Visier und ließ ihr nichts mehr durchgehen.«

Gloria Alcorta behauptet das Gegenteil. Zwar liegen Welten zwischen ihrer und Evitas Gesellschaftsschicht. Doch sie bezieht sich auf einen späteren Zeitpunkt, nach Evitas Zeit im Rundfunk.

»Wir fingen zu einer Zeit an, Radio zu hören«, hat Gloria Alcorta uns erzählt, »als mein Mann, Alberto Girondo, krank im Bett lag. Und zufällig stießen wir auf eine gewisse Eva Duarte in der Rolle von Katharina der Großen. Uns war sie völlig unbekannt. Aber was für eine Entdeckung! Wie haben wir uns bei dieser näselnden Stimme amüsiert, die eine Kaiserin im Tangoslang mimte! Wir schütteten uns aus vor Lachen. Ungeduldig warteten wir auf die Hörfunkserie und erzählten auch unseren Freunden davon. Ich glaube, wir haben viel zu ihrem Ruhm beigetragen.«

Die Frauen, die nicht in den Kreisen dieser hervorragenden Erzählerin verkehrten, lauschten Evita hingegen in Tränen aufgelöst. Dank dieser Frauen und ihrer Tränen konnte Evita im März 1942 ihre schäbige Pension verlassen und eine Wohnung in der Calle Carlos Pellegrini in der Nähe der Avenida Alvear (heute Libertador) in einem eleganten Viertel beziehen. Pablo Raccioppi weiß auch hier wieder Genaueres zu berichten: »In Theaterkreisen hieß es, dieses Appartement sei eine von Oberst Aníbal Imbert bezahlte GARCONNERIE.«

Diese Aussage ist insofern überraschend, als sich alle übrigen Zeugen einig sind, daß Evita den Oberst Imbert erst nach dem Putsch vom 4. Juni 1943 kennengelernt habe. Alle, außer Silvano Santander und Carmen Llorca, die, ohne Imbert namentlich zu nennen, die Bekanntschaft ebenfalls auf einen früheren Zeitpunkt datieren.

Santander brachte 1955, nach Peróns Sturz, ein Buch heraus, mit dem Titel TECNICA DE UNA TRAICION (Technik eines Verrats). In diesem Buch ist Sandander nicht zimperlich und beschuldigt Evita, von 1941 an für die deutsche Botschaft gearbeitet zu haben. Bei Ausübung ihrer Tätigkeit, also der Spionage für Deutschland, habe Evita die argentinischen Militärs kennengelernt, die die Revolution von 1943 anzettelten. Santander erwähnt dabei nicht Imbert, sondern Perón, doch beide waren Mitglied des gleichen Kreises, der GOU, der Vereinigten Offiziersgruppe. Um seine These zu belegen, legt Sandander Photokopien von Zahlungsanweisungen mit der Unterschrift des deutschen Botschafters, Von Thermann, vor, ausgestellt auf Eva Duartes Namen. Von dieser Spionageangelegenheit wird noch die Rede sein. Generell sind Santanders Argumente durchaus überzeugend, doch die präsentierten Dokumente sind grobe Fälschungen: der sonst seriöse Autor hat sich hier in seinem Eifer von einem fragwürdigen Informanten täuschen lassen.

Carmen Llorca wiederum verläßt sich nur auf ihre Intuition, die ihr sagt, daß Perón und Evita sich lange vor Juni 1943 kennenlernten (als offizielles historisches Datum gilt der 22. Januar 1944). Was rechtfertigt diesen Schluß, ob intuitiv oder nicht? Die Tatsache, daß Evita in den ersten Monaten des Jahres 1943 aus dem Äther verschwand, woraus Carmen Llorca folgert, daß sie für die peronistische Bewegung der Junirevolution arbeitete. Tatsächlich finden fast alle Autoren dieses plötzliche Verschwinden überraschend, ausgerechnet in dem Moment, da Evita beginnt, Erfolg zu haben. Einige glauben, sie sei krank und in ärztlicher Behandlung gewesen. Andere glauben die Erklärung, die sie selbst in einer Reportage der Zeitschrift ANTENA vom 27. Mai 1943 gab: »In der letzten Zeit hatte man mir kein ausreichend interessantes Angebot für eine Künstlerin meiner Klasse gemacht«.

Es ist kaum wahrscheinlich, daß Evita sich schon so früh, seit 1941, der Politik verschrieben haben soll, noch dazu als eine Art Mata Hari. Erst allmählich entwickelte sie sich zu einer politischen Person. Ein nicht zu übersehender Prozeß, denn jeder konnte ihre anfängliche Ungeschicklichkeit miterleben und sich darüber lustig machen. Bis 1946 mangelte es ihr an Takt und Feingefühl. Erst mit der Europareise machte sie einen Wandel durch. Kaum zu glauben, daß die Deutsche Botschaft mitten im Krieg ein zwanzigjähriges Mädchen, das lediglich in Männerbekanntschaften erfahren war, angeworben haben soll. Im persönlichen Bereich bekam Evita zwar immer, was sie wollte, doch einen Seifenfabrikanten zu erobern, Sponsoren für eine Radiosendung zu finden, ist nicht das gleiche wie für die Nazis zu spionieren.

Sicher kann man jedoch davon ausgehen, daß Evita um das Jahr 1942 eine ehrgeizige Schauspielerin war, die mit einigen abzurechnen hatte, zum Nationalismus neigte und ein offenes Auge für soziale Probleme besaß. Wie sie in ihrer Autobiographie LA RAZON DE MI VIDA bestätigt, haben soziale Ungerechtigkeiten sie zeitlebens zutiefst empört. Das glaubt man ihr gerne. Wenn sie später ein solches Gefühl äußerte, wirkte es nie nur geheuchelt. Außer Raccioppi bestätigt niemand die von Carmen Llosa oder Santander vertretene These. Falls Evita den Oberst

Imbert bereits vor dem Staatsstreich von 1943 kannte, kann es sich nur um eine der üblichen Verbindungen zwischen einem Militär und einer Schauspielerin gehandelt haben, die nichts mit der »Sache« zu tun hatte.

Was aber war dann der Grund für ihr Verschwinden in den ersten Monaten des Jahres 1943? Die einzige plausible Erklärung ist eine Krankheit. Sie war so blaß, daß man eine Anämie oder sogar eine Leukämie vermutete. Und warum sollte sie, wenn sie sich tasächlich in dieser Zeit der politischen Arbeit verschrieben gehabt hätte, später, als Peróns Geliebte – weit davon entfernt, die Welt des Theaters zu verlassen – mehr denn je für Radio und Film arbeiten?

Eine andere Erklärung für das »Gefühl der Ungerechtigkeit«, das sich seit 1944 in ihr Herz eingegraben hatte, scheint uns weitaus plausibler. Sie stammt von Libertad Demitrópulos, die in ihrer Evita-Biographie eine aufschlußreiche Episode erwähnt. Eines regnerischen Abends sucht eine Frau in einem weitab vom Zentrum gelegenen Viertel verzweifelt einen Wagen, um ihren Mann ins Krankenhaus zu bringen. Endlich hält ein Taxi, aus dem eine wunderschöne Frau aussteigt, die ihr ihre Hilfe anbietet. Sie sagt, sie kenne einen guten Arzt in einem Krankenhaus und gibt dem Fahrer Anweisungen, beide dorthin zu bringen. Diese schöne Frau ist Evita, die die ganze Nacht am Krankenbett des Mannes verbringen und ihn bis zu seiner Genesung regelmäßig besuchen wird.

Doch in derselben Nacht gab es noch jemanden, der dem Kranken und Evita ganz nahe war: einen anarchistischen Arbeiter. Libertad Demitrópolos erklärt dazu folgendes: »Eva Duarte freundete sich mit dem Arbeiter an, sie sprachen viel über die politische Situation im Lande, von der Evita schon ganz klare Vorstellungen hatte. Fortan sollte das Leben, das sie zusammengebracht hatte, sie noch in zahlreichen kritischen Momenten für sie und das Land zusammenhalten lassen und sie erst elf Jahre später durch Evitas Tod trennen.« Dann nennt die peronistische Autorin – deren Name »Libertad«, Freiheit, vermuten läßt, daß sie einer Anarchistenfamilie entstammt, wo solche Namen üblich waren – einen Namen. Der Arbeiter sollte kein geringerer sein als Isaías Santín, Mitglied der CGT und bis an ihr Lebensende ein enger Mitarbeiter Evitas. Nebenbei sei bemerkt, daß Evita nicht nur eine Verbindung zu den Nazis, sondern auch zu den Anarchisten nachgesagt wurde. Der Peronismus ist eine bunte Mischung, die jede Interpretation zuläßt. Ja, er fordert sie geradezu heraus.

Endlich war sie am Ziel, oder zumindest fast. Sie war sich dessen voll bewußt, und dieselbe Person, die eine ganze Nacht an einem Krankenbett verbringen konnte, sagte ohne Zögern, auf die anderen Schauspieler weisend: »Pedro, du und ich, wir sind die Hauptdarsteller, die auf der Ankündigung stehen. Also können wir nicht mehr in das gleiche Café gehen wie die da. Wir müssen Distanz wahren und sollten ein teureres Café aufsuchen.«

Doch selbst Raccioppi gibt am Ende fast widerstrebend zu: »Eva glaubte immer an das, was sie sagte.«

Dieses Buch soll nur die Geschichte einer Begegnung zwischen einer Frau sein, die glaubte, und einem Mann ohne Glauben. Eine Geschichte von Echtheit und Schein, wo Wahrheit und Täuschung Hand in Hand gehen.

3
Die Geliebte

Ankunft der Militärs. Rundfunkstar. Evita und der Coronel spielen Verstecken. Das Lächeln des Coronel Perón. Ein »wundervoller Tag«. Die Geschichte des Jägers aus Patagonien. Peróns Bewunderung für Mussolini. Perón lernt von Hitler. Evitas Drohungen. Die Geliebte des Coronel erblondet. Die Ohrfeige. Hört nur, das ist sie! Eine jettbestickte Robe.

Am 4. Juni 1943 stürzte General Arturo Rawson in einem Staatsstreich den Präsidenten Ramón Castillo und ersetzte ihn durch Pedro Pablo Ramírez. Bei Ausbruch des Militärputsches von 1930 war Evita eben mit der Familie nach Junín übergesiedelt. Als sie die Schüsse hörte, hatte sie zu ihrer Schwester Erminda, auf die verriegelte Tür deutend, gesagt: »Keine Angst, damit sind wir sicher«. Sollte das Jahr 1943 ihr nun einen magischen Riegel bescheren, nicht zum Verschließen, sondern zum Öffnen der Tür, die ins Land der Wunder führte? Doch wußte sie, bevor sie diese wunderbare Welt kennenlernte, überhaupt, um welche Art von Revolution es sich handelte und was ihre Urheber damit bezweckten? Wußte sie, was seit 1930 mit ihrem Land geschehen war? In groben Zügen wohl schon. Sie wußte, daß es eine reaktionäre Oberschicht gab, die das Land in Besitz hatte, eine meist von Einwanderern abstammende Mittelklasse, die der Radikalen Partei anhing (unter dem populären Führer Ipólito Yrigoyen), eine wachsende Arbeiterklasse und die Militärs. Unter den Arbeitern gab es eine sozialistische, kommunistische, bzw. anarchistische, in Gewerkschaften organisierte Minderheit. Die übrigen schickten sich resigniert in ihr Los. Die Militärs hatten 1930 ihrerseits ihr Glück versucht, indem sie den bärtigen, zunehmend verschrobenen PELUDO Yrigoyen absetzten.

Yrigoyen hatte seit jeher eine verworrene Taktik verfolgt. Doch nahmen seine Verschlossenheit und seine umständlichen Wortkreationen mit dem Alter zu. Was besagte sein berühmter Slogan »efectividades conducentes«, einer seiner beliebten Aussprüche, den Kenner als »erfolgreiche Maßnahmen«, übersetzen? Man mußte sich eingestehen: Yrigoyen versagte immer mehr und war praktisch regierungsunfähig. Die Militärs hatten die Gelegenheit genutzt, um den ersten Militärputsch der argentinischen Geschichte anzuzetteln. Ihre damalige Begründung sollte künftig in regelmäßigen Abständen Schule machen: Sie wollten das Land »sanieren« und die Macht, die Moral und die christlich-nationalen Werte wiederherstellen. Das uneingestandene Ziel war die Machtergreifung.

Doch Uriburu und seine Anhänger verfolgten wirre Ziele ohne ein schlüssiges Konzept. Ihre politischen Ideen waren extrem rechtsgerichtet, wahllos inspiriert von Maurras, von Mussolini und von Primo de Rivera. So fiel ihre Bewegung wie eine reife Frucht der Oligarchie in die Hände, die nicht nationalistisch und germanophil eingestellt war wie sie, sondern liberal und anglophil. Der leicht anrüchige Uriburu war durch den etwas salonfähigeren Augustín Justo ersetzt worden.

Er sollte das »demokratische« Jahrzehnt einläuten, das den Perón-Anhängern als das »schändliche« galt. Jene Jahre, in denen Wahlbetrug an der Tagesordnung war, machten Argentinien mehr denn je zuvor zum Rohstofflieferanten Englands. Wie bereits erwähnt, war man der Wirtschaftskrise von 1929 durch eine forcierte Industrialisierung begegnet. 1939 hatte Europa Argentinien schließlich zu weiterer Industrialisierung gezwungen, da der bisherige Zustrom von Arbeitskräften aus Europa nun ausblieb. Das förderte die Landflucht und den Zustrom in die Städte. Viele Arbeiter machten sich in die Hauptstadt auf.

Das ist einer der Gründe, warum die Arbeiterklasse wuchs und ihre Hautfarbe sich änderte. Die CABECITAS NEGRAS, die Dunkelhäutigen, breiteten sich in der Hauptstadt aus wie eine dunkle Staubschicht. Vergeblich suchten die weißen Städter, die sich ihrer Hautfarbe rühmten, sie abzuschütteln. Die POR-

TENOS hatten so über den Neapolitaner mit der Nelke und den Galizier mit den finsteren Brauen gespottet! Doch die dunkelhäutigen CABECITAS NEGRAS mit indianischem Einschlag fanden sie nun nicht mehr zum Lachen, denn deren Anblick hielt ihnen einen wenig schmeichelhaften Spiegel vor, der ihren Nationalstolz verletzte: Die Argentinier waren gar nicht so weiß, wie man gemeint hatte. Statt sie zu verspotten, schwieg man sie lieber tot. Zum Glück blieben sie unter sich in ihren entlegenen Slums. So konnten die PORTENOS sie weiter ignorieren und sich als Europäer geben. Aber wie lange noch?

Angesichts des Kriegs in Europa befand Castillos Regierung sich in einem Dilemma, das die Putschisten von 1943 von ihnen erben sollten: die argentinische Neutralität. Die Engländer hatten Verständnis für die Position des befreundeten Landes und drängten nicht auf eine Kriegserklärung gegen Deutschland. Mit ihrer Toleranz meinten sie zu verhindern, daß Argentinien unter den Einfluß der USA geriet. Alliierte im Krieg, waren sie als expandierende Großmacht auch ein Rivale. Die Argentinier nutzten die Toleranz weidlich aus. Es blieb ihnen offen, sich dem jeweiligen Sieger anzuschließen, auch wenn die Achse siegen sollte.

Ein taktisches Lavieren, wie das Beispiel des gestrandeten deutschen Panzerschiffs Graf Spee zeigt, dessen Geheimnis lange nicht gelüftet wurde. Im Dezember 1939 wurde die Graf Spee im Río de la Plata von englischen Schiffen angegriffen. Die Seeschlacht verlief eher günstig für die Deutschen, als Hans Langsdorff, der Kommandant des deutschen Schiffes, beschloß, den Angreifern den Rücken zu kehren, in den Río de la Plata eindrang und Kurs auf Buenos Aires nahm, wo er freiwillig in die Falle ging.

Jorge Camarasa hat in seinem Buch LOS NAZIS EN LA ARGENTINA (Die Nazis in Argentinien) dafür eine Erklärung. Hitler persönlich soll Langsdorff den Befehl erteilt haben. León Scasso, der argentinische Kriegsminister, stand auf Seiten der Achsenmächte. Die Nazis verstanden es, ihre Sympathisanten selbst im Schoße einer liberalen Regierung auszumachen. Und mit dem Segen der Engländer geriet Argentinien schließlich zwischen die Fronten, zur großen Verärgerung der USA, die darauf drängten, daß Argentinien endlich klar Stellung bezog.

Was den Putsch von 1943 auslöste, war die Aufstellung eines Kandidaten der Regierung Castillo für die nächsten »freien« Wahlen: Robustiano Patrón Costas, ein Millionär, der durch Zuckerplantagen reich geworden war. Das Militär, speziell die GOU (von der noch die Rede sein wird), die sich als Moralwächter verstand, sprach von Modernisierung, davon, im Staat die alte Struktur und Ordnung wiederherzustellen, und davon, daß man keinen weiteren Wahlbetrug mehr dulden würde. Andererseits hatte der Putsch von 1943, der das Land auch sanieren und ihm seine Macht und seine Werte wiedergeben wollte, ein viel klareres Ziel als sein Pendant von 1930: Die Militärs waren nicht mehr bereit, der Oligarchie zu dienen, sondern strebten selbst an die Macht. Das Heer war zu einer geschlossenen Gesellschaft mit allen Klassenunterschieden geworden, zu einer Art Staat im Staate. Diese kleine Revolution folgte klaren Ideen. Und sie besaß einen weiteren Trumpf, der 1930 gefehlt hatte: einen Führer, der wußte, was er wollte, und der eine Weile im faschistischen Italien gelebt und dort alles in sich aufgenommen hatte. Es war Coronel Juan Domingo Perón.

Doch all das wußte Evita nicht. Sie wußte nur eins, etwas weniger Abstraktes, das sie dafür aber am eigenen Leib zu spüren bekam: Ihre Arbeit als Schauspielerin würde unter der Säuberungsaktion des Putsches leiden. Als Coronel Aníbal Imbert zum Direktor des Post- und Fernmeldewesens ernannt wurde, hatte er strenge Richtlinien ausgegeben. Es war verboten, »negative Tangos« (solche, die das Messer noch in der Wunde herumdrehen und die auf ewig verlorene Jugend beklagen), zu verbreiten. Die harmlosere und daher »nationalere« Provinzfolklore war, da positiver und martialischer, vorzuziehen. Und vor allem mußten ihm die Texte für die Radioserien zur Prüfung vorgelegt und alles Verderbte daraus gestrichen werden. So kam es, daß die junge Schauspielerin mit ihren Kollegen von Celedonio Galván Moreno, einem Funktionär, der für die Bereinigung der Skripts eine komplette Etage okkupiert hatte, zum Postministerium bestellt wurde. Und um das Maß voll zu machen, stand bei Galván Moreno, neben Imbert, auch noch Oscar Nicolini höchstpersönlich! Der alte Nicolini, mit dem Evita in Junín gut bekannt gewesen war.

Oscar Nicolini, noch ein Herr mit grauen Schläfen, der bei ihr eine Vaterrolle gespielt hatte, wie Carlos Rosset oder der angebliche Giovannini aus der ersten Pension, wo sie ihren aufgebrühten Mate zu trinken pflegte. Kurzum, ein weiterer Freund von Doña Juana. Es braucht wohl nicht gesagt zu werden, daß auch dieser Punkt umstritten ist. Manche bestreiten, daß eine Liaison zwischen Doña Juana und Nicolini bestand, andere dagegen halten es für sicher. Doch die Aussage von Fermín Arenas Luque, zitiert bei Vacca und Borroni, scheint uns schlüssig. Der Autor und Historiker arbeitete zu der Zeit, als Evas Familie nach Junín zog, bei der Post. Er behauptet, der alte Funktionär sei von der Postzentrale in Buenos Aires nach Junín geschickt worden, um in der Anklage zu ermitteln, die eine gewisse Elisa Duarte gegen einen unkorrekten Kollegen erhoben hatte. Die Denunziantin hatte den Herrn mit den grauen Schläfen mit Doña Juana bekannt gemacht, deren Haar ebenfalls schon ergraute. Eine ehemalige Nachbarin der Familie Nicolini, die nicht genannt werden will, hat uns mit diesem eigenartigen Lächeln auf den Lippen, das speziell Evitas Geschichte immer wieder hervorruft, gesagt: »Das gesamte Viertel wußte, daß Nicolini eine Geliebte in Junín hatte. Seine Frau hat ihn oft im Patio beschimpft: Gehst du wieder, um dich mit deiner Juana zu treffen?«

Liaison oder nicht, diese Figur spielt eine wichtige Rolle in der Geschichte. Er war ein einfacher, wenig auffälliger Mann (obwohl die Revolución Libertadora, die Befreiungsrevolution, nach Peróns Sturz ein Vermögen in seinem Haus entdeckte). Er war nur deshalb wichtig, weil er sich zur richtigen Zeit am richtigen Ort befand. Hätte Evita ihn nicht dank Doña Juana von früher gekannt und hätte Nicolini nicht neben Galván Moreno und vor allem neben Coronel Imbert gestanden, hätte die Schauspielerin sich dem neuen Direktor kaum so rasch nähern können (was voraussetzt, daß Evita den Coronel damals noch nicht kannte und Pablo Raccioppis These von der eingerichteten Apartementwohnung, die Imbert von 1942 mit ihr bewohnt haben soll, widerlegt), Sie wäre weder seine Geliebte geworden, noch hätte sie durch ihn Rollen in angeseheneren Radioserien als den ewigen Rührstücken erhalten, und wahrscheinlich hätte sie auch den anderen Oberst, Coronel Perón, nicht kennengelernt. Mehr noch: Hätte Evita Nicolini 1945 nicht zum Direktor des Post- und Fernmeldewesens ernannt, hätte das Militär nicht gegen Perón rebelliert, und die Ereignisse, die ihn zum Präsidenten der Nation machten, hätten niemals stattgefunden.

Doch das sind reine Spekulationen, die die Frage nach dem Zufall und dem Schicksal aufwerfen. Damit die Geschichte ihren Lauf nimmt, muß man sich an einem bestimmten Ort befinden: der Ort ist wesentlich, aber er ist nicht alles. Denn trotz der Begegnung mit einem Freund der Mutter hätte eine andere als Evita wohl nicht so schnell reagiert. Sie aber brauchte nicht lange, um das Büro dieses stets uniformierten Oberst Imbert (seine zivilen Angestellten waren angewiesen, ihn militärisch zu grüßen) mit triumphierendem Ausdruck zu verlassen. Ein ganz bestimmter Gesichtsausdruck, der auch auf Evitas erstem Foto als Präsidentengattin zwei Jahre später zu sehen ist. Ein Ausdruck, der den draußen wartetenden Schauspielern und Schauspielerinnen zu erkennen gab: Evita hatte gesiegt. Sie war schneller als die anderen gewesen.

Das Ergebnis ließ nicht auf sich warten. Der Putsch hatte im Juni stattgefunden. Im September verkündete das Magazin ANTENA, daß »die berühmte Schauspielerin Evita Duarte« die Hauptrolle in einer Programmreihe in Radio Belgrano übernehmen würde, die berühmten Frauen wie der Kaiserin Charlotte, Elisabeth von England, Sarah Bernhardt, Alexandra Feodorevna, der Kaiserin Josephine, Isadora Duncan, Madame Chiang Kai Shek, Eleonora Duse, Eugenia de Montijo, Lady Hamilton, Anna von Österreich, Katharina der Großen und anderen gewidmet war. Autoren waren Alberto Insúa und Francisco Muñoz Azpiri (ein national gesonnener Schriftsteller, der später Evitas Reden schreiben sollte). Die Auswahl berühmter Frauen wirkt in gewisser Weise wie eine Generalprobe. Biographen, die sich wie Marysa Navarro vor allem an die Fakten halten wollen, raten, aus diesen Sendungen keine voreiligen Schlüsse zu ziehen. Die Verfasserin legt wie viele Historiker Wert darauf, die biographischen Fakten losgelöst, ohne Deutungen und Spekulationen aufzuzeigen. Im allgemeinen neigen die Peronisten zur Bagatellisierung dieser historischen Rollen wie aller anderen Ereignisse vor Evitas Begegnung mit Perón: Für sie wurde Evita erst durch ihn geboren, wie Eva durch Adam.

In Wirklichkeit kam Evita 1919 zur Welt, ohne die Aussicht, auf Perón zu treffen. Doch manche Ereignisse in ihrem Leben können bereits vor dieser Begegnung auf das zukünftige Geschehen hinweisen, ja, ihm vorgreifen. Vor ihr hatten schon andere Schauspielerinnen wie Mecha Ortiz diese berühmten Frauen gespielt. Es ist sogar denkbar, daß Coronel Imbert mit seinem Faible für große Persönlichkeiten das Thema der historischen Heldinnen aus Politik und Kunst für besonders erbaulich und vorbildhaft hielt. All das scheint auf den ersten Blick plausibel. Auf den zweiten Blick erkennt man eine ganz andere, wichtige Bedeutung, die zu tun hat mit der Hellsicht kurzer, glücklicher Momente. Als Heranwachsende hatte Evita davon geträumt, Norma Shearer in der Rolle der Marie Antoinette abzulösen. Auf ihrer Europareise sollte Monsignore Roncalli, der italienische Nuntius und spätere Papst Johannes XXIII., als sie die Kathedrale von Notre-Dame betrat, ausrufen: »ETORNATA L'IMPERATRICE EUGENIA« (Die Kaiserin Eugénie ist zurückgekehrt!) Alle tragen wir eine Reihe mehr oder weniger berühmter Personen in uns. In Evita gesellte sich die Königin zu vielen anderen, leidgeprüfteren Menschen. Doch die Königin war immer auch vorhanden. Sie obsiegte dank Perón, doch nicht er erweckte sie zum Leben.

Der phantastische Vertrag, den Evita mit Jaime Yankelevich abschloß, dem Programmleiter von Radio Belgrano – zu dem sie ein gespanntes Verhältnis hatte –, erlaubte ihr, eine Wohnung zu mieten. Endlich hatte sie ein eigenes Heim, in der Calle Posadas 1567 (eine Adresse, die in Argentinien Geschichte machen sollte). Ihre Beziehung zu Imbert sollte für sie, die durch das Leben am Rande der Gesellschaft gelernt hatte, wie die wilden Tiere im Dschungel oder wie die Menschen in Kriegszeiten einen Instinkt für günstige Gelegenheiten zu entwickeln und sie beim Schopfe zu packen, andere Folgen haben. Imbert war aus dem einfachen Grund auf diesen Posten gehoben worden, weil die GOU (Grupo de Oficiales Unidos), die Gruppe vereinigter Offiziere, der auch Perón angehörte, den Rundfunk für ein wesentliches Machtmittel hielt. Eine Idee, die sie der italienische Faschismus gelehrt hatte, ebenso wie das Wissen um die Macht der Gewerkschaften. Evita muß gespürt haben, was in der Luft lag. Bei Imbert schnappte sie wahrscheinlich Gesprächsfetzen auf, die ihr verrieten, daß etwas Seltsames vorging. Am 3. August 1943 wird sie unter den Gründern des argentinischen Radiogewerkschaftsbundes ARA (Asociación Radiofónica Argentina) aufgeführt, dessen Ziel es war, »die Interessen der argentinischen Radioangestellten« zu vertreten. Reiner Opportunismus, oder fand sie in den neuen Ideen, die sie, wie üblich, rasch erkannte, nur einen Ausdruck ihrer eigenen Wut (der Theaterbetreiber Francisco López hat laut Zitat bei Borroni und Vacca berichtet, Evita habe sich in Mendoza mit Theaterleuten gestritten, »weil sie gewisse Demütigungen nicht einfach hinehmen wollte«).

In jener Zeit, von Ende 1943 bis Anfang 1944, scheinen sich Evitas und Peróns Wege in einer Art Versteckspiel mehrmals gekreuzt zu haben, ohne daß sie sich wahrnahmen. Doch sie suchten einander. Hätte die argentinische Presse damals schon Kontaktanzeigen gekannt, hätten beide ganz leicht ihren Text verfassen können. Perón suchte eine junge, hübsche Frau, um sich mit ihr zu schmücken. Da es keine Anzeigen gab, hoffte er, unerfahren in Herzensangelegenheiten, seine Freunde würden ihm eine solche Frau vorstellen, denn er hatte keine Zeit zu verlieren. Aus anderen Gründen suchte er auch jemanden vom Rundfunk. Wenn er beide Personen in einer finden sollte, umso besser. Evita war ihrerseits mehr denn je auf der Suche nach einem mächtigen Mann. 1943 konnte das in Argentinien nur jemand vom Militär sein. Aber nicht Imbert: Dieser streng dreinblickende Oberst war nicht für sie geschaffen, und sie nicht für ihn. Wie Carmelo Santiago laut Borroni und Vacca berichtet, war das ganz klar: »Imbert konnte Evitas Unbezähmbarkeit nicht ertragen, weshalb er sie seinem Freund, Coronel Perón, vorstellte«. Und sie fährt fort: »Evitas Freundin Dorita Norvi war die Geliebte von Coronel Imbert ... Eva kannte Imberts Freunde, weil sie bei den Treffen zugegen war.«

Das würde eine der vielen unklaren und widersprüchlichen Aussagen bezüglich Evitas Begegnung mit Perón bestätigen und auch plausibel machen. Sie stammt von Sarita Romero, einer

»Peronistin der ersten Stunde«, die es wiederum von der besagten Dorita Norvi weiß. Sarita vertritt folgende Version: »Perón brauchte eine Freundin und hatte Dorita Norvi gebeten, ein Fest mit mehreren Schauspielerinnen zu organisieren, um sie ihm vorzustellen. Arrangiert wurde alles von einem Mann namens Díaz, dem Leiter einer Werbeagentur. Zunächst hatte man an Zully Moreno gedacht, die sehr bekannt war, aber zu ehrgeizig. Dann aber erschien dem Werbefachmann Díaz Eva einfacher und anpassungsfähiger als Zully. Man stellte sie einander vor, und der Rest ist bekannt.«

(Saritas und Doritas Aussage wird von anderen Zeugen bestätigt. Laut Roberto Galán, einem Fernsehunterhalter, und der Fotografin Anne-Marie Heinrich hatte Zully sich vehement geweigert, Peróns Geliebte zu werden, nicht nur bevor Evita den Oberst kannte, sondern auch noch danach. Anne-Marie Heinrich hat uns in diesem Zusammenhang eine interessante Anekdote aus dem Studio erzählt. Raúl Apold, der zukünftige Propagandachef der Regierung unter Perón, arbeitete damals bei der Filmgesellschaft ARGENTINA SONO FILMS. Als er erfuhr, daß Zully für Fotoaufnahmen ins Studio kommen würde, erschien er in Begleitung eines Militärs in Uniform und meinte zur Fotografin: »Sagen Sie Zully, daß ich sie hier erwarte, um ihr den Oberst oder den General X vorzustellen (Anne-Marie Heinrichs erinnert sich weder an den Namen noch an den Dienstgrad). In dem Moment erscheint Zully. In aller Harmlosigkeit gibt Frau Heinrich ihr die Nachricht weiter. Doch Zully reagiert wütend, als habe sie schon viele solcher Aufforderungen erhalten. »Niemals! Das niemals! Sagen Sie ihm, er soll sofort gehen, sonst wird César Amadori (ein bekannter Filmregisseur) ernstlich böse!« Unbeabsichtigt hörte Frau Heinrich dann folgende Unterhaltung zwischen dem Uniformierten und seinem Vermittler durch die Tür mit an: »Wir müssen Zully überreden!«, klagte der erste. »Sie muß sich unbedingt mit Perón treffen. Was sollen wir sonst machen? Perón ist Evita praktisch schon ins Netz gegangen, was wir unter allen Umständen verhindern müssen.«)

Allerdings hielt sich Perón, wie wir gesehen haben, nicht nur in Herzensangelegenheiten an Radiokreise. Und selbst wenn das von der Werbeagentur Díaz organisierte Fest eine reine Erfindung wäre, hatte Perón ausreichend Gelegenheit, Evita bei seinen Stippvisiten bei Radio Belgrano zu begegnen, wo er die Schauspieler begrüßte und mit strahlendem Lächeln Hände schüttelte. Falls Evita dabei war, so ist das zumindest auf keinem Foto dokumentiert. Wovon soll man also ausgehen? Lernte Perón sie schon vor dem Erdbeben vom Januar 1944, dem offiziellen Datum ihrer ersten Begegnung, kennen? Vielleicht hatte er sie bereits auf einer der Versammlungen zu seinen Ehren oder während eines der Besuche bei Radio Belgrano gesehen. Vielleicht hat sie auch Imbert einander vorgestellt, sie haben sich mit Blicken abgeschätzt oder auch miteinander geflirtet. Sicher ist jedoch, daß Perón am 25. Dezember in der Rundfunkstation erschien, um den Argentiniern einen Weihnachtsgruß zu senden. Begleitet wurde er von »seinem Fräulein Tochter«. Das deutet darauf hin, daß er zwar damals die possesive und eifersüchtige Eva vielleicht schon kannte, aber sicher noch keine enge Beziehung mit ihr eingegangen war. Sonst wäre er nicht in aller Öffentlichkeit in Begleitung der »Piraña«, seiner infantilen Geliebten, aufgetreten, dieser Heranwachsenden, die Perón von ihrem eigenen Vater, einem Bauern aus Mendoza, für eine gute Erziehung anvertraut worden war. Perón hatte weder Töchter noch Söhne: ein achtundvierzigjähriger Witwer mit einem Hang zu unreifen Lolitas. Evita war vierundzwanzig, und noch konnte man sie wie eine Puppe behandeln, wenn man bewußt die Augen verschloß. Und Perón konnte die Rolle des väterlichen Herrn spielen. Beide waren reif für eine solche Täuschung; reif für das notwendige Mißverständnis, das die Natur stiftete, damit die Geschichte ihren Lauf nehmen konnte.

Ein Erdbeben, das die Geschichte erschüttert

Am 15. Januar wurde die Stadt San Juan, wie Mendoza in der Umgebung des Cuyo gelegen, durch ein schreckliches Erdbeben zerstört. Zehntausend Menschen fanden den Tod, und die Wochenschauen brachten das ganze Land zum Weinen mit ihren Bildern von kleinen Waisenkindern mit dunkler Haut und riesigen schwarzen Augen. Kaum eine Familie, in der man nicht von Adoption sprach. Unter den Hilfsorganisationen für die Opfer befand sich auch die Asociación Radiofónica Argentina, die ihre Mitarbeit bei einem großen Künstlerfestival zu Gunsten der Leidtragenden anbot.

Dieses Festival fand am 22. Januar im Stadion des Luna Park statt. Schon seit den frühen Morgenstunden drängten sich die Schauspieler in den Büros des Coronel Perón, des außerplanmäßigen Ministers für Arbeit und Wohlfahrt, unterstützt von seinem Sekretär, dem Oberstleutnant Domingo Mercante, und Schülern der Militärakademie. Perón empfing die Schauspieler mit einem Händedruck, als sei jeder einzigartig. Und jeder behielt in der Hand etwas von der pulsierenden Energie, die nur ihm zu gelten schien, und in den Augen die Wärme eines Blicks, der nur ihn traf. Jeder fühlte sich persönlich auserwählt.

Perón war hoch gewachsen und stämmig. Er trug eine weiße Uniform, eine Offiziersmütze und schwarze Stiefel. Und er zeigte sein blendendes Lächeln, dieses »Perónlächeln«, das er bei jeder Gelegenheit aufsetzte wie auf Knopfdruck und das ein noch viel offeneres Herz versprach: so offen und so breit war dieses Lächeln, daß es das ganze derbe, freundlich dreinblickende Gesicht teilte, dieses Gesicht eines gutmütigen, sehr männlichen – so männlichen! – Argentiniers. Ein Ansatz zur Fülle, genau das rechte Maß, um die Frauen anzusprechen, überbedeckte die sorgfältig trainierten Muskeln und verstärkte noch seine beruhigende Wirkung: Jetzt, wo es ihn gab, würden die obdachlosen Argentinier nicht mehr auf der Straße schlafen müssen. Zu dem strahlenden Lächeln kam der Glanz der tadellosen Uniform. Später sollte er zu einem seiner Biographen sagen: »Auf den Fotos vom Militär erkennt man mich schon an der Uniform. Meine ist die ohne jegliche Knitterfalte.« Auch seine Stiefel waren mit wildem Eifer blankgeputzt. Fühlte Evita sich bei diesem Reinlichkeitswahn vielleicht an die gestärkten Schürzen von Doña Juana erinnert? Ohne Zweifel hat sie schnell geahnt, daß beider Obsessionen dazu neigten, jede Zweideutigkeit, alles Obskure auszumerzen. Doch vorläufig fällt ihr an ihm nur auf, daß er nichts Unklares, nichts Wankendes an sich hat. Sie sieht nicht die zu kurzen Arme, seine zu breiten Hüften oder seine Art, den Kopf wie ein zu groß geratenes debiles Kind zu neigen. Das strahlende Lächeln löscht alles andere aus. Sie sieht nur die Erscheinung eines Mannes, des typischen Argentiniers: ein wenig Ähnlichkeit mit Gardel, aber viel mehr noch mit San Martín (man hat ihm sogar vorgeschlagen, die Rolle des Helden des Unabhängigkeitskampfes in einem Film zu spielen). Ein Mann mit geraden, klaren Linien, ein direkter, ehrlicher, leicht verständlicher Mann. Ein Mann.

Als er sich kurz die Mütze abnahm, konnte sie sein schwarzes, pomadisiertes Haar bewundern, das sorgfältig nach hinten gestriegelt war, eng am Kopf anliegend, die schräge Linie der Stirn fortsetzend. Dieses widerspenstige, mit Mühe gebändigte Haar und die Adlernase verrieten Peróns indianische Vorfahren. Perón erinnerte an den Indio Patoruzú, den Helden einer bekannten argentinischen Geschichte, der die Erfinder des Galliers Asterix inspiriert hat. Die männlich unebene Haut an den Wangen verdankte er in Wirklichkeit einer Psoriasis, die er mit einer Salbe behandelte und überdeckte: daher auch das maskenhafte, so fotogene Gesicht wie bei Gardel. Bei denen, die davon nichts wußten, riefen diese Unebenheiten jedoch die Erinnerung an die Wüste Patagoniens wach, also wieder die rauhe Männlichkeit.

In LA RAZON DE ME VIDA sagt Evita, dieser Tag sei wie ein Wunder für sie gewesen. Leicht vorzustellen, ebenso wie sie aufgeregt und emsig mit der Sammelbüchse für die Opfer klapperte. Mit anderen Schauspielerinnen folgte sie Coronel Perón auf der Calle Florida, der Straße mit den großen Geschäften. Ihn konnte man mit seinen breiten Schultern und dem federnden Gang schwer übersehen. Wer wäre einem solchen Mann nicht gefolgt? Es war einer der feucht-stickigen Tage, die für den Sommer in Buenos Aires so typisch sind und die die Fesseln anschwellen lassen (Evita hatte diese unangenehme Neigung trotz ihrer dünnen Beine). Doch sie fühlte sich wie beflügelt: ein Spatz, der um einen Stier flattert.

Ein seltsamer Spaziergang! Evita hätte nie geglaubt, daß sie einmal über die Calle Florida gehen würde, ohne an den Schaufenstern stehenzubleiben. Es stimmt zwar, daß die von Harrods & Chaves nicht mehr so überquollen von Tees verschiedener Geschmacksrichtungen und Pralinen mit weicher Pfefferminzfüllung, die die vornehmen Damen genüßlich auf der Zunge zergehen ließen wie Hostien, denn sie stammten ja aus England. Doch trotz dieses Verlustes – der eine Rückkehr zu den ordinären, harten Lutschpastillen bedeutete, denen das Weihevolle fehlte, da sie in der Arbeitervorstadt von Buenos Aires hergestellt wurden – hatte die Florida nichts von ihrem Glanz verloren. Auf der voll belebten Straße hielten viele mit wohlwollender Neugier inne, um diesen hübschen jungen Damen mit den (dank ANTENA oder SINTONIA) bekannten Gesichtern und diesem so menschlich, zuvorkommend und vertraut wirkenden Offizier mit den vielen Orden, die ihn als wichtig auswiesen, ein paar Münzen in die Sammelbüchsen zu werfen. »Aber gern. Für den Arbeitsminister, der die Arbeiter empfängt und allen, einem nach dem anderen, zuhört ... Wie war noch sein Name? Perón?«

War es ihr während des Treffens im Ministerium gelungen, Perón auf sich aufmerksam zu machen? Und wenn ja, wie? Mit Worten? Mit Reden? Hat sie ihm tatsächlich gesagt, wie sie in LA RAZON DE ME VIDA behauptet: »Wenn Sie die Sache des Volkes vertreten, werde ich Ihnen zur Seite stehen, welche Opfer es auch kosten möge.« (Und jetzt setzte sie ihre Worte in die Tat um, beschleunigte den Schritt, damit er sie sah und hörte: »Eine Spende für die Waisen von San Juan! Nur zu, meine Herrschaften, bitte eine kleine Spende.«) Oder war es eher so, wie Perón es in seinen Memoiren schildert? Demnach soll sie ihm ungewöhnlich ernst gesagt haben, das Geld für die Armen müsse man von den Reichen nehmen. Oder trifft vielleicht die Behauptung des ehemaligen Abgeordneten Angel Miel Asquía zu, Evita habe Perón unerwartet folgendes gesagt: »Coronel, es schadet Ihrem Ruf, wenn Sie sich in Begleitung von Schauspielerinnen zeigen«? Und hat er sie dann, als er sah, wie hellsichtig, wie unbeirrbar und eifrig sie war, mit der ganzen Organisation betraut?

All das bleibt ungeklärt. Perón vereinfacht alles in der Rückschau. Er verkürzt, geht rasch über die Dinge hinweg und zeichnet ein Bild von Evita, daß erst viel später zutraf. Es ist das Gedächtnis eines zerstreuten Mannes, der Einzelheiten vergißt. In seinen Memoiren erscheint Evita beispielsweise vom ersten Tag ihrer Bekanntschaft an als blond (»langes, blondes Haar, das bis auf die Schultern fiel«), doch tatsächlich war ihr Haar damals noch schwarz. Perón zeichnet sein Bild erst zwanzig Jahre nach Evitas Tod und macht nur eine wirklich interessante Bemerkung: »Eva hatte einen weißen Teint, doch beim Sprechen rötete sich ihr Gesicht. Ihre Hände waren rot vor Anspannung, mit fest ineinander gepreßten Fingern; sie zeigte Nerven.« Er beschreibt auch Evitas »Zerbrechlichkeit« und ihre glühenden Augen, aber so, als paßten seine Worte auf Tausende von Frauen. Diese roten Hände hingegen sind überzeugend und konkret wie die Wirklichkeit. Es ist alles andere als eine sinnliche Beschreibung. Er gebraucht abstrakte Worte, um seine Frau zu schildern. Die einzigen konkreten Begriffe lassen die Kälte des Blicks erkennen. Eine berufsmäßige Unfähigkeit? Man möchte meinen, er prüft einen Soldaten, um zu sehen, wieviel er taugt. »Haben Sie Nerven?« – »Ja, Herr Oberst.« – »Sehr gut, dann sind Sie tauglich.«

Eines Tages sollte Perón, schon in hohem Alter, in seinem Madrider Exil rückschauend zu Tomás Eloy Martínez sagen, Evita sei sein Werk gewesen, er habe sie geschliffen wie einen Diamanten. Keine leichte Aufgabe – wie er hinzufügen sollte. Evita war unbezähmbar. Er erwähnte noch einmal das lange Haar, ihre glühenden Augen, ihre nun »zierlichen« Hände und ihre ebenso »zierlichen« Füße, wie »Filigran«. Doch er gestand auch offen: »Ihre Figur war nichts Außergewöhnliches. Sie war eine typische CRIOLLA: dünn mit dünnen Beinen und dicken Fesseln. Nicht ihr Äußeres zog mich an, sondern ihre Güte.«

Eine seltsame Form von Attraktivität, besonders aus dem Mund eines ehrgeizigen Militärs. Doch »Güte« ist nicht in dem Sinne gemeint, wie die Wörterbücher es definieren: »Ein Hang, Gutes zu tun, mildtätig und sanft zu sein«. Falls Evita einen solchen Charakter hatte, so konnte er das noch nicht wissen, und es ist sehr zweifelhaft, ob es ihn so angezogen hätte. Es ist eher im Sinne des Tangos zu verstehen: Dort ist eine Frau »gut«, wenn sie treu ist. Eine loyale Frau, MUJER DE LEY, sagen die COMPADRITOS, die Ganoven mit schwarzem Hut, die so geschickt mit dem Messer umgehen können, wenn sie von einer »richtigen« Frau sprechen, die ihren Mann nicht hintergeht. Kurzum, die Figur war für Perón Nebensache, worauf er achtete, waren ihre Hände und Füße (Tomás Eloy Martínez geht sogar so weit, von einem übertriebenen, fast fetischistischen Interesse an den Füßen einer Frau sprechen), und blitzartig erkannte er die »Güte«, die sie zu seinem Instrument machen konnte.

Ein blindes Instrument? So kurz sein abschätzender Blick auch gewesen sein mochte, für blind hat er sie keinen Moment lang gehalten. Das ist Peróns große Widersprüchlichkeit und entschieden sein sympathischster Zug: die unfähigen jungen Dinger oder Frauen, seine »Ungefühle«, nach einem treffenden Ausdruck des erwähnten Biographen, zwar vorzuziehen, sich aber von einer »richtigen« Frau beeindrucken zu lassen. Seine Überraschung, als er entdeckte, daß Evita ein Instrument mit gutem Blick war, muß ähnlich gewesen sein wie bei dem Protagonisten in Milan Kunderas Roman DIE UNERTRÄGLICHE LEICHTIGKEIT DES SEINS: als sein Blick beim Liebesakt mit einer Objekt-Frau auf ihren trifft, fühlt er sich wie jemand, der beim Hämmern merkt, daß der Hammer ihn anblickt.

Doch anders als der Romanheld ergriff der Oberst nicht entsetzt die Flucht. Im Gegenteil, er beflügelte dieses weibliche Wesen, womit er einen einmaligen Mut bewies (böse Zungen würden sagen: den einzigen Mut, den er bewies). Es stimmt, daß er den Rest seines Lebens immer wieder mit Nachdruck wiederholen sollte, so als wollte er sich selbst überzeugen: »Evita war mein Schatten.« Doch was ist daran so außergewöhnlich? Viele Männer sehen ihre Frauen als ihren Schatten an und sind zerstreut, wenn es um Details geht. Abstrakt zu planen, hat den Vorteil, daß man unbeteiligt bleibt, sich nicht engagieren muß. Bis hierhin ist die Geschichte ziemlich banal. In dem Moment aber, da es sich um eine Frau handelt, die, zum Licht des Mannes erkoren, erkennt, daß so viel Glanz sie stört, und akzeptiert, sein Schatten zu sein, sich gar bis in den Tod zurückzunehmen, ändert sich alles.

Obwohl das Festival im Luna Park um vier Uhr nachmittags begann, erschien Perón spät abends um halb elf, und zwar in Begleitung des Präsidenten Pedro Pablo Ramírez und seiner Gattin. Beide hielten eine Rede, doch Perón war es, der das Publikum begeisterte, als er den Kontrast zwischen den »Leiden der Arbeiter« und dem »guten Leben vieler Potentaten« unterstrich. Als Ramírez und seine Frau das Festival wieder verließen, blieben ihre Plätze frei. Ein entscheidender Moment für zwei Leben und für ganz Argentinien. So entscheidend, daß die vielen Versionen darüber, wie es Evita gelang, diesen Platz zu erobern, sich alle heillos widersprechen. In diesem Fall steht neben dem offiziellen Verwirrspiel auch der Wunsch, die Person zu sein, der die Begegnung zwischen Evita und Perón zu verdanken ist. Zu den Kandidaten für diese im Grunde nebensächliche Ehre zählen Homero Manzi, der berühmte Tangotexter, der sein Abenteuer dem nationalistischen Schriftsteller Arturo Jauretche schilderte, der seinerseits Borroni und Vacca davon erzählte; Roberto Galán, der Fernsehunterhalter, der es der Autorin des vorliegenden Buches anvertraute, und der Oberst Mercante, laut Ausssage seines Sohnes, den wir ebenfalls befragt haben.

Nach Manzis Darstellung versuchte Evita in Begleitung einer befreundeten Schauspielerin, Rita Molina, vor dem Eingang des Luna Parks vergeblich durchzukommen. Ein Vetter von Manzi half ihnen, indem er den damals schon ziemlich berühmten Künstler herbeirief, damit er ihnen durch seinen Einfluß Einlaß verschaffte. Als sie endlich drinnen waren, rief Evita aus: »Wie viele Leute! Wir werden niemals einen Sitzplatz finden.« Da meinte Manzi: »Ich glaube doch«, und zeigte auf die leeren Plätze neben den beiden Obersten. »Dort sehe ich zwei leere Plätze.« Und gefolgt von Rita, bahnte Evita sich gleich den Weg durch die Menge, um sich auf den besten Platz zu setzen.

Nach Galáns Version war Evita schon im Stadion, aber, statt Platz zu nehmen, unterhalb der Bühne stehen geblieben und zupfte Galán am Hosenbein (der oben stand, mit der Organisation der Vorstellung beschäftig) und bettelte: »Sei so gut, Galán, kündige mich doch bitte an, ich würde gern ein Gedicht vortragen.« Galán, der erst am Anfang seiner Karriere stand, hatte nicht die Position, um den großen Künstlern, die auf der Bühne defilierten, ein unbedeutendes Sternchen vorauszuschicken. Da waren: Libertad Lamarque, Hugo del Carril, Canaro und D'Arienzo mit ihren Orchestern. Daher bat er sie um Geduld, und Evita blieb in Erwartung ihres Auftritts dort stehen.

Inzwischen war Perón mit anderen Coronels eingetroffen. Alle hatten auf den zwanzig Korbsesseln Platz genommen, die Galán eigenhändig aufgestellt hatte. Um Mitternacht hatte Ramírez sich zurückgezogen. Es gab freie Plätze. Da kam Galán die geniale Idee: Er rief Evita, die immer noch wartete, versammelte weitere drei Schauspielerinnen – Rita Molina, Chola Luna und Dorita Norvi –, und sagte ihnen: »Die Coronels sind allein. Ich werde sie euch vorstellen und ihnen sagen, daß ihr zum weiblichen Empfangskomitée gehört.« Evita setzte sich neben Perón. Von dem Moment an konnte jeder sehen, daß der stattliche Coronel nicht mehr auf die Vorführung achtete: Er war wie verhext von dieser Frau, die ununterbrochen auf ihn einredete, worüber wohl?

»Alles Lüge«, meint Domingo Marcantes Sohn. »Als ich jung war, verbrachte ich in Begleitung meines Vaters jedes Wochenende auf Peróns Landgut. Dort habe ich Tausende von Malen gehört, wie Evita vor allen zu ihm sagte: »Wissen Sie noch, Mercante, wie Sie mich im Luna Park an der Hand führten und mich neben Perón setzten? Wie sehr habe ich mich doch gefürchtet! Sie hatten wahrhaft eine gute Nase, nicht?«

Tatsache ist, daß mit Hilfe Manzis, Galáns, Mercantes oder wer auch immer behauptet, mit einer einzigen Geste Argentiniens Gesicht verändert zu haben, Evita und Rita die beiden begehrtesten Plätze an jenem Abend okkupierten: neben Perón und Imbert. Wie bereits bekannt, war für letzteren eine der beiden keine Unbekannte. Daher hat der Journalist und Autor der Geschichte des Peronismus, HISTORIA DE PERONISMO, Hugo Gambini, durchaus recht, wenn er behauptet, kein anderer als Imbert habe sie zusammengebracht. Einer der drei oben erwähnten Herren muß Evita dann auch zu ihrem Geliebten geführt haben, der bei ihrem Anblick ausgerufen haben soll: »Du hier?« und sie dann Perón vorstellte.

Doch abgesehen von diesen mehr oder weniger widersprüchlichen Einzelheiten (alle Aspekte zusammen kommen der Wahrheit vielleicht am nächsten) ist die zugrundeliegende Geschichte klar: Trotz ihres Erfolgs im Rundfunk und ihrer Gewerkschaftsaktivitäten, ihrer Beziehung zu Imbert und der Sammelaktion auf der Calle Florida hatte Evita nicht erreicht, daß man sie zu diesem Festival einlud oder sie am Eingang erkannte. Ob sie nun mit Manzis Hilfe eingelassen wurde, ob sie ihr Gedicht vortragen wollte oder ob Mercante sie, als er sie entdeckte, zufällig oder aus Mitleid unter vielen auswählte, das Bild bleibt gleich: Eine kleine, vor Verzweiflung mit dem Fuß aufstampfende Bittstellerin. Erst im letzten Augenblick, als sie sahen, wie die Leute sich mit dem Ellbogen anstießen, kam es den Militärs in den Sinn, den jungen Frauen einen Platz anzubieten.

Endlich! Von dem Tag an würde sie nie mehr an Türen klopfen müssen (höchstens an die enge, unbezwingbare Pforte zu Peróns Herzen).

Was mag sie ihm gesagt haben, daß er diese knarrende, eiserne Pforte öffnete? Befand sie sich etwa in einem solchen Glückszustand, in dem einem genau die richtigen Worte einfallen? Wir wissen nur, daß Eva zuerst mit Imbert plauderte und Rita mit Perón. Erst dann wandte sie sich auf ihrem beneidenswerten Platz, von dem aus sie auf die kleine Welt dort unten zu ihren Füßen herabblickte, ganz unbefangen Perón zu. Hat sie ihm tatsächlich die entscheidenden Worte gesagt, die der alte Perón im Madrider Exil seinem Biographen wiedergeben sollte: »Danke, daß es Sie gibt«? Wenn es nicht wahr ist, so ist es gut erfunden. Diese kurzen Worte faßten die Geschichte zusammen, die sie in dem Moment zu leben begannen. Wenn sie sagte, daß es ihn gab, setzte sie indirekt voraus, daß sie niemand war. Und in der Tat soll sie laut Perón auch noch gesagt haben: »Ich bin keine Künstlerin, sondern ein Nichts« (weniger als nichts). »Ich bin nichts und niemand«, flüsterte die innere Stimme, die Perón als großer Experte in Wüste und Leere deutlich vernahm, »doch ich kann du sein, mich in dich verwandeln, um dir zu dienen.«

Auf dem Foto, das sie Seite an Seite zeigt, jeder vom anderen fasziniert, blicken sie konzentriert: Auge in Auge, zwei ausgeprägte Profile, zwei Adlernasen. Ausgewachsene Nasen, kaum mit den Stupsnäschen zu vergleichen, die das nordamerikanische Kino und die nordische Zivilisation vorschrieb. Sie trug ein schwarzes Kleid, lange, schwarze Handschuhe bis zu den Ellenbogen und einen schwarzen Hut mit weißer Feder. Nach der Vorstellung mußte Perón mit den Organisatoren des Festivals ein Glas trinken. Doch er ließ sie rufen, um sich zu entschuldigen: »Es tut mir leid, Leute, aber wir gehen mit diesen Mädchen essen. Besser für euch, denn so bleibt für euch mehr zu trinken übrig.« Und dann gingen die vier, jeweils zu zweit. Eines der Paare dem Vergessen, das andere einer unendlichen Geschichte entgegen, die uns heute noch bewegt.

Perón lebte mit der Piraña (ein seltsamer Kosename für eine kindliche Geliebte) in einer Apartmentwohnung, weit außerhalb, fast in Arenales, und Coronel Díaz in Barrio Norte. Deshalb werden sie ihre erste Liebesnacht wohl bei Evita in der Calle Posadas verbracht haben. Als sie die weiße Uniform, den Hut, die Feder, die Handschuhe, das Kleid auf dem Stuhl abgelegt hatten, muß der Realitätsschock viel heftiger gewesen sein als bei heutigen Paaren, wenn sie sich ihrer Jeans entledigen. Die Uniform eines Coronels und ein elegantes Kleid verleihen eine Würde, die nackt nicht zu wahren ist, umso mehr, wenn das Verlangen nicht so heftig ist, daß es neuen Glanz verleiht. Doch Evitas Kälte und Peróns Unbedarftheit werden solche Beschönigungen der Phantasie wohl verhindert haben. Vielleicht erspart eine Beziehung, die man ohne Illusionen eingeht, den Liebenden aber auch später die Mühe eines Neubeginns auf einer anderen Ebene, wenn die Leidenschaft abkühlt.

Und doch ist es ein Irrtum zu meinen, es hätte ihnen an jeglicher Sinnlichkeit gefehlt. Evitas Erfahrung muß ihr sofort klar gemacht haben, daß der Coronel nur zur Liebe auf Sparflamme fähig war. Da Perón im Herzen die Existenz des anderen, ob Mann oder Frau, negierte, konnte Perón nur in minimalen Dosen lieben. Evita gefiel ihm nicht trotz ihrer schmalen Figur, sondern im Gegenteil, gerade wegen der mangelnden sexuellen Ausstrahlung ihres Körpers, den er süß fand wie bei einem Kind. Eine kurvenreiche Schauspielerin wie Zully Moreno, mit ihren vollen Lippen, dem lasziven Schlafzimmerblick, süß und schwer wie türkisches Gebäck, wäre nichts für ihn gewesen (auch dann, wenn sie den Antrag nicht selbst panikartig abgelehnt hätte). Es stimmt, daß Evita eine ausgewachsene Adlernase hatte, die ihre Energie verriet. Doch alles übrige war noch unfertig. Mit vierundzwanzig Jahren war ihre Schönheit noch nicht ausgereift. Und auch ihr Gesicht war noch unfertig, formbar wie Wachs (mit dem es die Farbe gemein hatte). Formen und verwandeln: eine andere Möglichkeit, die Leidenschaft zu schüren, die dieser Körper nicht stillt. Das Pygmalion-Drama zeichnet sich ab: die Verliebtheit in das mit eigenen Händen aus der formbaren Kreatur modellierte Wesen und der Wunsch, sie zu zerstören, sobald sie aus eigener Kraft lebt.

Doch zu Anfang freute er sich an seiner Schülerin. Perón lachte mit Evita und behandelte sie dabei wie die Puppe, von der er eigentlich träumte. Sie bildeten ein kindliches Paar: Der Lehrer liebte es, in eine Kindheit einzutauchen, die er nie gekannt hatte. Als sie den heute abgerissenen Unzué-Palast bezogen, die damalige Residenz des Präsidenten der Argentinischen Republik, sollten der Präsident Perón und seine Frau die majestätische Freitreppe jeder auf einem Geländer hinunterrutschen.

Die Rolle der Puppe muß Evita ein wenig wider Willen gespielt haben. Die kindlichen Späße ermüdeten sie genauso wie der Sex. Sie hatte eine richtige Kindheit erlebt, mit zwar defekten, doch im Traum verherrlichten Puppen. Kind bleibt nur, wer keine Kindheit hatte. Evita war Kind gewesen, als diese Rolle ihr gebührte, jetzt aber war sie eine Frau. In diesem Punkt irrte Perón sich in seiner blinden Phantasie.

Doch das Puppespielen war nicht ihre einzige Rolle. Damals war sie ihm auch Krankenschwester. Der Oberst war häufig krank: Leberprobleme, Grippe, minimale, aber sehr wirksame Wehwehchen, bei denen das Unwohlsein in harmloser Dosierung auftritt und so eine ernste Erkrankung verhindert. Der Beweis ist, daß er fast bis zu seinem vierundachtzigsten Lebensjahr stark war wie eine Eiche.

In seinen Memoiren schildert der Autor und Politiker Bonifacio del Carril seine erste Begegnung mit Evita in der Wohnung der Calle Arenales. An dem Tag hatte Perón ihm Evita mit folgenden Worten vorgestellt: »Unglaublich, welche Menschenkenntnis sie hat. Sie hat eine gute Nase für Politik.« Während er das sagte, drückte er ihre ausgewachsene Nase zwischen den Fingern, eine spielerische Geste, die sie wieder kindlich machte. Dann hatte er Evita gebeten, Wein zu holen. Als sie fort war, nutzte er die Gelegenheit, um zu versichern, er denke nicht daran,

»wegen einer Frau den Kopf zu verlieren«, Herr über seine Person (in Wahrheit sagte er wohl »über meinen Hosenstall«) sei allein er selbst. Als del Carril darüber witzelte, daß Perón jetzt als Kranker seinen Freunden ausgeliefert sei, die ihm einen Arzt gerufen hatten, richtete er sich langsam im Bett auf und machte schließlich folgende ungewöhnliche Bemerkung: »Evita ist sehr begabt. Niemand kann die Schröpfköpfe so setzen wie sie«. Ein Wink für die Politiker: »Kümmert euch um eure Angelegenheiten. Ich habe schon eine Person meines Vertrauens«.

Und Evita? Wie fühlte sie sich wohl neben diesem stämmigen Mann, der wirkte wie ein Stier und in Wirklichkeit – nach den Worten eines Mannes vom Lande, für den das die größte Selbstverständlichkeit zu sein schien – eher ein »Ochse« war. Sie war glücklich. Vorher hatte sie mehrere Männer gekannt, die doppelt so alt waren wie er. Sie hatte den »alten Kartulowicz«, den Direktor von SINFONIA, geliebt und seit jeher einen Vater gesucht: einen Vater mit Stiefeln, einen Vater, dessen Körper eins zu sein schien mit seinem Pferd, einen Vater und Caudillo, umgeben von einer treuen Gefolgschaft. Macht erregte sie weitaus mehr als sexuelle Potenz. Und wie viele Frauen empfand sie leichte Rührung für die männliche Korpulenz, deren Geheimnis nur sie kannte. Bedeutete die Tatsache, daß sie es als einzige wußte, nicht auch, daß sie ihn beherrschte? Und gestand Perón mit seiner Bemerkung gegenüber del Carril, er sei alleiniger Herr über seinen Hosenstall, nicht sogar seine Furcht, ein Gefangener zu sein?

Was die Liebe betrifft, so gibt es tausend Möglichkeiten, einen Männerkörper zu lieben. Sich bei dieser Masse geborgen fühlen. Im Schutz seiner Wärme und seines Geruchs schlafen: ob kalt oder warm, jemand von dieser Größe und Kompaktheit mußte einen männlichen Geruch haben. Wer wollte mehr? Ihre Mutter vielleicht. Evita nicht: Sie fühlte sich glücklich. Dadurch, daß sie seine Witze ertrug, seine Wehwehchen kurierte, ihn kitzelte und Schröpfköpfe setzte, erkaufte sie sich das Recht, die Nacht an ihn geschmiegt zu verbringen. Perón war ihr Schutzdach, ihr väterliches Haus, das sie endlich wiedergefunden hatte. Dieses Recht, sich hinter einem Mann zu verkriechen, war es auch, das Ruth, als sie verwitwet war, dank des guten Rats ihrer Schwiegermutter sich erworben hatte, die ihr befahl, dem Beschützer Boas zu Füßen zu schlafen. Hatte die biblische Doña Juana ihren Töchtern nicht seit eh und je diesen Rat erteilt?

Andererseits ebnete ihr Peróns ungewöhnliche Sexualität den Weg, um direkt zu wichtigeren Dingen überzugehen, nämlich zur Politik. Nach del Carrils Schilderung hat Perón Evitas Nase für politische Dinge gepriesen. Die bei Borroni und Vacca zitierte Aussage von Arturo Jauretche bestätigt das: »Ich lernte Evita kennen, als sie seit einem Monat mit Perón zusammen war. Er war krank und hatte mich in die Calle Arenales zu sich nach Hause gebeten, um mit mir zu sprechen. So sehr Evita auch vom Theater kommen mochte, sie hatte keinerlei erotische Ausstrahlung. Das verband sie mit Perón, denn auch er war quasi asexuell«. Mit dieser Heirat vereinten sich zwei Machtbesessene. Es war keine Liebesverbindung.«

Lassen wir letztere Bemerkung zunächst beiseite und wenden uns Evita zu. Evita, die Perón wie sein Schatten folgte. Evita, die bei prekären politischen Gesprächen immer anwesend war und aufmerksam zuhörte, zum Erstaunen und Mißfallen von Politikern und Militärs. Wie konnte Perón sich eine solche Indiskretion erlauben?

Aber was er ihr nicht alles gestattete! Laut einer anonymen Zeugenaussage, zitiert bei Navarro und Fraser, soll Perón eines Tages bei seiner Heimkehr entdeckt haben, daß sie sich mit allen ihren Habseligkeiten fest bei ihm eingenistet hatte: Ihre Kleider hingen im Schrank neben seinen Uniformen. Im Badezimmerschrank standen ihre Schönheitscremes neben seinen Salben gegen Schuppenflechte. Er konnte sie kaum nach dem Verbleib der Piraña fragen, da verkündete sie ihm bereits mit herausfordernder Miene, hinter der sich ihre Furcht verbarg: »Die habe ich nach Mendoza zurückgeschickt.« Woraufhin er nichts mehr sagte. Er, ein autoritärer Militär, hatte die Entscheidung einer Frau, die ihm ihre Anwesenheit aufdrängte, ohne mit der Wimper zu zucken hingenommen. In dieser Hinsicht weicht Peróns eigene Aussage von der vorherigen ab, widerspricht ihr aber nicht. Tomás Eloy Martínez hat er gestanden, Evita habe sich ganz allmählich bei ihm eingeschlichen, indem sie ihre Schönheitscremes eine nach der anderen in seinen Schränken deponierte. Aus Wohnungsgründen scheint Peróns Version plausibler. Selbst auf dem Gipfel der Leidenschaft ist es kaum vorstellbar, daß eine Zigeunerin, die immer auf der Suche nach einem Dach über dem Kopf war, ein eben erlangtes Apartment aufgibt. Wahrscheinlicher ist, daß sie Perón zunehmend unter Druck setzte. Manchmal erwartete sie ihn, wenn er heimkehrte, draußen im Flur. Diese Leidenschaftsausbrüche waren es, die Kartulowicz, um nur ihn zu nennen, so beängstigt hatten. Diesmal spürte sie jedoch, daß es sich lohnen könnte, die Initiative zu ergreifen. So viel Hartnäckigkeit würde ihn schließlich erweichen.

Eine Erklärung für Evitas Wirkung auf Perón ist, daß Evita neben Liebkosungen und dem Anbringen von Schröpfköpfen auch über menschliche Erfahrungen verfügte, die Perón fehlten. Er hatte immer nur im Schutz des Militärs gelebt. Die einzigen Frauen, die er kannte, waren Prostituierte oder unscheinbare junge Mädchen, und die einzigen Männer waren Militärs. Er hatte feste Vorstellungen hinsichtlich Argentiniens und hegte den Wunsch, dieses Land zu führen, aber nur theoretisch. Evita hingegen kannte die Menschen. Dieser Kenntnis verdankte sie ihr Überleben im Theaterdschungel. Unter dieser Art von Menschenkenntnis muß man hier die Fähigkeit verstehen, den Menschen ins Herz zu sehen und abzuschätzen, wie loyal sie sind oder wie groß die Versuchung des Verrats ist. Außerdem hatte sie, wie wir gesehen haben, eine persönliche Tugend: sie war eine gute Frau im Sinne des Tango, also treu. Perón, der Abstrakte, hatte eine stets wache Partnerin gefunden, die in der Lage war, ihn zu warnen: »Nimm dich vor dem da in acht.« Aber war Perón wirklich abstrakt? Vielleicht besaß er neben seiner militärischen Strenge und seinen aus Italien und Deutschland importierten Ideen noch die typische Schläue des CRIOLLO, die sich gerade aus konkreten, praktischen Weisheiten zusammensetzt, eine pragmatische Schläue, die Evita sogleich erkannte, weil sie sie in den Augen ihrer Familie Núñez dort in Los Toldos hatte aufblitzen sehen? Eine labyrinthartige Widersprüchlichkeit, die Evita zu verstehen begann, als sie Peróns Geschichte erfuhr.

Sicher hat er sie Evita nach und nach erzählt, anfangs noch befangen und später, als er in ihr eine aufmerksame und absolut loyale Zuhörerin fand, mit mehr Vertrauen. Eigentlich war der Oberst eher ein Einzelgänger, der nun zum ersten Mal jemanden neben sich wußte. Jemanden, der da war. Wie faszinierend, wie erleichternd und auch: Und ein Anlaß für zukünftige Eifersüchteleien! Seine eigene innere Leere füllte er bis zum Rand mit ihr, im Glauben, sie zu formen. Diese Leere war eine Folge der patagonischen Einöde, wo er aufgewachsen war, eines verträumten Vaters und einer mächtigen Mutter, rund wie die Erde. Und des Militärs.

Geboren war er am 8. Oktober 1895 in Lobos, einer Kleinstadt in der Provinz Buenos Aires. »Wie Junín«, muß Evita voller Stolz auf die Gemeinsamkeit gedacht haben, die sie wenn nicht gleich, dann doch wenigstens ähnlich machte (denn er war der Überlegene und sie die Untergebene, der die Gunst zuteil wurde, ihn anzuhören). Evita sollte bald erkennen, daß Peróns Geschichte weitere erschreckende Ähnlichkeiten mit ihrer aufwies.

Der Vater Mario Tomás Perón war der Sohn des Arztes, Chemikers und Senators Tomás Liberato Perón, den Präsident Sarmiento nach Paris geschickt hatte, als Belohnung für seinen Einsatz bei einer Gelbfieberepidemie, die 1870 vor allem die indianische Bevölkerung von Buenos Aires dezimiert hatte. Der berühmte Großvater, seinerseits Sohn eines sardischen Kaufmanns, der 1830 ins Land gekommen war, und einer Schottin, Ana Hughes Mackenzie, war mit Dominga Dutey, einer Uruguayerin, Tochter von Basken aus Bayonne, verheiratet.

»Oh, du hast ja baskisches Blut, genau wie ich!«, wird Evita überglücklich ausgerufen haben, und Perón konnte noch sagen: »Auch mütterlicherseits gab es Basken unter meinen Vorfahren«.

Der Sohn des berühmten Arztes hatte einen völlig anderen Weg eingeschlagen. Des angefangenen Medizinstudiums überdrüssig, hatte er Buenos Aires nach dem Tod des Vaters verlassen und sich in Lobos angesiedelt, um sich dort um ein geerbtes Landgut zu kümmern. Er hatte keinerlei Erfahrung mit der Pampa. Die Wahl dieses Ortes war eine Art Flucht. Vielleicht wollte er dem belastenden Vorbild seines Vaters entkommen, wie sein Bruder, Tomás Hilario, nur daß dieser, statt zu fliehen, den Freitod gewählt hatte. Kurz nach seiner Ankunft in Lobos lernte er eine kreolische Hausangestellte kennen, die ein Kind von ihm bekam: Mario Avelino Perón, Juan Domingos Bruder. Sie hieß Juana Sosa Toledo, und ihre Eltern, der Maurer Juan Ireneo Sosa und Mercedes Toledo lebten auf einem einfachen Rancho in der Umgebung von Lobos. »Wie die Núñez«, mag seine Vertraute eher beunruhigt als erfreut gemurmelt haben.

Tatsächlich waren die Sosa Toledos wie die Núñez echte CRIOLLOS. Aber was bedeutet: ein »echter CRIOLLO«? Da der spanische Vater des CRIOLLO seinerseits eine Mischung aus Arabern, Juden und anderen pikanten Zutaten war, gibt es beim CRIOLLO gar keine wahre Identität. Laut Tomás Eloy Martínez, dem wir die meisten dieser Daten verdanken, gab Juana Sosa Toledo unumwunden zu, daß ihre Großeltern Indios waren. Den Familiennamen Sosa werden diese Indios irgendeinem obskuren Basken unter ihren Vorfahren verdankt haben. Hat Perón Evita erklärt, daß er seine Schlitzaugen und seine Adlernase von der Urbevölkerung des Kontinents geerbt hatte, oder hat er, um sie zu erobern, auf die baskische Herkunft des Namens seiner Mutter gepocht, wie er es bei allen machte, wie er sich Peroni nannte, wenn er mit Italienern, und Perron, wenn er mit Franzosen sprach? Die Identität des CRIOLLO ist wie ein zerbrochener Spiegel. Wer es beherrscht, weiß mit den vielen Fragmenten die unterschiedlichsten Menschen in seinen Bann zu ziehen. Wäre Evita Jüdin gewesen, hätte Perón ihr sicher, ohne zu lügen, sagen können, Toledo sei der Name spanischer Juden. Die Landkarte seines Blutes war typisch argentinisch: weitläufig, über die ganze Welt ausgebreitet, zeichnete sie imaginäre Länder und ließ fremde Welten erahnen. In Argentinien kommen das Gefühl der Abwesenheit und die dazugehörige Liebe zum Phantastischen vielleicht von der Leere der Pampa und den vielfältigen Wurzeln.

Als Juana Sosa Toledo ihr erstes Kind von ihm bekam, hatte Perón seiner Familie und den »feinen« Leuten von Lobos versprochen, die Beziehung zu der plumpen Dienstmagd mit dem widerspenstigen, blauschwarzen Haar, der kupferfarbenen Haut, den schrägen Augen und hervorstehenden Wangenknochen in dem breiten Gesicht abzubrechen. Doch dann hatte er sein Versprechen nicht eingelöst, teils aus Bequemlichkeit und teils, weil Juana in seinem leeren Leben wie der robuste Ombú-Baum in der Pampa war: In der Geborgenheit ihres kräftigen, dunklen, an ihn geklammerten Körpers hatte der bleiche, verweichlichte Stadtmensch, der sich in endlose Theorien und nebulöse Reden über die Natur verlor, weniger Angst abzuheben. Vier Jahre später wurde ihnen, immer noch ohne Trauschein, ein weiterer Sohn mit Namen Juan Domingo geboren. Die Toledos waren sprachlos: Sie hatten fest mit einem Mädchen gerechnet. Großmutter Mercedes hatte wunderhübsche Windeln mit rosa Einfassung genäht. Und Tante Honoria, die der Neugeborenen ihre Silberohrringe schenken wollte, betete zu Gott, er möge seinen Irrtum beheben und das Geschlecht des Babys ändern.

Juan Domingo, der allen zum Trotz ein Junge blieb, war drei Jahre alt, als seine Familie in einen anderen Ort in der Provinz Buenos Aires umzog. Als dem Vater dann die Verwaltung von Ländereien in der Provinz Chubut im tiefsten Patagonien übertragen wurde, zog er allein mit einer Herde von fünfhundert Schafen in die Wüste. Seine Juana blieb in Buenos Aires bei der Mutter von Mario Tomás, Doña Dominga Dutey. Ein Jahr später, 1901, als Juan Domingo sechs Jahre alt war, kam der Vater zurück, um Juana zu heiraten und die Kinder anzuerkennen. Danach nahm die ganze Familie ein Schiff nach Puerto Madryn, einer Hafenstadt am Atlantik in Südargentinien.

Von Puerto Madryn aus fuhren sie im Pferdewagen weiter, kämpften sich durch Unwetter unter dem dunkel verhangenen Himmel Patagoniens, dunkler noch als über der Pampa, denn die verkehrten Farben drücken aufs Herz: Das Land ist hier eher grau-blau und der Himmel grün. Die Estancia La Maciega erwartete sie am Ende der Reise. Rundum Menschenleere. Nichts als Weite. Hier lernte Perón, mit sich selbst zu sprechen, die Tiere nachzuahmen, weder Kälte noch Durst noch Gefühle zu empfinden. Hier hat er auch bei der Jagd auf wilde Lamas, die GUA-

NACOS, das erste strategische Geschick entwickelt, sowohl in militärischem als auch politischem Sinne. Um Jagd zu machen auf diese stolzen Tiere, die so hochmütig blicken wie die Kamele (nur daß sie einem gezielt ins Auge spucken können), mußte man sie auf eine falsche Fährte locken. Es ist nicht bekannt, ob Perón von ihnen angespuckt wurde, aber wir wissen sehr wohl, daß er Menschen auf die falsche Fährte lockte.

Bei diesem rasanten Werdegang war La Maciega nur eine Etappe. Jahre später sollte die Familie noch weiter fort ziehen, nach Chankaike: ein trostloser Landstrich, der so weit im äußersten Süden liegt, daß er fast von der Landkarte rutscht. Eine rauhe, ungemütliche Gegend, wo es unmöglich war, sich wie die Frauen anderer Breitengrade zu verhalten. Das wußte Doña Juana nur zu gut. Wie ihre Namensschwester, Evitas Mutter, versuchte sie, so gut es ging zu überleben. Sie ritt, zähmte Tiere, pflegte Kranke, half bei Geburten. Zu ihren Söhnen hatte sie eine kameradschaftliche Beziehung: So wie ihr Mann war, mußten sie sich mit Andeutungen und Augenzwinkern hinter seinem Rücken verständigen: ein verschwörerisches, weibliches und sehr kreolisches Augenzwinkern, das Perón sich angewöhnte. (Ach, dieses Augenzwinkern des Coronel! Flink wie der Blitz, ließ es sein Gegenüber in dem Glauben, es sei allein an ihn gerichtet; dabei war es nur ein Tick, wenn auch ein aufschlußreicher, ein Streich, den ihm seine Nerven spielten, was ihn zwang, unbewußt seine Mutter nachzuahmen!). »Meine Mutter war ein Freund, ein Ratgeber«, sollte er bei einer der wenigen Gelegenheiten sagen, wo er sie erwähnte. Dabei wählte er die männliche Form, um sein Lob zu verstärken, als sei »Freundin« und »Ratgeberin« nicht stark genug.

Fallen der Sprache! Seine offizielle Biographie – PERON, EL HOMBRE DEL DESTINO – zeigt eine Mutter voller weiblicher Tugenden und einen Vater von strenger Männlichkeit. Nach Beschreibung dieser Biographen soll Mario Tomás ein harter Pädagoge gewesen sein und eifersüchtig über die Erziehung seiner Söhne gewacht haben, was sicher nicht falsch ist, aber nicht erklärt, warum dieser Vater bei jeder neuen Flucht sich immer mehr zu entziehen und zu verflüchtigen schien. Und was bleibt einer so starken Frau schon mitten in der Einöde, wenn der

Mann, der sie hierhergebracht hat, immer weniger greifbar wird und sich praktisch in einen unendlichen Traum zurückzieht. Wieder ist es Tomás Eloy Martínez, der in seinem Buch NOVELA DE PERON wagt, es auszusprechen: Eines Tages, als Juan Domingo von Buenos Aires zurückkam (wo seine Eltern ihn bei der Großmutter Dominga gelassen hatten, damit er Lesen und Schreiben lernte, seine GUANACOS vergaß und so wieder zum Menschen wurde), fand er seine Mutter im Bett mit einem Tagelöhner der Estancia vor. Er ging wieder fort, ohne ihr je zu verzeihen. Tagelang irrte er in völliger Einsamkeit umher und beichtete im Stillen alles seinem betrogenen Vater. In Puerto Madryn nahm er dann ein Schiff zurück nach Buenos Aires. Das war das Ende einer Etappe seines Lebens.

Fortan trennen sich die Wege von Vater und Sohn. Während Mario Tomás noch einmal die Zelte abbricht und sich mit seinen letzten hundert, allesamt kranken Schafen auf einem anderen Fleck in der Einöde unter grünem Himmel niederläßt, die er nicht ohne Ironie Estancia EL PORVENIR, also die Zukunft, nennt, geht Juan Domingo auf die Militärakademie. Je mehr er seinen Vater verliert, desto mehr gedeiht der Sohn in der strengen Disziplin des »Corpsgeistes«. Das heißt noch nicht, daß sie sich nicht ähnelten. Vielleicht verbirgt sich hinter der Strenge des perfekten Sohnes, des guten Schülers, guten Reiters, guten Boxers und vor allem des guten Fechters die gleiche Leere, die den Vater jedesmal weiter vor seinen Gespenstern fliehen ließ. Der Eintritt ins Militär bedeutet in gewisser Weise eine Flucht vor allem, was seine engen Grenzen überschreitet, aus Angst vor dem Chaos, wie es das Leben mit sich bringt oder selbst ist. Die Familie verlassen, um zum Militär zu gehen, ist eine andere Art des Exils. Diese Geschichte muß für Evita den Beigeschmack ihres eigenen Exils gehabt haben, ihrer eigenen Wurzellosigkeit. Zweifellos hat Peróns Anderssein, seine Situation als »doppelter Sohn«, der aus zwei verschiedenen sozialen Schichten stammte und zumindest in den ersten Jahren seiner Kindheit auch als Bastard galt, sich ihr klar enthüllt.

Juan Domingos Leben ist nun gefestigt. Niemals mehr kann er sich verlieren. Kein weites Land, so endlos es auch sein mochte, kann ihn mehr mit Luftspiegelungen täuschen. Abgehärtet durch die Kindheit in Patagonien, überlebt er die rituellen Folterungen, quasi die Tauglichkeitsprüfung beim Militär, die Manöver, Übungen und Turniere, die den Kadetten mit unvorstellbarem Sadismus auferlegt werden, um ihren Willen zu brechen. Perón gilt als jemand, der vor seinen Kameraden nie schlappmacht. Wie es im Tango heißt: »LA PATOTA ME MIRABA Y NO ERA HOMBRE DE AFLOJAR« (alle Blicke richteten sich auf mich, doch ein echter Mann wird niemals schwach). So bereitet er sich auf ein Leben vor, das darin besteht, den anderen zu zeigen, daß man kein Weib ist.

1915 wird er Infanterieleutnant, 1919 Oberleutnant und 1924 Hauptmann. Bald verfaßt er Texte für Lehrbücher: über »Militärische Ertüchtigung«, »Hygiene« und »Moral«. 1917 treten die Arbeiter von La Forestal in Streik. Perón gelingt es, die Situation dadurch zu lösen, daß er einfach mit ihnen redet. Die Arbeiter sind überrascht von einem so verständnisvollen Militär und seinem strahlenden Lächeln. Später schreibt er weitere Abhandlungen über die Befreiungskriege in Hochperu und über die Ostfront während des Ersten Weltkriegs. Er lehrt in der Schule für Unteroffiziere und in der Militärakademie. Nachdem er 1929 das Majorsdiplom erhalten hat, heiratet er Aurelia Tizón. »Genug!«, muß seine Vertraute hier laut und vernehmlich gesagt haben. (Während einer Wahlkampagne verließ sie einmal den Saal, weil eine Folkloregruppe für Perón die Lieblingssamba der armen Aurelia sang.)

Dabei verdiente die arme Aurelia gar nicht soviel Eifersucht. Perón hatte es wie immer so arrangiert, daß er sie genau in dem Moment kennenlernte, als er meinte, jetzt sei eine Heirat an der Zeit. Bis dahin war sein Liebesleben völlig unkompliziert gewesen: Manchmal (viel seltener als seine Kameraden) ging er ins Bordell. Seine geringe Neigung zu Eskapaden war schon aufgefallen. Er brauchte eine Frau, um es der Bande zu zeigen, wie er ihnen vorher seine Ausdauer hatte beweisen müssen.

Unnötig zu erwähnen, daß die Versionen über die erste Begegnung zwischen Perón und Aurelia sich widersprechen, obwohl es anders als war als an dem Abend im Luna Park (ein paar Freunde hatten sie ihm vorgestellt, und er hatte sie im Kino angesprochen; Aurelia war die Tochter von Freunden; er lernte sie auf der Plaza Francia kennen, gegenüber vom Museum Bellas Artes, wo sie Malkurse besuchte). Auch über das Alter können wir uns alle Spekulationen ersparen, sagen wir einmal, daß sie zwischen achtzehn und zwanzig war. Sie spielte Gitarre und Klavier und malte Aquarelle. Sie war weder hübsch noch häßlich. Für Perón bestand ihr größter Vorzug darin, daß sie ihn nicht bei der Arbeit störte und ihn in seiner Freizeit zu unterhalten verstand: Perón liebte folkloristische Musik und Theater (er hatte so gar einige Stücke geschrieben und von seinen Soldaten aufführen lassen). Abgesehen von ihren künstlerischen Talenten war Aurelia unscheinbar. Die Frau des General Lonardi (der 1955 den Putsch gegen Perón anführte) lernte sie 1936 kennen, als Perón Militärattaché der Argentinischen Botschaft in Chile war. Ein Ausbund an Unscheinbarkeit, nach ihrer Darstellung, ein fades Ding, gekleidet wie eine Gouvernante.

Aurelia hatte solchen Respekt vor ihrem Mann, daß sie ihn nie beim Vornamen nannte (es fehlte nicht viel, und sie hätte ihn mit »Hauptmann« angeredet). Sie selbst war so jung, so wenig präsent und so unreif, daß sie nicht einmal ein Recht auf ihren eigenen Namen hatte: Alle kannten nur ihren Spitznamen aus der Kinderzeit, Potota. Potota heißt in Kindersprache »Süße«.

Sie lebten in einer dunklen, majestätisch großen Wohnung (»ein wahres Mausoleum« nach Aussage von Zeugen). Perón las und schrieb seine Artikel für das Militärlehrbuch, während die zwischen all den wuchtigen Möbeln aus Marmor und Edelhölzern noch kleiner wirkende Potota wie verloren in einem riesigen Sessel saß und Bettschuhe häkelte. Obwohl sie nicht schwanger war, legte sie all ihre Hoffnung in das Wesen, das sie von der Kälte ums Herz befreit hätte. Und sie häkelte immer weiter. Bis zu dem Tag, als der Arzt ihr klarmachte, daß nicht sie die Unfruchtbare war. Aber wie sollte man das einem Ehemann beibringen, den man nicht einmal beim Vornamen zu nennen wagte: »Du bist schuld!«? (Peróns Sterilität ist ein Thema, das bis heute in Argentinien leidenschaftlich diskutiert wird, ein Thema, das auch uns noch beschäftigen wird). Die Ärmste schwieg also und griff wieder zu Wolle und Nadeln. 1938 fiel Aurelia eines Abends, als die Familie bei Tisch versammelt war, um Peróns Namenstag zu feiern, in Ohnmacht. Kurze Zeit später starb sie an Unterleibskrebs.

1929, im Jahr von Peróns Heirat, beginnt eine entscheidende Etappe für das Land. Wie bereits erwähnt, teilt sich die Geschichte Argentiniens in die Zeit vor und nach 1930. Vorher gab es ein liberales Land, seit 1810 begründet auf den Prinzipien der französischen Revolution. Danach mußte Argentinien, obwohl das Militär noch nicht die größte Macht im Land war, die Existenz einer mächtigen, nationalorientierten Armee anerkennen. Es ist unzweifelhaft, daß Perón an dem Putsch beim Sturz Yrigoyens beteiligt war. Zwar mit Vorbehalten, aber nur formaler Art. Seine Kritik galt nicht den ideologischen Inhalten, sondern der schlechten Organisation eines Staatsstreichs, dessen Idee er voll billigte und dessen Anführer, Uriburu, er hoch schätzte. Im Laufe seines Lebens hat er unzählige Male wiederholt, daß er ihn für einen »ehrlichen, guten und tapferen Mann« hielt, was ihn nicht daran hinderte, sich ebenso oft zu widersprechen. Nachdem er erklärt hatte, daß er grundsätzlich den Staatsstreich von 1930 billige, meinte er einschränkend, er habe sich nur auf Befehl seiner Vorgesetzten daran beteiligt. Diese Uneindeutigkeit war beabsichtigt. Seine Lektüre zu militärstrategischen Fragen vervollständigte seine Kindheitserfahrungen als Jäger von GUANACOS: Perón führte die Menschen gerne in die Irre. Deshalb vertrat er mehrere Versionen, Standpunkte, Ideen, und waren sie noch so widersprüchlich. Warum sollte man sich entscheiden, Möglichkeiten ausschließen, Gesichtspunkte verwerfen? Je mehr verschiedene Äußerungen man macht, desto wahrscheinlicher wird man jemanden finden, der einem zustimmt. Perón bestach durch die Menge an Vagheiten.

1931 steigt er zum Major auf und wird einer Kommission zugeteilt, die die Grenze zwischen Argentinien und Bolivien abstecken soll. Später soll er mehrere Arbeiten veröffentlichen, darunter Bücher über den russisch-japanischen Krieg, über einen Ortsnamen der Araukaner oder Mapuche und eine geographische Denkschrift über die Provinz Neuquén in Patagonien. 1936 wird er zum Militärattaché in Chile ernannt und zum Oberstleutnant befördert. In Chile erlebte er, wie laut Tomás Eloy Martínez die Witwe von Lonardi berichtete, eine seltsame Geschichte. Perón war mit einem chilenischen Offizier bekannt, Leopoldo Haniez, der ihm Geheimpapiere über sein Land besorgen sollte. Das ist nicht weiter erstaunlich, da die Spionage ein Teil der normalen diplomatischen Aktivitäten ist. Überraschend aber ist, daß Perón Lonardi zuerst in diese gefährliche Lage brachte, ihn dann aber, als die chilenische Abwehr den Chilenen bei einem intensiven Gespräch mit Haniez ertappte, fallen ließ. Außer den Genannten war Perón der einzige, der von dem Treffen wußte. 1939 schickte ihn das Ministerium, dem er unterstellt war, nach Italien, um dort die Lage in Europa am Vorabend des Krieges zu sondieren.

Evita muß das Foto von Perón gesehen haben, wo er auf Skiern beim 14. Gebirgsregiment in Chietti zu sehen ist, mit Kniehosen, dicken Strümpfen und einer Schirmmütze, die schon der ähnelt, die er später, nach dem Tod seiner Frau tragen sollte, in einer Zeit, da die Studentinnen ihn POCHITO nannten und er es sich erlauben konnte, eine bisher verheimlichte Neigung zu zeigen. Der Mann auf der Fotografie ist ein lächelnder, energiestrotzender Athlet, der eine etwas lächerliche Figur macht. War es der italienische Einfluß, der ihm diese unglaubliche Ähnlichkeit mit dem Komödianten Alberto Sordi verlieh, oder liegt das eher an der körperlichen und geistigen Haltung eines Mannes, der frei von jeder Bindung ist und im fremden Land so auftreten kann, wie er es im eigenen nie täte?

In Italien verbrachte Perón glückliche Tage. Mussolini faszinierte ihn, und der Faschismus schien ihm die außergewöhnlichste und revolutionärste soziale Veränderung der Geschichte. Wie die Faschisten es doch verstanden, sich durchzusetzen! Welch eiserne Autorität! 1965 sollte er dem Journalisten und Schriftsteller Eduardo Galeano, zitiert bei Juan José Sebreli, erzählen: »Menschen zu manipulieren, ist eine Technik, die Technik des LIDER. Eine militärische Präzisionstechnik und -kunst. Ich habe sie 1940 in Italien gelernt. Dort verstanden sie es zu befehlen!« Auch Hitler bewunderte er und hatte immer wieder MEIN KAMPF gelesen. Die perfekte Ordnung der Nazis faszinierte ihn ebenso wie der Faschismus. Und wie viele Peronisten der ersten Stunde (darunter der von uns befragte Ex-

Minister Alberto Rocamora) bedauerte er nur eins: gewisse »Exzesse« in den Konzentrationslagern.

Für Italien und nicht für Deutschland hatte er sich entschieden, weil er perfekt Italienisch sprach. Er sehnte sich danach, in der Menge unterzutauchen, mit den Leuten zu reden, seinen Enthusiasmus für die mitreißende Erneuerung, die die Welt verändern sollte, mit ihnen zu teilen. Das italienische Volk, das dem argentinischen so ähnlich ist, unterstützte den Duce voller Elan, zunächst bei den Vorbereitungen zur Invasion in Albanien, bevor man sich mit aller Kraft – und natürlich siegreich – in den internationalen Konflikt einmischen würde. An dem Tag, als Mussolini vom Balkon des Palazzo Venezia aus seinen Entschluß verkündete, in den Weltkrieg einzutreten, stand auch Perón dort, im Schutz der vereinten Menge, die vor Glück weinte. Er war selbst trotz seiner Abneigung gegen Körperkontakt so begeistert (er war zwar ein herzlicher Mensch, der andere umarmte, mochte aber nicht selbst berührt werden), daß er die starken und gesunden Arbeiter mit ihrem Geruch nach Olivenöl und den Augen, aus denen die Sonne lachte, umarmte. Sein Traum vom gesunden und mächtigen Argentinien, das das Banner für den »dritten Weg« schwenkt, begann hier. (1968 erzählte er dem Historiker Felix Luna: »Italiens Reaktion auf eine in zwei imperialistische Lager geteilte Welt war: Wir halten weder zu den einen noch zu den anderen. Wir stehen für eine dritte Position zwischen dem sowjetischen Sozialismus und dem amerikanischen Imperialismus«. Muß man der Entstehung des Begriffs »dritte Position«, der zur eigentlichen Definition des Peronismus wurde, noch weiter nachspüren?)

Ein Traum, der aus einer Empfindung entsprang. Peróns kaltes Kalkül und der Machiavellismus des GUANACO-Jägers sollten uns die Tiefe dieses Gefühls nicht vergessen lassen, dem er immer treu blieb: seine Bewunderung für den Faschismus. Jahre später meinte der Journalist Valentín Thiébault zu Perón, als er ihn von Mussolinis Tod unterrichtete: »Eines Tages wird man ihm ein Denkmal setzen.« Perón antwortete mit ungewohnter Leidenschaft: »Ein Denkmal? Nur eins? Sagen Sie besser, ein Denkmal an jeder Straßenecke!« Stimmt es, daß er Mussolini am 3. Juli 1940 tatsächlich begegnete, wie er gerne erzählte, oder war vielleicht sein Wunsch, ihn von nahem gesehen zu haben, so stark, daß die Begegnung für ihn Realität wurde? Hat er ihn tatsächlich mit erhobenem Arm nach Art der Faschisten gegrüßt? Allein der Wunsch zählt: ob wahr oder erträumt, diese Geste blieb in Peróns Vorstellung haften. Womöglich liegt die einzige Wahrheit dieses Mannes in einer Geschichte, die sich nie ereignete.

Vor diesem Tag war Perón zum ausländischen Hilfskommandanten der Tridentiner Gebirgsdivision und der Infanteriedivision PINEROLO ernannt worden. Er hatte sich wie besessen der Stählung seiner Muskeln gewidmet und seine Kraft in diese euphorisierenden Übungen gesteckt, die den Geist und die Seele glätten. Er hatte sich an wohltuend männlich-derben Bergsteigerliedern berauscht und an dem reinen Schnee, der mit einem Schlag die trüben Erinnerungen aus der Kindheit wegfegte. In den weißen Bergen sah die gesamte Natur aus wie eine sauber gebügelte Uniform. Er hatte die Geheimnisse des Krieges im Gebirge in der Bergsteigerschule von Aosta und der Skischule von Sestrière gelernt. Später hatte er in Turin theoretische und in Mailand praktische Kurse besucht. Dort begann er alles zu verstehen: Der Kapitalismus und der Kommunismus waren kosmopolitisch. Das wirklich Neue war der Nationalismus. Er hatte die geheimen Regeln erlernt, nach denen der Kapitalismus funktioniert und Methoden, wie man sich die Macht sichert: durch Gewerkschaften und Propaganda. Kurz vor Kriegsbeginn reiste er noch nach Berlin. Die Wehrmachtsoffiziere empfingen ihn freundlich. Die Reise bestätigte seine Vorstellung vom fleißigen deutschen Volk, das vereint für seinen Führer arbeitete. Er besichtigte die Grenze in Ostpreußen und die russische Grenze bei Kovno-Grodno, wo die mit den Deutschen gut befreundeten sowjetischen Offiziere ihn in ihrem Land herumführten. Er besuchte auch Ungarn, Jugoslawien, Albanien, Spanien, Österreich und Frankreich.

Doch als er 1941 nach seiner Heimkehr die argentinischen Offiziere an seinen Erfahrungen teilhaben lassen wollte, führte das zu einem Mißverständnis: Sie hielten ihn für einen Kommunisten! Um ihn loszuwerden, schickten sie ihn wieder in eine Region mit blendend reinem Schnee: in die Anden bei Mendoza, wo er die Kadettenschule der Gebirgsgarnison leitete. Seine Zwangsversetzung raubte ihm nicht seine Hoffnungen. Seiner Ansicht nach war Argentinien von Korruption und Zerfall gezeichnet. Das Land sehnte sich nach einem integren Mann. Bei seinem Argentinienbesuch von 1939 spürte Ortega y Gasset, daß diese Erwartung in der Luft lag: »Nehmt euch in acht, Argentinier«, sagte er, »sonst bekommt ihr einen Diktator.« Eine Disposition, die auch dem Blick eines anderen Beobachters nicht entging: Laut Juan José Sebreli schrieb Goebbels am 3. Mai 1942 in sein Tagebuch, Argentinien könnte für die zukünftige Entwicklung der Situation in Südamerika wieder wichtig werden. Ein Jahr später und einen Monat vor der Revolution im Juni 1943 reiste General Wilhelm von Faupel, deutscher Spionagechef in Spanien, nach Buenos Aires, wo er sich mit dem Nationalistenführer Carlos Ibarguren und drei GOU-Mitgliedern traf, von der Becke, Perine und Perón.

Vielleicht hat Peróns wohlklingender Name die Wahl der jungen nationalistischen Obersten und Mitglieder des GOU beeinflußt, als sie ihn im Sommer 1941 in dem halb geschmolzenen Schnee aufsuchten. In der Politik ist jedes Element wichtig, und sicher hätte das argentinische Volk, das nach einer Vaterfigur suchte, kaum einen Namen wie Perine skandiert. Im Spanischen klingt die Endung -ón wie ein Vergrößerungssuffix. Wenn die Menge »Pee-rón. Pee-rón« schrie, weckte das ein Gefühl der Größe.

Doch die jungen Obersten haben sicher kein so feines Gehör gehabt. Sie suchten Perón auf, weil sie seine Ideen über das faschistische Italien und Nazi-Deutschland sowie über die Zukunft Argentiniens kannten und teilten. Die GOU war eine Geheimloge innerhalb der Armee, deren Mitglieder sich schon nach dem deutschen Sieg, an den sie fest glaubten, als zukünftige GAULEITER Südamerikas sahen. Der Nationalismus hat in Argentinien eine lange Tradition. Für ihn kämpften schon Intellektuelle wie Diego Luis Molinari, Manuel Gálvez, Leonardo Casatellani und der bereits erwähnte Carlos Ibarguren, sowie viele andere mehr. Alle unterstützten den Peronismus ebenso wie den Nationalismus, der ihre Zeitungen finanzierte: PAMPERO oder CLARINADA. Der Schriftsteller Raúl Scalabrini Ortiz bekannte sich nicht öffentlich zum Nationalismus, doch er besuchte Berlin und verteidigte Hitler mit den typischen Argumenten von Perón. »Was der Herr Hitler dort in Deutschland treibt«, läßt Norberto Galassso ihn in der ihm gewidmeten Biographie sagen, »interessiert uns nicht, oder es interessiert uns nur insoweit, als es Argentinien, Perú oder Venezuela von Nutzen ist. Wenn Deutschland, wie es scheint, ein Feind Englands ist, müssen wir das so weit wie möglich ausnutzen und uns weniger um Hitlers Ideologie oder seine Methoden kümmern.«

Der Schlüssel der Bewegung und damit auch ihr positivster Aspekt bestand in der Ablehnung des britischen Kolonialismus. Zu seiner Entlastung sei gesagt, daß Scalabrini Ortiz damals dieses »Detail«, wie es der französische Neonazi Le Pen ausdrückt, nämlich die Konzentrationslager, nicht voraussehen konnte. Doch zurück zu Perón, der den Vorschlag der GOU (eine Loge ohne Vorsitzenden, deren aktivste Mitglieder die Obersten Eduardo Avalos, Enrique González und Emilio Ramírez waren) enthusiastisch aufnahm und zum geistigen Kopf dieser Offiziersgruppe avancierte, die von einem reinen Argentinien träumte, weiß wie der Schnee. Weiß im moralischen Sinne, nicht im rassistischen. Der argentinische Nationalismus hätte gar nicht im »germanischen« Sinne rassistisch sein können, da er sich auf die CABECITAS NEGRAS, die dunkelhäutigen Ureinwohner des Landesinneren stützte, während dem England bewundernden Liberalismus die zweifelhafte Ehre gebührt, die dunkelhäutigen Einheimischen verachtet zu haben.

Wenn aber die schneeweiße peronistische Reinheit verschiedene Hauttöne zuließ, mangelte es dem geheimen Manifest der GOU von 13. Mai 1943, dessen Authentizität von Carlos Ibarguren zugegeben wird, an Profil: »Deutschland macht eine gewaltige Anstrengung, um den europäischen Kontinent zu vereinen. Die Aufgabe, die Geschicke des Kontinents in seiner neuen Form zu lenken, wird dem nationalsozialistischen Deutschland obliegen, der größten und am besten gerüsteten Nation. In Europa wird es Deutschland sein. (...) Heute verleiht Deutschland dem Leben einen heldenhaften Wert. Ein Vorbild, dem man folgen sollte (...) Hitlers Kampf soll uns in Zukunft ein Beispiel sein, im Frieden wie im Krieg.« Getreu den Prinzipien dieses Dokuments suchte Perón von Faupel auf und freundete sich auch mit Botschafter Edmund von Thermann an, vor allem aber mit den deutschen Millionären, die sich in Argentinien niedergelassen hatten: Ludwig Freude (den er aus Italien kannte) und Fritz Mandl.

Den Rest der Geschichte kannte Evita: die Revolution von 1943 und Peróns Ernennung zum Kriegs- oder Arbeitsminister. Was den ersten Posten betrifft, war alles klar. Präsident Ramírez hatten General Edelmiro Farrell, einen engen Freund Peróns, zum Kriegsminister ernannt. Es war nicht zu übersehen, daß letzterer auf einen wichtigeren Posten in der Zukunft spekulierte, obwohl er zweifellos jetzt schon viel Macht über Farrell besaß. Und der zweite Posten? Evita wird Perón die gleiche Frage gestellt haben wie seine Kameraden von der GOU: »Warum wurde er ausgewählt? Man kann sich Peróns Augenzwinkern und sein wissendes Lächeln vorstellen, als er erwiderte: »Sie glauben, das sei ein zweitrangiger Posten. Die wahre Macht stützt sich auf die Gewerkschaften. Und auf den Rundfunk«, wird er mit einem erneuten Zucken des linken Augenlids hinzugefügt haben, das an einen anderen argentinischen Helden gemahnte: Den alten, boshaften Gaucho aus dem Nationalepos MARTIN FIERRO von José Hernández, VIEJO VIZCACHA, dargestellt von Gardel, mit seinen listig zynischen Ratschlägen das genaue Gegenteil des tragisch endenden, edlen und treuen Gauchos.

Jähzorn

Wenige Tage, nachdem er Evita kennengelernt hatte, kam Perón in Begleitung seines Mitarbeiters im Arbeitsministerium, Domingo Mercante, zu ihrer Radiosendung. Zum ersten Mal gab er öffentlich ihre Bekanntschaft preis, und es war klar, daß er ihr helfen wollte. Allerdings war die Woche nach dem Festival nicht leicht gewesen, weder für ihn, noch für die anderen Regierungsmitglieder. Am 26. Januar hatte Präsident Ramírez unter dem Druck der Nordamerikaner, die wegen einer Affaire um einen Waffenkauf verärgert waren, die diplomatischen Beziehungen zur Achse abbrechen müssen.

Fünf Monate zuvor, im August 1943, hatte die argentinische Regierung in Washington um diese Waffen nachgefragt. Laut Jorge Camarasa war die Antwort: »Wie könnten wir sie in ein Land liefern, das noch Beziehungen zu Deutschland unterhält?« Daraufhin hatte Ramírez einen Abgesandten nach Deutschland geschickt, um sich die Waffen dort zu besorgen, die dessen Feind ihm nicht geben wollte. Doch das Schiff, auf dem der damit beauftragte argentinische Konsul in Barcelona reiste, wurde von den Engländern abgefangen, die an Bord kompromittierende Dokumente fanden und sie den Nordamerikanern weiterleiteten. Diese entsandten sofort Kriegsschiffe zum Río de la Plata, die dort eine Blockade errichteten. Jetzt hatte Ramírez es mit dem Abbruch der Beziehungen zu den Achsenmächten plötzlich sehr eilig. Perón beschränkte sich auf eine Erklärung, in der er diesen Schritt seiner Vorgesetzten billigte, obwohl er persönlich an den Entscheidungen beteiligt gewesen war. Hier zeigte sich auch die mangelnde Flexibilität der argentinischen Militärs, die trotz deutlicher Gegenanzeichen immer noch an einen Sieg der Deutschen glaubten. Wie dem auch sei, in der argentinischen Regierung begann es zu kriseln. Am 24. Februar übernahm General Farrell die Präsidentschaft. Zwei Tage später wurde Perón zum Kriegsminister ernannt.

Doch diese Unruhen lassen ihn Evitas Karriere nicht vergessen: Am gleichen Tag, als er Minister wird, erscheint er erneut bei Radio Belgrano. Der Schnappschuß eines zufällig anwesenden Fotografen gibt uns eine Vorstellung von Peróns Gemütszustand, wohl durch das Tempo, in dem sich seine Beziehung zu Evita entwickelte, völlig verwirrt. Der arme Fotograf war über dieses Verhältnis noch nicht im Bilde und nahm nur auf, was sich ihm darbot: Perón und Imbert sitzend, dazwischen Evita stehend, beide Ellenbogen auf jeweils eine Stuhllehne gestützt. Als er den Fotografen bemerkte, brüllte Perón wütend: »Aufhören, was machen Sie denn da?« Die Polizei umringte den Armen und entriß ihm die Negative. Er verstand immer noch nicht. »Der Minister ist doch nicht offiziell zu Besuch in Evitas Sendung. Was ist daran das Problem?«

Sein Erstaunen ist verständlich. Seit dem Abend des 22. Januar war kaum ein Monat vergangen, und schon zeigte Perón sich offiziell an Evitas Karriere interessiert. Obwohl der Fotograf von dem Verhältnis noch nichts wußte, sollte es in Künstler- und Politikerkreisen mächtig Staub aufwirbeln. Was gab es denn da zu verheimlichen? Imberts Anwesenheit? Oder Evita zwischen beiden Männern?

Dieser unerklärliche Wutausbruch Peróns war das letzte Aufbäumen des typisch männlichen Wunschs, sich seine Unabhängigkeit zu bewahren. Noch im selben Monat gab Jaime Yankelevich zu erkennen, daß er den Grund von Peróns Besuchen ahnte: Er rührte heftig die Werbetrommel für die neue Sendung aus der Reihe über berühmte Frauen, die Elisabeth von England galt, und nahm Evita für ein ganzes Jahr unter Vertrag, mit einem Gehalt, von dem sie selbst in einer Reportage der Radiozeitschrift RADIOLANDIA vom 7. April 1945 gestand, daß es »das höchste« war, »das beim argentinischen Radio je gezahlt wurde«. Die mangelnde Eleganz und Bescheidenheit dieses Kommentars war verständlich bei jemandem, der ohne Übergang vom Matebecher zum Luxus gewechselt hatte. Jetzt konnte kein Fotograf es mehr übersehen: Sie war die offizielle Geliebte des Kriegsministers. Perón protegierte sie, versuchte, ihre Nerven zu beruhigen, und gebrauchte seine Autorität, um ihr Respekt bei ihrer Arbeit zu ver schaffen.

In seinen Memoiren schildert Bonifacio del Carril eine aufschlußreiche Szene: Evita kehrt vor Wut zitternd vom Sender heim. Perón, dem das unangenehm ist, versucht sie zur Vernunft zu bringen und verspricht ihr, sich der Sache anzunehmen. Hier zeigt sich ein anderer Aspekt ihrer Beziehung: Perón ging Evitas Ausbrüchen lieber aus dem Weg, statt sich damit auseinanderzusetzen. War das die männlich-väterliche Haltung eines reifen Mannes angesichts der vielleicht vom Zyklus abhängenden kindischen Launen einer jungen Frau, oder hatte er Angst vor Evita, vor ihrer Launenhaftigkeit, ihrem Jähzorn, der sie seit der Kindheit immer wieder überkam? Tomás Eloy Martínez gestand er viel später, Evita sei aufbrausend gewesen, doch er habe ihre Anfälle nicht gefürchtet, da er beruhigend auf sie gewirkt habe. Eine solche Behauptung im Alter mit dem einzigen Ziel, sein Bild ins rechte Licht zu rücken, ist allerdings mit Vorsicht zu bewerten. Eine gefügige Evita? Die Augenzeugenberichte von einer Evita, die einen ungerührten Perón als Feigling beschimpft, sind zu zahlreich, um einem alten Mann glauben zu können, der darum bemüht ist, sich wie im Tango vor einer Gaunerbande, der PATOTA, zu rechtfertigen, die inzwischen nur noch in seiner Einbildung existiert.

Einer von Evitas hysterischen Anfällen ereignete sich bei den Machinandearenas, den Besitzern der Filmstudios San Miguel, die Evita gerade für den Film LA CABALGATA DEL CIRCO (Der Zirkusritt) unter Vertrag genommen hatten. Es ging um das Thema der Ehe (die Szene muß sich im April oder Mai 1944 ereignet haben und wurde uns von einer Freundin der Schwestern Duarte geschildert). Perón rollte mit den Augen und wechselte einfach das Thema. Doch anders als die GUANACOS ließ Evita sich nicht ablenken und meinte wütend: »Du tätest gut daran, mich zu heiraten, denn wenn nicht, erzähle ich alles, was ich über dich weiß«. Auf welche kompromittierenden Enthüllungen hat sie wohl angespielt? Intimes aus seinem Liebesleben (der »Ochse«) oder Politisches (seine Freunde in der deutschen Botschaft)? Tatsache ist, daß Perón auf ihre Worte nicht reagierte, wie jemand, der in die Falle gegangen ist. Aber in welche Falle? Die des schrecklichen Geheimnisses, das sie zu kennen vorgab, oder einfach die, daß er sie brauchte – er, der nie zu jemandem gehört oder eine Frau gebraucht hatte – nicht einmal zur Pflege seiner Uniform und seiner Kleidung, da er selbst perfekt die Kunst beherrschte, seine Hosen mit solcher Geduld und Sorgfalt zu bügeln, daß die Falte genau auf der Naht saß.

Wir neigen zur zweiten Annahme: Perón brauchte sie. Evitas angebliche Drohung scheint uns naiv; in Argentinien hätte niemand ein Radiosternchen ernst genommen, das den Kriegsminister der Impotenz oder des Faschismus bezichtigte. Hingegen ist augenfällig, daß der wortkarge, um ihre Beruhigung besorgte Mann diese Frau brauchte. Er brauchte sie aus besagten Gründen: Kitzeln, Schröpfköpfe, Loyalität, politische Nase, Rundfunkpropaganda. Bald sollte noch die Dankbarkeit hinzukommen, alles in allem eine Menge wichtiger Gründe, die diese kleine Schwäche seines Schweigens, seines Wunsches, ihr zu helfen, hinreichend erklären. Die Grenze zwischen Liebe und

Abhängigkeit ist fließend. Zu jener Zeit liebte Perón Evita. Er liebte sie im Rahmen seiner – nicht unbegrenzten – Fähigkeit zu lieben, zumindest empfand er für sie etwas Ähnliches wie Liebe. Vielleicht war es Verzweiflung oder ein Minderwertigkeitsgefühl, daß sie meinte, er würde sie nur heiraten, um einen Skandal zu vermeiden. Doch darin irrte sie sich. Der größte Skandal war die Eheschließung mit ihr, und doch heiratete Perón sie bald, auf die Gefahr hin, sich die Militärs zum Feind zu machen, die sich wegen Evita gegen ihn stellen sollten. Mit diesem Schritt verblüffte er seine Kameraden, aber am erstaunlichsten war er für ihn selbst. Glücklicherweise gibt es einen Tango (für jede Situation gibt es einen), der auf seinen Fall paßt und ihm geholfen haben könnte, sich nicht so allein zu fühlen. Der Compadre beklagt sich beschämt vor seiner Gaunerbande bei seiner herrschsüchtigen Frau: »Nicht mal die Kippe hinterm Ohr willst du mir gönnen/ wie damals in Ganovenzeiten« …

Die blonde Madonna

Die Dreharbeiten für LA CABALGATA DEL CIRCO begannen im März. Um eine Rolle in diesem Film unter der Regie von Mario Soffici zu bekommen, mit Libertad Lamarque und Hugo del Carril als Besetzung, färbte sich Evita das Haar blond. Ihr Leben lang, und noch nach dem Tod, sollte sie Pedro Alcaraz, dem Friseur, der ihr das Haar färbte, treu bleiben. Er begleitete sie auf ihrer Europareise, er kreierte den legendären goldenen Haarknoten, er kämmte sie sogar noch nach dem Tod. Vor Pedro Alcaraz hatte Eva keine Geheimnisse. Später wurde der Friseurladen dieses Figaro mit den versiegelten Lippen der Ort, an dem Evita vertrauliche Gespräche führen konnte, wenn sie fürchtete, im Präsidentenpalast oder in ihrem eigenen Büro könnten die Wände Ohren haben.

Als Blondine erschien sie zum ersten Mal im Magazin ANTENA, am 1. Juli 1945. Das Gold machte eine andere aus dieser fahlen Brünetten, verlieh ihr eine seltsame Blässe, die durch ihre spätere Krankheit übernatürlich wirken sollte. Das Durchscheinende ihrer Haut wurde durch den Kontrast mit diesem unverhohlen artifiziellen Goldton noch betont: Die Kunst des Haarefärbens hatte damals noch nicht die heutige Perfektion erlangt, und dieser übertriebene Ton gab gar nicht erst vor, echt zu sein. Es war ein theatralisches und symbolisches Gold und sollte wie eine Aureole wirken oder wie der goldene Grund auf den mittelalterlichen Heiligenbildern: die Heiligen schienen abgehoben, weit entfernt von den Farben der Erde, von Gewicht und Volumen, vom festen Körper, der Raum beansprucht und Schatten wirft. In den vierziger Jahren träumten Schauspielerinnen und vornehme Damen (wie noch heute) davon, blond zu sein, und übernahmen die Farbe der nordischen Kulturen: Blond sein hieß – und heißt heute noch – dem Fluch des Südens zu entfliehen. Blondes Haar ist ein Zeichen von Reichtum und gesellschaftlichem Aufstieg. Evita folgte dieser Mode und ließ sich das Haar bleichen, um in diesem Film die Rolle der Naiven zu übernehmen. Doch dann entdeckte sie, daß dieses leuchtende Haar ihre Schönheit unterstrich. Mehr noch: Sie war wie neu geboren! Endlich entstieg sie dem Morgennebel: Evita war geschaffen, um Licht auszustrahlen. Ihr Goldschopf umspielte sie wie eine Aura. Als Brünette war sie nett, aber unscheinbar gewesen. Das Dunkle beengte, erdrückte sie, das Blond machte sie frei. Blond erreichte sie einen gesellschaftlichen Status, der jegliche Erinnerung an Los Toldos und die Núñez auslöschte, und ließ sie wie die Heiligen alles überstrahlen.

Jetzt besaß sie eine Aureole, und die peronistische Propaganda sollte das weidlich ausnutzen, als sie an die unterschwelligen Sehnsüchte eines kolonisierten Volkes appellierte, für das Heilige und Feen nur blond sein konnten. Mit Evita, der Schönen, war gleichzeitig die Madonna geboren. Durchsichtigkeit und Glanz: nichts anderes war ihre Schönheit. Von nun an sollte sie an diesem Erscheinungsbild feilen, schmückendes Beiwerk immer mehr ablegen – bananenförmige Haarrollen, geblümte Kleider –, bis das Gold ihres Haares sich ihr bis in die letzten Gehirnwindungen einbrannte. So konnte sie getreu ihre Heiligenrolle spielen, getreu bis hin zur Züchtigung des Fleisches. All das sollte sich zwar erst allmählich herausbilden, doch der Prozeß begann an dem Tag, als Pedro Alcaraz ihr Haar mit diesem Wundermittel behandelte, alles Nächtliche an ihr ausmerzte und die

Sonne scheinen ließ, als sei Schwarz das Symbol der Sünde und Blond das der Unschuld. Häufig sollte Evita lachend sagen: »Ich bin eine reumütige Brünette«. Das war natürlich ein Scherz. Doch Reue und die Rolle der Maria Magdalena sind durchaus vereinbar.

Befreiende Ohrfeige

Während der Dreharbeiten zum Film LA CABALGATA DEL CIRCO war das leuchtende Haar der frisch Erblondeten nicht der einzige Gesprächsstoff der Darsteller und Darstellerinnen. Der Film stand unter dem Vorzeichen einer schallenden Ohrfeige. Böse Zungen behaupten, Libertad Lamarque habe sie der Geliebten des Coronel, ohne mit der Wimper zu zucken, verabreicht. Libertad Lamarque, die immer noch mit schriller Stimme singt und seit ihrem damaligen Streit mit Evita in Mexiko lebt, war damals schon ein anerkannter Star. Sie war die Sängerin auf der Bühne im Luna Park gewesen, als Perón und Evita sich zum ersten Mal in die Augen sahen. Es hieß sogar, an jenem Abend habe Libertad neben Perón gesessen, und sobald sie sich erhob, um zu singen, habe Evita rasch ihren Platz okkupiert. Diese Anekdote ist zwar rein erfunden, verdeutlicht aber die Rivalität zwischen den beiden Frauen.

Libertad war klein, mollig und brünett. Sie hatte einen starken Unterkiefer und ein herzförmig geschminktes Mündchen, dazu große Augen, die sie beim Singen wie Agustín Magaldi gen Himmel erhob. Die Zeitschriften erkannten damals eine Gemeinsamkeit zwischen ihr und Evitas Idol, Norma Shearer: beide hatten einen leichten Silberblick. Dieses Detail hätte in Evita freundlichere Gefühle für Libertad wecken können. Doch weit gefehlt. Mit pechschwarzen Korkenzieherlocken, die das Gesicht einrahmten (in Ausnahmefällen waren auch nicht mit Wasserstoffperoxyd oxydierte junge Damen zugelassen), und spitzenbesetztem Volantrock sang Libertad wie eine Nachtigall und wehrte die Avancen eines finsteren, pomadisierten Beaus mit feinem Lippenbart ab. Wer Evita vorwirft, eine miserable Schauspielerin gewesen zu sein, sollte sich einmal den unübertroffenen Film BESOS BRUJOS (Verhexte Küsse) ansehen, wo die Sopranistin beim Bad im Fluß, das Wasser bis zum Kinn und den Kopf unter einer Trauerweide, die ihr die Lockenpracht durcheinanderbringt, ein Lied singt mit dem Titel »Como un pajarito« (Wie ein Vögelchen), indes der Gaucho, der ihr Gewalt antun wollte, durch das Lied erweicht, von seinem Vorhaben abläßt und die keusche Susanna durch das Blattwerk hindurch beobachtet; und das alles in einer argentinischen Version aus den vierziger Jahren.

Evita hatte als Schauspielerin nicht einmal genug zu bieten, um lächerlich zu wirken. Sicher aus Scheu war sie viel zu steif und verkrampft, um auch nur komisch zu sein. Glaubt man Gloria Alcorta, mag ihre Stimme zum Lachen gereizt haben, doch ihr Schauspiel verdiente höchstens die Bezeichnung, die die Kritiker ihr gerade noch zubilligten: »unauffällig«.

In ihren Memoiren schildert Libertad Lamarque den berüchtigten Vorfall, über den ebensoviel geredet wie geschrieben wurde. Wie gesagt, war Libertad bereits ein Star, während die damals auf der Leinwand völlig unbekannte Evita ihre Rolle nur dank Perón bekommen hatte. Außerdem war Libertad eine Anhängerin der Demokraten, die eine faschistische Armee fürchteten; Eva hingegen war auf dem Weg übers Schlafzimmer zur Militaristin geworden. Allerdings behauptet Libertad, der wahre Grund für den Streit sei beruflicher Natur gewesen: Evita hielt sich nicht an den Zeitplan für die Dreharbeiten. Sie traf erst nachmittags ein für eine Szene, die bereits am Vormittag hatte gedreht werden sollen. Libertad wartete in ihrer Garderobe, in voller Kostümierung, einschließlich Korsett, halb tot vor Hunger, doch bang, etwas essen zu gehen, da die Diva jeden Moment erscheinen konnte. Endlich – es war bereits vier Uhr nachmittags – traf Evita in einer blitzenden schwarzen Limousine ein (wenn auch älteren Modells wegen des Einfuhrstops während des Kriegs); es war eines dieser eckigen Automobile mit flacher Motorhaube, wie eine Offiziersmütze. Der Chauffeur vom Kriegsministerium öffnete beflissen die Wagentür und verbeugte sich vor der blonden Wageninsassin. Da biß Libertad ihre Zähne noch mehr zusammen, wo sie doch schon am frühen Morgen, bereits geschminkt, um keine Zeit zu verlieren, mit dem Zug nach San Miguel gefahren war, das ziemlich weit außerhalb von Buenos Aires lag, und den Lehmweg vom Bahnhof bis zu den Studios zu Fuß zurückgelegt hatte.

Laut Aussage von Sergia Machinandearena fand die Szene mit der Ohrfeige oder dem hitzigen Disput zwischen dem eigentlichen Star und dem Sternchen mit Beziehungen während der Proben zu einem Volkstanz, einem Pericón, statt, der keine besondere Begabung voraussetzt und von allen Argentiniern getanzt wird. Doch so zart und grazil ihre Füße auch sein mochten, Evita gelang es nicht, sie dem Rhythmus anzupassen. Libertad, die sehr gut tanzte, riß schließlich der Geduldsfaden. Nach eigenem Zeugnis verpaßte sie Evita zwar keine Ohrfeige, aber sie warf ihr alles an den Kopf. Sie habe den absurden Stundenplan satt, sei diesen unseligen Pericón leid, für den sie einen Tanzlehrer anstellen mußten, um die Dame zu entkrampfen. Und während Libertad ihrem Zorn Luft machte, begnügte Evita sich damit, kreidebleich und ungewöhnlich ruhig mit einem Lächeln zuzuhören, ähnlich wie bei der schrecklichen Szene mit Sapo.

Mario Soffici sieht die Dinge anders. Für ihn war Evita eine Schauspielerin, die ihre Arbeit ernstnahm. Doch dieser Widerspruch besagt nicht viel. Allen, die nicht auf sie herabsahen, war sie eine gute Kameradin, und sie machte sich einen Spaß daraus, die Sängerin zu provozieren, die trotz ihrer gedrungenen Statur von der Höhe ihrer Selbstgefälligkeit auf Evita herabsah. Im übrigen wird sie wie jeder andere mal pünktlich und mal zu spät gekommen sein. Als sie aber zu spät kam, wird sie absichtlich die Nonchalance der geliebten und verwöhnten Frau hervorgekehrt haben, mit auffällig verträumtem Blick, was die andere Frau natürlich aufbrachte. Andererseits wahrte sie ihr Geheimnis nicht. Bei jeder Gelegenheit sprach sie ohne Scheu von Perón. Nicht genug damit, daß sie jedem, der es hören wollte, Peróns Ideen erklärte, plauderte sie auch Intimitäten aus. So klagte sie in den Filmstudios von San Miguel etwa über schlechte Verdauung und bemerkte dann, sich den Bauch haltend: »Wer weiß! Vielleicht habe ich hierdrin auch einen kleinen Perón«. Glaubte sie das wirklich? Die Schauspielerin Fanny Navarro erzählte der Fotografin Anne-Marie Heinrich, Evita habe ein Kind von Perón verloren, eine Version, die Fermín Chávez ohne

Quellenangabe vertritt. Zwei Zeugen haben jüngst die These von Peróns Zeugungsfähigkeit bestätigt: Isabelita, die ebenfalls behauptet, zwei Kinder von Perón verloren zu haben, und eine Frau, die versichert, die Tochter des Ex-Präsidenten zu sein. Tomás Eloy Martínez hat seinerseits stets beteuert, Perón sei zeugungsunfähig gewesen. Manchen ist diese Vorstellung unerträglich: Ein populärer Caudillo muß einfach potent und außerordentlich männlich sein. So wird das Geschlechtsleben, die Fähigkeit, Leben zu schenken oder nicht, und damit der Körper der Helden in dieser Geschichte zum Politikum.

Was manche von Evitas Kollegen während der Dreharbeiten tatsächlich aufregte, war das ständige Zurschautragen ihres Glücks. War das reine Arglosigkeit? Kann man gleichzeitig »rein sein wie ein Täubchen und auf der Hut wie eine Schlange« (wie Jesus es riet)? Evita fühlte sich wirklich glücklich, doch zeigen tat sie es aus Rache. Man kann sich lebhaft vorstellen, mit welcher Genugtuung sie zu spät mit dem Dienstwagen vorfuhr und sich kaum entschuldigte, während der berühmte Star mit knurrendem Magen und ruiniertem Make-up wartete. Als Libertad schließlich explodierte, ahnt man, welcher Gedanke Evita hier zum ersten Mal durch den Kopf ging und aus diesem seltsamen Lächeln und der starken Blässe sprach: »Warte nur, du wirst ja bald sehen, wie weit dich deine Professionalität und deine schwarzen Korkenzieherlocken bringen«.

Tatsächlich verlor Libertad, sobald Evita die Macht dazu hatte, ihr Engagement und emigrierte nach Mexiko, wo sie schon berühmt war und nun zum Nationaldenkmal wurde. In Argentinien hätte es niemand gewagt, einen Schauspieler oder eine Schauspielerin anzustellen, für die das berüchtigte Verdikt galt: »no corre« (»läuft nicht«, was so viel bedeutete wie: »Evita hat es untersagt«.)

Manche Augenzeugen, wie Roberto Galán oder der Schauspieler Pedro Maratea, haben uns versichert, daß es dieses angebliche Verdikt nicht gab. Libertad habe sogar um einen Termin bei Evita gebeten, als sie bereits Peróns Frau war.

Eine der Darstellungen bezieht sich allerdings auf Libertads Tochter, die sich Sorgen machte, weil ihre Mutter sich beim Ausbruch blutiger Aufstände in Kolumbien aufhielt. Evita soll sich demnach persönlich eingeschaltet haben, um Libertad ausfindig zu machen und heil nach Mexiko zurückzubringen. Nach der anderen Aussage hat Libertad Evita selbst aufgesucht und um eine Arbeitsgenehmigung in Argentinien gebeten. Evita soll höhnisch gemeint haben: »Aber arbeiten Sie doch, arbeiten Sie, wer hindert Sie denn daran?« Und als Libertad erwiderte, in Argentinien bekomme sie keine Aufträge, soll Evita mit noch boshafterem Lächeln gesagt haben: »Vielleicht interessiert sich hier ja niemand für Ihre Filme«. Doch in der einen wie in der anderen Version steckt der gleiche Kern. Es ist die Geschichte einer Ohrfeige und einer Rache. Die Ohrfeige wurde entweder symbolisch in verletzenden Worten ausgeteilt, wie Libertad behauptet, und die Rache erfolgte so oder so: indem die allmächtige Evita die Sängerin entweder protegierte oder sie als Bittstellerin abblitzen ließ. In Einzelheiten divergieren die Versionen, nicht aber im Wesentlichen: Evita wurde beleidigt und hat sich gerächt. Kamen solche Kränkungen öfter vor? Während der Aufführung von EL CURA DE SANTA CLARA (Der Priester von Santa Clara) soll eine andere Darstellerin, Nelly Ayllon, ihr ebenfalls eine deftige Ohrfeige verpaßt haben. Also zwei Ohrfeigen? Der gleiche Vorfall scheint sich auf andere Weise wiederholt zu haben. Die Erinnerung scheint zu funktionieren wie der Traum; beide benutzen ähnliche Symbole, um das Wesentliche zu enthüllen.

Dieser Streit unter Frauen hatte auch einen nicht unerheblichen wirtschaftlichen und politischen Hintergrund: den Mangel an Zelluloid. Nach dem Aufschwung des argentinischen Films infolge des Krieges seit 1939 erlebte er nun eine Flaute aufgrund der gespannten Beziehungen Argentiniens zu den USA. Die Nordamerikaner weigerten sich, das von ihnen hergestellte Zelluloid in ein neutrales Land zu liefern. Ihr Druck verschärfte sich, als die argentinische Exekutive 1944 ein Dekret mit eindeutig diktatorialen Vollmachten erließ, wonach sie berechtigt war, das gesamte importierte Zelluloid zu rationalisieren und es folglich nur noch an ihre Anhänger auszuteilen. Mexiko hatte dieses Problem nicht, woraus Marysa Navarro folgert, der wahre Grund für Libertads Exil sei allein die schlechte Lage der argentinischen Filmindustrie gewesen. So oder so treten Perón und Evita in dieser Geschichte allmählich schon als die großen Medienbeherrscher auf, die sie später sein sollten: das Bild vom Oberst, der seine Freundin mit dem überzeugenden Argument der Zelluloidstreifen, die er unter dem Arm trägt, durchsetzt, erinnert daran, wie der Präsident und seine Frau, später die Presse kontrollierten, weil sie das Papier besaßen.

Kurze Zeit später, im September 1945, erschien in der Illustrierten SINTONINA folgende Karikatur: Ein Mann klingelt mit einem Blumenstrauß in der Hand bei seiner Verlobten an. Doch das Hausmädchen sagt ihm: »Die Señora will nichts mehr von Ihnen wissen. Sie hat Zelluloid bekommen und wird jetzt ein Filmstar«. Mit diesem Witz beglich der alte Kartulowicz nicht minder alte Rechnungen mit Evita. Doch sie fühlte sich, wenn man Carmen Llorca Glauben schenkt, anscheinend nicht gekränkt; zumindest sperrte sie ihm nicht das Papier. Eine dieser großzügigen Gesten, die das Prinzip der Vetternwirtschaft verdeutlichen, das in manchen Gesellschaften herrscht: Recht gibt es nicht, was allein zählt, ist Freundschaft. Lange bevor sie Perón kennenlernte, waren Evita diese Regeln bereits in Fleisch und Blut übergegangen. Mauricio Rubinstein erzählt laut Zitat bei Borroni und Vacca, sie habe während ihrer Zeit als Künstlerin immer gesagt: »Die Fehler meiner Freunde sehe ich nicht, ebenso wenig wie die Tugenden meiner Feinde«.

Ein Hahnentrittkostüm für eine bessere Welt

Im Laufe des Jahres 1944 war es einmal nicht Evita, die die Koffer packte. Wer umzog, war Perón. Im Gebäude in der Calle Posadas, wo Evita wohnte, war eine Etagenwohnung frei geworden, und Perón zog dort ein. So konnte das Liebespaar zusammen und gleichzeitig getrennt wohnen, eine praktische Lösung, bei der sie, da die Beziehung bereits publik war, gleichzeitig die Form wahrten. Damals mußte man noch vorsichtig sein. Es wäre nicht klug gewesen, offiziell zusammenzuleben. Und Evita bereitete sich auf ein Leben voller öffentlicher Auftritte vor, wenn auch nicht mehr im Theater.

Die Aussage des Modeschöpfers Paco Jamandreu, der sie noch in der Calle Arenales, kurz vor Peróns Umzug in die Calle Posadas, kennenlernte, bestätigt, daß es praktischer und angenehmer war. Er gibt Einzelheiten aus der damaligen Zeit preis, die teils informativ, teils erheiternd sind und mit Evita weniger streng ins Gericht gehen als üblich. So rückt Jamandreu, ein fülliger Homosexueller, der sich gern mit Federschmuck, zum Kuß gespitzten Lippen und nackter Schulter ablichteten ließ, Evita in seiner unverblümten Art ins rechte Licht, wie keiner ihrer getreuen Anhänger oder heftigsten Verleumder sonst.

Aus Neugier auf den bekannten jungen Modeschöpfer, der Schauspielerinnen ebenso wie prominente Damen der feinen Gesellschaft einkleidete, hatte Evita ihn angerufen, um Kleider bei ihm in Auftrag zu geben. Diese Bestellung beschränkte sich aber nicht allein auf Kleidung. Was sie wünschte, war, daß er ihr half, ihr ein doppeltes Erscheinungsbild, passend zu ihrer doppelten Identität, zu entwerfen: Schauspielerin und Politikerin in einem. Die uneheliche Tochter eines Estanciero und einer einfachen Frau aus dem Dorf, die ihre doppelte Identität stets klaglos hingenommen hatte, wollte jetzt beide Rollen ganz bewußt verkörpern, das, worunter sie bisher so gelitten hatte, ins Positive verkehren und Profit daraus schlagen.

»Sieh mich nicht wie deine anderen Kundinnen«, sagte sie, »von jetzt an werde ich eine doppelte Identität haben; auf der einen Seite die Schauspielerin; hier kannst du dich austoben, soviel du willst: Flitter, Federn, Pailletten. Auf der anderen Seite das, was dieser Despot aus mir machen will: eine Politikerin. Damit beginnen wir: Am 1. Mai muß ich ihn zu einer großen Versammlung begleiten, wo die Leute sich den Mund zerreißen werden, denn es wird der erste Auftritt des Paares Duarte-Perón sein. Was kannst du mir für diese Gelegenheit entwerfen?«

»Ein Kostüm« meinte der Modemacher, »ein zweireihiges Hahnentrittkostüm mit einem Samtkragen.«

Eva Perón war geboren. Dieses Kostüm war das erste einer Reihe ähnlicher Kostüme, für die Evita eine solche Vorliebe hegte, daß Perón sich beklagte, im Glauben, es sei immer das gleiche, was seinen Wunsch verriet, sie zu kleiden wie eine Prinzessin. Für Evita wurde das Hahnentrittkostüm zur Arbeitskleidung. Es verband sich mit ihr wie der Haarknoten. Doch wer war dieser »Despot«, der sie auf das politische Leben vorbereiten wollte? Kein anderer als Coronel Perón, der vom Nebenzimmer aus nach Jamandreu rief. »Komm«, meinte Evita. »Er will dich kennenlernen und wartet nicht gern. Dieser Mann ist so ungeduldig! Er bringt mich noch zur Verzweiflung.«

Als der kleine Modeschöpfer das Zimmer betrat, lag der Coronel auf einem Bett, das so schlicht war wie die übrigen Möbel, und aß ein Chorizo-Sandwich zu einem Glas Rotwein. Sein massiger Körper füllte in Länge und Breite das gesamte Bett aus. Er sah Jamandreu neugierig an, »als sähe er etwas, das er noch nie im Leben gesehen hatte«, und der rundliche Modeschöpfer blickte zurück. Zwei Welten, die aufeinandertrafen: die schrille Welt der Nadeln und die rauhe des Militärs. Und dazwischen Evita als Fährmann von Ufer zu Ufer.

Gleich bei der ersten Begegnung enthüllte Evita Jamandreu einige Aspekte ihrer komplizierten Beziehung zu Perón und betonte, daß der Coronel sie lancieren, sie durchsetzen und öffentlich zur Schau stellen wolle: »Dieser Verrückte will, daß ich ihn am 24. Mai zu einer Galavorstellung im Teatro Colón begleite. Ich muß ein Elendsviertel besuchen, um zu sehen, ob ich in der Lage bin, die Funktion zu übernehmen, die ich seiner Meinung nach ausüben soll.« Es erscheint logisch, daß Perón nach dem ersten Staunen über Evitas Spürsinn zur Tat schritt: das politische Naturtalent, das er an ihr entdeckt hatte, und die Sanftheit und Güte, die sie ausstrahlte, auszunutzen. Evita schien andererseits leicht gereizt, über einen »verrückten« Perón, der sie zur Verzweiflung brachte. Sicherlich war es zum Teil falsche Bescheidenheit, hinter der Stolz steckte. Doch etwas störte sie auch am wahren, alltäglichen Perón.

Und je mehr dieser Perón ihr auf die Nerven ging, desto mehr Platz räumte sie dem anderen, dem idealen Perón in ihrem Herzen ein. Das war der Perón, den sie bis zur Anbetung und Selbstverleugnung liebte. Aus Dankbarkeit gegenüber diesem Perón, dem Erlöser, der sie auserwählt, geläutert und errettet hatte, wäre Evita fähig gewesen, singend auf den Scheiterhaufen zu steigen, wie sie sich am Ende tatsächlich mit ihrem Krebs zerstörte. »Sie hat mir nur gedankt«, gestand Perón seinem Biographen Tomás Eloy Martínez. Irritierte ihn etwa diese mystische Liebe, die er in ihr geweckt hatte? War er damals bereits in der Lage zu verstehen, daß sie ihn jenseits seines massigen Körpers und seines Chorizo-Sandwichs liebte? Aber wer war eigentlich der »wahre« Perón? Und wie findet man auf diese Frage eine Antwort, wenn beide bewußt ein offizielles Bild von sich entwarfen?

Mit der Zeit sollte Evita endgültige (und tödliche) Antworten finden. Doch noch versuchte sie, sich Perón zu entziehen, um sich ihm auf andere Art wieder zu nähern. Eines Tages, in LA RAZON DE MI VIDA, sollte sie in ihrer unvorstellbaren Naivität verraten, Perón sei eifersüchtig gewesen auf Perón. Wer wäre es an seiner Stelle nicht gewesen? Wie soll man gegen seinen idealen Doppelgänger ankommen? Welcher Mann hätte einem solchen Helden auch nur bis zur Schuhsohle gereicht? Ihren Mann mit ihm selbst zu betrügen, war die schwerste Sünde dieser Maria Magdalena, die als Verkörperung eines Ideals mit ihrem falschen Blond auch sich selber betrog.

Im Juni 1944 machte Eva eine Sendung mit dem Titel »Auf dem Weg in eine bessere Welt«. Ihr Ziel war, ihren Hörern ein idealisiertes Bild von Perón zu vermitteln. Francisco Muñoz Azpiri, ihr national gesonnener Skriptschreiber, war zum Propagandadirektor des Informationsamts ernannt worden, das direkt dem Präsidenten unterstand. »Auf dem Weg in eine bessere Welt« war sein Werk, und Evita spielte die Rolle einer Frau aus dem Volk, die die Juni-Revolution pries, doch vor allem Coronel Perón. Der war noch nicht einmal Präsidentschaftskandidat. Und schon propagierte die Sendung ihn als argentinischen Führer.

Die vitalistische Rhetorik dieser Texte war typisch faschistisch, zeigte aber auch erstaunliche Parallelen zu einer Art linksrevolutionärer Dichtung, die in den vierziger Jahren kursierte und in den Fünfzigern und Sechzigern ihren Höhepunkt erreichte. Ein schlecht assimilierter Neruda, ein Text, in dem ständig die Rede war von »entrañas« (Eingeweiden) und »savia« (innerer Kraft). Die verblüffendste Übereinstimmung ist, daß die Symbolfigur Juan Laguna, der ideale Arbeiter, der in dieser Sendung vorkommt, später im Werk des kommunistischen Malers Antonio Berni wieder auftauchen sollte, mit demselben Namen und den gleichen Tugenden ausgestattet: ein einfacher Mann aus dem Volk, gesund, ursprünglich, ehrlich und ausgebeutet. Das sind solche Zufälle. Als der Peronismus aufkam, spalteten sich die argentinischen Kommunisten in Peronisten und Antiperonisten. In den sechziger Jahren waren junge linke Bürgerliche Peronisten, unter anderem aufgrund gewisser Affinitäten rhetorischer und ästhetischer Art. Es wurde bereits erwähnt, daß die von Jorge Luis Borges repräsentierte Gesellschaftsschicht niemals hätte peronistisch werden können, gerade aus ästhetischen Gründen. Ein Teil der Linken hingegen konnte es.

Einige Abschnitte dieser Texte verdienen es, zitiert zu werden. Im folgenden ein paar Beispiele: Im Hintergrund Marschmusik mit hellen Blasinstrumenten. Eine bebende Männerstimme sagt: »Hier im geheimnisvollen Brodeln der Straßen, wo ein neuer Wille entsteht, hier in der anonymen Masse des Arbeitervolks, das schweigt, leidet und grübelt ..., hier, in den Pupillen voller Niedergeschlagenheit oder Zuversicht, Gerechtigkeit oder Betrug ..., hier in dem chaotischen Strom von Menschen, dem Motor einer Metropole, dem Nervenzentrum eines großen amerikanischen Staates im Aufbruch, hier ist die Frau, die unsere Bewegung beschreibt, einfühlsam wie die Mutter, Gattin, Schwester oder Verlobte ... Hört! Hier kommt sie!« und dann spricht Evita: »Erinnert ihr euch noch an den 4. Juni? Es war der Morgen des klirrenden Stahls, des Blutvergießens! Niemand wird ihn je vergessen, denn daraus brach eine Welle neuer Kraft hervor, heftig wie ein Orkan, der nichts und niemanden verschont! Die Revolution entsprang aus etwas Beängstigendem, etwas Hartem, das in uns keimte, tief in den Eingeweiden, dort, wo Haß und Leidenschaft sitzen und der Sinn für das Unrecht, das die Hände mit Blut befleckt. Die Junirevolution geschah im Namen Juan Lagunas, der in seine Provinz heimkehrte ..., im Namen der ausgebeuteten Arbeiterschaft ... Ein Mann, der durch Arbeit wieder frei macht – ein ehrbarer Soldat, einer, der sah, wie Juan Laguna mit seinem Kreuz heimkehrte –, ein Soldat des Volkes, der in sich das Feuer der sozialen Ungerechtigkeit spürte, unterstützte die aus dem Volk selbst entsprungene Revolution ... Hier seine Stimme und sein Bekenntnis!«

Danach hört man eine Rede von Perón. Peróns Stimme hebt sich ebenso von der stereotyp männlichen Stimme des Sprechers ab wie von Evitas hektischer Sprechweise ihrer piepsigen Vogelstimme, die erst im Laufe der Jahre voller und getragener werden sollte. Peróns Stimme vermittelte den Geruch der Erde. Man dachte an sein Lächeln. Ohne jede Hysterie oder Rhetorik. Eine melodische Stimme, die mit der Zeit fast erstickt klang, wie bei Borges, als hätten die beiden Stimmen Argentiniens eines gemeinsam: Mangel an Sauerstoff. Damals hatte Perón noch nicht zu seinem endgültigen Timbre kreolischer Weisheit gefunden. Man spürt es jedoch schon oder meint es zu spüren, mit beruhigender Wirkung, ohne unterkühlt zu sein. Auf der einen Seite Trommeln, Trompete, erhobene oder hektische Stimmen, um das Publikum aufzupeitschen. Auf der anderen Seite die bedächtigen, ehrlichen Worte des »ehrbaren Soldaten des Volkes«, die Vertrauen einflößen.

(Selbst die hohlste Rhetorik birgt manche Wahrheiten. So finden wir in diesem Text etwa Worte, die Evitas Lage enthüllen, als spräche sie selbst: »Etwas Beängstigendes, etwas Hartes, das in uns keimte, tief in den Eingeweiden«. Dieser schmerzende Knoten war der Keim ihres Todes, der einzigen Frucht ihres Leibes.)

Zurück zu Jamandreus Buch, um das Bild der Evita von 1944 zu vervollständigen. Als er sie zum ersten Mal sah, fand er sie farblos. Die Hosen paßten nicht zu den Schuhen. Ihre Wohnung in der Calle Posadas war ein Ausbund an schlechtem Geschmack. Doch Evita existierte bereits, oder war gerade im Begriff auszuschlüpfen. Eines Tages bat sie ihn, sie in ein Elendsviertel zu begleiten, um zu sehen, ob sie das schaffte. Einige der Armen, die sie empfingen, erkannten die Stimme aus dem Radio, andere nicht. Doch sie akzeptierten sie: eine einfache Frau, die ihnen ihre Hilfe anbot. Woher wußten sie, daß sie es ehrlich meinte? Als sie sahen, wie sie sich jedes Mal auf die Unterlippe biß, wenn sie immer wieder fast wie besessen fragte: »Wo ist der Vater dieses Kindes?«, antworteten die Mütter, diese unehelichen Kinder hätten keine Väter. Die Nicht-Anerkannten erkannten sich untereinander und besiegelten einen verschwiegenen Pakt.

Dank Jamandreu wurde in jenen Tagen eine neue Vita geboren. Der »verrückte« Perón wollte, daß sie am 24. Mai zur Gala im Teatro Colón wie Aschenputtel zum Tanz erschien. »Was für ein Kleid wirst du mir entwerfen?«, fragte sie neugierig, ohne sich weiter darum zu kümmern: Sie hatte nicht das Problem mit der Kürbiskarosse oder dem Rattengespann, weil sie in einer Militärkarosse zum Fest fahren würde, und sie brauchte nicht auf die Suche nach einem Prinzen zu gehen, da sie in Begleitung des Kriegsministers kam.

Und Jamandreu nähte ihr ein Kleid aus schwarzer Seide mit einem überdimensionalen Rock und enger Taille. Die Corsage und die Ärmel, lang und eng, bildeten ein Netz aus Samtbändern, zusammengehalten von Jettperlen. Als Perón dieses Kleid sah, rief er aus: »So mußt Du für ein Foto posieren, das in EL HOGAR erscheinen wird!«

Der alte Vizcacha! Die Oligarchie an ihrem wunden Punkt treffen, daraus macht er sich einen Spaß. Die Zeitschrift EL HOGAR veröffentlichte nur Berichte über die Welt der Reichen. Noch nie war eine Schauspielerin auf ihren Seiten erschienen. Es war auch noch nie vorgekommen, daß die Geliebte eines wichtigen Mannes einer Gala im Teatro Colón in der offiziellen Loge beiwohnte. Perón lachte Tränen. Allein das Kleid war eine Provokation. Ein boshaftes Kleid, das von der Loge herabfunkelte mit seinen Jettperlen, voller Genugtuung, daß die legitimen Gattinnen entrüstet durch ihre Operngläser spähten, um besser sehen zu können. Ein Krieg der Blicke: auf der einen Seite die Frauen der feinen Gesellschaft. Auf der anderen Evita, mit ihrem Gestirn unzähliger Pupillen in der Farbe der Nacht, die auf Brust und Armen bedrohlich funkelten.

4
Anerkennung

Die Hauptdarstellerin. Das Gespenst Martin Bormanns. Der Davidstern auf einem kostbaren Kästchen. Das Mekka der Nazis. Die Frau eines Militärs muß sich anpassen. Der nordamerikanische Botschafter geht eigene Wege. »Hanfschuhe ja, Bücher nein.« Die Flucht. Perón auf der Insel. Die Sekretärin als die eigentliche Pasionaria. Evita rettet ihren Mann. Evitas Taufe. Der 17. Oktober 1945. Die Dreiecksbeziehung.

DIE VERSCHWENDERIN. Aus unerfindlichen Gründen ist Evita von diesem geplanten Film fasziniert. Plötzlich kennt sie nur noch ein Ziel: Sie wird DIE VERSCHWENDERIN spielen. Sinnlos, ihr zu erklären, das Studio San Miguel habe bereits eine berühmte Schauspielerin für diese Rolle engagiert: Mecha Ortiz, die schon lange vor Evita die berühmten Frauen verkörpert hat. Die Rolle der Verschwenderin – einer reifen Frau – ist ihr wie auf den Leib geschrieben. Mecha Ortiz ist in dem Alter, in dem die Frauen aufhören, schön zu sein, um »interessant« zu werden. Evita ist statt dessen eben erst dabei, schön zu werden. Doch Evita besitzt eine seltene Stärke: Sie weiß, was sie will. Nur wer sehr spontan bleibt, wie Evita, ohne Zweifel, ohne Kompromisse, mit einem bedenkenlosen, eisernen Willen, versetzt Berge. Das hat nichts mit der Sehnsucht des Tango zu tun. Evita hat nicht den geringsten Hang zur typisch argentinischen vagen Melancholie: Was sie will, will sie sofort, auf der Stelle. Weder Skrupel noch Gewissensbisse werden sie davon abbringen. Als Opfer der Ungerechtigkeit weiß sie, daß sie ein Recht hat auf einen eisernen Willen. Man muß auf den Wagen des Lebens aufspringen wie auf einen bunten, übervollen Bus in Buenos Aires; und man braucht kräftige Beine, um ihm hinterherzulaufen, und spitze Ellbogen, um sich den Weg zu bahnen. Später wird Evita den Entrechteten eine Botschaft zurufen, die alle als Aufforderung verstehen: »Macht es wie ich! Habt Wünsche! Fordert das Teuerste, das Größte, fordert Luxus und Glück! Alles gehört Euch! Bedient euch ohne Furcht!« Im Augenblick hat der Wunsch, der ihr Herz bewegt, die Gestalt der Verschwenderin.

Perón, ein Mann mit widersprüchlichen Gefühlen, kann Evitas Direktheit nur bewundern, ihre Gelüste, ihre Lieben, ihre Antipathien. Schließlich gibt er nach, oder besser, er beginnt ein Spiel, das sein Leben bestimmen wird und das darin besteht, Evita zu ermuntern, in Aktion zu treten, indem er vorgibt, von ihr hinterhergeschleift zu werden, während sie meint, ihn zu beherrschen. Doch die Rollenverteilung ist nicht immer klar. Scheinbar erfüllt Perón seiner Geliebten ihren Wunsch, als er mit halb verschmitztem, halb resigniertem Augenzwinkern dem Studio San Miguel mitteilt, sie bekämen das Zelluloid für den Film »Die Verschwenderin« nur unter der Bedingung, daß Evita die Hauptrolle spielte. Und sie erhielt die Hauptrolle.

Warum war ihr Wunsch so stark, als hinge ihr Leben davon ab? Vieles verweist bereits auf die Zukunft: »Die Verschwenderin«, eine vom spanischen Romancier Pedro Alarcón erdachte Figur, ist eine reumütige Sünderin, die sich mildtätigen Werken widmet. Das einfache Volk hält sie fast für eine Heilige und nennt sie »LA SEÑORA«, »Mutter der Armen«, oder »Schwester der Elenden«. Aber konnte Evita tatsächlich damals schon ahnen, daß in nicht allzu ferner Zukunft sie selbst vergöttert werden würde, als Mutter der Zuversicht und Bannerträgerin der Armen? War ihr Wunsch tatsächlich so übermächtig, daß er Berge versetzte? So wenig wir auch an Vorahnungen glauben, ist das doch ein seltsamer Zufall: eine Schauspielerin, die im Leben die Rolle spielt, die sie zuvor im Kino und im Radio verkörperte. Doch lassen wir die Vorahnung und nehmen einmal an, Evita habe, als sie ihre Wohltätigkeitsstiftung ins Leben rief, Raúl Apold, dem Pressechef, gesagt, er solle sie »LA SEÑORA« oder »Mutter der Zuversicht« nennen. Wäre ein solcher Wunsch, von einer Schauspielerin geäußert, die sich in ihre eigene Rolle und ihre eigene Regisseurin verwandelt, nicht noch erstaunlicher?

Und doch wurde »Die Verschwenderin« in Argentinien fast nie gezeigt. Selbst heute ist es noch schwer, eine Kopie zu bekommen, als läge ein Fluch auf dem Film. Nur wenige Argentinier haben Evita in dieser aufschlußreichen Rolle sehen können. Die sie jedoch sahen, fanden sie einhellig farblos. Ein hartes Urteil: Trotz der Monotonie wußte ihre Stimme zu rühren. Aus ihrem Gesicht sprach eine tiefe Melancholie, die ihm etwas Edles verlieh. Zwar war sie für diese Rolle zu jung, aber mit ihrer Frisur, einer Mischung aus Fin de Siècle und vierziger Jahre, wirkte sie älter. Diese Frisur verlieh ihr Gewicht, Würde, Erhabenheit. Trotz des jugendlichen Teints wirkte sie auch im Leben älter, als sie war, denn um ihrer Position gerecht zu werden, verkleidete sie sich fast wie ihre Mutter. Andererseits zeigt der Film auch Ungereimtheiten. Als das Volk die ertrunkene Verschwenderin herbeibringt, schleift ihr langes Goldhaar in akkuraten Wellen und völlig trocken über den Boden. Doch die Geschichte des Weltkinos ist ein einziges Wunder an Unstimmigkeiten, was Haartrachten betrifft. Denken wir nur an die völlig unpassenden Frisuren des nordamerikanischen Films der fünfziger Jahre, immer tadellos noch im dichtesten Gestrüpp. Und natürlich war das Frisurenproblem nicht der ausschlaggebende Grund, warum das argentinische Publikum sich den Film nicht ansah. So anrührend ihr Spiel auch gewesen sein mag, es ist einfach undenkbar, daß die Präsidentengattin als Schauspielerin auf der Leinwand erscheint. Als sie Mecha Ortiz ausstach, meinte Evita, ihr Weg als Schauspielerin sei gemacht. Nicht im entferntesten kam ihr in den Sinn, das hier könne ihre letzte Rolle sein, zumindest auf der Bühne der Kunst.

Selbst am 7. April 1945 hätte sie es noch nicht geglaubt, als sie der Zeitung RADIOLANDIA ein Interview gab, in dem sie erneut behauptete, sie habe Schauspiel studiert, und ihre Vorliebe für die »klassischen und modernen Autoren«, für klassische Musik sowie für das Reiten bekräftigte. Das Interessante waren nicht diese Informationen, die sowieso niemand für bare Münze nahm, sondern das verblüffend offene Bekenntnis zu ihrem Heim. War die Wohnung in der Calle Posadas gemeint?

Nein, Evita besaß inzwischen ein großes Anwesen in der Calle Teodoro García, im Stadtteil Belgrano mit seinen imposanten Villen im englischen Stil, wo in der Tat viele Engländer, aber auch zahlreiche Deutsche lebten. War es laut Aussage zweier – anonymer – Zeugen nicht das Geschenk eines Deutschen, des Millionärs Ludwig Freude, den Perón in Italien kennengelernt und beim Botschafter von Thermann wiedergetroffen hatte? Fünfzehn Monate nach der Nacht im Luna-Park hatte Evita Fortschritte gemacht: wenn dieser Geschäftsmann sie umgarnte, hielt er sie für Peróns Frau. Offen bleibt die Frage, warum der deutsche Millionär versuchte, Perón mit einem Geschenk an seine Frau gewogen zu stimmen, das um einiges bombastischer war als Pralinen oder Blumen.

Das Mekka der Nazis

Um diese Frage zu beantworten, muß man sich den 10. August 1944 in Straßburg, im besetzten Frankreich, in Erinnerung rufen. (Wir konsultieren Jorge Camarascas Studie der Nazis in Argentinien, LOS NAZIS EN ARGENTINA).

An jenem Tag haben sich siebenundsiebzig Männer in einem Gebäude am Place Kléber versammelt, das als »la Maison Rouge« bekannt ist. Zwei Monate zuvor sind die Alliierten in der Normandie gelandet. Die siebenundsiebzig Verschwörer, alles, was unter den Nazis Rang und Namen hat, wissen, daß die Tage ihrer Macht gezählt sind. Sie haben nur ein Interesse: ihr Hab und Gut zu retten. Martin Bormann, die Nummer zwei unter Hitler, ist höchstwahrscheinlich mit von der Partie. Ebenso der Rüstungsminister Albert Speer, sowie Admiral Wilhelm Canaris, die Großindustriellen (Krupp, Thyssen, Messerschmidt und Siemens), sowie Vertreter der Banken, die Finanzleute, kurzum alle, die etwas zu verlieren haben. Martin Bormann (vielleicht auch sein persönlicher Stellvertreter) faßt das Hauptinteresse der Versammelten folgendermaßen zusammen: »Die Parteioberen glauben, daß einige unter ihnen verurteilt werden (...) Die Partei ist bereit, den Industriellen beträchtliche Summen zur Verfügung zu stellen, damit diese sie dann nach dem

Krieg im Ausland unterstützen. Dafür verlangen die Parteileute die Kontrolle über alle schon ins Ausland geschafften oder noch zu schaffenden finanziellen Reserven, um nach der Niederlage ein neues, mächtiges Reich aufzubauen.«

Der Plan zur Sicherung der Zukunft zählt nicht nur auf die Gewinne der Industrie. Doch das brauchen die Geladenen in der Maison Rouge nicht zu wissen. Wie Glenn B. Infield in seinem Buch SKORZENY, CHEF DES COMMANDOS DE HITLER (Skorzeny, Hitlers Kommandochef) zeigt, hatte Martin Bormann Ende 1943 »beträchtliche Rücklagen bei der Berliner Reichsbank entdeckt, hauptsächlich in Form von Silber, Gold und den Juden in den Konzentrationslagern gestohlenem Schmuck«, und zwar auf den Namen »Max Heiliger«, wofür Dr. Walther Fund, der Bankdirektor, persönlich verantwortlich zeichnete. Bormann hatte den Schatz in Verwahrung genommen und mit Hilfe seines Mitarbeiters, Dr. Helmut von Hummel, und Otto Skorzenys an Bord von zwei oder drei U-Booten geschafft. Die Reise endete in Argentinien.

Die Verschwörer der Maison Rouge planten drei mögliche Fluchtwege: von München über Österreich nach Madrid oder mit dem Schiff von Genua aus nach Ägypten, in den Libanon oder nach Syrien ... oder eben nach Buenos Aires. In jedem Fall sollte die Reise von einer Organisation mit der Bezeichnung »römisches Netz«, »Weg der Klöster« oder »Weg der Ratten« geplant werden. Das Zentrum dieses Netzes lag im Vatikan. Und der Verantwortliche, der österreichische Bischof Alois Hudal, arbeitete eng mit einundzwanzig geistlichen Würdenträgern des Vatikans zusammen, darunter der italienische Kardinal Umbero Siri und der kroatische Erzbischof Kronislav Dragonovic. Nach Enthüllungen der Zeitung LA REPUBLICA vom 29. Mai 1994 war Hudal Mitglied einer vatikanischen Organisation, der Pontificia Commissione di Assistenza oder PCA, deren Auslandsabteilung auf der Piazza Cairoli Monsignore Ferdinando Baldelli unterstand. 1947 gelang es dieser Kommission, für 25.000 deutsche und österreichische Flüchtlinge vom Roten Kreuz Ausweise zu besorgen.

Kurz nach der Versammlung in der Maison Rouge läßt sich Walter Hauff, ein weiterer Vertrauter Martin Bormanns, in Mailand nieder und bietet den Partisanen die in seinem Besitz befindlichen faschistischen Archive an und verlangt dafür freien Abzug für die Nazis über den Hafen von Genua. Ein Gefallen, der ihm offensichtlich gewährt wurde.

Dem Beispiel des Propagandaministers Joseph Goebbels folgend, der 1942 eine beträchtliche Summe bei einer argentinischen Bank hinterlegt hatte, schafften die deutschen Industriellen und die Nazis ihr Vermögen ebenfalls ins Ausland, wo sie neue Firmen gründeten oder sich eine neue Existenz aufbauten. Die Liste der ausgewählten Länder wird von der Schweiz angeführt; den zweiten und dritten Platz belegen Francospanien und das peronistische Argentinien. Argentinien nahm 98 Firmen auf. Mehrere hohe Nazivertreter taten es dem Außenminister von Ribbentrop gleich, der sein Privatvermögen auf die Banken Banco Alemán Transatlántico, Banco Germánico und Banco Strupp, sowie Banco Tornquist de Buenos Aires geschafft hatte.

Das Land hegte seit jeher eine Sympathie für Deutschland. Eine Geschichte von Liebe und folglich auch von Haß. Die erste Anspielung darauf findet sich bei Präsident Sarmiento. Laut Luis V. Sommi in LOS CAPITALES ALEMANES EN LA ARGENTINA (Deutsches Kapital in Argentinien) kritisierte Sarmiento bereits 1882 einen Artikel der Zeitschrift DEUTSCHE RUNDSCHAU, in dem Südbrasilien, Argentinien, Uruguay und Paraguay als »deutsche Provinzen« bezeichnet werden. Der germanische Besitzanspruch, der Sarmiento verärgerte, ging wie üblich Hand in Hand mit dem Überlegenheitsanspruch der teutonischen Rasse. Die Liste deutscher Firmengründungen im Argentinien des 19. Jahrhunderts ist zu lang, um sie hier aufzuführen. Während der Nazizeit war das Terrain gut gesichert. Die reiche und mächtige Deutschenkolonie unterstützte die Nazis. 1938 gründeten der Abgeordnete der radikalen Partei, Raúl Damonte Taborda, und der sozialistische Abgeordnete Enrique Dickmann einen Untersuchungsausschuß für antiargentinische Aktivitäten, die COMISION DE INVESTIGACIONES DE ACTIVIDADES, der es nicht an Material mangelte.

Inzwischen hielt sich Perón über Wasser, glücklich, in Nelson Rockefeller, der 1944 zum Sprecher der inneramerikanischen Organisation ASUNTOS INTERAMERICANOS ernannt wurde, einen klugen Gesprächspartner gefunden zu haben. Was war geschehen, als die Argentinier sich schließlich noch am 27. März 1945, nur fünf Wochen vor der deutschen Kapitulationserklärung, entschlossen, Deutschland und Japan den Krieg zu erklären? Es war einfach ein kluger Schachzug von Rockefeller und Perón, zwei gewieften Politikern. Beide waren ein Glücksfall für ihr Land: Rockefeller bot Perón die diplomatische Anerkennung als Mitglied der Vereinten Nationen an unter der Bedingung, daß er sich noch in letzter Minute zur Kriegserklärung entschloß.

1970 gestand Perón Tomás Eloy Martínez laut Aussage von Juan José Sebreli: »Viele von uns hatten sich vor Kriegsende für die Nachkriegszeit gerüstet. Wir wußten, Deutschland war besiegt. Doch die Sieger wollten sich die unglaublichen technischen Errungenschaften der Deutschen in den letzten zehn Jahren sichern. Der Machtapparat war zerschlagen, aber es gab noch die Menschen. Wir ließen die Deutschen also wissen, daß wir ihnen den Krieg erklären würden, um Tausende von Leben zu retten.« Salazar und Franco überbrachten die Botschaft den Deutschen, die laut Perón auch nach dem Krieg noch sehr nützlich waren.

Es ist offensichtlich, daß die Sieger, speziell die Nordamerikaner, an der Technologie des »Machtapparats« interessiert waren. Ihnen war klar, daß der ehrgeizige LIDER ebenso wie sie selbst ein Interesse am technischen Know-how hatte, denn die Wissenschaft kennt keine Ideolgie.

Perón beweist damit scheinbar nur den nötigen politischen Pragmatismus. Doch die phantastische, von Bormann in die Welt gesetzte Geschichte (oder Legende) der U-Boote voller Gold könnte diesen Eindruck in Frage stellen.

Am 10. Juli 1945 nahm ein deutsches U-Boot, die U-503, Kurs auf die Küste von Mar del Plata, jenem Luxusbadeort, wohin die Reichen und Mächtigen von Junín zehn Jahre später Evita einladen sollten. Der Kapitän wandte sich an die argentinischen Behörden. Es war der Marineoffizier Otto Vermouth. Unter dem Eindruck der Ereignisse tauften die Argentinier ihn »Cinzano«, als noch ein zweites U-Boot, die U-977 unter Befehl des Marinekapitäns Heinz Schäffer, ebenfalls in Mar del Plata auftauchte, wodurch das erste quasi nur wie ein Aperitif wirkte.

Beide U-Boote regten mit ihren Namen die Phantasie der Leute an. Plötzlich in einen weltweiten Konflikt hineingezogen, wie im Fall der »Graf Spee«, fühlten die Argentinier sich auf einmal als Mittelpunkt der Welt. Das Land lag so weit ab! In jener Zeit hieß es, in Argentinien geschehe nie etwas. Ein Land von Kindern, Söhnen von Europäern, die echte Kriege erlebten, während wir dort unten, am linken unteren Rand des Planeten, die Augen zusammenkniffen, um Tausende von Kilometern entfernt nach dem wirklichen Leben Ausschau zu halten, ohne einen Blick davon zu erhaschen. Und auf einmal zeigte sich das Leben direkt vor unseren Augen. Die Argentinier erschauderten und malten sich genüßlich die phantastischsten, die gruseligsten Geschichten aus.

»Cinzanos« und Schäffers Erklärungen überzeugten natürlich niemanden. Beide Kommandeure behaupteten, am 8. Mai 1945, dem Tag der Kapitulation, seien sie auf hoher See gewesen. Und trotz des Abbruchs der Beziehungen zwischen Argentinien und Deutschland hätten sie es vorgezogen, sich den Argentiniern zu ergeben, deren Sympathie für die Deutschen bekannt war, ehe sie sich dem verhaßten Feind England auslieferten. Niemand glaubte ihnen, außer der argentinischen Regierung, die diese Erklärung ernst nahm und sich beeilte zu versichern, die beiden U-Boote hätten weder verdächtige Güter noch Personen an Bord gehabt: Hitler etwa, kein Geringerer als Hitler, habe sich beispielsweise nicht unter der Besatzung befunden. Die bloße Erwähnung eines so einschüchternden Namens mag den Schleier verdichtet haben, der – wer weiß – vielleicht Martin Bormann und seinen legendären Schatz deckte.

Ein peronistischer Intellektueller und Soziologe, Juan José Miguens, plädiert für eine völlig andere Version. Seiner Meinung nach hat es diese U-Boote, die die Leute allenthalben zu entdekken meinten, nie gegeben. Gegen Kriegsende sandten die Engländer den Deutschen entmutigende Funksprüche mit der Nachricht, die deutschen U-Boote hätten die Flucht ergriffen. Die Nordamerikaner fingen diese Nachrichten auf und nahmen sie ernst. Doch die Engländer »vergaßen«, die Gerüchte zu dementieren, und, naiv wie sie waren, glaubten die Nordamerikaner weiterhin daran.

Angesichts dieser Version gibt uns Alain Pujols genauere Beschreibung der Fracht dieser U-Boote zu denken. Alain Pujol schildert als Mitglied des »Deuzième Bureau«, des französischen Geheimdienstes, wie die Boote während der Nächte des 7. Februar und des 18. Juli 1945 entladen wurden.

Die Transaktion wird an den Stränden von San Clemente de Tuyú, nicht weit von Mar del Plata, durchgeführt. Verdächtig aussehende Männer schleppen schwere Kisten an Land. Es sind riesige Kisten mit der Aufschrift (im Schein einer Taschenlampe zu lesen): »Geheime Reichssache«. Eine Respektsperson gibt den Lastwagenfahrern, die auf der Küstenstraße warten, Anweisungen; es ist kein geringerer als Ernst Kaltenbrunner, der Geheimdienstchef des Dritten Reichs. Wohin bringen die Lastwagen die schwere Ladung? Auf die Estancia Lahusen, nahe der Küste von San Clemente? Zeugen der Szene: Brenneke, Detelmann und Achotz, drei Matrosen der Graf Spee. Inhalt der Kisten: 187.692.400 Reichsmark, 17.576.500 Dollar, 4.682.500 Pfund Sterling, 24.976.500 Schweizer Franken, 8.379 Holländische Gulden, 54.963.000 französische Francs, 17.280.000 belgische Francs, 2.511 Kilogramm Gold und 4.638 Karat Brillanten und Diamanten. Der Verantwortliche für die Aufbewahrung dieses Vermögens in den Banken Alemán Transatlántico, Germánico, Tornquist y Strupp: Ludwig Freude, deutscher Spion in Buenos Aires. Die Namen, auf die dieses Vermögen hinterlegt wird: Juan Domingo Perón und Eva Duarte.

Die gleichen Zahlen werden von einem ungarischen Journalisten genannt, Ladislas Farago, Korrespondent der englischen Tageszeitung SUNDAY CRONICLE, Mitglied des noramerikanischen Geheimdienstes und Autor von Bestsellern wie AFTERMATH, MARTIN BORMANN AND THR FOURTH REICH von 1974. In diesem Buch, das vielen zu spekulativ ist, obwohl es zahlreiche, beängstigend genaue Details enthält, bestätigt Farago Peróns Rolle bei der Rettung des Nazivermögens nach Argentinien, v.a. das der Familie Krupp, und versichert, daß Martin Bormann in Buenos Aires war. Das behauptet auch ein Mitglied der Nordamerikanischen Botschaft, John Griffith, von dem noch die Rede sein wird. Farago merkt noch an, daß Bormann ein »äußerst schwieriger« Mann gewesen sei und die Nazis in Argentinien nach seinen eigenen Prinzipien behandelt hätte. Mit anderen Worten, er teilte das Vermögen nicht großzügig genug auf, zur vollsten Zufriedenheit von Ludwig Freude und seiner drei Komplizen, Heinrich Dörge, Ricardo van Leute und Ricardo Standt. 1949 gipfelte diese Mißstimmigkeit in einem Mord; von einem nicht minder dubiosen »Selbstmord«, der sich 1953 ereignete, wird noch die Rede sein: im Zusammenhang mit Juancito Duarte.

Laut Aussage der genannten Autoren und anderer, wie Juan José Sebreli, hat Perón vor Kriegsende dem Miltärattaché der Deutschen Botschaft, von Leers, achttausend argentinische Pässe und tausendeinhundert Personalausweise, ohne Photo oder Fingerabdruck, aber mit Polizeistempel, zur Verfügung gestellt. Am 8. August 1944, also acht Tage vor der Versammlung in der Maison Rouge, nahm Heinrich Himmler diese Ausweise in Straßburg in Empfang. Die »Paßübergabe« sollte der Anstoß für das berühmte »Schweizer Konto« von Perón und Evita sein, über das so viel geschrieben wurde. Von Leers soll dem argentinischen LIDER auch ein Anwesen in Kairo gekauft haben, wo er sich 1960 selbst aufhielt, als Adolf Eichmann in Buenos Aires festgenommen wurde. Die argentinische Hauptstadt wurde zum »Mekka der Nazis«, um einen Ausdruck von Sebreli zu benutzen. Ein Bericht des Internationalen Forschungskomitees zur europäischen Außenpolitik schätzt die Zahl der Nazideutschen 1947 in Buenos Aires auf 90.000. Darunter eine Gruppe von Offizieren der Luftwaffe, die Perón leutselig nach seiner eigenen Justitialistischen Befreiungsfront »Justizialisten der Luft« nannte; der Ingenieur Kurt Tank, Erbauer der Pulqui II, des ersten Flugzeugs Lateinamerikas; der Generalleutnant Adolf Galland und die Flugkapitäne Otto Behrens und Werner Baumbach.

Seltsamerweise versuchen gerade jüdische Veröffentlichungen die von Peróns Gegnern in den fünfziger Jahren verbreiteten Geschichten von Nazischätzen zu entkräften. Simon Wiesenthal, der bekannte Nazijäger, war lange Jahre ganz auf Bormann fixiert, er verfolgte die unterschiedlichsten Hinweise auf verschiedene Aufenthaltsorte bzw. auf seinen Tod (man entdeckte Bormanngräber überall auf der Welt). 1972 akzeptierte er schließlich die Expertise der DDR, die Bormanns Tod am 1. oder 2. Mai 1945 während eines Fluchtversuchs aus dem Führerbunker bestätigte. Wiesenthal erklärte: »Die Nazis benutzten Bormann als Aushängeschild. Nach dem Krieg verbreiteten sie das Gerücht, er sei noch am Leben. Wir werden zurückkommen (...). Heute wissen wir, daß er sich umbrachte. Daran besteht kein Zeifel.«

Kein Zweifel? Paul Manning ist da anderer Meinung. Ihn zitiert Jorge Camarasa, als er die Behauptung wagt: »Wiesenthal hat die Suche nach Bormann unter dem Druck führender Juden aufgegeben. Die Organisation Bormann ist nicht nur eine Organisation alter Nazis, sondern auch eine wirtschaftlich starke Gruppe, die momentan ihre ökonomischen Interessen über die Ideologie stellt.«

Vielleicht war es reiner Zufall, daß Wiesenthal, den wir 1992 während des Kongresses zum Antisemitismus der Unesco befragt haben, uns nach all den Jahren ergebnisloser Suche resigniert erklärte: »Ich habe keinen Beweis, der auf Perón hindeutet. Nicht einen einzigen! Und ich bitte die Argentinier, daß sie mich damit in Frieden lassen!«

Beweise gibt es nicht. Doch Dutzende von Indizien. 1992, während eines Staatsbesuchs von Carlos Menem in den USA, veröffentlichte Gerald Posner, der Verfasser von HITLER'S CHILDREN (Hitlers Kinder) einen Artikel in der NEW YORK TIMES, der wie eine Bombe einschlug. In diesem Artikel mit der Überschrift THE BORMANN FILE (Die Bormannakte) berichtet Posner, er habe Menem wiederholt schriftlich aufgefordert, die Archive der Polizei über die Nazis zu öffnen. Er habe keine Antwort erhalten. Posner fragte sich daraufhin: »Warum sollte Menem die Archive über Kriegsverbrechen sechsundvierzig Jahre nach Beendigung des Konflikts geschlossen halten?«. Ohne Hoffnung auf Antwort kam er selbst zu dem Schluß: »Weil Argentinien im Fall Bormann viel zu verbergen hat.«

Diesmal erhielt er Antwort von den argentinischen Behörden, die allerdings die Existenz einer Akte Bormann bei der Bundespolizei bestritten. Posner antwortete daraufhin am 7. Dezember 1992 mit einem bösen zweiten Brief, der ebenfalls in der NEW YORK TIMES erschien, wo er schrieb: »Ich habe die Akte Bormann 1984 mit eigenen Augen gesehen. Sie war mehr als 30 cm dick. Wenn diese Archive nicht existieren, frage ich mich doch, warum die Bundespolizei mir auf meinen Brief vom September 1991 hin die Genehmigung zur Einsichtnahme verweigerte.«

Posner gewann schließlich. Die Archive wurden feierlich der Presse und dem Zentrum Simon Wiesenthal, sowie dem Jüdischen Weltkongreß präsentiert. Sie bezogen sich auf fünf Kriegsverbrecher, darunter Joseph Mengele, Josef Franz Schwamberger, Walter Kuschmann (der »Schlächter von Riga«) und Martin Bormann.

Schmale Akten, die die Präsenz der Nazis in Argentinien bestätigten, ohne jedoch die Erwartungen zu erfüllen. Immerhin genügte der Beweis. Die Gerüchte waren nicht so weit hergeholt, wie manche glauben wollten. Frederick Forsyth hatte etwa in seinem Roman ODESSA (Name der Organisation, die die Nazis in ihre Bestimmungsländer geleitete) geschrieben: »(In Buenos Aires) wurde Eduard Roschmann von Odessa empfangen und im Haus einer deutschen Familie, der Vidmars, untergebracht, die in der Calle Hipólito Yrigoyen lebten. Im Januar 1949 erhielt er 50.000 Dollar aus dem Bormannfond. Mit diesem Geld gründete er eine Firma für den Export von südamerikanischem Holz nach Europa. Die Firma hieß »Stemmier und Wagner«, da er nach seinen gefälschten Papieren den Namen Fritz Wagner trug.« In den inzwischen geöffneten Archiven der argentinischen Polizei erscheint Roschmann, der schuld ist am Massaker an 40.000 Juden in Litauen, und der von 1948 an in Argentinien lebte, unter dem Namen Wagener. Angesichts der auffälligen Dürftigkeit der Akte Bormann erklärte Gerald Posner in einem Interview, das Alberto Oliva am 10. Februar 1992 in der Zeitschrift SOMOS veröffentlichte, folgendes: »Wenn die Mappe eine Dicke von weniger als 30 cm hat, dann wurde sie gesäubert.« »Was ist für Sie an diesem Archiv am brisantesten?« fragt der Journalist ihn. Woraufhin er erwidert: »Die Logistik und die Ladung der fünf U-Boote, die vor der argentinischen Küste auftauchten. Die Naziarchive bestätigen, daß diese Schiffe 550 Unzen Gold, 3.500 Unzen Platin und 4.638 Unzen Diamanten geladen hatten, sowie Hunderte von Kunstwerken und mehrere Millionen Goldmark, Dollar und Schweizer Franken.«

Selbst diese bescheidene Aussage ist uns von Nutzen. Auch

das wenige, das in den Archiven bleibt, hilft uns noch, fehlende Daten zu ergänzen, denn die Aufgabe des Biographen wie des Historikers besteht darin, Teile zusammenzusetzen. Nach dieser Akte erkennt der Italiener Pino Frezza Bormann 1950 in der Bar ABC in der Calle Lavalle. Ein »streng vertraulicher, geheimer« Vermerk der Zentralverwaltung »Dirección de Coordinación Central« mit Datum vom 14. Oktober 1952 erwähnt einen Hauskauf in der Gegend von Ascochinga, in der Provinz Córdoba, getätigt von einem ehemaligen Offizier, der angeblich in Mar del Plata das U-Boot U-235 verließ. Im Text wird vom Zusammentreffen hoher Nazivertreter in Ascochinga gesprochen, darunter Heinrich Dörge und Richard von Leute. Letzterer war Präsident des Banco Alemán Transatlántico in Buenos Aires und schickte laut Text Martin Borman (sic!), der 1944 die Überführung von Gold und anderen Wertsachen nach Argentinien organisiert hatte, Berichte. Auch die Estancia Lahusen, Patagonien und Joseph Mengele werden erwähnt.

Zunächst brachte der Kongreß zum Nationalsozialismus, 1993 organisiert von der jüdisch-argentinischen DAJA (Delegación de Asociaciones Israelitas Argentinas) und der Universität Torcuato Di Tella in Buenos Aires, nicht viel Klarheit. Ziel des Treffens war die Erforschung der Archive. Doch mit Ausnahme von Jorge Camarasa, dem Verfasser einer guten Übersicht über alle bisher verfügbaren Informationen, waren der Kanadier Ronald Newton und der Deutsche Holger Medin die einzigen Teilnehmer, die sich tatsächlich mit den Nazis in Argentinien beschäftigten. Ergebnis des Kongresses: Bormann lebte tatsächlich in Argentinien, aber Beweise für die Existenz eines Vermögens gibt es nicht.

Kommen wir noch einmal auf die Juden zurück, die Perón kaum Vorhaltungen machten. Die endgültige Rehabilitierung des argentinischen LIDER gelang Jacov Tsur, dem ersten israelischen Botschafter in Argentinien. Der legendäre Diplomat, der das Land noch aus der Perón-Ära kannte, fand, daß der Teufel nicht so schlimm sei wie sein Ruf. Das sagte er wenigstens. Denn warum sollte er eine Regierung beschuldigen, die den Staat Israel 1948 sofort anerkannt hatte und die die Juden völlig in Frieden ließ.

Bei genauerem Hinsehen werden wir den wahren Grund für diese Freundlichkeit erkennen. Im Februar 1992 überlieferte die Zeitschrift HUMOR folgende überraschend offenen Worte des LIDER: »Mir persönlich erscheint das, was in Nürnberg geschehen ist, eine Schmach, die der Siegermächte unwürdig ist. Sie haben gezeigt, daß sie es verdient hätten, den Krieg zu verlieren. Nürnberg ist eine Ungeheuerlichkeit, die die Geschichte niemals verzeihen wird. Hinsichtlich der Juden entsinne ich mich, daß ich mit einem Deutschen, der nach der Niederlage nach Argentinien gekommen war, über dieses Thema sprach. Und ich sagte ihm: »Meinen Sie, ich würde mich auf eine solche Sache einlassen, wenn es nicht mal Hitler mit seinen hundert Millionen Deutschen gelungen ist, die Dinge zu regeln? Was kann ich schon mit fünfzehn oder zwanzig Millionen Argentiniern ausrichten? Die Juden leben nun einmal hier, und wir können sie nicht einfach umbringen oder auch nur verjagen. Die einzige Lösung ist, sie für die Allgemeinheit arbeiten zu lassen.«

Es ist offensichtlich, daß Peróns Rehabilitierung darauf basiert, daß niemand Lust hatte, genauer nachzufragen. Auch Leonardo Senkman, Professor an der Hebräischen Universität in Jerusalem, äußert sich in dieser Richtung und macht den Vatikan verantwortlich ... und die Nordamerikaner.

Denken wir an Klaus Barbie, den der nordamerikanische Geheimdienst benutzte, bis er ihn schließlich via Bolivien nach Argentinien schickte, um ihn loszuwerden. Denken wir auch an das NASA-Projekt mit Namen PAPERCLIP, bei dem auch Deutsche mitwirkten, und vergessen wir nicht, daß die Nordamerikaner, die Engländer und die Russen sich um die besten Wissenschaftler und Techniker der Nazis rissen. Laut Senkman blieben Argentinien lediglich die Krümel vom Bankett. Der angesehene Forscher hat uns zum Beispiel den Kriegsverbrecher und Naziwissenschaftler General Walter Schreiber genannt, der jahrelang für die Air Force School of Aviation Medicine in Randolph Field tätig war und genau wie Klaus Barbie über Washington nach Argentinien gelangte.

Entsinnen wir uns auch, daß nach einem Dokumentarbericht des deutsch-französischen Fernsehsenders ARTE vom Mai 1994 der Kriegsverbrecher Ante Pavelic, dem der Erzbischof Draganovic vom Vatikan aus half, unter dem Schutz der Engländer stand. 1945 war Pavelic, der den Ruf hatte, grausamer zu sein als Hitler, die Flucht in die englische Zone Österreichs gelungen. Ein Jahr später befand er sich im Colegio San Girolamo in Rom, dem Sitz der kroatischen Exilregierung. Die Nordamerikaner wußten, daß Pavelic sich dort aufhielt, doch wie die Engländer nahmen auch sie ihn nicht fest. Warum? Weil in der Zeit nach dem Krieg der Kampf gegen den Kommunismus wichtiger schien als die Abrechnung mit den Nazis. Im Gegenteil, viele Nazis waren sogar willkommen.

Dennoch sei uns folgende Frage gestattet: »Was nützt es, den Vatikan, die USA und England zu beschuldigen, um Perón reinzuwaschen?«

Nach neuesten Erkenntissen, aufgrund der zufällig entdeckten Archive des paraguayischen Diktators Stroessner, lebte Bormann an der argentinisch-paraguayischen Grenze. Er litt an Magenkrebs. Sein Arzt, Joseph Mengele, konnte ihn nicht mehr retten. Mengele lebte bis in die siebziger Jahre unter seinem richtigen Namen in Argentinien, ohne daß jemand auf ihn aufmerksam wurde. Nach Aussage der Tageszeitung CLARIN vom 16. Februar 1992 erklärte der Bürgermeister von La Corona, Mengele sei 1949 oder 1950 von Vigo aus mit Unterstützung einer nazifreundlichen spanischen Organisation namens LA ARAÑA nach Argentinien gelangt.

Laut Stroessners Akten starb Bormann 1959 und wurde in einem Grab ohne Kreuz begraben, das einige Leute identifiziert zu haben meinen.

Wir können nicht umhin, ein persönliches Gespräch mit einigen dem Mossad nahestehenden Leuten wiederzugeben, das im September 1993 kurz nach dem erwähnten Kongreß des DAIA in Buenos Aires stattfand:

Zunächst gab ich ihnen meine Verwunderung angesichts der seltsamen Erklärungen von Shimon Samuels, dem Vertreter des Zentrums Simon Wiesenthal, gegenüber der argentinischen Zeitung PAGINA 12 zum Ausdruck. Samuels hatte dort erklärt, Israel bremse die Suche seines Zentrums nach Naziverbrechern. Das bestätigte indirekt Paul Mennings Verdacht.

Meine Gesprächspartner gaben mir mit ironischen Blicken zu verstehen, das Zentrum Simon Wiesenthal sei, was die Jagd auf Nazis betrifft, nicht gerade die erste Adresse. Auf unsere Frage, wer denn der Experte sei, meinten sie, natürlich der Mossad. Der Mossad, der in den sechziger Jahren unter der Regierung Frondisi Rudolf Eichmann in Buenos Aires aufgegriffen hatte.

Wir wandten ein, Martin Bormann hätten sie nicht einmal ausfindig machen, geschweige denn gefangennehmen können.

Ihre überraschende Antwort: »Israel war zu isoliert auf der Welt, um sich zwei derartige Prozesse zur gleichen Zeit zu erlauben.«

»Mit anderen Worten: der Mossad stand kurz davor, Bormann gefangen zu nehmen, und hat es aus politischen Gründen unterlassen?«

Lange Pause mit zustimmendem Kopfnicken.

»Und der Schatz?«

Lächeln. In Madrid hat man Perón 1955 die gleiche Frage gestellt. Jorge Antonio, der als Geschäftsmann bis heute der Regierung – und wegen seiner syrischen Herkunft besonders dem Präsidenten Menem – sehr nahe steht, schildert das ausführlich in seinem Buch EL JEFE (Der Chef).

»Also hat Jorge Antonio den Schatz behalten?«

»Sagen wir, er hat ihn gut verwaltet.«

»Und verwaltet ihn noch ...«

Schweigen.

»Und Evitas Rolle in dem ganzen Spiel?«

»Außer daß Evita ihnen Kaffee servierte, wenn sie ihren Mann besuchten, hatte sie mit den Nazis nichts zu tun.«

»... und daß sie ihre Geschenke akzeptierte ...«

Erneutes Schweigen, begleitet von Achselzucken. Offensichtlich war diese Frage unwichtig.

»Doch gibt es auch nur einen einzigen Beweis für die Existenz des Schatzes?«

Da niemand im luftleeren Raum lebt, nicht einmal Mossad-Leute, erinnerte einer von ihnen an die Zeit seiner Kindheit.

»Ich kann nur von dem sprechen, was ich mit eigenen Augen gesehen habe«, meinte er. »1955 stellte die REVOLUCION LIBER-

TADORA Dinge aus Peróns und Evitas persönlichem Besitz aus. Darunter fand ich ein prunkvolles Kästchen mit Intarsien und Silberverzierungen. Auf dem Deckel prangte ein perlmutterner Davidstern. Ich war klein und rief meinen Vater, um es ihm zu zeigen. Mein Vater war deutscher Jude und nach dem Krieg nach Argentinien ausgewandert. Er wurde blaß. »Vielleicht ist es ein Geschenk des israelischen Staates oder von der OIA (der israelisch-argentinischen Organisation)«, meinte ich, damit er nicht dachte, was auch ich dachte, so klein ich war. Doch er erwiderte mir, weder Israel noch die OIA würde dem Präsidenten eines christlichen Landes einen häuslichen Gebrauchsgegenstand mit Davidstern schenken. Der Schenker konnte kein Jude sein. Es war offensichtlich, daß dieses Kästchen einer reichen jüdischen Familie gehört hatte, die es nun eindeutig nicht mehr brauchte. Daß es sich unter dieser Unmenge von Schmuck, Kleidern, Schuhen und Hüten befand, bewies die Verwerflichkeit des Schenkers und das völlige Desinteresse des Beschenkten.«

Wie gesagt, fand diese Unterhaltung im September 1993 statt. Am 28. Dezember des gleichen Jahres erschien in der Zeitung L'HUMANITÉ eine kleine Notiz:

»Mengele unter Schutz des Mossad. Zvi Aharoni, Exmitglied des Mossad, bestätigt, daß seine Chefs ihn anwiesen, den Kriegsverbrecher Joseph Mengele, der im Konzentrationslager Auschwitz den Spitznamen »Todesengel« trug, laufen zu lassen. In einem Interview der israelischen Zeitung MAARIV enthüllte der frühere israelische Spion, er habe Mengele auf einem einsamen Anwesen in Brasilien ausfindig gemacht, doch der damalige Mossadchef Isser Harel habe ihm befohlen, »die Dinge zu lassen, wie sie seien«.

Im Juli 1994 ging in Buenos Aires eine Bombe hoch, die hundert Todesopfer forderte. Ziel des Anschlags war die AMIA, die Institution, die das Leben der jüdischen Gemeinde in Argentinien regelt. Ein symbolischer Akt: Nach dem blutigen Anschlag von 1992 auf die israelische Botschaft in Buenos Aires, genau zu der Zeit, als Carlos Menem die Naziarchive öffnete, zielte die proiranische Hisbollah, die für beide Attentate verantwortlich gemacht wird, genau ins Herz der argentinischen

Juden: Die Archive jüdischer Einwanderer, und damit die Erinnerung der argentinischen Juden, fielen in Schutt und Asche.

Doch nicht genug damit. Im fünften Stock der AMIA, in der Calle Pasteur 633, saß die Gruppe TESTIMONIO (Zeugnis), die die Ergebnisse des erwähnten Kongresses DAIA zusammenstellte. Drei Monate vor dem Attentat hatten die Nachforschungen von Testimonio neue Spuren ergeben. Unter anderem über Bormann. Spuren, die die Internationale Organisation der Nazis tunlichst verwischen wollte.

Büffel; Musketiere und wütende Militärs

1945 besaß Evita also ein nobles Heim in der Calle Teodoro García. DIE VERSCHWENDERIN führte zu ungeheurer Verschwendung. Und Ludwig Freude, der nach allen unseren Quellen als Verwalter des Nazivermögens gilt, war bereit, mit Hilfe seiner vier – seit 1942 argentinischen – Firmen Peróns Wahlkampagne zu finanzieren.

Die Dreharbeiten für DIE VERSCHWENDERIN endeten im September. Wenige Tage später, noch bevor das Publikum den Film gesehen hatte, kam es zum Eklat. Am 5. Oktober hatte Evita, um ihren Einfluß in der Künstlerwelt zu stärken, ihren alten Freund Oscar Nicolini zum Direktor des Post- und Fernmeldewesens berufen lassen. Wer hätte schon gedacht, daß sie mit einer einzigen Ernennung alles aufs Spiel setzte?

Zu dem Zeitpunkt hatte Perón drei Posten inne; er war immer noch Arbeitsminister, Kriegsminister und nun auch noch Vizepräsident der Republik. Eine Reihe populärer Maßnahmen (in den Augen seiner Gegner reine Demagogie) dieses Militärs sui generis sicherten ihm die treue Anhängerschaft der Armen. Da die Sozialisten, Kommunisten und Anarchisten nie an der Macht waren, hatten sie die Armen auch nicht von der Ehrlichkeit ihres Programms überzeugen können. Der einzige, der sich tatsächlich um die Arbeiter kümmerte, war Perón. Bereits die Revolution vom Juni 1943 hatte die Mieten gesenkt und eingefroren. Danach hatte Perón Lohnerhöhungen gewährt, Arbeitsgerichte geschaffen und die Sozialhilfe verbessert. Die Sozialistische

Partei hatte diese Gesetze schon lange vor Perón durchgesetzt, doch sie waren nie in Kraft getreten. Das Statut für Tagelöhner von 1944 hatte dagegen den vom Großgrundbesitzer ausgebeuteten Landarbeiter zu einem Arbeiter mit vollen Rechten gemacht, mit Mindestlohn, bezahltem Urlaub, Abfindungen bei Kündigung und arbeitsfreiem Sonntag. Während es den Großgrundbesitzern nicht viel ausmachte, schadete es den Kleinbauern erheblich. Doch für die Armee war das Ansehen, das Perón beim Volk genoß, das Schlimmste. Diese Dankbarkeit war beunruhigend, und sie machte ihn gefährlich.

Und dann war da noch Evita. Hatte sie am Tag einer Ministerernennung nicht gewagt, den Arm locker auf die Rückenlehne des Präsidentensitzes zu legen? Die rechtmäßigen Ehefrauen rauften sich die Haare. Dieser allzu weiße, nackte, mit Schmuck überladene Arm wurde zur Schlange, die unverzüglich zertreten werden mußte. Eva und die Schlange. Um ein Haar hätte man noch den Stuhl Rivadavias, des ersten Präsidenten Argentiniens, mit dem Baum der Erkenntnis gleichgesetzt. Und wer, wenn nicht Perón, erlaubte dem Reptil, sich hinterlistig in die heiligen Gefilde des höchsten Amtes einzuschleichen?

Peróns Verhalten war nach dem militärischen wie nach dem männlichen Ehrbegriff skandalös. Völlig im Bann dieser intriganten Teufelin, fand er die Situation auch noch amüsant. Seine Augen blitzten vor Schadenfreude, als er diese nicht vorzeigbare Frau in der Öffentlichkeit präsentierte. Worüber lachte er? Gab es ihm einen Vorgeschmack auf die absolute Macht, seine Evita durchzusetzen? Meinte er, er könne sich alles erlauben, sich gebührend bei den Leuten rächen, indem er seinem Vater nacheiferte, der eine mestizische Dienstmagd geheiratet hatte? Als seine Kameraden vom Militär ihm mit gerunzelter Stirn und vor Zorn bebendem Schnurrbart klarmachen wollten, wie sehr eine Affäre mit einer Schauspielerin seinem Ruf schadete, zuckte Perón nur mit den Achseln und meinte: »Wäre es euch lieber, wenn ich mich mit einem Schauspieler einließe?«

(Eine seltsame Art von Humor, aus der manchmal seine kreolische Weisheit sprach. Der Humor einer Schlange, ein Lachen, das seine Verachtung der anderen verriet, bisweilen gar ein wenig selbstzerstörerisch. Es sollte der Tag kommen, an dem Perón sein Lachen und sein nervöses Zwinkern nicht mehr unter Kontrolle hatte. Das war der Tag, an dem sein Humor sich gegen ihn selbst kehrte.)

Die demokratische Opposition teilte die Verachtung für die Schauspielerin, doch sie hatte andere Gründe für ihren Haß auf Perón: Er war ein Faschist, und der einzige Unterschied zu den übrigen Militärs bestand darin, daß er noch schlauer war. Für sie waren Militär und Faschist synonym. Die antiklerikalen Liberalen sahen nach der Revolution von 1943 ungern die Einführung des Religionsunterrichts. Und die Kommunisten waren seit dem Militärputsch in die Illegalität abgedrängt. Das gesamte Zentralkomitee der argentinischen PC, einschließlich des Vaters der Autorin, Carlos Dujovne, saß von 1943 bis 1945 in dem finsteren Gefängnis von Neuquén in Haft, im hintersten Patagonien. Die Polizei verbrannte alle Bücher des von Dujovne geleiteten kommunistischen Verlags PROBLEMAS. Es erübrigt sich, die Gefühle der Kommunisten für die Uniformträger zu beschreiben.

Damals traf der neue Botschafter der USA, Spruille Braden, ein. Braden verkörperte das gute Gewissen. Er schien gleichzeitig einem Roman von Sinclair Lewis und einem Western entsprungen, eine Mischung aus Mister Babitt und John Wayne. Groß, rotgesichtig und euphorisch, war er überzeugt davon, recht zu handeln und sich auf der Seite der Guten zu engagieren. Seine edlen Absichten waren allerdings keineswegs nur naiv. Der Soziologe und Historiker Ignacio Klinch ist der Ansicht, Braden habe die Beunruhigung der nordamerikanischen Juden erkannt, die die argentinischen Brüder in Gefahr wähnten, und er sah sich als ihr Fürsprecher. Es war eine Naivität, die Vorteile hatte. Doch wie man sah, war Perón klug genug, aus dem deutschen Beispiel zu lernen und die Juden nicht zu verunsichern. Natürlich ist das Argument, man dürfe die Juden nicht anrühren, da es Unglück bringe, offen antisemitisch. Aber in der Praxis wurden sie nicht angegriffen, mit Ausnahme einiger »Exzesse« der Anhänger der Alianza de Libertad Nacionalista (der nationalen Befreiungsbewegung).

Entweder verstand Braden tatsächlich von all dem nichts, oder er wollte nicht verstehen. Hat er wenigstens Rockefellers

Augenzwinkern bemerkt oder erkannt, daß Perón trotz seiner antinordamerikanischen Sprüche ein guter Verbündeter im Kampf gegen den Kommunismus, den Feind Nummer eins der USA nach dem Krieg, sein konnte? Nichts an seiner Haltung läßt uns das vermuten. Frisch wie eine Rose ging er in Buenos Aires von Bord, um sich rücksichtslos einzumischen. Die gesamte demokratische Koalition – Oligarchen, Radikale, Sozialisten und Kommunisten – hieß ihn willkommen. Angesichts der Gefahr durch die Nazis verkörperte dieser rotbackige Mister Clean den Messias.

Diese Rolle spielte er tatsächlich, nur nicht zu Gunsten der genannten Parteien. Seine Stellung als von Gott Gesandter nützte keinem Geringeren als Perón. Braden griff offen in die inneren Angelegenheiten des Landes ein. Welches Argument konnte besser sein? Die reinrassigen Nationalisten, die vom Vierten Reich in Argentinien träumten, sahen seit dem Abbruch der diplomatischen Beziehungen zu Deutschland in Perón einen Verräter. Doch jetzt, angesichts der Probleme mit dem sendungsbewußten Amerikaner, näherten sie sich Perón wieder an. Und Perón nutzte sie aus oder hielt sie an seiner Seite, je nachdem. Obwohl er sie manchmal auch als Wählerschreck bezeichnete.

Wie oft hat Perón im Laufe seines Lebens wiederholt, wenn er jemandem seine Wahl verdanke, dann Braden. Nach Aussage des Historikers Félix Luna stattete der rotgesichtige Nordamerikaner Perón im Juni seinen Besuch ab. Dieser lauschte ihm mild lächelnd, mit zur Seite geneigtem Kopf, während Braden sich über »das Vermögen deutschen und sogar japanischen Ursprungs« ausließ, dessen sich die argentinische Regierung bemächtigt habe. Zum Schluß fügte Braden noch mit hochgezogenen Augenbrauen à la Groucho Marx hinzu: »Sie wissen doch, Coronel Perón, daß die USA im Fall Ihrer Präsidentschaftskandidatur keine Einwände erheben werden, falls wir diese Angelegenheit unter uns bereinigen.«

»Ach«, seufzte der Argentinier achselzuckend, »ich habe da leider ein Problem.«

»Welches?«

»In diesem Land gilt jeder, der derartige Abmachungen mit ausländischen Mächten trifft, als Hurensohn.«

Braden wurde dunkelrot und verließ grußlos den Raum. Vor Wut vergaß er seinen Hut. Aus vollem Halse lachend, überließ Perón den Hut seinen »Jungens«, um damit Fußball zu spielen. Noch Jahre später konnte er darüber lachen: »Braden war ein Büffel. Ich brachte ihn in Rage, und wenn er wild wurde, rannte er mit dem Kopf gegen die Wand ... Für mich war das praktisch: genau das wollte ich erreichen.« Soweit paßte er sich sprachlich an. Er sagte zwar »Büffel«, meinte aber »Guanaco«.

Die Wahlen wurden tatsächlich vorbereitet. Präsident Farrell reagierte auf die Kritik der demokratischen Opposition und eines Teils der Militärs, die Peróns wachsende Macht fürchteten. Deshalb verkündete er dem argentinischen Volk Wahlen noch vor Jahresende. Am 4. August 1945 hatte Farrell den Ausnahmezustand aufgehoben. Die Exilargentinier, die in alter Tradition nach Montevideo geflohen waren, kehrten nach Buenos Aires zurück. Und am 19. September forderten die Demokraten Perón heraus, der gegen »diese Verbindung von ausländischen Individuen, reaktionären Geistern, glücklosen Politikern und egoistischen Plutokraten« gewettert hatte, und zogen durch die Straßen der Stadt.

Die Demonstration, an der 200.000 Personen teilnahmen, nannte sich »Marsch für Verfassung und Freiheit«. An der Spitze marschierte Braden, Schulter an Schulter mit den Führern der Kommunisten, der Konservativen, der Sozialisten und der Radikalen.

Wahrlich eine passende »Verbindung«. Nur der Haß auf die Nazis und die Militärs und die Liebe zur Kultur konnte so verschiedene Leute zusammenbringen. In den siebziger Jahren spotteten die Peronisten und die neue Linke über die kultivierten Demonstranten, die die Marseillaise schmetterten. Man konnte leicht über das Bild der vielen Männer- und Frauenhüte lachen, das die Geschichte von diesem eleganten Aufmarsch zurückbehalten hat. Das war sicherlich eher zum Lachen als der Anblick der proletarischen Massen, die am 17. Oktober in die Stadt strömten, zumal heutzutage, vierzig Jahre danach, Hüte generell komisch wirken. Da die Armen sich nicht nach der Mode kleiden können, sind sie die einzigen, die im Laufe der Zeit nicht der Lächerlichkeit anheim fallen.

Doch man muß gerechterweise sehen, daß die modische Kleidung und die Marseillaise als Symbol für die Demokratie damals dazugehörten. Jeder begeht die Fehler, die zu ihm passen. Die Arbeiter, die bald auf die Straße gehen würden, sollten ihre eigenen Irrtümer begehen. Und diese mit der Liebe zur Französischen Revolution aufgewachsenen Menschen wähnten sich im Recht, als sie gemeinsam mit Braden riefen: »Bücher ja, Stiefel nein!« Bei der Antwort der Peronisten (Hanfschuhe ja, Bücher nein!«) versteht man sehr wohl die Angst der gebildeten Schicht: Angst vor dem ungebildeten Argentinien, Radionovelas und vor Evita. Angst vor der Barbarei.

Der Freiheitsmarsch hält uns noch ein anderes Bild vor Augen: Alle Teilnehmer waren weiß. Bradens gerötetes Gesicht hob sich natürlich auffällig von der romantischen Blässe von Alfredo Palacios, dem Sozialistenführer mit Musketierschnäuzer, ab. In Argentinien sind die Weißen nicht rosig, sondern aschfahl. Doch kein Dunkelhäutiger fiel in die Marseillaise mit ein. Obwohl der eine oder andere sich im Lager geirrt haben mochte, war – was die Hautfarbe betraf – jeder Irrtum ausgeschlossen.

Genau zu der Zeit, am 5. Oktober, ließ Evita Nicolini zum Leiter des Post- und Fernmeldewesens berufen. Und die Militärs, die während des Freiheitsmarschs die antimilitaristischen Parolen der Damen und Herren sehr wohl vernommen hatten, erhoben Einspruch. Einspruch gegen die Allmacht eines leichten Frauenzimmers, das das Militär unmöglich machte. Dieses Mal wurden die Offiziere des Campo de Mayo in der Nähe von Buenos Aires, wo die wichtigste Garnison des Landes stationiert war, ernstlich böse. General Eduardo Avalos wurde damit beauftragt, Perón die Unzufriedenheit seiner Waffenbrüder mitzuteilen. Er war der Geeignetste: Er war der Kommandant von Campo de Mayo und Peróns Freund. Am 6. Oktober erschien Avalos früh am Morgen im Kriegsministerium und bat Perón, die unglückselige Ernennung zurückzuziehen. Er legte ihm nahe, statt Nicolini den Kandidaten der Militärs zu benennen, den Oberstleutnant Franciso Rocco.

Ohne Zweifel war Perón ein schlauer Fuchs. Jeder muß manchmal gegen seine Überzeugung einen Kompromiß eingehen. Alles in allem war die Ernennung des armen Nicolini bedeutungslos. Es wäre ein Leichtes gewesen, dem Wunsch der Militärs nachzugeben und damit die Flexibilität zu beweisen, derer er sich in letzter Zeit rühmte. Er hatte gerade laut getönt, er fühle sich als Nachfolger Hipólito Yrigoyens – wobei er seine eigene Beteiligung an der Revolution von Uriburo vergaß, durch die der Präsident der Radikalen gestürzt worden war –, und hatte ein leitendes Parteimitglied aus Yrigoyens Lager zum Innenminister ernannt.

Eigentlich wirkte Hortensio Jazmín mit seinem roten Gesicht unter dem dichten Bart und dem dicken, widerspenstigen Haar, in seinem schwarzen Anzug mit der Fliege, mit seinem vom Guaraní gefärbten Spanisch, mit seinen altmodischen Großgrundbesitzerallüren (die Landsleute aus seiner Provinz – Corrientes an der Grenze zu Paraguay – wußten, daß jeder, der einen Toten auf dem Gewissen hatte, von ihm Schutz erhielt), eher wie ein traditionsliebender Nationalist als ein moderner Vertreter der Radikalen Partei. Dennoch hatte seine Ernennung durch eine so stark von Perón geprägte Militärregierung mehr als einen Vertreter seiner Partei stutzig gemacht.

Warum sollte sich Perón also Avalos gegenüber nicht kulant zeigen? Vielleicht spürte er, daß die Forderungen der Militärs mehr auf Evita abzielten als auf Nicolini, und blieb deshalb stur … Ein Grund war, daß ihm Evita schon nahezu als unanfechtbar galt. Ein anderer, daß er manchmal, wenn ihn sein Stolz packte, launisch wurde. Vielleicht eine Gegenreaktion auf seine Schläue, derer er bisweilen selbst müde zu werden schien, wie ein Geizhals manchmal Anflüge von Großzügigkeit zeigen kann. Perón war es leid, immer nur schlau zu sein. Wenn er Braden erzürnte, war das reine Taktik, denn ein zorniger Braden war nützlicher als ein gelassener. Doch welchen Sinn hatte es, die Militärs zu verärgern? Kaum denkbar, daß er die Dinge vorantreiben wollte, indem er auch seine Kameraden wie Büffel behandelte: Der Unterschied zwischen einem rotgesichtigen Nordamerikaner und einem dunkelhäutigen argentinischen Militär ist offensichtlich. Als Perón General Avalos ohne Umschweife seines Amtes enthob, handelte er weniger wie ein listiger Guanacofänger, sondern einfach als Mensch. Ein Mensch mit seinen Widersprüchen, wie alle Menschen: nachgiebig und streng, mit schelmischem Augenzwinkern oder blind vor Stolz. Ein Mann zudem, der begann, schwach zu werden.

Zu viele Kämpfe, zu viele Feinde, zu viele verschiedene Parteien. Was bedeutete es 1945 überhaupt, ein Anhänger Peróns zu sein? Seine »Partei« setzte sich aus einer gewissen Zahl Marxisten, einer Handvoll Nationalisten und wenigen Yrigoyenisten zusammen. Das einfache Volk liebte Perón, und das wußte er, doch es war ein Volk, das noch kaum in Erscheinung getreten war, mehr eine vage, verschwommene Idee. Andererseits war der Freiheitsmarsch so erfolgreich gewesen, daß General Rawson einen Staatsstreich gewagt hatte, mit Unterstützung der demokratischen Opposition, darunter Alfredo Palacios. Mit dem einzigen Ergebnis, daß Rawson und seine Komplizen verhaftet und der Ausnahmezustand ausgerufen wurden.

Das Land lebte in Kriegsstimmung. Am 6. Oktober, während General Avalos mit Perón, dann mit Farrell und erneut mit Perón verhandelte, zog der Trauerzug für den Studenten Aarón Salmún Feijoo, den die Leute von der Alianza Libertadora Nacionalista wegen seiner Weigerung, »Viva Perón!« zu schreien, niedergeschossen hatten, durch die Straßen von Buenos Aires. Die Trauerfeier schlug in eine heftige antiperonistische Demonstration um. Die gesamte argentinische Studentenschaft war beteiligt. Tage zuvor hatte Perón vor den Studenten eine hochtrabende, doch hohl klingende Rede gehalten. Unter lauten Protestpfiffen hatte er sich zurückgezogen. Einmal hatte der Demagoge, der es verstand, sich in andere hineinzuversetzen, nicht die passenden Worte gefunden. Zwanzig Jahre später sollten die Söhne eben dieser Studenten Perón – dessen Sprache sich zugegebenermaßen im Laufe der Zeit verbessert hatte – für einen Ausbund an Weisheit halten. So irrten sich also zwei Generationen: die eine aus Haß, die andere aus Liebe.

In der Calle Posadas war Evita blasser als sonst, während Avalos versuchte, den immer ärgerlichen Perón zu überzeugen. Seit langem kursierten Gerüchte über ein mögliches Mordkomplott gegen Perón. Wie die Fotografin Anne-Marie Heinrich uns versicherte, kochte und kostete Evita persönlich das Essen ihres Mannes. Andere, anonyme Zeugen behaupten, Peróns Essen sei vom Haus der Machinandearena gekommen, wo es ebenfalls vorgekostet wurde. Auf jeden Fall gab es dises Gerücht, und Evitas Niedergeschlagenheit war nur allzu verständlich.

Die Diskussion zwischen den beiden Militärs wird lauter. Evita unterbricht, um Perón zu sagen, er solle nicht nachgeben, der Chef sei er. Schließlich meint sie matt und erschöpft: »Was du tun solltest, ist alle fortschicken und dich endlich ausruhen. Sollen sie das unter sich ausmachen!« Avalos erträgt die Anwesenheit dieser Frau nicht. Alles an ihr stört ihn, ihre Bewegungen, ihre Stimme, ihre Hysterie, ihre Vulgarität, ihr schlecht gefärbtes Haar (unter dem Druck der letzten Wochen hatte sie keine Zeit, sich zu pflegen, und der dunkle Haaransatz verleiht ihr das Aussehen einer Dienstmagd). Avalos verabschiedet sich resigniert. Perón scheint nicht mehr der, der er war, er ist wie verhext.

Zumindest hatte Avalos erreicht, daß Perón sich mit den höchsten Repräsentanten der Streitkräfte traf. Der Verhexte hatte schließlich eingewilligt: »In Ordnung, aber nicht im Campo de Mayo, sondern im Kriegsministerium, morgen um 11 Uhr«. Abends erschien Domingo Mercante, seine rechte Hand, in der Calle Posadas. Nie zuvor hatte er Perón in einer solchen Verfassung gesehen. Der Caudillo war abwechselnd zornerfüllt und mutlos. Am nächsten Morgen riß er sich auf dem Weg zum Ministerium die Mütze vom Kopf, schleuderte sie zu Boden und wiederholte immer wieder wie ein kleiner Junge: »Ich habe es satt, ich habe es satt ...!«

An diesem Tag, am 8. Oktober 1945, feierte er seinen fünfzigsten Geburtstag, ein halbes Jahrhundert.

Das Treffen im Ministerium verlief äußerst kontrovers. Die Unteroffiziere im Ministerium hatten einen Lunch vorbereitet, um den Geburtstag des Ministers zu feiern. Und Perón hatte es sich als alter Stratege trotz allem nicht nehmen lassen, vierzig getreue Militärs einzuladen. Die Verhandlungen erstreckten sich über den ganzen Tag. Am Abend hatten die Vertreter von Campo de Mayo entschieden, in Buenos Aires einzumarschieren und Perón zu stürzen, der im Bilde war, sich jedoch weigerte, die Luftwaffe einzusetzen, um den Aufstand niederzuschlagen. Bei Anbruch des folgenden Tages wartete er im Kreis seiner Vertrauten auf den Ausgang der Ereignisse. Einen für diesen Tag vorgesehenen Besuch in der Militärschule hatte er abgesagt. Eine weise Entscheidung: die Schüler hatten seine Ermordung geplant.

Worauf wartete er? Auf das Ergebnis der Unterredung zwischen Farrell und den Verschwörern von Campo de Mayo, ein Treffen, an dem nur ein Ziviler teilnahm, leicht zu erkennen an seinem widerspenstigen Haar, dem Vatermörder und der dunklen Kluft: Hortensio Jazmín Quijano.

Während der Unterredung machte Avalos deutlich, was er und seine Kameraden fühlten: Sie waren Juan Domingo Peróns »widersprüchliche Maßnahmen« leid und wollten ihn loswerden. Perón sollte unverzüglich von der Vizepräsidentschaft, dem Posten als Kriegsminister und als Arbeitsminister zurücktreten. »Alles gleichzeitig?« fragte Farrell verwundert. »Alles«. Quijano versuchte, Perón zu verteidigen. Er erklärte, kein anderer als der Präsident selbst sei verantwortlich für Nicolinis Ernennung, da er sie unterschrieben habe. Doch sein Einwand brachte nur die Wahrheit an den Tag: Nicolini war nicht mehr wichtig. Jetzt ging es um etwas anderes: Perón abzusetzen und Avalos an eine andere Stelle zu setzen. Mit reuiger Miene bot Farrell seinen Rücktritt an. Im Grunde genommen spielte er am liebsten Gitarre in den Bordellen von Mendoza. Doch die Militärs baten ihn, im Amt zu bleiben. Also sagte Farrell, als er Perón anrief: »Du wirst leider zurücktreten müssen«.

Eine Stunde später übergab Perón eine handschriftliche Rücktrittserklärung (»damit alle sehen können, daß mir die Hand nicht gezittert hat«), und ging nach Hause.

Ein Paar in Not

Evita erwartete ihn.

Sie konnte sich gut vorstellen, wie ihm zumute war. Sie fühlte sich schuldig, weil sie das Drama ausgelöst hatte; einerseits war sie stolz, daß ihr Mann sie gegen alle Widerstände verteidigt hatte, andererseits bangte ihr vor der Zukunft. In ihrem wächsernen Gesicht zeichnete sich das Ringen all dieser Empfindungen ab. Sie half Perón aus der weißen, maßgeschneiderten Uniform und reichte ihm seinen weinroten Hausmantel, der seinen fast grünlichen Teint betonte (sicherlich ein Leberleiden) und ihn mit einem Mal alt wirken ließ. Der fließende Stoff des Hausmantels verwischte die Umrisse seines leicht fülligen Körpers. Die Hauskleidung schien ihm jegliche Energie zu rauben. Nun sah man ihm seine fünfzig Jahre an.

Dicht aneinandergedrängt lauschten sie Quijanos Rede im Radio. Ein mutiger Mann! Seine Worte ließen durchblicken, daß Perón freiwillig zurückgetreten sei: Da die Regierung beschlossen hatte, die für April vorgesehenen Wahlen vorzuziehen, hatte der Vizepräsident Argentiniens sich zum Rücktritt entschlossen, um seinen Landsleuten jegliche Freiheit zu lassen. Der Akzent des Guaraní, der Umgangssprache in Paraguay und dem angrenzenden Corrientes, verlieh seinem Spanisch das Flair der Tropen und ließ mit den langgezogenen Silben und den Pausen zwischen den Worten seine Sprache leicht träge wirken. Aus dem schmalen, hohen Apparat, gekrönt von einer grandiosen Kuppel (»es war die Zeit, als die Radios noch wie Kathedralen aussahen«, schreibt die Lyrikerin María Elena Walsh) hallte die Nachricht in den Ohren der Zuhörer mit einer heute unbekannten Feierlichkeit.

Abends kamen ein paar Freunde zu Besuch. Sie sprachen mit gedämpfter Stimme wie am Bett eines Kranken. Doch dem LIDER war der Appetit noch nicht vergangen; er verschlang hastig das kalte Abendessen, das seine Gefährtin ihm servierte. Hatte sie vorher gekostet, mit dem Gefühl, ihn wie eine Mutter schützen zu müssen? Nun jedenfalls blickte sie ihn unverwandt an, während er seinen Russischen Salat verzehrte. Wahrscheinlich fühlte sie sich im allgemeinen wie seine Tochter und haßte in Erinnerung an Doña Juana das Essen. Und Perón verabscheute seinerseits die Mütter. Doch an jenem Abend mußte Evita ihn mit ihrem Blick behüten und jeden Bissen mit einem Kopfnikken quittieren. Immer gibt es im Leben eines Paares Momente, in denen, ohne daß man es weiß, alles auf dem Spiel steht. In solchen Momenten genügt es, den Wunsch des anderen nicht zu erraten, und schon hat man die Partie verloren, ohne auch nur zu verstehen, warum. Evita erriet diesen Wunsch und gewann (zumindest vorläufig). Dieses eine Mal brauchte der Mann, der seit seiner Kindheit ein Einzelgänger gewesen war, daß man ihm sagte: »So ist es gut, iß nur.«

Die Nachricht bewegte ganz Argentinien. Einige Gewerkschaftsführer beeilten sich, den in Ungnade gefallenen LIDER aufzusuchen, um ihn ihrer Loyalität zu versichern. Die demokratischen Gegner forderten, die Regierung solle in den Obersten Gerichtshof verlegt werden. Farrell riskierte, allein an der Spitze des Landes zu bleiben: Er verlor ein Ministerium nach dem anderen, wie ein Baum seine Blätter. Da schlüpfte Perón aus seinem weinroten Hausmantel, der ihm so schlecht zu Gesicht stand, und erschien im Arbeitsministerium, um sich von allen zu verabschieden. Es war der 10. Oktober. Fünfzehntausend Arbeiter hatten sich vor dem Ministerium versammelt, wo er, der einzige Mächtige, der sich bisher ihrer annahm, sie so oft empfangen hatte.

Da sie nun einmal dort waren, schien es nur natürlich, ein paar Worte an sie zu richten und im Rundfunk übertragen zu lassen. Argentinien vernahm einen Perón, dessen Worte in nichts an eine Niederlage denken ließen. Er rekapitulierte die Ergebnisse seiner Arbeit und verkündete vor allem, er habe vor dem Verlassen des Ministeriums noch zwei Verordnungen unterschrieben: über eine Lohnerhöhung und die Einführung eines Mindestlohns. Er riet den Arbeitern, Ruhe zu bewahren, und schloß mit den Worten: »Ich bitte euch, die Ruhe und Ordnung zu bewahren, damit wir unseren Siegeszug fortsetzen können. Doch sollte es eines Tages nötig werden, werde ich euch zum Kampf aufrufen.«

Evita befand sich auf der Straße mitten unter den Arbeitern. Zum ersten Mal spürte ihr Körper die Wärme der Menge, die Perón verehrte. Das war der Perón, den sie liebte: ein vor Energie strotzender Mann. Doch jetzt, da er sich aus seinem Hausmantel befreit hatte, um den Militärs die Stirn zu bieten, war sie es, die Angst hatte. Yankelevich hatte sie bereits angerufen, um ihr zu sagen, er würde alle ihre Sendungen in Radio Belgrano streichen. Evitas Karriere ging zu Ende. Pech: jetzt war es zur Umkehr zu spät. War Perón nicht das große Lotterielos gewesen? Zweifellos hatte sie sich das gefragt. Aber jetzt nicht mehr: Sie lebte wie in einem Roman, der ihr Wesen veränderte. Die Handlung geriet in einen atemberaubenden Strudel und riß sie wider Willen mit. Wie sollte sie noch innehalten, um kalt zu kalkulieren. Das Leben ihres Geliebten geriet in Gefahr. Mit dieser Rede hatte Perón sein Todesurteil unterschrieben.

Es war Mitternacht, als sie die Wohnung in der Calle Posadas verließen. Mercante war dort, voller Sorge, Perón könnte aufgeben. Der LIDER beruhigte ihn jedoch und setzte sich ans Steuer seines Wagens, als wolle er ihm beweisen, daß er noch immer das Steuer in der Hand hatte. Evita saß neben ihm. Im Fond: Juan Duarte und Rudi Freude, der Sohn des Nazi-Millionärs, der Evita das Haus in der Calle Teodoro García geschenkt hatte. Beide waren jung und attraktiv, jeder auf seine Art – der eine mit Alabasterteint und pechschwarzem Haar, der andere mit goldenem Haar und blauen Augen – wie zwei Pagen als Eskorte für das eigentliche Paar.

Sie wollten Zuflucht bei ihrem Freund Doctor Ramón Subiza in San Nicolás suchen, einer Kleinstadt in der Provinz Buenos Aires. Doch auf dem Weg machte Rudi den Vorschlag, sich ins Delta zurückzuziehen, auf die Insel seines Vaters. Diese Idee schien ihnen vernünftig. San Nicolás, eine Hafenstadt am Río Paraná, lag auf dem platten Land, wo man sich kaum verbergen konnte. Die Pampa kennt keine Winkel. Wer über die Pampa flüchtet, bleibt lange sichtbar, bis der Horizont ihn verschluckt. Und da Berge und Wälder weit entfernt von Buenos Aires liegen, haben Flüchtlinge vor dem Arm des Gesetzes immer das undurchdringliche Dickicht und das Gestrüpp schattiger Bäche im Delta des Paraná aufgesucht. In vergangenen Jahrhunderten hatten solche Flüchtlinge einerseits von Natur aus und andererseits von der Holzkohle, die sie aus dem Holz der Inseln machten, dunkle Haut. Außerdem genoß das Delta einen Ruf als Liebesnest mit seinen kleinen Herbergen, wo man sich für eine Liebesnacht zurückziehen konnte. Viele französische Prostituierte, die nach Buenos Aires gekommen waren, hatten sie aufgesucht. Doch jetzt, nach dem Krieg, hatte eine neue Schar von weißen Flüchtlingen die Dunkelhäutigen und die »weißhäutigen« Damen abgelöst. Mitten im Delta gab es prächtige Sommersitze im Alpen-Stil. Dorthin begab sich unser Paar: in ein Holzhaus, umgeben von üppiger, tropischer Urwaldvegetation und von spiegelndem Wasser.

Auf Evita wirkte das Delta sicher wohltuend. In der Jugend hatte sie der Enge ihres Pampadorfs entfliehen können. Nun, da alles verloren schien, wieder in das Land der endlosen Weite zurückzukehren, wäre für sie einer Niederlage gleichgekommen. Welch ein Alptraum, wieder am Anfang zu stehen! Das Delta hingegen war fließend, und obwohl das Wasser zur Melancholie paßt, ist es doch anders. Nicht zufällig fühlen sich alle Liebenden von Wasserlandschaften angezogen. Evita und Perón sollten nur einen Teil der Nacht und des frühen Morgens dort verbringen. Doch dank des Wassers fanden sie zu sich selbst. In diesem Moment ihres Lebens waren sie wie das flüchtige Land, fortgetragen von den lehmigen Rinnsalen. Das Paranádelta warf ihnen ihr Bild zurück, und nichts ist so beruhigend wie eine Umgebung, die uns unsere Gefühle widerspiegelt.

In diesem Delta bildet der Paraná, dieser breite, träge Fluß wie aus dunklem Fleisch, der die Abfälle des Amazonasurwalds mitschleift, ein Labyrinth von unbefestigten Armen. Es ist Schwemmland, das auch vom Strom allmählich wieder abgetragen wird. Ein Ort, wo die Blätter glänzen und auf den Wegen vermodern (jeder Schritt klingt wie schmatzende Lippen). Ein Ort, der das ideale Material für Töpferwaren liefert. Die Charrúa-Indios, die dort lebten, und die Kinder, die das Glück hatten, in diesem Lehm zu spielen, wußten das sehr gut. Erstere werden nie zurückkommen. Letztere werden Pappeln und Ufer niemals wiederfinden, sollten sie als Erwachsene den Erinnerungen an die Pappeln folgen, die das Ufer säumten, auf der Suche nach dem Ort, an dem sie Krüge oder Schüsseln aus Lehm geformt haben. Alles ist inzwischen weit fortgetragen, ist heute formbare Erde auf anderen Inseln, für andere Kinderhände.

Im Morgengrauen machte das Paar einen Rundgang, um sich das Land anzusehen, das Wasser war, und das Wasser, das Land war. Drei Flüsse kamen hier zusammen. Daher der Name: Tres Bocas (Drei Mündungen). Drei Weggabelungen und drei Richtungen: die Macht, das Exil oder … der Tod. Sie waren voller Sorge, und das Delta spiegelte ihnen konfuse Bilder wider. Ihr Los lag im Dunkeln wie das Wasser. An diesem Morgen im

Delta schmiegten sie sich eng aneinander, verwirrt, in eins zusammengeschmolzen, zu einem Leib, zu einer runden, mütterlichen Weiblichkeit, als umfingen beide Doña Juanas sie mit ihren rundlichen, im Laufe der Zeit weicher gewordenen Armen.

So trafen Mercante und Mittelbach, der Polizeichef, sie an.

Evita verwaist

Während Perón und Evita aufs Wasser blickten, das Schicksale wob und auflöste, war in Buenos Aires die Hölle los. Der Führer der Radikalen Partei, Sabattini, war aus Santa María, einer Stadt in der Provinz Córdoba, eingetroffen. Perón hatte die Hoffnung, ihn für sich zu gewinnen, inzwischen verloren. Am Abend seines überstürzten Aufbruchs hatte er verbittert gesagt: »All das verdanke ich diesem Nichtsnutz aus Villa María«. Damit lag er nicht falsch. Hätte Sabattini sich bereit erklärt, Perón zu unterstützen, wäre das für ihn ein zweischneidisges Unterfangen gewesen. Doch Sabattini, ein intelligenter und angesehener Mann, mit einem legitimen Interesse an einer Präsidentschaftskandidatur, glaubte, seine Stunde sei gekommen: Jetzt, da Perón ausgeschaltet war, könne er mit den demokratisch gesonnenen oder zumindest weniger nazifreundlichen Militärs verhandeln, etwa mit Avalos. Aber darin irrte er sich. Für die andere Seite ein nützlicher Irrtum, der allem eine perfekte Wendung gab.

Am Tag nach Peróns Abreise füllte eine weitere Welle von Hüten beiderlei Geschlechts, ähnlich wie am Tag des Freiheitsmarschs, die Plaza San Martín. In der Menge befanden sich auch linke Studenten, Kommunisten aus dem Untergrund, deren Hüte – falls sie welche trugen – wohl kaum bedenkenswert waren. Von dieser erneuten Demonstration hat die Geschichte ein vereinfachtes Bild gezeichnet, ein Bild, das den Peronisten gerade recht kam. Vereinfachend, weil es unter den Antiperonisten ebenso viele Unterschiede gab wie bei den Peronisten, doch deshalb ist das Bild noch nicht falsch.

Frauen und Männer versammelten sich erneut, um ALLONS

ENFANT DE LA PATRIE zu singen, nur daß sie sich diesmal in weiser Voraussicht auf ein Picknick vorbereitet hatten. Was sie aßen, ist ein heikles Thema. Die Peronisten warfen den Demokraten vor, sie hätten auf dem Rasen Reste von Kaviar hinterlassen. »Wie absurd!« meinten die Beschuldigten, »Ein Picknick mit Kaviar? Diese Leute kommen offensichtlich nicht von ihren Radioserien los!« Auf jeden Fall bestand ihre Stärkung in geruchsneutralen Speisen für den diskreten Genuß, weshalb wir nur eins mit Sicherheit sagen können: die berühmten Speisereste auf dem Rasen hatten nichts gemein mit dem fettigen Papier und dem typischen Schnitzelgeruch der Proletarierpicknicks.

Das einzige störende Detail bei so viel Diskretion waren die PALOS BORRACHOS (betrunkenes Holz). Diese dickbäuchigen Bäume, die mit ihren in der Mitte aufgeblähten Stämmen und ihrer ringförmig aufgeplatzten Haut wie aus einem unschuldigen Paradies entstiegen wirken, schießen im Frühling mit offenen Kugeln um sich, aus denen Baumwolle voller Samen quillt. Ganz zu schweigen von ihren dicken, fleischigen Blüten, einer ordinären Version der Orchidee. Ach! seufzten die Demokraten. Wie schwer war es doch in Buenos Aires, die Marseillaise zu singen und mit Anstand einen Bissen zu verzehren, wenn die Natur so ungehobelt war und spuckte wie bei einem Picknick des Volkes! Doch der Frühling hatte seine Wirkung. Es war wunderschönes Wetter, und das Gefühl, recht zu haben, für die Zukunft einzustehen, war so süß und bewegend. Die feuchte, laue Brise vom Fluß leckte diese wohlerzogenen Menschen wie die Zunge eines Hundes (einer Promenadenmischung), während sie zum Horizont hinter dem Fluß blickten. Um die dunkle Haut dieses lehmigen Flusses nicht sehen zu müssen, blickten sie lieber in die Ferne, nach Europa, wo ihre Seele sie hinzog. Selbst die Entscheidung, sich auf der Plaza San Martín, nahe am Hafen zu versammeln, verriet sie. Wie immer blieben die Demokraten an der Küste, weit vom unzivilisierten Herzen Argentiniens, während hinter ihrem Rücken andere dunkle Wogen unaufhaltsam auf sie zurollten.

Inzwischen sprach Mercante mit den Arbeitern.

Sie fragten: »Wo ist Perón?«

Er beschloß, sich auf die Suche nach dem Flüchtigen zu machen. Doch zu Hause, wo er ihn suchte, fand er nur die Pagen, Rudi Freude und Juan Duarte, von denen er erfuhr, daß sie bereits von der Polizei verhört worden waren. Mercante rief Mittelbach an, den Polizeichef, und bat ihn, ihm bei der Suche nach Perón zu helfen. Eine merkwürdige Entscheidung, die wahrscheinlich mit der Besorgnis zusammenhing, die Mercante am Vorabend gezeigt hatte. Er fürchtete, der Caudillo könne die Bewegung im Stich lassen. Er suchte also nach ihm, um ihn zu zwingen, trotz aller Gefahren Perón zu sein. Einige antiperonistische Autoren schreiben diese Rolle Evita zu, wobei sie fast karikaturistisch übertreiben und behaupten, sie habe Perón mit Fußtritten dazu angetrieben, sich am 17. Oktober seinem Volk zu zeigen. Dabei vergessen sie Mercante, diesen Arbeitersohn, der seine Loyalität als schweres Vergehen büßen sollte. Ein Flüchtiger vergißt niemals, wer ihn wachgerüttelt und gezwungen hat, tapfer zu sein. In solchen Fällen geht der Groll Hand in Hand mit der Dankbarkeit, bis er sie nach und nach verdrängt. Wie Evita war Mercante, wenn auch aus anderen Gründen, dazu verurteilt, in Ungnade zu fallen.

Das Motorboot mit Mercante nähert sich Tres Bocas. Zwei Gestalten zeichnen sich von ferne ab, eine groß, vierschrötig, die andere klein und zerbrechlich. Bald tauchen sie deutlicher aus dem Nebel auf, wie tief aus dem Gedächtnis, obwohl Mercante sie ja vor einigen Stunden noch gesehen hat. In entscheidenden Momenten werden Gefühle so mächtig, daß sie die Zeit außer Kraft setzen. Perón und Evita stehen dort Arm in Arm. Sie trägt Hosen. Sie ist schön. Die feuchte Luft verleiht ihrem ungeschminkten Gesicht einen perlmutternen Glanz. Doch ihr langes, offen auf die Schultern fallendes Haar hat immer noch die falsche Krause der ungelegten Locken, wie aus Furcht vor völliger Freiheit. (Auch Furcht vor echtem Haar, vor dem Wahren: Kopf und Körper der Frau bleiben weiterhin gefangen. Es ist die Zeit der Korsetts, der Büstenhalter mit eingezogenen Fischbeinstangen, der Frauen, die mit zusammengepreßten, schräg gestellten Beinen sitzen). Haarklammern halten locker die Reste einer Frisur zusammen.

Mittelbach steigt als erster aus dem Boot. Er teilt Perón mit, daß Farrell seine Festnahme angeordnet hat, zu seinem Schutz, da seine Ermordung geplant sei. »Wohin bringt er mich?« fragt Perón. »Auf ein Schiff der Marine oder auf die Insel Martín García.« Perón ruft aus: »Ich gehöre dem Militär an, und nur das Militär kann mich festnehmen!« Als Mittelbach verspricht, mit Farrell zu reden, steigt Perón, gefolgt von Evita, ins Boot.

Auf dem Festland steigen sie in Mercantes Wagen. Es regnet. Immer wird es regnen, in allen traurigen Momenten ihres Lebens, so wie die Sonne in allen Augenblicken des Glücks zu scheinen pflegt. Als das dem Volk auffällt, heißt es: »Die Sonne ist peronistisch«. Evita weint. Sie, die so wenig in ihrem Leben geweint hat, nimmt sich nicht mehr zusammen und läßt ihren Tränen freien Lauf. Evitas Tränen kosten sie die Unabhängigkeit, ersetzen die »wahren« Probleme, sie sind jetzt die einzige Wahrheit. Perón, Mercante und alle Männer, die in diesem Wagen Grund zum Weinen hätten, bleiben stumm, passiv. Eva schluchzt, schneuzt sich, seufzt, murmelt »Mein Gott«, jammert und erleichtert ihr Herz. Die Frauen haben Glück.

Zwölf schwarze Limousinen erwarten Perón in der Calle Posadas. Sie sind so verräterisch, als seien sie uniformiert. Später, unter der Herrschaft von López Rega (dem Guru Isabel Peróns) und während der Militärdiktatur von 1976–1983, werden solche Limousinen der Geheimpolizei ähnlich leicht zu erkennen sein, obwohl die metallblaue »Uniform« mit ihrem frostigen Glanz nicht mehr die feierliche Eleganz des Schwarz hatte. Doch zurück zur Zeit der handgemachten Gewalt und zu Perón, der beim Anblick des Dutzends von Limousinen mit jeweils vier männlichen Insassen in Zivil, die höchstens durch ihre Steifheit uniformiert wirkten, mit den Achseln zuckt und sich hinauf in seine Wohnung begibt, um sich zu rasieren.

Eine Stunde später kommt die Antwort von Präsident Farrell: Er lehnt Peróns Forderung, vom Militär verhaftet zu werden, ab. Evita stürzt mit rot verweinten Augen ins Zimmer. Als sie die Neuigkeit hört, schreit sie auf und fleht Perón an, nicht mit diesen schwarzen Autos fortzufahren. Als Perón, gefolgt von Mercante und einem Polizisten, geht, klammert sich Evita an seinen Arm. Krampfhaft hält sie mit der Hand die Fahrstuhltür auf, bis der Polizist sie beiseite stößt. Nun greift ihre Hand verzweifelt ins Leere, wie die Krallen eines Vogels.

Inzwischen ist es zwei Uhr morgens.

Eva bleibt allein in der plötzlichen Stille ihrer Wohnung zurück. Eine tödliche Stille: Eva erträgt das Alleinsein nicht. Darin hat sie keine Erfahrung. Zuerst hat sie mit der Familie gelebt und dann in der Welt der Künstler, wo man alles miteinander teilt: das Zimmer, den Mate, die Kleider. Sie braucht Gesellschaft. Später, als Präsidentengattin, wird sie ihre Getreuen bitten, die Nacht über bei ihr zu bleiben, und wie eine Königin ihre Günstlinge auswählen; doch die gebieterische Geste kann auch dann kaum über den verängstigten Blick hinwegtäuschen. Um zu denken, zu handeln, ja selbst um zu fühlen, braucht sie Menschen um sich. In der Einsamkeit ist es ihr unmöglich, an etwas anderes zu denken als an ihre Verlassenheit. Die jüngsten Ereignisse haben ihr klargemacht, daß sie Perón liebt. Aber sie ist unfähig, ihm gedanklich zu folgen, sich vorzustellen, was er tut.

Sonst hätte sie sich vorgestellt, wie er am Hafen ankam, sich fröstelnd den Kragen hochschlug und Mercante beim Abschied sagte: »Sorge gut für Evita«. Sie hätte sich vorstellen können, wie er betont lässig an Bord des Panzerschiffs Independencia ging, das ihn nach Martín García bringen sollte, und auch die Tränen auf den bronzefarbenen Wangen des wachhabenden Marinesoldaten wären ihr nicht entgangen. All das erzählte ihr Mercante nämlich später und meinte abschließend, beim Anblick dieser Tränen sei er auf einmal zuversichtlich gewesen: Der Marinesoldat war ein Abbild des Volkes, und das Volk weinte wegen Perón.

Nein, Evita ahnt von alldem nichts, sie ist ohne jegliches Gefühl. Die Einsamkeit macht sie zur Waise. Sie zieht sich in die eigene Leere zurück. Es herrscht Totenstille. Peróns Fortgang ist wie Don Juan Duartes Tod.

Ein Liebesbrief

Was tat Evita während Peróns Gefangenschaft? Die einen meinen, alles, die anderen meinen, nichts. Für erstere war sie die Heldin der Oktober-Ereignisse, die Perón am Ende an die Macht brachten. Letztere denken, sie habe nur versucht, zitternd vor Angst ihren Mann zu retten.

Beide Thesen decken sich nicht unbedingt mit Peronismus oder Antiperonismus ihrer Vertreter. Im Gegenteil: Für die Antiperonisten sprach die Vorstellung von Evita als beherzte Frau, die einen zögerlichen, wenig mannhaften Perón zwingt, die Macht zu ergreifen, eher gegen sie, da es einer Señora schlecht ansteht, Mut zu zeigen. Die Peronisten erklärten Evita erst nach ihrem Tod zur Pasionaria des 17. Oktober 1945. Vorher hatte niemand, am wenigsten sie selbst, ihr Bild mit diesem zusätzlichen Heiligenschein geschmückt. Doch bei ihrem Tod versuchte Perón, sein eigenes, angekratztes Image aufzupolieren, indem er Evita in den Himmel hob. So führten zwei unterschiedliche Gründe (Evitas Rolle herunterzuspielen oder aufzuwerten) zur gleichen Legende. Der »schwarze« und der »weiße Mythos« sind wie die zwei Seiten einer Medaille: Verachtung und Überhöhung sind verwandt, wie die Frauenverachtung des Tango mit der Verherrlichung der Frau in der Höfischen Dichtung.

Diese Legenden, die Evita als dominant oder auch als unerschrocken schildern, entbehren jeglicher Grundlage. Evita hatte das Zeug zur Heldin, und es ist nicht undenkbar, daß sie den historischen Satz geäußert hat: »Wenn Perón schlappmacht, richte ich ihn mit einem Tritt in die Eier wieder auf.« Ja, sie war mutig. Doch das hinderte sie nicht daran, sich während Peróns Abwesenheit nachts zu Pierina Dealessi, ihrer »Mama«, zu flüchten, um sich in ihren Armen auszuweinen. Man kann sehr gut die ganze Nacht vor Angst zittern und sich morgens tapfer dem Martyrium stellen. Die Historiker sind bei berühmten Persönlichkeiten so auf Logik bedacht, daß sie Pierinas Bestätigung dieser Tränen als eindeutigen Beweis für Evitas Schwäche gedeutet haben. Warum kann sie sich nicht bei Pierina schwach gezeigt haben und entschlossen vor den wenigen dialogbereiten Arbeitern der Gewerkschaften? Die Schwäche, die sie der einen zeigte, mag die Stärke, die sie vor den anderen bewies, erst ermöglicht haben. Ihre Angst war vielleicht ebenso groß wie ihre Courage.

Sobald Perón die von den dort herrschenden Militärs isolierte

Insel Martín García im La Plata-Fluß erreicht hatte, schrieb er zwei Briefe, einen an Mercante und einen an Evita.

Der eine war in schwülstigem Stil verfaßt und enthielt gleich in der Anrede einen Orthographiefehler, der wie ein Vorbehalt wirkte: statt »excelso« (ehrwürdig) hieß es »exelso«. In dem Brief schreibt Perón über seine Feinde: »Ich habe, was ihnen fehlt: einen treuen Freund und eine Frau, die mich liebt und die ich verehre«. Es folgt: »Kümmern Sie sich um Evita. Die Arme ist mit den Nerven am Ende, und ich sorge mich um ihre Gesundheit. Sobald ich aus der Haft entlassen werde, heirate ich sie und gehe irgendwohin.«

Der Brief an Evita, den wir Félix Luna verdanken, verdient es, im Ganzen wiedergegeben zu werden:

»Mein angebeteter Schatz:

Erst in der Trennung von den geliebten Menschen vermögen wir unsere Liebe zu ermessen. An dem Tag, als ich Dich verließ, habe ich mehr gelitten, als Du Dir vorstellen kannst, und bis jetzt hat mein trauriges Herz keine Ruhe gefunden. Heute weiß ich, wie sehr ich Dich liebe und daß ich ohne Dich nicht leben kann. Meine ungeheure Einsamkeit ist voller Gedanken an Dich.

Heute habe ich Farrell geschrieben, um ihn um meine Versetzung in den vorzeitigen Ruhestand zu bitten. Sobald ich frei bin, heiraten wir und gehen irgendwohin, um ein geruhsames Leben zu führen.

Per Post schicke ich Dir noch einen Brief, der an Mercante gerichtet ist. Diesen hier gebe ich einem Jungen mit, denn wahrscheinlich wird die Post zensiert.

Von zu Hause haben sie mich nach Martín García gebracht. Warum ich hier bin, weiß ich nicht, sie haben mir nichts gesagt. Was weißt Du von Farrell oder Avalos? Beide haben auf schäbigste Art ihren Freund verraten. So ist das Leben.

Nach der Ankunft habe ich zuerst an Dich geschrieben. Ich weiß nicht, ob Dich dieser Brief, den ich per Einschreiben geschickt habe, erreicht hat.

Ich möchte Dich bitten, Marcante zu sagen, er soll Farrell fragen, ob sie zulassen, daß wir uns unbehelligt nach Chubut zurückziehen.

Ich dachte, das wäre auch ratsam, falls sie irgendwelche rechtlichen Schritte eingeleitet haben. In welcher Form alles abgewickelt werden soll, kannst Du mit dem Bundesrichter Doktor Gache Pirán, einem guten Freund von mir, beraten. Sag Mercante, er solle sich so schnell wie möglich mit Gache Pirán besprechen. Ich glaube, man kann alles über Gache Pirán und sein Bundesgericht regeln. Unser Freund Brossens kann Dir in solchen Fällen behilflich sein, denn er ist ein Mann mit viel Geld.

Bleib ruhig, schone während meiner Abwesenheit Deine Gesundheit für meine Rückkehr. Es würde mich beruhigen zu wissen, daß Dir keine Gefahr droht und daß es Dir gut geht.

Während ich diesen Brief schrieb, haben sie mir mitgeteilt, daß heute Mazza kommt, um mich zu sehen, worüber ich mich sehr freue, denn so stehe ich indirekt mit Dir in Verbindung.

Bewahre nur die Ruhe. Mazza wird Dir erzählen, wie alles läuft. Ich werde versuchen, auf irgendeine Art nach Buenos Aires zu gelangen, Du kannst also beruhigt sein und Deine Gesundheit schonen. Wenn das mit dem Ruhestand klappt, heiraten wir gleich am nächsten Tag, und wenn nicht, werde ich die Dinge anders regeln, doch auf jeden Fall werden wir Deine augenblickliche Situation bereinigen.

Mein Herz, in meinem Zimmer stehen Deine Fotos, und ich betrachte sie jeden Tag mit Tränen in den Augen. Sieh zu, daß Dir nichts geschieht, denn dann wäre mein Leben zu Ende. Schone Dich, und sorg Dich nicht um mich; doch hab mich sehr lieb, denn jetzt habe ich es nötiger denn je.

Mein Schatz, sei ruhig, und lerne zu warten. Es wird vorübergehen, und dann gehört das Leben uns. Mit allem, was ich getan habe, kann ich vor der Geschichte bestehen, und ich weiß, daß die Zeit mir recht geben wird.

Ich werde ein Buch darüber schreiben und baldmöglichst veröffentlichen; wir werden ja sehen, wer im Recht ist.

Das Übel dieser Zeit und speziell dieses Landes sind die Dummköpfe, und wie Du weißt, ist Dummheit schlimmer als Schlechtigkeit.

Nun gut, mein Herz, ich würde gerne den ganzen Tag weiterschreiben, doch heute wird Mazza Dir mehr erzählen als ich. In einer halben Stunde kommt das Schiff.

Mit den letzten Worten dieses Briefes möchte ich Dich noch einmal um Ruhe und Gelassenheit bitten. Viele, viele Küsse und alles Liebe für meine geliebte CHINITA. Perón«.

Wir wollen nicht Peróns Stil anhand dieses ehrlichen, unbeholfenen Briefes analysieren. Es stimmt, daß seine Worte wie der Text eines Boleros klingen. Doch Liebesbriefe wirken immer irgendwie lächerlich, außer solche ohne Adressaten. Welche Worte hätte dieser Militär in seiner Bedrängnis auch finden sollen, wenn nicht die, die er zwangsläufig im Radio gehört hatte und die im übrigen die einzigen waren, die Evita rühren konnten?

Man muß den Brief unter einem ganz anderen Gesichtspunkt analysieren. Perón macht sich Sorgen um die Nerven seines »Schatzes«. Er verspricht, sie zu beschützen, sie zu heiraten, er bietet ihr Schulter und Hand. Es ist der Brief eines müden Mannes, der in das Land seiner Kindheit heimkehren möchte, in den Süden, mit seiner Auserwählten.

In seiner Evita-Biographie versucht der peronistische Historiker Fermín Chávez diesen Brief zur Entlastung seiner Mitstreiter so zu interpretieren: Perón soll ihn im Gedanken an die Militärs geschrieben haben, die ihn abfangen würden, und sie glauben lassen, er wolle den Kampf aufgeben. Eine notwendige Erklärung, um den unerträglichen Gedanken zu verwerfen, der Mann an der Spitze des Aufstands sei so weit gewesen, sich zurückzuziehen, oder habe zumindest mit dem Gedanken gespielt.

Doch so schmerzlich die Erkenntnis auch sein mag: Perón war versucht aufzugeben, und das verrät sein Brief mit jedem Buchstaben. Es ist ein zu unbeholfener, trübseliger Brief, um eine indirekte Botschaft für die Guanacos in Uniform zu sein. Argentinien wird an dem Tag aufhören, ein Land mit dem Hang zum Autoritären zu sein, da es einsieht, daß ein Anführer nicht immer ein Patriarch im Vollbesitz seiner Kräfte ist.

Und noch etwas. Warum nennt Perón Evita »chinita«? Die Argentinier aus der Provinz neigen zu mandelförmigen Augen, also Augen mit indianischem Einschlag. Man nennt sie instinktiv »chinos«, also Schlitzaugen, was die These von der asiatischen Abstammung der amerikanischen Bevölkerung bestätigt. Bei

Perón ist das Wort natürlich als reiner Kosename gemeint, doch wie immer äußert sich die Zuneigung in der Verniedlichung, das, was er liebt, macht er klein. Die Arme. So ganz verlassen. Das kann nur einer Frau vom Land zustoßen.

Der Liebende ließ sich vom rein goldenen Glanz des Haares nicht täuschen. Am Haaransatz und im Herzen war Evita eine CHINITA, und er mochte das. Später, in Madrid, zeigte er sich jedoch einmal verärgert, als ein Reporter ihn fragte, ob er seine Frau tatsächlich »mi negrita« (meine kleine Schwarze) genannt habe. »Wie bitte? Sie wissen doch genau, daß sie blond war!«. Vergeßlichkeit, Zerstreutheit oder Leugnen, weil die niedere Herkunft nie verwunden wurde? Jedenfalls hatte Evita für ihn in vertrauten, intimen Stunden schwarzes Haar.

Wer in Peróns Brief dazu bestimmt wird, die Rolle des Vermittlers zu spielen, war Doktor Angel Mazza, ein Militärarzt und persönlicher Freund des Coronel. Der Besuch fand am 14. Oktober statt und beruhigte Perón, einerseits, weil er erfuhr, daß einige Gewerkschafter und Militärs ihn weiterhin unterstützten, andererseits, weil er mit Mazza ein komplizenhaftes Augenzwinkern austauschen konnte. Mazza gab ihm zu verstehen, er werde mit einer besorgniserregenden Nachricht nach Buenos Aires zurückkehren: der Gefangene sei krank. Gesagt, getan. Daraufhin schickte der Vizeadmiral Vernengo Lima, ein fanatischer Antiperonist und Mitglied des neuen Kabinetts, zwei Ärzte nach Martín García, um nachzusehen, was es mit dieser angeblichen Krankheit auf sich habe.

Verlorene Zeit: Perón zog sich nicht das Hemd aus oder sagte »dreiundreißig«, während einer der Ärzte ihm den Rücken abhörte. Beide Doktoren warfen sich einen fragenden Blick zu. Und wenn Perón tatsächlich krank war? Schlecht sah er ja aus. Wie bekannt, hatte er ständig leichte psychosomatische Beschwerden. Sie durften nicht riskieren, ihn zum Märtyrer zu machen, weshalb Vernengo Lima sich gezwungen sah, ihn ins Militärkrankenhaus von Buenos Aires zu überweisen. Es war der 16. Oktober.

Seit dem 12., dem Tag, an dem man ihn festnahm, hatten Peróns Anhänger sich unter Mercantes Leitung und der anderer Funktionäre des Sekretariats im Arbeitsministerium, darunter Isabel Ernst, Mercantes Sekretärin und gute Freundin, formiert.

Kurze Zeit später wurde diese groß gewachsene blonde, von Deutschen abstammende Frau zu Evitas Assistentin, bis zu dem Tag, an dem diese sie spüren ließ, daß eine von beiden – die echt blonde – überflüssig war. Isabels Naturblond war nicht der einzige Grund für Evitas Eifersucht. Nach der Hochzeit war sie wohlanständig geworden und wollte lieber mit der rechtmäßigen Señora Mercante befreundet sein als mit Isabel, der Geliebten, deren Rolle sie zu sehr an ihre eigene Vergangenheit erinnerte. Vor allem wußte sie aber, daß die eigentliche Pasionaria der Revolution vom 17. Oktober Isabel gewesen war. Und das aus einem einfachen Grund: 1945 kannte Evita nur wenige Gewerkschafter, während Isabel durch ihre Sekretariatsarbeit seit jeher mit ihnen zu tun gehabt hatte. Mercante zu helfen, die Gewerkschaftsaktionen vom 12. bis 17. Oktober zu koordinieren, war für sie so natürlich wie ihre Haarfarbe. Sie tat also die Arbeit, die von der peronistischen Propaganda schließlich Evita zugeschrieben wurde.

Isabel Ernst: graues Kostüm, flachsblondes Haar, diskretes Make-up. Ein Erscheinungsbild, das Evita mit der Zeit übernehmen sollte, wenn auch ein wenig spektakulärer und aufreizender. Und es scheint fast wie ein Witz, daß Evitas Rivalin, eine Art Prä-Evita, denselben Namen trug, den Estela, Peróns dritte Ehefrau, wählte, als sie mit mäßigem Erfolg versuchte, sich zur Post-Evita zu stilisieren. Die erste Isabel war unkompliziert, ruhig, selbstsicher, von einfacher, eleganter Schönheit. Neben ihr konnte die Schauspielerin mit ihrer Lockenpracht, ihren geblümten Kleidern, den nervösen Händen und der hektischen Stimme nicht bestehen. Unter dem Druck, Perón zu retten, verhandelten Gewerkschaftsführer wie Cipriano Reyes, Libertario Ferrari, Gay, Montiel oder José Argaña lieber mit der Naturblonden. Später wurden viele von ihnen des Landes verwiesen, Cipriano Reyes sogar gefoltert.

Doch es war nicht der Moment, Parteigänger auszuschalten, sondern welche zu gewinnen, so verschieden sie auch sein mochten. In Berisso und Avellaneda, zwei proletarischen Armenvierteln, hatten diese Arbeiterführer verschiedenster Herkunft spontane Demonstrationen für Perón organisiert. Das herrschende Chaos war günstig dafür. Man hatte das Volk nicht einmal von der Verhaftung ihres Führers unterrichtet. Im Gegenteil: Nachdem Perón einen offenen Brief an Avalo in der Presse veröffentlicht hatte, leugnete die Regierung, daß er in Haft sei. Wem sollte man also vertrauen? Ganz Argentinien fühlte sich führerlos.

Am 16. versammelte sich die Gewerkschaft CGT. Würden sie einen Generalstreik mit der Forderung nach unmittelbarer Freilassung Peróns beschließen? Oder würden sie, wie Liberto Ferrari vorgeschlagen hatte, den Perón mehr gewogenen Avalo unterstützen und Vernengo Lima, der ihn offen haßte, ausschalten? Schließlich entschied man sich für einen 24-Stunden-Streik am 18. Oktober, mit dem Ziel, »die erstrittenen oder noch zu erstreitenden Vergünstigungen, die man durch die Macht des Kapitals und der Oligarchie in Gefahr sieht« zu verteidigen. Perón wurde in dem Papier nicht erwähnt, in dem man sich schließlich diesen mühseligen Satz abgerungen hatte. Nicht daß der Inhalt nicht der Wahrheit entsprochen hätte oder die Anführer zu weit von der Basis entfernt gewesen wären. Das einfache Volk war nur schon so weit aufgebracht, daß es an allem anderen als an solchen Sätzen oder an einem Streikdatum interessiert war. Am 17. Oktober streikten sie nicht etwa unaufgefordert, sondern zettelten gleich eine Revolution an.

Venus macht sich schuldig

An jenem 17. Oktober zog der Tag um sieben Uhr morgens, als die Arbeiter auf dem Weg zur Fabrik waren, grau und tief verhangen auf. Es fielen ein paar Tropfen, mehr vom Himmel ausgeschwitzt, als daß es regnete. So sagt man in Buenos Aires, ein charakteristischer Satz (»die Hitze hier ist mörderisch«), der haargenau beschreibt, wie man sich unter diesem Bleihimmel fühlt, der in der Hitze jederzeit zu schmelzen droht. Doch diesmal löschte die Feuchtigkeit nicht den Funken. Wer hatte in den Arbeitervierteln Berisso, Lanús, Quilmes oder Matadero als erster die Stimme erhoben: »Perón ist im Militärkrankenhaus, und wir müssen ihn dort befreien?« In Avellaneda überquerten dunkelhäutige Völkerscharen aus der Provinz, die es bisher nie gewagt hatten, den Fuß ins Stadtzentrum – das Territorium der Weißen – zu setzen, die Brücke des Riachuelo.

Dieses Flüßchen voller öligen Lehms war eine echte Grenze. Jenseits des Riachuelo, vor allem auf der Insel Maciel nahe dem Hafen von La Boca, machte sich das Elend breit: Kinder, die sich nur von Brot und Mate nährten, Frauen, die sich hinlegten, um ohne fremde Hilfe zu gebären, nur einen Kessel heißen Wassers in Reichweite, totgeborene, in Zeitungspapier eingewickelte Babys, aus Mangel an Geld für die Beerdigung ins Wasser geworfen, atemberaubender Gestank auf der schillernden Ölfläche, vielfarbige Regenbögen, die bisweilen wie eine Aureole dick aufgetriebene Tierkadaver umkränzten, meist schon angekündigt vom wilden Aufbäumen eines der Pferde am Ufer. Eine Grenze, die an jenem Tag aufhörte, eine zu sein, zumindest in den Träumen. Auch wenn sie immer dort blieb, hat das Jahr 1945, als man sie einmal übertrat, gezeigt, daß es denkbar wäre, sie erneut zu überschreiten.

Sie gingen also über den Riachuelo, um Perón zu befreien. Und als jemand den Befehl gab, die Brücke einzuziehen, um ihnen den Weg abzuschneiden, wurden alte, lecke Boote wieder flott gemacht und Flöße aus Baumstämmen zusammengezimmert. Dann wurde die Brücke auf ebenso mysteriöse Weise wieder herabgelassen, wie man sie hochgezogen hatte. Zu dem Zeitpunkt wußten sie schon instinktiv, daß Filomeno Velasco, der neue Polizeichef, auf Peróns Seite stand. Was sie nicht wußten, war, daß dieser rauhe, behaarte Mann aus Corrientes Peróns einzige männliche Vertrauensperson war, der einzige, den er duzte und der ihn duzen durfte. Doch etwas lag in der Luft, als ahne man diese Freundschaft. Weit davon entfernt, sie festzunehmen, schenkten die Polizisten ihnen ein verschwörerisches Lächeln, manchmal zeichnete sich auf ihren Lippen gar ein stummes »Viva Perón!« ab.

Gegen zehn trafen die ersten Horden auf der Plaza de Mayo ein. Die Ankunft dieser dreckigen Meute wurde überall durch ein deutlich vernehmbares Zähneknirschen quittiert; zumindest klang es so, als die Kaufleute vor Furcht hastig ihre Metallrolläden herabließen. Zwei Argentinien standen sich gegenüber: eines auf der Straße, das andere (das der Nachfahren von Europäern) lugte durch die Fenster. Das ist also das argentinische Volk, erschraken sie hinter ihren Gucklöchern. Nicht das Volk ohne Geruch, Farbe oder Geschmack, das in der Präambel der argentinischen Verfassung genannt wird, auch nicht das ideale Volk, von dem der Sozialist Alfredo Palacios träumte, sondern dieses hier: eine Masse verschwitzter Leiber und widerspenstiger Haare, dunkel wie das Unbekannte und schwarz wie der Terror. Es roch nach Schweiß, Schmutz, Alkohol, schrie Schimpfwörter, lachte laut, pinkelte an die Häuserwände, wusch sich Füße und Achseln im Brunnen auf dem historischen Platz.

Belagerung, Eroberung, Gewalt: Plötzlich entsann Buenos Aires sich der Zeit der MALONES, als die Indios heulend herbeistürmten, um die weißen Frauen zu rauben. Eine Erinnerung, die das im letzten Jahrhundert vom Romantiker Esteban Echevarría verfaßte Gedicht LA CAUVITA (Die Gefangene) wachhält. Eine Erinnerung, die nun beim Anblick dieser Meute von Herumlungernden mit Schurkengesichtern wieder auflebte, Arbeitern der Kühlhäuser, denen der Gestank toter Tiere anhaftete und die einem anderen Text Echevarrías entsprungen schienen, dem Roman EL MATADERO (Der Schlachthof). Eine wilde, barbarische Vergangenheit stand vor den ungläubigen Augen der Porteños wieder auf. Der Abgeordnete der Radikalen Partei Ernesto Sammartino drückte nur das allgemeine Empfinden aus, als er von der »zoologischen Invasion« sprach, bei der das Volk am 17. Oktober endlich sein wahres Gesicht zeigte.

Sie, die Invasoren, waren glücklich. Sie attackierten die Stadt mit zahlreichen, eher komischen Beschimpfungen. Ein fröhlicher Überfall. Zielscheibe ihrer Beleidigungen waren die Studenten, die USA und die Juden ... Doch all das war nebensächlich. Am wichtigsten war im Augenblick das Fest. Zum ersten Mal bissen sie in den saftigen Apfel des Stadtlebens, und die Sehnsucht, die Freude waren stärker als die Rache. Sie wollten nur Perón: ihn sehen, haben, besitzen. Ja, ihn besitzen. Welch seltsamer Erotismus, der die Vaterfigur feminisierte! Und dennoch verkörperte dieser Perón, den sie sich so sehr wünschten, für sie die reine Männlichkeit. Der Autor Leopoldo Marechal hat gesagt, in den Texten, die sie zu bekannten Liedern erfanden, habe der Name des Coronel wie Kanonendonner geklungen. Als sie Peeeróóón schreien, was für spanische Ohren durch die Endung »-on« wie eine Vergrößerung, eine Verstärkung des Männlichen klingt, legten sich aller Zorn und alle Zweifel. Jemand mit diesem Namen konnte nur ein richtiger Mann sein.

Evita war nicht so unbeteiligt, wie es schien. Obwohl das Volk sie nicht als Revolutionärin kannte, war sie auf andere Art mit einbezogen: Sie sangen »oligarcas a otra parte/ viva el macho de Eva Duarte« (Weg mit den Oligarchen / Es lebe Eva Duartes Mann). Evita war schon deshalb ein notwendiger Bestandteil des peronistischen Rituals, weil ihre Existenz Peróns Männlichkeit bewies. Die Würfel waren gefallen: Evita mußte als erotisches Banner herhalten. Hätte es sie nicht gegeben, hätte man sie erfunden. Der Reim zwang jedoch zu einem, wenn auch unfreiwilligen Rollentausch. Bei den lateinischen Völkern gilt die Frau meistens als »la hembra«, das Weib (Weibchen) des Mannes, umgekehrt spricht man selten vom »macho«, vom Mann (Männchen) der Frau, es sei denn, diese Frau strahlt mit eigenem Glanz. Evita galt im Unterbewußtsein des Volkes als die Bienenkönigin.

Doch die Kraft dieser Bilder besteht in ihrer Widersprüchlichkeit. Eva, die arme Kleine, erst von einem ebenso widersprüchlichen Perón beschützt und dann benutzt. Dieses Bild ergänzte und bereicherte eher das von der Bienenkönigin, als ihm zu schaden. Ein drittes Bild, das sich seither aufdrängte, war das der »Geburt«. Nach der Metapher, die einer seiner Hofpoeten gebrauchen sollte, ohne zu erröten, war Evita an diesem Tag neu »geboren«, wie die »Venus aus dem Meer«, trotz ihrer Präsenz vor dem 17. Oktober und ihrer weiblichen, vom Volk sanktionierten Macht. Die Metapher ist nicht deshalb unsinnig, weil sie kitschig ist. Offensichtlich sollte sie in Anlehnung an Botticellis Jungfrau, die sich keusch mit der goldenen Lockenpracht bedeckt, zunächst Evitas Vergangenheit auslöschen. Doch da war noch etwas. Daß Evita am 17. Oktober geboren wurde, verdankte sie einem Volk, das ihren Mann rettete und ihr den Weg des Heils wies. Anerkennung kann auch Dank bedeuten. Für die illegitime Tochter bestand der Dank in der neuen, legitimen Geburt.

In LA RAZON DE MI VIDA schildert Evita, wie »überflüssig« sie sich in der Woche vor dem 17. Oktober fühlte. Ohne Perón war die Geliebte selbst für seine Freunde und Anhänger eher lästig als nützlich. Evita war nur daran interessiert, Peróns Leben zu retten und ihn aus dem Land zu schaffen. Im Moment ging es ihr allein um die Liebe, und sie fühlte sich mehr als die Heldin eines Mannes und weniger als die eines Volkes. Ihr mangelte es einmal an der richtigen Intuition, ihr fehlte die Kraft zu verstehen, was sich historisch anbahnte. So bat sie Atilio Bramuglia, den zukünftigen Minister unter Perón, ihr eine Garantie, quasi eine HABEAS CORPUS-Akte zu verschaffen, damit Perón weit fortgehen konnte, natürlich mit ihr. Nie sollte sie Bramuglia seine Antwort verzeihen: »Sie wollen nur Ihren Mann retten! Der Rest ist Ihnen egal!«

Bramuglia hatte nicht unrecht: Ausgerechnet in dem Moment, als sich ein Aufstand anbahnte, hatte Evita nichts als ihre eigenen Gefühle im Kopf. Aber hatte Perón nicht auch selbst versagt? In seinen Briefen sprach er mehr von Heirat und von Reisen als von Volkserhebung. Die Peronisten ahnten, daß ihr Anführer mit dem Gedanken spielte, die Koffer zu packen. Je mehr sie auf der Garantieerklärung bestand, desto mehr mißtrauten sie der Frau, die ihnen quasi Peróns Zögern vor Augen hielt. Evita sollte ihren Irrtum bald erkennen: Sie hatte nicht mit der Macht des Volkes gerechnet und sich von ihrem »traurigen Herzen« täuschen lassen, indem sie glaubte, die einzige Lösung bestünde in der Flucht. Warum verzieh sie Bramuglia nie? Weil Bramuglia zu seinem Pech Zeuge von Evitas Blindheit geworden war. Wer uns wanken sah, ist unser Feind.

Einmal mehr sah sich Evita als Opfer und war unfähig zu verstehen, warum man sie schlecht behandelte. Ihr altes Gefühl der Erniedrigung brach wieder hervor, nur noch heftiger. Dank Perón hatte sie eine gewisse Macht besessen, und nun fühlte sie sich beraubt. Bevor sie ihn kannte, hatte sie zumindest die relative Macht einer jungen, schönen Frau genossen. Jetzt aber war sie nur von Gleichgültigkeit umgeben. Sie war nichts und niemand. Unsichtbar. Nachts weinte sie in Pierinas Armen und versuchte, ihr dieses Gefühl der Verlassenheit zu beschreiben. Und die Italienerin sagte ihr mild lächelnd: »Genau das empfindet man, wenn man alt wird.«

Cipriano Reyes, Luis Gay oder Luis Monzalo, die Gewerkschaftsführer, die sich für die wahren Initiatoren des 17. Oktober halten, haben Evitas Anteil an den Vorbereitungen der Bewegung vehement bestritten. Andere sind weniger streng. Angel Perelman, der Führer der Metallgewerkschaft, erzählt, am Morgen des 17. Oktober sei Evita mit dem Wagen in alle Arbeiterviertel gefahren, um die Arbeiter zum Streik aufzurufen. Der Führer der Textilgewerkschaft, Mariano Tedesco, hat bestätigt, daß Evita die ganze Woche über mit den Arbeitern seiner Gewerkschaft in Kontakt stand und sie »zu unmöglichen Zeiten an unmögliche Orte zitierte«. Das mit der »unmöglichen Zeit« paßt zu ihr. Doch wo liegt die Wahrheit? Vielleicht mehr bei den Gefühlen als den Fakten. Man sollte Evitas Schilderung in den Memoiren nicht einfach abtun, wo nur von Gefühlen, nicht von Fakten die Rede ist.

Der Text spielt auf eine später von Félix Luna berichtete Episode an. Nach Peróns Festnahme nahm Evita ein Taxi, um zu Ramón Subiza in San Nicolás zu fahren. Mit anderen Worten: sie floh. Als sie an dem imposanten Gebäude der Fakultät der Ingenieurwissenschaften in der Avenida Las Heras vorbeikamen, machte der Taxifahrer die Studenten auf sie aufmerksam, indem er schrie: »Mein Fahrgast ist Eva Duarte!« Daraufhin schlugen die zukünftigen Ingenieure so auf sie ein, daß die Streckenpolizisten sie später in einem anderen Taxi, das sie aus der Stadt bringen sollte, nicht erkannten.

Soweit die Fakten. Bei der Schilderung ihrer Gefühle stilisiert sie sich selbst als Märtyrerin: »Bei jedem Schlag meinte ich zu sterben, und doch wurde ich mit jedem Schlag neu geboren. Diese schmerzliche Geburt, die mich von jedem Zweifel und jeglicher Verzagtheit reinigte, war gleichermaßen grausam und unsäglich.«

Sterben, geboren werden, Reinigung, das ist der Sinn der Taufe: daß der neue Mensch erstehe. Welch seltsame Genugtuung, wenn die Taufe nicht aus Wasser, sondern aus Schlägen besteht! Als bezahlte sie für alle Sünden, ihre und die ererbten! Das angenomme Martyrium, lustvoll empfangen, glücklich, körperlich zu leiden für die Liebe zu Perón. Und zum Volk.

Die Dreiecksbeziehung Perón-Evita-Volk war geschaffen.

Gegen Mittag waren es schon Tausende von Arbeitern, die Perón in der Nähe des Hafens, im Gefängnis Villa Devoto, in der CASA ROSADA und, die besser Informierten, im Militärkrankenhaus suchten. Dort drang eine Eisenbahnerdelegation schließlich zu ihm vor.

Er aß gerade friedlich im Pyjama zu Mittag und meinte, man habe ihm verboten, das Krankenhaus zu verlassen. Das war eine Lüge, denn zu dem Zeitpunkt waren weder Avalos noch Vernengo Lima mehr in der Lage, ihm irgend etwas zu untersagen. Präsident Farrell und die Kabinettsmitglieder in der Casa Rosada waren so überrascht, als sie die Massen auf der Plaza de Mayo sahen, daß sie darüber ihre Niederlage vergaßen. Solche Menschenmengen hatte man in Argentinien noch nie gesehen.

Ein Meer von Menschen strömte Stunde um Stunde herbei. Waren es zweihunderttausend, fünfhunderttausend? Eine Million, wie die Peronisten behaupteten? Jedenfalls waren alle Arbeiter der Hauptstadt und der Vororte zusammengelaufen. Einige hatten BOMBOS mitgebracht, dumpfe Trommeln, die im Rhythmus uralter Erinnerung schlugen. Sie erklommen Laternenpfähle und Bäume, auf denen ganze Menschentrauben mit hoch erhobenen Armen balancierten. Sie wollten so hoch hinaus wie die Palmen auf dem Platz, die an die Kolonialzeit erinnerten, als Buenos Aires den Tropen noch näher war. Später hatte Sarmiento befohlen, Pariser Platanen zu pflanzen, um der Welt zu zeigen, daß Argentinien ein zivilisiertes Land war.

Doch an diesem 17. Oktober gab sich die »barbarische« Vergangenheit alle Mühe, das Gegenteil unter Beweis zu stellen. In der drückenden Hitze hatten die schwitzenden Männer sich die Hemden ausgezogen. Daher die Bezeichnung »descamisados«, die Hemdlosen. Die Tageszeitung LA PRENSA meinte es verächtlich, als sie den Begriff benutzte, doch die Peronisten deuteten ihn positiv um. Fortan trug das Volk der DESCAMISADOS diesen Namen mit dem gleichen Stolz, wie einst die französischen Revolutionäre die Bezeichnung SANS-CULOTTE. BOMBOS, DESCAMISADOS, Menschentrauben: Man möchte meinen, das Volk habe bewußt ein Ritual erfunden, eine quasi religiöse Inszenierung als gemeinsamen Code, um Jahr für Jahr, solange Perón an der Macht war, eine Volksmesse zu zelebrieren.

Mitten in diesem kupferfarbenen Meer wurde Eva wie die Venus neu geboren, im lehmigen Wasser des uralten Deltas.

Unterdessen wartete Perón ab, immer noch im Pyjama, den er noch bis zum späten Abend anbehalten sollte. Es stimmt zwar, daß die Männer seinerzeit oft im Pyjama auf die Straße gingen, um Einkäufe im Viertel zu erledigen oder mit den Nachbarn zu plaudern. 1945 in Buenos Aires den Pyjama anzubehalten war üblicher als heute. Doch der Pyjama stand auch für Peróns Zaudern. Er bedeutete: »Vorläufig bleibe ich noch in meiner Zuflucht, bei den Bildern meiner CHINITA. Später werden wir weitersehen.« Mehr überrascht als neugierig fragte er jeden Augenblick: »Sind dort tatsächlich so viele Menschen?« Je leerer, fröstelnder und apathischer er sich fühlte, desto empfänglicher war er für die Wünsche einer wachsenden Menschenmenge, die ihn erfüllen, wärmen, aufrütteln konnte.

Für antiperonistische Autoren wie Mary Main oder Benigno Acossano war Evita diejenige, die Perón zwang, den Pyjama auszuziehen und auf dem Balkon der Casa Rosada zu erscheinen. Doch dafür gibt es keine Beweise: Nur das Volk wankte nicht. Es hatte einen untrüglichen Instinkt. Nicht zufrieden damit, Evita über die braunen Fluten zu erheben, riß es auch Perón mit und zwang ihn durch die Kraft der Liebe, mit ihm zu verschmelzen. Man kann fragen, ob es dabei nicht einen trügerischen Perón erschuf. Erfand das Volk den wahren Perón oder entdeckte es ihn, diese Lichtgestalt, an die er selbst nicht glaubte wie Volk und Evita? Jede Form von Liebe wirft die Frage auf: Bilden wir uns den Geliebten nur ein oder empfangen wir sein Licht, selbst gegen seinen Willen?

Um neun Uhr dreißig sprach Perón nach zahlreichen Anrufen und Botengängen zwischen der Casa Rosada und dem Krankenhaus telefonisch mit Evita.

Sie war den ganzen Tag durch die Straßen geirrt, vom Krankenhaus zur Plaza de Mayo und zurück, und hatte sich die Menge angesehen. Diese Frauen und Männer aus den armen Vorstädten, die sie sicher an die Núñez erinnerten, als habe die Familie ihrer Großmutter sich von der Linie aus Los Toldos abgespalten und sich zur Schar in Buenos Aires vermehrt, um – endlich! – bis ins Zentrum von Buenos Aires zu gelangen. Tausende von Doña Petronas, Juana Guaquils, von Coliqueos …, alles den Tiefen ihrer Erinnerung, ihres Blutes entstiegen und hier präsent. Natürlich hatte sie versucht, Perón im Militärkrankenhaus zu sehen, doch ohne zu sehr zu drängen, um die ohnehin schon geladene Athmosphäre nicht weiter aufzuheizen. Danach hatte sie sich vorsorglich diskret nach Hause zurückgezogen.

Was haben sie sich am Telefon wohl gesagt? Vielleicht hat Evita gemeint: »Zieh den Pyjama aus«, als wollte sie ihm sagen: »Durchbrich den magischen Kreis«, sie, die die beruhigende Wirkung von Peróns Pyjamas so gut kannte, riesigen Pyjamas, in die sie sich gerne hüllte, um sich winzig zu fühlen. Das Gespräch war ausschlaggebend. Perón legte auf und kleidete sich an, als sei er aufgewacht. Erst jetzt schien er sein märchenhaftes Schicksal beherzt anzunehmen, auch wenn er weiterhin schwieg (den ganzen Tag über hatte er nicht einmal zwei Worte gesagt).

Um elf Uhr abends erschien er auf dem Balkon der Casa Rosada.

Er wurde von leidenschaftlichem Jubel empfangen.

Er erschauderte, schloß die Augen. Die Nacht in Buenos Aires war von Fackeln erleuchtet. Jeder Arm, der sich ihm entgegenstreckte, war wie ein Feuerpakt.

Evita sitzt inzwischen allein zu Hause und lauscht ihrem Radio mit der Kuppel einer Kathedrale. Der Sprecher schreit sich heiser, um Perón anzukündigen, der auf sich warten läßt. Man spürt die Spannung der Menge durch den Äther, ihr Liebeswerben wird immer drängender. Perón muß unbedingt reden.

Man muß sich die Angespanntheit dieser Frau vorstellen, die sich, obwohl sie es nicht erträgt, allein zu sein, am Abend zurückgezogen hat, die das Schauspiel versäumt, nicht daran teilhat. War es ein bewußter Entschluß, oder hat man ihr vielmehr Anweisung gegeben, zu Hause zu bleiben, und sie ist einmal der Vernunft gefolgt? Sich diesseits der Absperrung zu befinden, ausgerechnet an dem Tag nur Radio zu hören, an dem sie das absolut ergreifendste Hörspiel übertragen, nämlich dasjenige der Wirklichkeit! Allerdings ist es an diesem Tag eine andere Einsamkeit als die, die Evita während Peróns Zeit in Martín García überfiel. Der Unterschied wird an dem Radio deutlich, das warm ist und hinter der Stoffbespannug vibriert, an die man das Ohr legen kann, um nicht das geringste Lachen, nicht den leisesten Laut, das unbedeutendste Knistern oder das Räuspern von Perón zu verpassen, der immer noch kein Wort sagt.

Woran mag sie gedacht haben, während sie auf die Stimme ihres Mannes wartete? Sie selbst hat es Tausende von Malen geschildert, in ihren Reden und in ihren Memoiren. Es ist ganz simpel, gewaltig und endgültig: Sie denkt, daß sie Perón alles verdankt, und dem Volk, das ihn gerettet hat. Sie erkennt, daß sie in seiner Schuld steht, die sie bezahlen sollte.

Und er, Perón? Die bei ihm sind, dort auf dem Balkon, haben es bemerkt: Er hat eine trockene Kehle und bekommt keinen Ton heraus. Um Zeit zu gewinnen, bittet er das Volk, die Nationalhymne zu singen: »Oíd, mortales, el grito sagrado ...« (Hört, Ihr Sterblichen, den heiligen Ruf ...«) Die Hymne ist zu Ende, alle haben die letzte Strophe gesungen: »sean eternos los laureles« (währe ewig der Lorbeerkranz), und immer noch nichts. Warum kann er sich nicht entschließen?

Endlich, nach einer Ewigkeit, hört man ihn sagen:

»Arbeiter!«

Die Menge heult auf.

Er versucht fortzufahren, doch die Menge unterbricht ihn.

»Wo waren Sie?«

Er möchte nicht antworten, doch die Menge insistiert: »Wo waren Sie? Wohin hat man Sie gebracht?«

Wieder weicht er dem Thema aus und spricht vom Volk. Wie ein Echo schreit das Volk: »Ja, das Volk ist hier, das Volk sind wir.«

Nicht daß die Menge ihn nicht hören wollte. Das Volk hat alles getan, um diesen Moment zu erreichen. Doch im Laufe seiner Geschichte hat es immer geschwiegen. Jetzt kann es sprechen, mit Perón reden, mit dem Vater, dem Sohn, dem Geliebten, alles in einem. Wichtig allein ist der Dialog, und das ist das Neue am Ritual, das diese Menschen begründen. In der Geschichte der Politik sind die Beispiele für einen Dialog nicht häufig: Wo hat man schon einen autoritären Führer gesehen, der in aller Öffentlichkeit mit seinem Volk spricht? In der Religionsgeschichte gibt es das Beispiel der Juden. Die Bibel ist das einzige religiöse Buch, wo der Mensch Gott nach seinem Wunsch formt, indem er mit ihm diskutiert.

Von der Menge geformt, spricht Perón schließlich das verpönte Wort aus, das er niemals mehr wiederholen sollte: »Mutter«. Als seine Doña Juana Jahre später starb, ging Perón nicht zur Beerdigung, sondern schickte nur einen Adjutanten. Doch die Mutter in seiner Rede ist eine andere. »Mitten in dieser schwitzenden Menge«, sagt er, »wollte ich sie an mein Herz drükken, wie ich es mit meiner Mutter täte.« Etwas später: »Ich habe euch gesagt, ich wollte euch umarmen wie meine Mutter, weil ich denke, daß ihr in diesen Tagen die gleichen Schmerzen und die gleichen Gedanken hattet wie mein armes Mütterchen«. Die Menge stimmt zu: Perón hat einem Gebot gehorcht. Er mußte seine Mutter erwähnen, wie jeder Fußballer oder Tangosänger am Tag seines Sieges verpflichtet ist zu sagen: »All das verdanke ich meiner armen, geliebten Mutter, die so viel Leid ertragen mußte.«

Nach der Rede geht die Menge voller Jubel auseinander. Auch mit Gewalt: zwischen den Reportern der Tageszeitung CRITICA und den Männern der nationalistischen ALLIANCA NACIONALISTA fallen Schüsse.

Doch das wird Perón erst später erfahren. Wenn er ein Gesicht aufsetzt wie zur Beerdigung, dann nicht deshalb. »Ich habe Kopfschmerzen«, sagt er. Sein Verhalten besagt, daß er zufrieden ist über den Sieg, daß er allen dankbar ist, aber jetzt genug hat, zumindest für den Augenblick. Etwas verstört bittet er um Aspirin und kehrt in die Calle Posadas zurück.

Seit dem 12. hat er Evita nicht mehr gesehen.

Aus den Fakten können wir schließen, daß Perón nach dem Begrüßungskuß die blauen Flecken in ihrem Gesicht entdeckte. Es sind die Spuren der »Schmerzenstaufe«, die ihr die Studenten verabreicht haben. Das ist alles, was sie bis zum 17. Oktober getan, alles, was sie erreicht hat. Sie hat Angst ausgestanden, hat fliehen wollen, hat versucht, Perón zu retten, um mit ihm fortzugehen; sie hat vergeblich versucht, Isabel Ernst nachzueifern und sich einige blaue Flecken eingehandelt. Für einen zerstreuten Blick ist das nicht eben viel.

Für sie aber doch. In LA RACION DE MA VIDA hebt Evita die Episode mit der Taufe so hervor, weil in ihren Augen nur das Martyrium die Schuld begleichen kann.

5
Die Gattin

Evita ohne Namen. Der Salon der Frischvermählten. Die erste Rede ist ein Fiasko. Auf der Suche nach einer Freundin. Perón wird Präsident. Der Kardinalvogel. Evita im Palast. Wohltätige Frauen. Die »kleine Lösung«. Evita ergreift das Wort. Biß in die Juwelen. Evita im Elendsviertel. »Die Frau hinter dem Thron«.

Fünf Tage später waren Doña Juana und ihre Töchter in Junín gerade dabei, Spitzendecken für Evitas Hochzeit zu bügeln, als das Telefon klingelte. Alle vier Frauen stürzten hin, um den Hörer abzunehmen. Es war Evita, die aus Luján, einer Kleinstadt in der Provinz Buenos Aires anrief. »Es ist soweit, meine Lieben«, verkündete sie triumphierend, »ich habe ihn mir geangelt. Wir haben soeben geheiratet.«

Dora Dara hat uns diese Szene geschildert, die Witwe des Journalisten Moisés Lebensohn. Man mag es für unbedeutend halten, doch dieses Zeugnis, das der Historiker Roberto Carlos Dimarco bestätigt, widerlegt die offizielle Version, nach der Perón und Evita in Junín in Anwesenheit ihrer »Lieben« heirateten. Doch blicken wir noch einmal auf eine andere Bügelszene zurück, die sich Anfang 1945 ereignete, als Elisa Duarte in Erwartung der Hochzeit versuchte, Evitas Identität auszubügeln, zumindest in legaler Hinsicht. Zu diesem Zweck erschien sie im Rathaus von Los Toldos, um die Geburtsurkunde von Eva María Duarte abzuholen.

Sei es nun aus Zufall, Neugier oder aus beiden Gründen, der Stadtbeamte hatte soeben eine Entdeckung gemacht: Als er auf der Suche nach den Duartes, die inzwischen allgemeiner Gesprächsstoff waren, die Archive durchsah und sie nirgends finden konnte, hatte er unter I nachgesehen. Und dort waren sie: Doña Juanas ganze Sippe war unter dem Namen Ibarguren registriert. Als die älteste Schwester also mit ihrer Bitte kam, hatte er die Antwort schon parat: eine Eva María Duarte gab es nicht.

Doch Elisa gestand daraufhin nicht die Wahrheit. Das wäre damals undenkbar gewesen. Das Vorurteil gegen unverheiratete Mütter war so groß, daß antiperonistische Frauen lauthals demonstriert hatten: »Peróns Mutter ist eine Unverheiratete.« Elisa hatte keine Rechte. In einem solchen Fall sind Mafiamethoden der einzige Ausweg. Elisa war wie Evita, die im Gegensatz dazu noch harmlos schien, von aufbrausendem Charakter. »Besorgen Sie mir diese Urkunde, egal wie«, fuhr sie den Beamten an. »Meine Schwester heiratet Coronel Perón, den man zum Präsidenten ernennen wird.« Beeindruckt von der Autorität in ihrer Stimme (ein Vorgeschmack auf die revanchistische Politikerin, als die sie sich entpuppen sollte), fragte der Beamte bei seinem Bruder, der Anwalt war, und beim Direktor um Rat. Beide rieten ihm, nichts zu unternehmen und nicht im Traum eine falsche Urkunde auszustellen, wie Elisa es zumindest hatte andeuten, wenn nicht befehlen wollen.

Kurz nach dem 17. Oktober wurden Nachbarn in Los Toldos, die nicht schlafen konnten, durch das Licht eines Scheinwerfers aufgeschreckt, der sich im Zickzack durch die Nacht auf das Rathaus zuschlängelte. Erst später verstanden sie, daß diese nächtliche Beobachtung wohl in Zusammenhang mit dem Verschwinden der Geburtsurkunde von Eva María Ibarguren stand. Die Akte und die ausgestellte Urkunde waren plumpe Fälschungen, hastig und nachlässig ausgeführt. Jahre später sollte Juancito Duartes Tod mit der gleichen Plumpheit vertuscht werden. Dieser Mangel an Geschick läßt sich nur mit der geringen Achtung vor der öffentlichen Meinung erklären: gößere Sorgfalt im Detail, hätte bei dieser Lüge mehr Respekt vor der Öffentlichkeit bedeutet.

Laut der Geburtsurkunde, die Evita zur Hochzeit vorlegte, war sie am 7. Mai 1922 in Junín geboren. Ein Datum und ein Ort, an dem tatsächlich jemand geboren war: Juan José Uzqueda, eine Totgeburt; die Fälscher hatten ihn aus dem Register entfernt, um Evita einzutragen. Wie wird sie wohl reagiert haben, als sie erfuhr, daß sie eine Totgeburt ersetzte? Kein Zeugnis über dieses scheinbar so nebensächliche Ereignis ist uns zu Ohren gekommen. Nüchtern gesehen, ist es nur ein kleiner Betrug. Doch in der Welt der Träume muß das eindringliche Bild früher oder später nachgewirkt haben auf eine Frau, der es nicht gelang, unter ihrem wirklichen Namen zu leben und ein eigenes Kind zu gebären.

Das gefälschte Dokument begnügte sich nicht damit, Ibarguren durch Duarte ersetzen. Auch die Vornamen wurden umgedreht: María Eva statt Eva María (die jungfräuliche Mutter und nicht die Sünderin). Selbst ihren Namen mußte man dezenter gestalten. Nur eine Ausgestoßene wie Doña Juana nahm sich heraus, die Tochter Eva María zu nennen. Mädchen hießen normalerweise María Rosa, María Clara, María Elena. María Eva klang christlicher als Eva María. Zwanzig Jahre später hatte sich hierin nichts geändert: Peróns dritte Ehefrau, die den »Kampfnamen« Isabelita angenommen hatte, war im Register als Estela aufgeführt. Doch für ihre Funktion als Präsidentengattin nannte sie sich María Estela.

Evitas Geschichte zeigt sich ebenso in ihren Namen wie in ihren Frisuren und könnte folgendermaßen erzählt werden: Sie hieß Eva María Ibarguren, doch ihre Mutter stellte sie überall als Eva María Duarte vor. Ihr Schauspielername war Eva Duarte (oder Durante). Nach der Eheschließung wurde sie zu María Eva Duarte de Perón. Nach ihrer Rückkehr aus Europa war sie nur noch Eva Perón. Sie wollte, daß das Volk sie Evita nannte. Sie starb, noch bevor man ihren wahren Namen erfuhr.

Nach der offiziellen Version fand die Heirat am 22. Oktober in Junín statt. Eine allgemein akzeptierte Version, die dortige Nachbarn noch ausschmückten, indem sie versicherten, sie hätten gesehen, wie Doña Juana nicht Tischdecken, sondern Gardinen bügelte. Zur Feier des Ereignisses machte sich Doña Juana verständlicherweise daran, ihr Haus in der Calle Arias 171 herzurichten. Der Notar Hernán Ordiales soll sie im gegenüberliegenden Standesamt getraut haben. Nach der Zeremonie sollen das Paar, die Familienangehörigen und die Gäste nur die Straße überquert haben, um bei Doña Juana auf das Brautpaar anzustoßen. Doch es gibt keine Augenzeugen, da außer den nächsten Angehörigen niemand eingeladen war. Man könnte vermuten, die Frauen hätten tatsächlich angenommen, die Feier würde im Haus der Mutter stattfinden, und daß das Brautpaar sie dann mit der Wahl eines geheimeren Ortes überraschte. Als Experte im Legen falscher Fährten könnte Perón sie bis zum Schluß im Glauben gelassen haben, es gebe eine Familienfeier, als Ablenkungsmanöver: Je mehr sie bügelten, desto sicherer würden die möglichen Verschwörer annehmen, daß die Hochzeit in Junín stattfinden sollte. Nach Peróns Sturz tauchten noch andere Versionen auf: Hernán Ordiales soll dem Paar gesetzeswidrig die Bücher der Stadt Junín nach Buenos Aires gebracht haben. Wie häufig in dieser Geschichte lassen sich die Gerüchte über bestimmte Fakten als Versuch der Täuschung erklären. Aber nicht immer.

Zum Beispiel ist verständlich, daß Evita nach ihrer falschen Geburtsurkunde erst 23 Jahre alt war statt 26. Diese Lüge sollte sie nicht jünger machen, sondern ihre uneheliche Geburt kaschieren. Warum aber erschien Perón als Junggeselle und nicht als Witwer? Doña Juana wurde aus verständlichen Gründen als Ehefrau von Juan Duarte geführt. Allerdings glänzt die in solchen Fällen vorzulegende Heiratsurkunde durch Abwesenheit. Warum hat man sich nicht die Mühe gemacht, auch diese Urkunde zu fälschen, wo man schon dabei war? Auch hier zeugt die stümperhafte Arbeit von mangelndem Respekt.

Viele Jahre später gab der Notar Ordiales Informationen über die Hochzeit an die Verfasser der HISTORIA DEL PERONISMUS (Geschichte des Peronismus, in der Zeitschrift PRIMERA PLANA, 22. Juli 1965) weiter. Nach seiner Aussage fand die Zeremonie in Junín statt, und Perón und Eva waren so gerührt, daß sie fast traurige Gesichter machten. Der Bräutigam trug einen grauen Anzug, sie ein elfenbeinfarbenes Kostüm, »in Kontrast zu ihrem langen, blonden Haar«. Genau betrachtet, müßte Evas Haar sich der Jackenfarbe angepaßt haben, statt sich abzuheben. Elfenbeinfarben von Kopf bis Fuß, ihr gebleichtes Haar, ihr wächserner Teint und ihr blasses Kostüm, all das muß gelblich gewirkt haben (wenn man dem Notar glaubt) oder zumindest farblos.

Eine fast unsichtbare Gestalt, der Diskretion oder dem Mysterium der Zeremonie entsprechend. Sind uns noch mehr Details entgangen? War Junín vielleicht nicht Junín, sondern Luján? Bei einer telefonischen Nachfrage weigerte sich Ordiales, weitere Informationen zu geben. »Ich schreibe ein Buch«, meinte er, »in dem ich alles sage.«

Die kirchliche Hochzeit war nicht minder schlicht. Sie war für den 26. Oktober in La Plata angesetzt, was nur wenige Vertraute wußten. Doch trotz des Geheimnisses hinderte die Menge den Bräutigam am Betreten der Kirche. Daher wurde die Zeremonie auf den 10. Dezember verschoben. Auch an diesem Tag riegelte die Menge die Kirche von San Francisco ab, so daß die Jungvermählten sich durch die Hintertür retten mußten.

Das ist alles, was über die Hochzeit bekannt ist. Kein Foto von Evita mit langem Tüllschleier wurde uns überliefert. Pater Hernán Benítez, der Jesuit, der Evitas Beichtvater werden sollte, ist der einzige, der sich zu diesem Thema geäußert hat. Doch wir haben eine Zeitangabe: Evitas Trauung fand um 20 Uhr 25 statt. Das wäre ein unwichtiges Detail, wenn es nicht genau mit der »offiziellen«, wohl ebenfalls falschen Todeszeit übereinstimmte.

Benítez und Evita lernten sich kennen, als beide bei Radio Belgrano arbeiteten. Er als Modeprediger in einer religiösen Sendung. Beeindruckt von seiner Redegewandtheit, hatte Evita ihn um eine Unterredung gebeten, doch der Priester war nicht zu dem Treffen gekommen. Jahre später hatte Benítez sich mit Perón angefreundet, der sie einander vorstellte. »Ich kenne Sie«, hatte sie lächelnd zu ihm gesagt. »Einmal, vor langer Zeit, wollte ich mich mit Ihnen treffen, aber Sie haben mich versetzt. Klar, damals war ich nur eine unbedeutende, nichtsnutzige Schauspielerin!« Benítez blieb nichts anderes übrig, als sich an die Brust zu schlagen und zuzugeben, seinerzeit sei er der elitäre Priester gewesen, dem sich nur Aristrokraten näherten. Der Beweis war, daß er sich nicht einmal mehr an das Gesicht der kleinen Darstellerin mit spirituellen Ambitionen erinnerte. Benítez bereitet ebenfalls ein Buch über Eva vor, das nach seinem Tod publiziert werden soll. Kommen wir wieder zur Trauung, zu der wir nur sagen können, daß Evita sich irgendwie hinter verschlossenen Türen trauen ließ und erst während der Wahlkampagne an die Öffentlichkeit trat.

Zunächst verbrachte das frischvermählte Paar einige Tage bei Ramón Subiza in San Nicolás und dann auf Peróns Landgut in San Vicente: ein karges Militärgebäude in spartanischer Schlichtheit, mit Wänden voller Waffen und Harnischen. Die Fotos zeigen sie lächelnd und lässig vor dem Steinportal, ihn in Pluderhosen und Stiefeln, sie in Hosen und fast ganz offenem Haar. Glücklich? Perón, der das gegrillte Fleisch der Asados, Gartenarbeit und Ausritte, Hundebabys und Tauben liebte, hielt sich leidenschaftlich gern in San Vicente auf. Evita machten die zwangsläufig untätig verbrachten Sonntage auf dem Land weniger Freude. Besonders Peróns Siestas haßte sie. In diesen endlosen Stunden strich sie durchs Haus, während in der absoluten Stille das Schnarchen ihres Mannes aus dem Schlafzimmer drang. Mit der Zeit wurde der Schlaf ihr ebenso zur Qual wie das Essen. Sie floh immer häufiger die Trägheit und Feuchtigkeit des geteilten Bettes.

Doch noch war es nicht so weit. Vorläufig blieb das Paar durch ein der Liebe ähnliches Gefühl vereint. Zudem sah Perón sich diesmal selbst gezwungen, die Siesta abzukürzen. Seine Anwesenheit in Buenos Aires schien ihm unerläßlich. Nach der Rückkehr zogen sie offiziell in Evitas Wohnung um, wo sie tatsächlich bereits seit einem Jahr wohnten. Perón hatte nur aus Gründen der Schicklichkeit so getan, als wohne er gegenüber. Eine Gelegenheit, die Doña Juana sofort ergriffen hatte, um sich in der Calle Posadas niederzulassen, unter dem Vorwand, die wilde Ehe durch die mütterliche Anwesenheit zu vertuschen. Die Ehe erlaubte es ihnen nun, Peróns Wohnung als Büro einzurichten und vor aller Augen bei Evita zu wohnen. So kam es, daß Perón im Zimmer eines Filmsternchens landete, wo seine Stiefel schlecht zu einer Bettdecke voller Volants und himmelblauer Bänder paßte.

Für Evita war die Einrichtung ihres Schlafzimmers kein Problem. Sie hatte es ohne Umstände möbliert und sich nicht einmal gefragt, ob es angebracht war, die Puppe mitten auf dem Bett zu plazieren. Ihr Salon hingegen, wo die Gesellschaft Zugang hatte, spiegelte ihre Unsicherheit wider: eine Ängstlichkeit, erkennbar wie die Gesichtszüge, die allen, denen guter Geschmack in die Wiege gelegt wurde, fremd ist. »Es wirkte wie von Laurel und Hardy eingerichtet«, schreibt Paco Jamandreu. »Da waren teure, doch so schlecht zusammenpassende Möbel, daß man sich fühlte wie Madame Récamier auf einem Diwan aus Brokat oder Milonguita vor einem riesigen Klavier, auf dem Evita sicher nur Staub wischte, denn sie spielte kaum. Auf dem Klavier stand ein klobiger Holzkarren mit einem Zinkblumentopf, woraus es auf die Tasten tropfte.« Der Karren (»es ist ein Geschenk«, meinte sie halb zornig, halb lächelnd, um der Mißbilligung der Innenarchitekten zuvorzukommen), stand neben einem Papageien und zwei Tauben mit Drahtbrillen. »Ja, das sind auch Geschenke«, ereiferte sich Evita diesmal ehrlich. »Perón, dieser Dummkopf, stellt mir alles Mögliche auf das Klavier!«

Der so Beschimpfte hatte sie einer gewissen Señora Artayeta vorgestellt, einer Freundin des uruguayschen Botschafters, die ihr geraten hatte, Miniaturen an Samtbändern an die Wände zu hängen. Offenbar war das damals Mode. Doch Evita war unfähig, Maß zu halten. Der Satz, den Perón im Alter unzählige Male sagen sollte: »Alles im rechten Maß und in Harmonie«, klang wie eine über den Tod hinaus an sie gerichtete Botschaft. Miniaturen an der Wand waren in Mode? Na gut, dann hängte sie alles damit voll, von der Decke bis zum Boden. »Um die unteren zu sehen«, sagt Jamandreu, »mußte man sich auf den Boden legen.«

Nach der Hochzeit war ihr Hauptanliegen, jede Erinnerung an die frühere Evita zu eliminieren. Die Spuren ihrer Vergangenheit, seien es Radioaufnahmen, Filme oder Werbefotos, mußten vollkommen verschwinden. Yankelevich und Machinandearena gaben ihr alle, die sie besaßen. DIE VERSCHWENDERIN wurde in einer privaten Vorstellung bei Ramón Subiza vorgeführt; alle anderen Kopien wurden vernichtet. Und Evita hing an diesem Film in einer Mischung aus Nostalgie, Bedauern und unterschwelligem Groll, was sie verarbeitete, indem sie selbst die Señora wurde. Aber wie bitter, diese erste Vorführung, die auch die letzte sein sollte! Niemand würde je DIE VERSCHWENDERIN sehen. Im Grunde ihres Herzens wußte sie, mit welcher scheinheiligen Absicht man ihr die Rolle gegeben hatte. Ein seltsames Schicksal: die erfolgreichste Frau Argentiniens war als Schauspielerin gescheitert.

Trotz allem sah sie sich selbst doch mit kritischen Augen. Ihre Rundungen auf der Leinwand beunruhigten sie. »Ihre Aufnahme macht mich dick«, beklagte sie sich bei Regisseur Mario Soffici. Dieser erwiderte ihr, zur Zeit der Aufnahmen sei sie etwas fülliger gewesen. Eine freundliche Lüge, denn 1946 nahm die frisch Vermählte weiterhin zu. Vor allem die Wangen wurden runder. Obwohl man das nicht wirklich beurteilen konnte, da sie unentwegt schüchtern lächelte. Später erlaubte sie sich nicht mehr ständig zu lächeln, und da fand man sie unweiblich, als ob nur ein naives Lächeln oder keusche Rundungen einer Frau würdig wären. Doch 1946 war sie noch »weiblich«, was auch ihre Blumen, Schleifen, Kissen und ihre Körperrundungen bezeugten. Dieses Frauenideal galt natürlich nur für die kleinbürgerliche Filmdarstellerin. Da die Damen der guten Gesellschaft ein anderes Ideal hatten, rollten sie ostentativ das R, wenn sie das verpönte Wort aussprachen: »GORRRRDA!« (dick!).

Im Zug

Die Kampagne für die Präsidentschaftswahlen. 1946 mußte Perón sich mit einem typischen Problem seiner Bewegung auseinandersetzen: den innerparteilichen Differenzen. Dieser große Charmeur stimmte allen zu, die an ihn herantraten, ob rechts oder links. Und später kamen die, die ihm vertrauten, und forderten ein, daß er sein Versprechen hielt. Unter ihnen befanden sich auch die Arbeiterpartei PARTIDO LABORISTA, gegründet von Cipriano Reyes und Luis Gay, die Junta der Erneuerung, JUNTA RENOVADORA, eine Abspaltung des Partido Radical, die Nationalisten, darunter Konservative und Kommunisten, etwa Rodolfo Puiggrós.

Am unbequemsten waren die LABORISTAS. Diese Gewerkschafter hatten in ihrer Arglosigkeit nichts Besseres zu tun, als Mercante zum Kanditaten für die Vizepräsidentschaft aufzustellen, zu Peróns Ärger, der einen listigen Caudillo wie Quijano bevorzugt hätte. Mercante war zu ehrlich und konnte ihm die Schau stehlen. Sicherlich war er loyal, nur glaubte Perón nicht an Loyalität. Schwächen waren leichter zu greifen und interessierten ihn mehr, denn der Schwache ließ sich eher manipulieren. Doch die Loyalen? »Einem treuen Freund«, pflegte er zu sagen, »sollte man am besten einen zu Seite stellen, der ihn im Auge behält.«

Um all die verschiedenen Anhänger unter einen Hut zu bekommen, löste Perón den PARTIDO LIBERAL und die JUNTA RENOVADORA kurzerhand auf. Die kleineren Gruppen lösten sich von selbst auf. Statt dessen gründete Perón die einheitliche Revolutionspartei, PARTIDO UNICO DE LA REVOLUCION, die bald zur Peronistischen Partei, PARTIDO PERONISTA, werden sollte. Mercante versprach er, ihn zum Gouverneur der Provinz Buenos Aires zu ernennen, weshalb seine rechte Hand die Kandidatur für die Vizepräsidentschaft aufgab.

Diesmal brauchte Perón noch nicht, wie später, auf seine Frau zurückzugreifen, um den Freund loszuwerden. Dafür erreichte er aber, daß sie Cipriano Reyes vertrieb, was dieser in seinen Memoiren erzählt. Eines Tages unterhielt Reyes sich in der Calle Posadas mit Perón, als Evita in den Salon trat. »Ich will mehr Radikale aufgestellt haben«, meinte sie, »denn ich bin sehr radikal«. Reyes war ein aufbrausender Autodidakt mit Minderwertigkeitsgefühlen, ein Savonarola des Arbeiterkampfes. Als er das vernahm, wurde er leichenblaß. Wie? Eine Schauspielerin zweifelhaften Rufs erdreistete sich, in ein Gespräch unter Männern hineinzuplatzen, noch dazu in einem feuerroten Negligé, und ihm, Cipriano Reyes, dem zähen Kämpfer, Befehle zu erteilen? Er sah zu Perón in der Erwartung, daß er wie ein Mann reagieren würde. Doch dieser heuchelte quasi betreten: »Da bin ich ganz ihrer Meinung.«

Einige unserer Zeugen haben einzelne Indizien zusammengetragen, die zeigen, wie Perón Evita einsetzte. In diesem Fall ging es nicht darum, auf den Tisch zu hauen (was den Männern vorbehalten ist). Sie brauchte nur zu seufzen, um ihn auf etwas aufmerksam zu machen. Auf Evitas Frage, die nicht auf sich warten ließ, murmelte er widerwillig irgendeine Antwort. Doch sie war nicht taub und sog seine Worte regelrecht auf. Dann beklagte Perón sich über einen Parteikollegen oder einen Gegner, doch eher wie gekränkt, als hätte man sein Vertrauen mißbraucht. Es war genau berechnet, wenn er sie zu seinem Sprachrohr machte, das seine Worte wider seinen Willen verkündete. Evita nahm sich solcher Klagen sofort an. Und Perón wiegte den Kopf halb tadelnd, halb gerührt, wobei er in väterlichem Ton ausrief: »Ach, diese Evita! Was für ein Mädchen! Sie wird sich wohl niemals ändern!«

In seinen Reden erklärte Perón damals, seine Lehre leite sich aus der päpstlichen Enzyklika her. Es sei im wesentlichen eine christliche Soziallehre. Pater Benítez versichert, hinter diesen Reden gestanden zu haben, was nicht von der Hand zu weisen ist. Es war eine einfache Botschaft, leicht eingängig und geeignet, das Volk zu gewinnen, ohne die Bürgerlichen zu schockieren. Perón sagte den Arbeitern, genau genommen gebe es auch gute Herren. Mit seiner Standardrede, die er wie ein Banner vorausschickte, begann seine Wahlkampagne. Am 26. Dezember nahm er einen Zug, den er DESCAMISADO taufte. Er fuhr in den Norden des Landes. Seine Gegner nahmen einen anderen Zug, den sie VICTORIA nannten, eine Anspielung auf das Symbol für den siegreichen Kampf gegen die Nazis, bei dem Zeigefinger und Daumen ein V bildeten. Beide Züge waren Ziel von Attentaten. Diese bei argentinischen Präsidentschaftswahlkämpfen ungewohnte Gewalt machte deutlich, was auf dem Spiel stand.

Die größte Neuigkeit dieser Reise aber war die Anwesenheit einer Frau. Bisher hatte noch keine Ehefrau ihren Mann auf einer solchen Tour begleitet. Doch Evita war dabei. Immer noch schweigend, aber sie war da. Bald wurde klar, daß es dem Volk genügte, sie zu sehen und sie anzufassen.

Sie fuhr nicht zur gleichen Zeit wie Perón, sondern sie trafen sich in Santiago del Estero am 31. Dezember. Gleichzeitig veröffentlichte das peronistische Blatt LA EPOCA, das Eduardo Colom gehörte, zum ersten Mal die Nachricht von der Eheschließung. Warum wurde sie nicht gleich in den großen Zeitungen publik gemacht? Offensichtlich wollte das Paar nicht zu sehr auf eine Hochzeit aufmerksam machen, die auf falschen Papieren basierte.

Die Route des DESCAMISADO verlief wie Evitas Theatertournee, nur in umgekehrter Richtung: Rosario, Córdoba, Mendoza. Das waren die Schauplätze ihrer früheren Fehlschläge, an denen man sie heute jubelnd feierte. Hat sie wohl an José Franco gedacht? (»Wenn du nicht mit mir schläfst, bist du gefeuert«), oder hat sie die Erinnerungen verjagt wie eine lästige Fliege? Sie muß versucht gewesen sein, sich an allen Sapos dieser Welt zu rächen, aber nur kurz, denn die Gegenwart erfüllte sie ganz! Die Fotos von dieser Reise bezeugen eine vergangenheitslose Glückseligkeit. In dem Moment, wo uns Gerechtigkeit widerfährt, verläuft das Leben so einfach, daß die verrücktesten Träume wahr werden, wie reife Früchte, die uns in den Mund fallen. Dann reagieren wir, als hätten wir nie bittere Früchte gekostet. Evita sollte zwar Rache nehmen, aber erst später, als sie nicht mehr so glücklich war. Vorläufig verhielt sie sich in diesem Zug, als sei nichts erstaunlich an dem, was ihr geschah. Das Glück scheint selbstverständlich. Man sollte meinen, das Unglück verstößt wider die Natur, wider die Regeln der Vernunft.

Ihr Gesicht am Zugfenster. Ihr Lächeln. Ihr blondes Haar wie aus einer anderen Welt. Die dunklen Volksmassen drängen sich, um Perón zu sehen, und entdecken Evita: leibhaftig sie, mit Leib und Seele. Das Gegenteil von ihrem Mann, der im heißen Klima schnell ermüdet und sich von einem Double vertreten läßt. Sobald er seine Rede gehalten hat, stiehlt er sich davon. Dann zeigt sich ein anderer Perón am Fenster und lächelt mit Peróns Lächeln, grüßt wie Perón mit ausgebreiteten kurzen Pinguinarmen. Ohne Zweifel eine praktische Lösung. Aber wie konnte man das Lächeln des echten Perón vergessen, das auf seinem Gesicht leuchtete, während er sich in innerer Gefühlskälte zurückzog? Oft lächelte er so, als sei er selbst sein Double.

Evita entzog sich nicht. Von der trockenen Pampa der Provinz Córdoba, wo im heißen Monat Januar das Land in der Sonne verbrannte, schlug ihr ein glühendheißer Staub ins Gesicht, der zwischen den Zähnen knirschte. Und Santiago! Santiago del Estero! Eine weiße, gleißende Sonne stach wie Dornenbüsche. Wenn man den Kopf aus dem Fenster streckte, war es, als steckte man ihn in einen Backofen. Ihre Haut drohte auszutrocknen wie der Boden. Doch sie sorgte sich nicht um ihre Haut. Angesichts der stämmigen Frauen, die nach Schweiß rochen und ihr ihre Kinder entgegenstreckten, verlangten ihre Finger nur nach einem: sie zu streicheln. Sich am ganzen Körper anfassen, abtasten, untersuchen zu lassen von diesen dunklen Gestalten, als seien sie blind und wollten sich ihrer Existenz vergewissern. Ihre rauhen Hände. Perón entsetzte es, wenn man ihn anfaßte. Seine gerötete, von der Schuppenflechte zerfressene Haut zeigte deutlich seinen Abscheu vor Liebkosungen, während Evitas Perlmutthaut sich ganz den Elenden mit ausgestreckten Armen öffnete. Nackte, weiße Arme. Sie anfassen bedeutete, einen Pakt besiegeln. Je weiter der Zug in das unwirtliche, trockene Land vordrang, auf dem die winzigen Ranchos aus Lehmziegeln wie verloren in einer riesigen Feuersbrunst anmuteten, desto fester nahm sie sich vor, die »Schuld« auf ihre Art zu begleichen.

Gen Nordwesten wurden die Gesichter immer indianischer und ausdrucksloser: zwei Augenschlitze, wie mit dem Messer in rötliches Leder geschnitzt. Das gleiche Gesicht schien sich von Station zu Station zu vervielfältigen. Für ihn, nicht für sie. Unfähig, diese Gesichter in einer abstrakten Größe als »Volk« zusammenzufassen, konnte Evita nicht anders, als sie einzeln zu identifizieren. Das hat sie niemals aufgegeben. Zählen hieß auch sich erinnern, sich jeden Gesichtszug einprägen. Sie hatte ein unglaubliches Gedächtnis, in dem sie Tausende von Gesichtern speicherte. Später sollte sie von der CASA ROSADA aus die ungeheure, schwarze Menschenmasse auf dem Platz betrachten und versuchen, möglichst viele einzeln zu erkennen, sie zu zählen und sie auch zu überwachen. Mit versteinertem, zusammengekniffenem Gesicht wird sie von der unglaublichen Vermehrung der Zellen in ihrem Körper aufgezehrt werden, eine Replik auf die unglaubliche Vielzahl der erinnerten Personen. An ihrer Seite wird er hingegen automatisch sein verführerisches Lächeln anknipsen, die unförmige, einheitliche Masse mit hoch erhobenen Armen wie ein Box-Champion bgrüßen.

Die Fotos von der ersten Reise wie von den nachfolgenden zeigen sie mit weißer Bluse und passendem Rock, mit einem unter dem Kinn geknoteten Kopftuch, frisch wie eine Rose selbst bei fünfzig Grad im Schatten. Außer ihrer frühlinghaften Frische beeindruckt ihre Sanftheit: ein leicht zur Seite geneigter Kopf. Die Pose einer Fee oder Prinzessin, die der Schauspielerin bei dieser Gelegenheit am passendsten scheint und doch tiefer sitzt. Von den zwei widersprüchlichen Bildern, die von Evita geblieben sind – sanft oder nervös, mit verträumtem oder durchdringendem Blick –, zeigt sich ersteres auf dieser Reise immer wieder, als mache das Glück, dort zu sein, das andere überflüssig.

Die zweite Reise war eine weniger harte Probe für ihre Porzellanhaut. Das Paar bereiste den Paraná an Bord der PARIS, um die angrenzenden Provinzen zu besuchen: Entre Ríos und Corrientes. Hier war die Dürre durch spiegelnde Nässe ersetzt. Die PARIS fuhr mitten auf dem Fluß, der so breit ist, daß man kaum die Ufer sieht, lehmige Steilufer, die die Stadt Paraná ankündigen, oder voller winkender Palmen, sich wiegender Bäume, die den Vorbeifahrenden damals zu applaudieren schienen. Manchmal waren es nicht Wipfel, sondern Hände. In Rosario erwartete sie eine Menschenmenge am Ufer, winkte von ferne mit Taschentüchern im Wind. Wenn man sich vorstellte, daß dieser klare Fluß der gleiche war, der sich im Delta in ein trübes Labyrinth verwandelte! Auch hier spiegelte der Paraná ihr Leben wieder. Ihre Seelen. Evas geradlinig; Peróns vielfach verzweigt.

Bisher hatte Eva, sicherlich sehr zu ihrem Bedauern, noch keine Rede gehalten. Am 4. Februar hatte sie schließlich ihr Debüt, mit katastrophalem Ergebnis. Ein Verband peronistischer Frauen hatte ein Treffen zur Unterstürtzung des Gespanns Perón-Quijano organisiert. Diese Frauen erwarteten nur Perón. Da der Caudillo aber leicht erkrankt war, kam er auf die Idee, Evita zu schicken, vielleicht, um sie auf die Probe zu stellen. Er muß sich im letzten Moment entschlossen haben, denn Evita traf mit zwei Stunden Verspätung im Luna Park ein, die nötige Zeit, damit ihr alter Skriptschreiber Muñoz Azpiri ihr eine Rede schreiben und sie sie auswendig lernen konnte.

Die zwei Stunden Wartezeit hatten die Atmosphäre im Saal aufgeheizt. Die Frauen stampften und klatschten rhythmisch vor Ungeduld. Nichts zu machen: Sie wollten Perón, und nichts lag ihnen ferner, als wohlerzogen Ruhe zu bewahren, während die Frau des Coronel ihnen eine »Botschaft« in ihrem besten Stil übermittelte. Evita versuchte, die Stimme über das Geschrei zu erheben. Vergeblich. Später sollte ihre Stimme rauher, heiserer, bestimmter werden. Vorerst wirkte sie wie ein Vögelchen, das sich heiser krächzte, um Ruhe zu erbitten. Evita, die Spielverderberin: Für das weibliche Publikum bedeutete diese farblose Blondine eine Rivalin. Es begann die Eskalation des politischen Erotismus. Erst später waren die peronistischen Frauen bereit, sich mit Evita zu identifizieren und über sie Perón zu lieben. Doch an diesem Tag gerieten sie außer Rand und Band. Als sie hinausgingen, hoben sie die Röcke, um ihre Höschen zu zeigen mit den Worten: »Wir wollen ein Kind von Perón«. Sie belästigten die Passanten, vor allem Krawattenträger (die Oligarchen), so daß die Polizei sie mit Tränengas auseinandertreiben mußte.

Bei seiner Kampagne erhielt Perón zwei unerwartete Hilfen. Spruille Braden, der nordamerikanische Botschafter, der Büffel, war heimgekehrt. Er war der Kopf hinter dem vom State Departement veröffentlichten BLAUEN BUCH, in dem Perón als Nazi angeklagt wurde. Doch der argentinische LIDER münzte diese willkommene Anschuldigung in einen Wahlslogan um: »Braden oder Perón«. Dieser chaotische Mann wurde aus Vernunftgründen zum Manichäer und zeigte dem Volk, daß es mit seiner Wahl ein für einen Patrioten unerträgliches Dilemma lösen mußte. Bei der Wahl zwischen einem Nordamerikaner, der sich in innerargentinische Angelegenheiten einmischte, und einem rechtschaffenen Argentinier konnte kein braver Bürger zögern. Später sollte die Liebe des Peronismus für krasse Alternativen beängstigende Ausmaße annehmen. In dieser neuen Simplifizierung sollte »Braden« durch »Tod« ersetzt werden. Der Ruf »Perón oder der Tod« hat lange Zeit alle diejenigen entmutigt, die auf Nuancen hielten und weder das eine noch das andere gewählt hätten. Komik oder Tragik der Geschichte: Nur Eva, die Manichäerin, glaubte wahrhaft an diese so inhaltsleeren Parolen.

Die zweite Unterstützung kam von der Kirche. Es war eine scheinheilige Hilfe, bei der man zwischen den Zeilen lesen mußte. Die Kirche verkündete ihre Neutralität und verbot gleichzeitig ihren Schäfchen, eine Partei zu wählen, die für Scheidung eintrat, was für alle Parteien galt, ob liberale oder linke, mit Ausnahme der Peronisten. Eine weitere Ironie der Geschichte ist, daß Perón nach Evitas Tod das Scheidungsgesetz durchsetzte. Doch vorläufig gab er vor, ein katholisches Programm zu vertreten. Und die Katholiken aus guter Familie sahen sich in einem erneuten Dilemma: Wie sollten sie ihren Bischöfen gehorchen, ohne ihre Gesellschaftsschicht zu verraten, der der populistische Politiker verhaßt war? Indem er seinen Glauben hochhielt (eher Aberglauben, da er sich auf ein Heiligenbildchen in einer Ecke beschränkte), unterschied Perón sich von den von Natur aus atheistischen Faschisten und machte sich dabei noch einen Spaß daraus, seine Gegner zu spalten. Allerdings hat der Faschismus generell ein unklares Verhältis zur Kirche gehabt, und kein Faschismus hat je seine inkonsequente Position zwischen Atheismus und politischem Paktieren mit der Kirche geklärt.

Simplifizierung auf der einen Seite, Verwirrung auf der anderen, und massive Unterstützung durch das Volk: die Gleichung ging auf und führte die Peronisten zum Sieg. Am 24. Februar 1946 erzielte das Gespann Perón-Quijano 52 Prozent der Wählerstimmen.

Die nackten Schultern der Präsidentin

Vier Monate vergingen vom Wahlsieg bis zur offiziellen Machtübernahme. Vier Monate, in denen Evitas Existenz sich zwischen ihrer Vergangenheit als Schauspielerin und ihrer Zukunft in der Politik bewegte. Von Natur aus bekam ihr diese Zwitterstellung blendend. Mit kindlicher Freude schwamm sie in zwei Wassern. Diese wenigen Monate waren die einzige Zeit ihres Lebens, in der sie sich jung fühlte. Mit fünfzehn Jahren kämpfte sie schon für ihren Lebensunterhalt. Mit sechsundzwanzig konnte sie zum ersten Mal unbekümmert tun, wozu sie Lust und Laune hatte, und einfach bezaubernd sein. In einer Zeit, da man sich in Argentinien nicht wie heute mit jedem duzte, redete sie wichtige Herren unbekümmert mit »du« an. Das Leben gehörte ihr, denn sie selbst war erst ein Projekt. Da sie wußte, daß das nicht von Dauer sein konnte, beeilte sie sich, es zu genießen, ein bißchen prahlerisch, um die Angst zu verdrängen.

Ein symbolträchtiger Tod verdarb ihr den Spaß. Anita Jordán, ihre beste Freundin aus schlechten Zeiten, starb an Krebs. Evita und Anita hatten das Zimmer in der Pension geteilt, den aufgebrühten Mate und die Kleider. Wenn eine mit dem einzigen vorzeigbaren Kleid ausging, blieb die andere im Bett.

Ausgerechnet Krebs: eine Krankheit, von der man nur hinter vorgehaltener Hand sprach. Seit 1945 verfolgte Evita diese Krankheit ganz aus der Nähe. In dem Jahr hatte sie Anne-Marie Heinrich mit Fragen bestürmt, deren Mutter auch daran gestorben war, und ihr verraten, Doña Juana habe die gleichen Symptome. Die berühmte deutsche Fotografin, von der viele Aufnahmen Evitas stammen, war verblüfft über ihre Kenntnise in diesem Bereich.

Anitas Tod war für Evita wie die Totenköpfe, die man bei den antiken Gelagen angeblich auf den Tisch stellte, damit niemand vergaß, daß Glück vergänglich ist. Anita bedeutete jedoch viel mehr als eine entbehrungsreiche Vergangenheit. Sie war auch die Art von Frau, mit der Evita sich nicht mehr sehen lassen konnte. Da sie aus der Zeit ihres Alleinseins aber an den kameradschaftlichen Umgang mit Frauen gewöhnt war, suchte sie jetzt nach Ersatz: Frauen aus einem anderen Milieu, mit denen sie sich in ihrer neuen Rolle schmücken konnte.

Sie fand zwei: die besagte Isabel Ernst und Lilian Lagomarsino de Guardo.

Um zu verstehen, warum Evitas Wahl auf Lilian fiel, muß man mit Perón beginnen, der gerade dabei war, seine Mannschaft auszuwählen. In der ersten Zeit fürchtete Perón sich noch nicht so sehr vor möglichen Rivalen wie später. Folglich wagte er es, sich mit fähigen Leuten zu umgeben, und sein erstes Kabinett war weitaus besser als alle folgenden. Doch schon zeichnete sich unter Evitas Einfluß die Tendenz ab, seine Mitarbeiter nach Kriterien der Loyalität auszusuchen, wie sie sagte, und der Folgsamkeit, die ihrer Meinung nach wichtiger war als Intelligenz. Zu den in dieser Hinsicht aufschlußreichen Ernennungen gehörten die von Rudi Freude und Juan Duarte. Der zweite Adlatus wurde zum Privatsekretär des Präsidenten ernannt, was dazu beitrug, die Machtposition seiner Schwester zu stärken.

Doch Evita blieb isoliert. Mangels eines vorzeigbaren sozialen Umfelds mußte sie auf Peróns Bekanntenkreis zurückgreifen, um daraus ihre zukünftigen Freundinnen zu rekrutieren. Rudi konnte jedoch leider nicht viele Frauenbekanntschaften vorweisen (die Opposition lästerte, dieser fast zu hübsche Deutsche sei der Liebhaber des Präsidenten). Juancito wiederum war von vielen Frauen umgeben, darunter seinen zwei offiziellen Geliebten, den Schauspielerinnen Fanny Navarro und Elina Colomer, die Evita gut kannte. Sie zog Fanny der anderen tausendmal vor; Fanny war eine echte Freundin, mit der sie sich stundenlang hinter verschlossener Tür unterhalten konnte, was Perón nervös machte. Was hatten sie nur so lange zu bereden? Evita hielt Fanny für eine ausgezeichnete Schauspielerin und meinte, sie übe einen guten Einfluß auf ihren »flatterhaften« Bruder aus. Doch sie war nicht gerade der geeignete Umgang für Evita. Sie schätzte auch sehr Señora Mercante, die Ehefrau des Gouverneurs der Provinz Buenos Aires. Unglücklicherweise hatte man ihr aber seine Geliebte Isabel Ernst aufgedrängt. Obwohl Isabel eine vornehme Dame war, konnte sie ihr in Fragen der Mode oder des Auftretens in der Gesellschaft kaum Ratschläge erteilen.

Ein weiterer von Peróns Mitarbeitern mit wachsendem Einfluß war Alberto Dodero, einer der reichsten Geschäftsmänner Südamerikas. Er hatte sich mit Evita eng befreundet, und er wurde jeden Samstag nach San Vicente eingeladen, wo beide sich die Zeit beim Rommé vertrieben, bis Perón sich von seiner geheiligten Siesta erhob. Doderos Frau, Betty Sundmark, war eine Nordamerikanerin aus Chicago, ein Ex-Revuestar. Ein Grund mehr, wie man meinen sollte, sich mit Evita anzufreunden. Doch das Gegenteil war der Fall. Evita war schwierig geworden und meinte schroff: »Eine Schauspielerin in der Regierung genügt«.

Unter Peróns Freunden gab es noch Ricardo Guardo, einen Zahnarzt aus guter Familie, der ihn vom ersten Moment an unterstützt hatte und zum Präsidenten der Abgeordnetenkammer avancierte, bevor er in Ungnade fiel. Seine Frau Lilian war die Auserwählte.

Lilian war eine konventionelle Familienmutter. Sie kam aus guter Familie, war elegant, gebildet und hatte vier Kinder, denen ihr ausschließliches Interesse galt. Daß die Wahl auf sie fiel, schlug bei ihr ein wie eine Bombe. An einem Wochenende nahm ihr Mann sie mit nach San Vicente, um sie dem Präsidenten und seiner Gattin vorzustellen. Lilian hatte bisher ein so zurückgezogenes Leben geführt, daß Perón bei ihrem Anblick überrascht war: Er wußte gar nicht, daß Guardo verheiratet war. Vermutlich trug Lilian an jenem Tag ein einfaches Kleid für den Landausflug. Evita hatte ihrerseits ihre Lieblinggskluft an: Peróns Pyjama, in der Taille geknotet, und zwei hübsche Zöpfe. Als es Zeit fürs Abendessen war, bat Perón sie, etwas zu kochen. »Ich habe keine Lust«, erwiderte sie. »Ich werde ein paar Büchsen öffnen.

Der Zahnarzt hat diese Anektdote selbst Navarro und Fraser erzählt. Perón, Lilian und er blieben im Salon und taten amüsiert, als sie Evitas Stimme aus der Küche vernahmen. Sie rief laut nach Guardo. Guardo lief los und fand sie mit ihren Erbsenbüchsen beschäftigt. Als sei nichts, begann sie mit einem Thema, das sie beschäftigte: das Kleid für die Feier am 4. Juni, wenn Perón seinen Amtseid leisten würde. »Ich habe mit Betty Sundmark gesprochen«, meinte sie. »Sie will mir eines ihrer Kleider leihen. Aber ich weiß nicht. Sie ist Nordamerikanerin, eine Ausländerin! Weiß sie denn, was man hier in Argentinien zu einem solchen Anlaß tragen muß?« Dabei hantierte sie mit dem Büchsenöffner, als sei er der Schlüssel zum Geheimnis. Endlich traute sie sich. Sie hatte Guardo nur wenige Male gesehen, und trotzdem richtete sie die erstaunliche Bitte an ihn: »Kannst du mich nicht in ein Geschäft begleiten und mir beim Aussuchen eines Haute-Couture-Kleides helfen?«

Noch überraschender als diese Bitte war die Antwort. Der Zahnarzt willigte ein, ohne zu ahnen, was mit Händen zu greifen war, daß Evita nämlich beim Anblick der jungen Ehefrau, die eine solche Eleganz und häusliche Ruhe ausstrahlte, brennend gewünscht hätte, sie zu bitten, es nur nicht wagte. Evitas Komplexe gegenüber »anständigen« Frauen erklären ihre scheinbare Unbefangenheit. Es fiel ihr leichter, sich an einen noch so distinguierten Mann zu wenden: Solche Männer kannte sie und wußte, wie man mit ihnen umging, während ihre Frauen ihr immer ein Rätsel blieben.

Bis hier ist alles verständlich. Schwieriger ist es mit Guardo. Ist es möglich, daß es ihm nicht in den Sinn kam, seine Frau vorzuschlagen? Evita setzte alle so in Erstaunen, daß sie unfähig waren zu reagieren und vor einer Frau, die ihnen fremd war, ihren gesunden Verstand verloren.

So kam es, daß er und nicht sie bei Bernarda erschien, einem Modehaus, wo die feine Gesellschaft verkehrte. Die Aussicht auf Evitas Besuch fand alles andere als Beifall bei der Besitzerin, die ohne Umschweife erklärte: »Das ist nicht die Sorte von Kundin, die hier zu verkehren pflegt.« Die zweite Reaktion war dann etwas besonnener: »Na ja, immerhin ist sie die Gattin des Präsidenten, oder?« Guardo konnte erleichtert aufatmen und eilte zum Telefon, um die gute Nachricht zu verkünden: Die First Lady war gerettet. Eine Modeschöpferin hatte ihr ihre Herkunft verziehen.

Am vereinbarten Tag probierte Evita alle Kleider von Bernarda. Doch in keinem fühlte sie sich wohl, noch wußte sie überhaupt, wonach sie suchte. Schließlich entschied sie sich für ein Kostüm mit Goldknöpfen und uniformartigen Epauletten. Guardo biß sich auf die Lippen, nahm allen Mut zusammen und meinte dann, daß bei der Zeremonie am 4. Juni alles voller echten Militärs sein würde, mit echten Epauletten, je nach Dienstgrad. Jetzt biß Evita sich auf die Lippten. Dem Blick der Verkäuferin ausweichend, wählte sie nun ein Abendkleid aus silbernem Seidenstoff im griechischen Stil, das eine Schulter frei ließ, und ein schwarzes Kostüm mit Fellschößchen um die Hüften.

Beim offiziellen Bankett am Vorabend des 4. Juni weihte sie ihr silbergraues Abendkleid ein. Es ist fraglich, ob die freie Schulter einen solchen Skandal ausgelöst hätte, wenn sie nicht einen Kardinal gestreift hätte. In ihrer Rolle als Präsidentengattin saß Evita dem Tisch vor. Links neben ihr: der Kardinal Santiago Copello. An ihrer linken Seite, also Seite an Seite mit der nackten Schulter!

Der Kontrast schien absichtlich für Komik sorgen zu wollen.

Copella hielt sich ganz steif, mit gefalteten Händen und zusammengekniffenen Lippen. Mit seiner Glatze und der Brille war er der Inbegriff des heuchlerischen Frömmlers. Und sie strahlte zuviel Schönheit aus. Ein größeres Problem als das Kleid war noch das Make-up. Natürlich hatte es auch mit dieser göttlichen, zu makellosen Schulter zu tun. Doch auch der Mund, sie hatte sich die Lippen über den Rand ausgemalt, damit sie voller wirkten, als sie waren. Und niemand hatte sie beim Rouge beraten. Später wurde ihr Beichtvater, Pater Benítez, ihr Berater in diesen Dingen. Nicht daß der Priester vorgab, ein Experte in Schönheitsfragen zu sein. Benítez beschränkte sich nur darauf, ihr zu verbieten, sich Augen und Wangen zu schminken. Damit machte er sie unsterblich, wenn schon nicht im spirituellen Sinne, so doch zumindest in ihrem unvergessenen Erscheinungsbild. So viele Jahre später wirkt Evita immer noch schön dank des fehlenden Make-Ups auf den Fotos nach 1947. Ohne jede Spur der Zeit auf der Haut, auf den Lidern, vielleicht ein Hauch von Rot, um die Konturen der Lippen zu betonen, lächelt uns Evita als Frau von heute zeitlos entgegen.

Kurze Zeit später erschien Sofía Bozán, eine beliebte Schauspielerin vom Revuetheater, mit schrägem Ausschnitt. Auf der nackten Schulter trug sie einen ausgestopften Vogel. Nicht irgendeinen Vogel, sondern einen mit rotem Häubchen, den man in Argentinien Kardinal-Vogel nennt.

Für die Zeremonie im Kongreß war Evita perfekt angezogen mit ihrem schwarzen Kostüm mit Pelzbesatz und einem unauffälligen Hut. Eine tadellose Präsidentengattin. Auf dem offiziellen Foto merkt man ihr allerdings die Nervosität an: Mit starrem Blick klammert sie sich an den Arm einer robusten Frau, die unverrückbar wie ein Berg Schutz bietet: Señora Quijano, die Frau des Vizepräsidenten. Auffälliger als Evita ist der Anblick dieser Frau aus der Provinz. Ihr massiger Körper steckt in einem unförmigen Mantel. Doch beherrschend ist der überdimensionale Hut, der höher als breit ist und einen Stoffüberwurf hat, der ihr bis auf die Schultern fällt. Neben ihr wirkt Evita wie ein Spatz. Doch ein entschlossener Spatz. Selbst in der Art, wie sie den Mund verzieht und sich von innen auf die Wangen beißt, verrät ihren Charakter.

Perón hatten sie drei Silbersonnen von der Uniform entfernt und durch einen goldenen Knopf ersetzt. Man hatte ihn zum General befördert.

Nach der Zeremonie zogen der Präsident und seine Gattin sich in den Unzué-Palast zurück, um auszuruhen.

Die Orange der Macht

Stellen wir uns einen Palast im Stil des französischen Fin de siècle vor, mit zweihundertdreiundachtzig Zimmern, also zweihundertzweiundachtzig mehr, als Evita einen Großteil ihres Lebens bewohnt hatte. Er stand mitten in einem hügeligen Park zwischen der Calle Austria und der großen Avenue, der damaligen Avenida Alvear, die heute Libertador heißt. Die Familie Unzué gehörte zur Aristokratie der Viehzüchter, von denen Sarmiento sagte, sie röchen nach Kuhfladen. 1930 hatten sie dieses Anwesen an den Staat verkauft. Seither diente es den argentinischen Präsidenten als Residenz.

Hätte dieser Palast mit den gold- und elfenbeinverkleideten Wänden eine Seele gehabt und in die Zukunft blicken können, hätte er bis in die Grundfesten gewankt, sobald Perón und Evita den Fuß auf seinen Boden setzten. Die Präsidentschaft dieses Paares besiegelte das Todesurteil des Unzué-Palastes. Kann ein Palast denn überhaupt hingerichtet werden? Ja, wenn seine Bewohner so verhaßt sind wie diese beiden. Bei Peróns Sturz 1955 ließ die REVOLUTION LIBERADORA den noblen Wohnsitz spurlos niederreißen, damit in Zukunft kein argentinischer Präsident mehr unter demselben Dach schlief, das eine solche Schande gedeckt hatte. Statt dessen wurde beschlossen, hier eine Nationalbibliothek als Ersatz für die Bibliothek in der Calle México zu errichten, die Paul Groussac und Jorge Luis Borges als Direktoren geleitet hatten. Der Sinn war klar: an derselben Stelle, an der sich die Ignoranz breitgemacht hatte, ein Symbol der Kultur zu errichten. Auf dieser neuen Bibliothek lag, so könnte man fast meinen, dennoch der Fluch des alten Palasts. Obwohl man bereits 1963 mit den Arbeiten begann, wurden sie erst 1994 beendet. Mehrere Jahrzehnte lang blieb die Bibliothek nackt, Beton und Eisen ragten in die Luft. Baustil und -material wirken aggressiv, erdrückend und bedrohlich, die wuchtigen Kanten und Flächen bewahren etwas von der Gewalt, die das Gebäude aus der Taufe hob. Eine Bibliothek kann nicht aus einem irrationalen Beschluß, aus blinder Zerstörungswut heraus entstehen. In Cabreras Infantes MEA CULPA heißt es (ohne die Anführungszeichen, die nötig wären, da es sich um ein von Chesterton inspiriertes Borgeszitat handelt): »Es gibt Gebäude, deren Architektur schon schädlich ist.«

Ricardo und Lilian Guardo hatten das Paar in ihr neues Heim begleitet. Die Freundschaft festigte sich rasch (Auf dem Foto vom Kongreß erscheint Lilians Kopf in der zweiten Reihe zwischen Evitas und dem so imposanten der Señora Quijano.) Auf der Treppe zum ersten Stock hielt Perón inne, um die Marmorstufen mit dem schmiedeeisernen Geländer zu bestaunen, die sich nach unten wie die Schleppe des Kleides einer Prinzessin öffneten. Ein weit ausholender Schwung von solcher Feierlichkeit, daß er plötzlich den Drang verspürte, sich darüber lustig zu machen. Die Oligarchie mit dem Kuhfladengeruch legte ihm buchstäblich das Schönste, was sie hatte, zu Füßen. Doch all das war nicht nach seinem Geschmack, wenn er überhaupt einen hatte. Denn er wählte nur ganz schlichte Dinge; die Miniaturen an der Wand, die seiner jungen Frau gefielen, amüsierten ihn zwar, entsprachen aber nicht seiner Vorstellung von männlicher Kargheit.

Seine Erheiterung war nicht frei von Rachegelüsten. Kindliche Rachegefühle. Sie würden ja sehen, was er mit so viel Vornehmheit machen würde. »Los«, sagte er zu Guardo, der diese Anekdote erzählt hat. »Laß uns ein Wettrutschen auf dem Geländer machen. Du rutschst links und ich rechts.« Beide Männer rannten die Treppe hinauf, setzten sich jeweils auf ihr Geländer und rutschten, bis sie unten ankamen.

(Anschließend rutschte notgedrungen auch Evita, obwohl sie weder Peróns Sinn für Humor noch seine Vorliebe für akrobatische Kunststückchen teilte. Wie schon erwähnt – und von Pater Benítez bestätigt – hatten der Präsident und seine Gattin die Angewohnheit, die Treppe auf dem Geländer herunterzurutschen. Bis zu dem Tag, da Evitas Schmerzen und Blutungen sie dazu zwangen, das Spiel zu verweigern, umso heftiger, da sie es seit jeher idiotisch gefunden hatte.)

Sie besichtigten die zweihundertdreiundachtzig Zimmer eines nach dem anderen und wählten das Schlafzimmer aus, das sie damals noch teilten (wenn auch nicht mehr lange). Evita ging ins Bad und kam mit Peróns in der Taille geknotetem Pyjama und den hübschen Zöpfen wieder, so wie sie am liebsten herumlief. Dann setzte sie sich mit gekreuzten Beinen auf das Satinpolster und begann genüßlich eine Orange zu verzehren, den Blick verträumt in die Ferne gerichtet.

Erste Waffen

Vom ersten Moment an erwies Evitas Rolle als Präsidentengattin sich als Streitpunkt. Sollte sie den Vorsitz der SOCIEDAD DE BENEFICIENCIA (Wohltätigkeitsverein) übernehmen, ein Ehrenamt, das traditionell von ihren Vorgängerinnen ausgeübt wurde? Es sei gleich gesagt, um nicht Wasser ins Öl zu gießen: dazu kam es nicht.

Die Gründe waren zahlreich. Einerseits war der Wohltätigkeitsverein eine »Bastion der Oligarchie«, um es mit den Populisten zu sagen. 1823 von Präsident Rivadavia als Hilfsorganisation für Waisen und »öffentliche und heimliche Geburten« gegründet, war sein Sinn allmählich verlorengegangen. Dieser Verein stand für das aristokratischste und das reaktionärste Argentinien. Die wohltätigen, sehr katholischen und sehr perlenbehängten Damen steckten ihre Waisen in schwarz-graue Waisenuniformen und rasierten ihnen die Schädel. Während der Kollekte stellten sie sie auf der Straße auf mit Schildern, auf denen etwa stand: »krankes Kind« und anschließend eine kurze Zusammenfassung des jeweiligen Schicksals. 1946 war eine besonders distinguierte Dame Präsidentin: Guillerma Bunge de Moreno. Undenkbar, daß Evita diese Institution leitete! Evita trug keine Perlen. Sie bevorzugte Goldschmuck. Das machte den Unterschied deutlich. Als es darum ging, sie offiziell mit dem Amt zu betrauen, wandten die Damen angeblich ein, sie sei zu jung. Und Evita soll geantwortet haben: »In dem Fall können Sie ja meine Mutter ernennen!« Eine geniale Idee: Doña Juana als Präsidentin der Patrizierdamen! Angenommen, die Antwort ist erfunden, so gehört sie doch zu den aufschlußreichen Legenden mit wahrem Kern.

Wahrscheinlich war man sich auf beiden Seiten einig in der Uneinigkeit. Wie sehr es sie auch gekränkt haben mochte, für Evita war es eine Erleichterung, die Verachtung dieser Damen nicht ständig am eigenen Leibe spüren zu müssen. Außerdem, warum sollte sie sich mit ihrem Perlmutt-Teint auch noch Perlen umhängen? Mit den Waisen hatte sie im übrigen andere Pläne. Doch als erstes sollten die Uniformen abgeschafft werden.

Daß sie vor Erleichterung aufatmete, bedeutete freilich nicht, daß sie ihnen verzieh. Am 6. September 1946 wurde der Wohltätigkeitsverein auf Initiative von Armando Méndez San Martín, der in den fünfziger Jahren einen so verheerenden Einfluß auf Perón haben sollte, von der Regierung aufgelöst. War das Evitas Rache, wie die Damen lauthals schimpften? Nach Meinung des nationalistischen Senators Diego Luis Molinari, der im Senat die Auflösung des Verbandes beantragte, ging es der Regierung lediglich darum, sozial in einer Weise aktiv zu werden, daß die Damen nun überflüssig waren. Ab sofort sollten die zahlreichen von ihnen geleiteten Krankenhäuser dem Gesundheitsministerium unterstehen. Diese Maßnahme war insofern vertretbar, als die Sociedad de Beneficiencia vom Staat subventioniert wurde. Insgeheim warf man der Institution vor, die Gelder der Wohltätigkeits-Lotterie zu verschwenden. Man munkelte, die Waisen und ihre ledigen Mütter seien ein lohnendes Geschäft.

Womit verbrachte Evita inzwischen ihre Zeit?

Perón hatte ihre zukünftige Rolle mehr oder weniger festgelegt. »Mehr oder weniger«, in Argentinien eine beliebte Formel, von einer vagen Handbewegung begleitet. Einer der Kritikpunkte am Peronismus war, daß diese Handbewegung zu häufig vorkam, mit anderen Worten, daß improvisiert wurde. Perón rechtfertigte sich mit einem beliebten Spruch der argentinischen Landbevölkerung: »Andando se acomodan los melones«, der so viel bedeutet wie: »Die Melonen suchen sich unterwegs schon von ganz allein ihren Platz, wenn sie vom polternden Karren fallen«.

Zugegeben, die anderen politischen Parteien hatten sich schon seit langem auf den Weg gemacht und genug Zeit gehabt, um Programme zu entwerfen. Der Peronismus hingegen steckte noch in den Kinderschuhen. Doch als er einmal an der Macht war, machte er rasante Fortschritte. Im November 1946 präsentierte Perón seinen Fünfjahresplan vor einer Menge von Arbeitern im Teatro Colón. Er befolgte das Ritual seiner Partei und erschien in Hemdsärmeln. Eine Anspielung auf seine eigene Vergangenheit als DESCAMISADO. Der Kommentar der Antiperonisten war kindisch: »Aber dann müßten sie sich doch das Hemd ausziehen!« Denn DESCAMISADO bedeutet eigentlich »ohne Hemd«.

Sie übersahen dabei das Symbolträchtige an dieser perfekten Inszenierierung, die eine ungeheure Wirkung auf das Volk hatte, noch dazu in diesem Theater, dem Heiligtum der Kultur. Den Arbeitern war das intuitiv bewußt. Als Perón die Folkloregruppen anwies, in diesem Tempel der klassischen Musik aufzutreten, riefen die Leute »Auf zum Colón, zum Colón!«, und meinten damit jeden, der sich als Sänger fühlte und sich zutraute, auf einem Fest zu unterhalten. An diesem 26. November konnte sich freilich niemand so recht vorstellen, wie die BOMBOS der Indios in diesem berühmten Saal widerhallen würden. Die blaue Kuppel, der kirschrote Samt, die goldenen Gesimse und die Kristallüster flößten tiefen Respekt ein. Seinen Präsidenten in einer solchen Dekoration mit hochgekrempelten Hemdsärmeln zu sehen, wie er sich zum »ersten Arbeiter« erklärte und die Verstaatlichung der Eisenbahn und ein ganzes Paket von Sozialmaßnahmen verkündete, das lieferte schon Stoff zum Träumen.

Da der Perónismus eine Inszenierung war, gewährte er Spielraum für die Improvisation. In den Augen ihres Mannes war auch Evita wie eine Melone, die alleine ihren Platz finden würde, was sich bald bewahrheiten sollte.

Fast schon am Tag nach der Machtübernahme hatte sich eine lästige Situation ergeben. Die Arbeiter, die gewöhnt waren, Perón im Sekretariat des Arbeitsministeriums persönlich aufzusuchen, gaben diese Gewohnheit nicht auf. Perón war Perón dank ihrer Hilfe. Sie hatten ihn aus dem Gefängnis befreit und gewählt. Sie empfanden ihn als so nahe und nahbar, daß sie nicht zögerten, bei ihm anzuklingeln, um zu fragen, ob er daheim sei. Die Pflichten seines neuen Amtes machten es Perón natürlich unmöglich, jeden einzelnen auf einen Kaffee hereinzubitten. Aber gerade, weil man an ihn herantreten konnte, hatte er sie für sich gewonnen. Überließ er diese Aufgabe einem anderen, servierte er ihm die Macht praktisch auf einem goldenen Tablett. Lieber betraute er einen Schatten mit dieser Aufgabe, also eine Frau: seine Frau. Die einzige, die nicht in Konkurrenz zu ihm treten oder die Situation ausnutzen würde, war sie. Das meinte er zumindest.

Ein Mann, der in ihrer Schuld stand, Nicolini, fand eine Lösung. Wie man sich erinnern wird, hatte er als Direktor des Post- und Fernmeldewesens die Krise bei den Militärs ausgelöst und damit den anschließenden Triumph der Peronisten am 17. Oktober. Nicolini kam auf die Idee, Evita ein Büro in seiner Nähe einzurichten: in der Hauptpost, einem alten Gebäude in der Calle Corrientes, das an ein Bahnhofsgebäude erinnerte, was in Argentinien bedeutet, daß es in englischem Stil gebaut war. Sobald Evita sich in ihrem Büro eingerichtet hätte, würde sie die Arbeiterdelegationen empfangen, sich ihre Probleme anhören und sie an den Präsidenten weiterleiten.

Das ist die allgemein akzeptierte Version, der hier nicht widersprochen werden soll. Raúl Salinas, vom damaligen Sekretariat für Kultur der Stadt Buenos Aires, der Evita noch von früher kannte, weist auf ein interessantes Detail hin. Laut Salinas hatte Evita seit dem Tag, an dem ihr Mann Präsident wurde, ihren eigenen Stab aufgestellt (den Stab der Evitistas). Außer Salinas gehörten Nicolini, Guardo und Vicente Sierra dazu. Noch beabsichtigte Evita nicht, eine unabhängige Politik zu betreiben. Doch sie wollte ihre eigene Macht. Eines Tages fragte Perón Salinas, der jeden Morgen um 6.40 vorbeikam, um ihn abzuholen: »Was ist in der Post los? Ich habe mehrere offizielle Wagen vor der Tür parken sehen. Hat Nico irgend etwas zu feiern?« An jenem Morgen waren Juan Duarte, Coronel Castro und José Figuerola dort (ein Spanier der extremen Rechten, der im Sekretariat mit Perón zusammengearbeitet hatte). Salinas mußte ihm gestehen, daß Evita ihren Stab einberufen hatte. »Perón fand das völlig in Ordnung«, schloß Salinas. »Oder wenn er nicht einverstanden war, so behielt er das wohlweislich für sich.«

Die radikalen Gewerkschafter wie Cipriano Reyes wollten Evita nicht, doch die einfachen Arbeiter teilten diese Aversion nicht, zumal ihre Anträge Perón tatsächlich vorgelegt wurden. Evita war eine gute Vermittlerin, und ihre Effizienz wurde belohnt. Am 23. September kam sie nicht in ihr Büro. Ihr Wagen fuhr einmal um die Casa Rosada und hielt in einer Seitenstraße hinter dem Rathaus. Es war das alte Sekretariat des Arbeitsministeriums.

Evita drang in die geheiligten Gefielde vor, wo Perón als Minister residiert hatte. Es war einer der feierlichsten Momente ihres Lebens. Sie würde sich in seinem Büro installieren. Sie war nicht die neue Ministerin. Sie hatte überhaupt keinen Titel. Sie vertrat an dieser Stelle nur Perón. Später forderte sie eine offiziellere Funktion, einen richtigen Posten (den der Vizepräsidentin Argentiniens). Doch diesen Wunsch durfte sie nicht äußern. Am erstaunlichsten ist, daß ihre Macht größer wurde, je weniger ihre Funktion festgelegt war. Wieder wird Evita jede rechtliche Identität verweigert (außer der als Gattin). Das verleiht ihr zwar völlige Freiheit in ihrer Arbeit, soll sie aber noch teuer zu stehen kommen.

Nun saß sie also hinter dem wuchtigen, dunklen Schreibtisch in dem riesigen Salon mit düsteren, englischen Möbeln. Erneut war ihr Arbeitsplatz feierlich, männlich, tiefernst. Außer mit ein paar Blumensträußen tat Evita nichts, um diesen Raum freundlicher zu gestalten. Im Gegenteil: Peróns ehemaliges Büro flößte ihr eine fast religiöse Ehrfurcht ein. Es war das Büro des Mannes, den sie blind bewunderte (und den sie so wenig wie möglich aufsuchte, um sich diese Blindheit zu bewahren). Das Licht, das dieses Büro erhellte, kam nicht von der Einrichtung, sondern von ihr selbst. Obwohl ihre Hahnentrittkostüme mit Samtkragen schon fast legendär waren, bekam sie manchmal Lust, sich mit Schmuck zu behängen. Ihre Hüte und die Frisur brachten etwas Abwechslung in diesen Tempel, der nur dazu gedacht war, Männer mit ernsten Gesichtern zu beherbergen.

In Evitas Gefolge, immer zwei Schritte hinter ihr, immer unauffällig und doch entschlossen, kam ihr Schatten, der Schatten eines Schattens: Isabel Elfriede Constancia Ernst. Isabel, die ihr halblaut diktierte, wie sie zu antworten, sich zu verhalten, sich zu geben hatte. Isabel, die verhinderte, daß sie sich blamierte, die unverzichtbare oder unvermeidliche Beraterin, von der Evita sich – endlich! – nach ihrer Europareise befreien sollte. Isabel, Vorbild oder Abbild? Die Frage drängte sich auf, wenn man beide hintereinander sah, so in allem gleich: das gleiche Kostüm, die gleiche Haarfarbe, nur daß Evita zehn Zentimeter kleiner war als Isabel. Warum aber dieser Ärger und dieser scharfe Ton, mit dem sie die Deutsche manchmal zurechtwies? Hatte sie etwa die Zeit vergessen, als sie noch zu viert, mit Perón und Mercante, gemeinsam ausgingen und die beiden Frauen sich duzten? Als Isabel Evita als Präsidentengattin duzen wollte, hatte diese sie spüren lassen, daß sie sich diese Unart schleunigst abzugewöhnen hatte.

Allerdings bat sie in dem Brief, den sie Perón vom Flugzeug aus schrieb, um eine Gehaltserhöhung für Isabel. Vielleicht bestand zwischen beiden keine richtige Antipathie. Doch die Rolle, die die eine zwangsläufig spielen mußte – die Rolle der Erzieherin –, war der anderen unerträglich. Zum Glück hatte die Alleswisserin einen Schwachpunkt: sie war nur – heimliche – Geliebte und Evita rechtmäßige Ehefrau. Doch das machte sich bei der Arbeit nicht sehr bemerkbar. Geliebte oder nicht, Isabel war in unerträglicher Weise perfekt. Selbst jemand, der weniger empfindlich war als Evita, hätte einen »narzistischen« Komplex bekommen, ein Ausdruck, der zwanzig Jahre später bei den Argentiniern des Peronismus in Mode kommen und sie als Nachspiel des Peronismus in die Arme der Psycholanalytiker treiben sollte.

Eine Anekdote, die Berroni und Vacca schildern, ist ein gutes Beispiel für die Rolle, die Isabel spielte: Eine Delegation der JUNTA CENTRAL DE GRUPOS DE DAMAS PERONISTAS (Dachverband der peronistischen Frauengruppen) sucht Evita auf. Sie bringen ihr ein Geschenk mit: ein Meßbuch, hergestellt von argentinischen Arbeitern und gesegnet von Monsignore Andrés Calcagno. Die Frau des Präsidenten hat schon Hunderte von Geschenken erhalten und wird weiter welche erhalten. Doch an jenem Tag beschließt sie, das Meßbuch abzulehnen. »Ich kann es nicht annehmen, weil General Perón alle Fraktionen abgeschafft und die einheitliche Revolutionspartei PARTIDO UNICO DE LA REVOLUTICION gegründet hat.« All das mit so unfreundlicher Miene, daß die Damen sich gekränkt zurückziehen. Da läuft Isabel ihnen nach, nimmt das unglückselige Geschenk entgegen und bittet sie, wie sie sagte, in Evitas Namen um Entschuldigung. Hat sie sich tatsächlich nur im Ton vergriffen? Ja, wenn man den Zeitpunkt dieses Vorfalls bedenkt. Nein, wenn man bedenkt, daß Evita ihre Partei feministischer Frauen, PARTIDO PERONISTA FEMININO 1949 gründete und dabei zugleich alle peronistischen Frauengruppen auflöste, um sie in ihrer Partei aufzunehmen. Ihre Reaktion zeigt, daß sie bereits mit diesem Gedanken spielte.

In jener Zeit bewies Evita ihre Unsicherheit, aber auch eine erstaunliche Intuition, was sich beides in der bei mehreren Autoren zitierten Aussage des Gewerkschaftsführers José Presta widerspiegelt. Presta beschreibt sie als schüchtern. Schüchtern in den Gesten, aber auch in der Sprache, in der sie so unsicher ist, daß sie bei jedem Satz zweimal wiederholt: »Verstehen Sie, was ich meine?« Ihre Angst, die Worte nicht zu beherrschen, war so stark, daß sie nicht nur nicht zu sprechen wagte, sondern auch Schwierigkeiten hatte, andere zu verstehen. Eine Leere in ihrem Kopf. Doch ohne mit der Wimper zu zucken, ließ sie sich mehrmals das gleiche wiederholen. Und auf einmal hatte sie verstanden. Dann riet sie den Arbeitern zu einer völlig verblüffenden Lösung. Einer kleinen, konkreten, effizienten, intelligenten Lösung, an die niemand gedacht hatte.

Zum Verständnis von Evitas »kleiner Lösung« muß man wieder auf die Psychoanalyse zurückgreifen. In seinem Buch über Perón untersucht León Rozichner einen Text des LIDER, der seine Vorstellung von der Rolle seiner Frau zu erkennen gibt: »Die großen Dinge setzen sich immer aus kleinen zusammen, die man nicht unterschätzen sollte. Für die politische Führung besteht die Macht der Frau im wesentlichen darin, kleine Mittel mit enormer Wirkung anzuwenden, etwas, das uns Männern unmöglich ist.« Nach Rozichners Ansicht war das »kleine weibliche Element« bei Peróns Persönlichkeit von großer Bedeutung. Die schlaue Volksmutter mit ihrem listigen Augenzwinkern bot dem beherrschenden Charakter des der Mutter sozial überlegenen und doch schwächeren Vaters Pari. Indem Perón sich mit beiden identifizierte, unterdrückte er seine »Kleinheit«, um vor dem Volk wie ein herrschender Vater zu erscheinen, obwohl er selbst nicht daran glaubte, da er sich seiner eigenen Schwäche und der seines Vaters bewußt war. Er brauchte Evita, um seine Identifikation mit der Mutter zu verbergen. Sie stand für die »kleine« Weiblichkeit und verbürgte damit Peróns Männlichkeit.

Evitas Aktivitäten als leidenschaftliche Besucherin von Fabriken, Schulen, Hospitälern, Gewerkschaften, Sportklubs und Kulturvereinen sollen dem Leser erspart bleiben. Sie hatte übermenschliche Energie. Es sei nur soviel gesagt, daß man diese Seiten allein mit der Aufzählung solcher Besuche füllen könnte. Autoren wie Marysa Navarro, Fermín Chávez und viele andere haben sich die Arbeit gemacht, sie Tag für Tag zu verfolgen. Hier soll diese erstaunliche Anzahl von Eröffnungen, Präsentationen, Demonstrationen und Reisen in den Hintergrund treten und das Augenmerk darauf gelenkt werden, wie eine Frau mit ihren Aufgaben wächst, sich entwickelt, sich verwirklicht … und Reden hält.

Der große Augenblick war gekommen: Evita sprach vor der Öffentlichkeit. Muñoz Azpiri stand immer zur Verfügung, bereit, ihr seine Feder zu leihen. Seit ihrem ersten Treffen mit den Arbeitern, seit dem ersten von einem Mädchen überreichten Blumenstrauß stand eines fest: Evita würde improvisieren müssen. Ihr Debüt gab sie am 31. Mai im Teatro Astral während einer Versammlung der Confederación de Empleados de Comercio (Bund der kaufmännischen Angestellten). Perón hatte gesprochen und danach ein Minister. Nun baten die Anwesenden Evita, das Wort zu ergreifen. Der Ausdruck sagt alles über die Macht des Redners. Macht über die Zuhörer, über den Raum, männliche Macht. Damals ergriffen nur wenige sozialistische oder intellektuelle Frauen das Wort. Die übrigen verzichteten.

Und Evita wagte es. Sie sprach hastig, sehr hastig, wie von der Meute der offiziellen und autorisierten Wortergreifer gehetzt. Ihre Stimme klang schrill. Ein glückliches Kind, weil man es nach der Rede beglückwünschte und vor allem, weil es sich ein Augenzwinkern von Perón verdient hatte. Ihre Worte waren ein einziges MEA CULPA. Sie hatte nicht aufgehört, sich zu entschuldigen, wiederholte immer wieder den Satz, den sie bis zum letzten Atemzug herunterbeten sollte: »Ich bin nur eine Frau«. Doch was sie sagte, war weniger wichtig. Während sie sprach, hatte sie die Funktion einer solchen »Rede« erkannt. Es ging lediglich darum, die Worte ihres Skriptschreibers und all derer, die sie umgaben, zu wiederholen. Über andere verfügte sie nicht. Mit diesen Worten, die sie sich zu eigen machte, würde ihr das Wunder gelingen. Ein extrem armes Wortarsenal, kitschig wie selten, mit dem sie die Menge verhexte. Ihr Geheimnis war die Wiederholung. Immer dasselbe wiederholen, damit die Menge stets aufs neue nach den vertrauten Worten lechzte, die prompt kamen und das Volk beruhigten. Eine Art Rede-Litanei. Aus ihrem Mund wurde dieses leidenschaftliche Einpeitschen zum Faszinosum, hämmernd wie ein primitiver Rhythmus.

Später sollen die feurigsten Worte, die sie am liebsten wiederholte, analysiert werden. Wenn sie auch von anderen stammten, so war ihre Wahl doch nicht zufällig. Besonders ein Wort, besser ein Name, untermalt vom eindringlichen Rhythmus des Tangos, kehrt in ihren Reden in fast besessener Weise immer wieder: Perón. Je weiter sie sich köperlich von ihrem Mann entfernte, desto mehr schien sie die Essenz in diesen beiden Silben zu genießen. Wir können nicht umhin, folgende Weihnachtsbotschaft an die argentinischen Frauen wiederzugeben: »Ich stamme aus dem Volk, diesem roten Herzen, das blutet und schluchzt und sich singend mit Rosen bedeckt. Ich stamme aus dem Volk und fühle mich glücklich, an diesem Weihnachtsfest des guten, süßen Brots – Peróns Brot – und guten Apfelweins – Peróns Wein –, in euer Heim zu kommen, das er in seiner christlichen Bedeutung wiederhergestellt hat.«

Die Antiperonisten lachten sich darüber tot, vor allem weil »süßes Brot« – PAN DULCE – im Slang von Buenos Aires »Hintern« bedeutete.

Wenn man einmal angefangen hatte zu lachen, war es sehr schwer, wieder aufzuhören. Tränen lachen ist nicht die beste Art der Klarsicht. Aber auch unverwandt ernst bleiben, im Glauben, man verkörpere Argentiniens Gewissen, schärft nicht den Blick. Als Evita sich am 27. Januar 1947 erneut an die argentinischen Frauen wandte, um ihnen das Frauenwahlrecht anzukündigen, empfanden die Sozialisten eine heillose Wut. Jahrzehntelang hatten sie um dieses Recht gekämpft. Doch Frauenwahlrecht ist nicht gleich Frauenwahlrecht. Von einer so vulgären Person verkündet, war es nicht mehr dasselbe. Alicia Moreau de Justo, eine Sozialistin mit Vorreiterfunktion, hatte ihren Titel als Ärztin in einer Zeit erworben, als das Studium für eine Frau noch ein Abenteuer bedeutete. Sie war eine angesehene, intelligente, unabhängige Frau, die nicht von ihrem Mann geformt worden war. Der sozialistische Elitismus ging wie bei den Kommunisten und Anarchisten auch mit einer gewissen Prüderie einher: Reuige Prostituierte waren gut in einem Roman von Tolstoi, aber nicht in der Wirklichkeit.

Auf Seiten der Aristokraten hatte Victoria Ocampo bereits 1945 vorhergesagt, Evita würde das Gesetz durchbringen. Und sie hatte mit dem Fuß aufgestampft: nein und nochmals nein. Das war nicht ihr Wahlrecht. Die Freundin von André Gide, Roger Caillois, Drieu La Rochelle, Valéry, Strawinsky, Rabindranath Tagore wollte es nicht aus so vulgären Händen entgegennehmen. Allerdings sah sie ihren Irrtum schließlich ein und hatte den Mut, es auch zu sagen. So wählten die Argentinierinnen, ohne sich weiter zu fragen, ob dieses Wahlrecht weniger wert war, weil es von einer ungebildeten Kleindarstellerin stammte.

Während Evita ihre Reden improvisierte, indem sie das Wort mit beiden Händen ergriff, es von Mal zu Mal fester an die Brust drückte, blieb die ungeliebte Beraterin Isabel Ernst an ihrer Seite. Manchmal (aber aus anderen Gründen) war es auch Lilian Guardo.

Die Gründe, warum Lilian auf Evita eine solche Faszination ausübte, sind nicht ganz verständlich. Zwar stimmte es, daß sie eine Freundin brauchte, die katholisch, perfekte Ehefrau und Mutter war, damit die Leute weniger über sie redeten. Lilian konnte ihr auch bei der Kleiderwahl raten, jetzt, wo Evita es endlich wagte, sie direkt zu fragen. Doch in der Liebe wie im Haß kannte Evita kein Maß. Und Lilian traf ihre Liebe wie eine Naturkatastrophe.

Wenige Monate nach der berüchtigten Rutschpartie auf dem Treppengeländer klingte bei den Guardos das Telefon. Es war Evita, die Lilian in ihr Büro einladen wollte. Lilian fand die Frau des Präsidentin sympathisch. In ihren Augen war sie »bezaubernd, jung und hübsch«. Im Sekretariat des Arbeitsministeriums wurde die Hausfrau Zeugin einer erstaunlichen Szene, die sie Navarro und Fraser schilderte. Der Arbeitsminister, María Freyre, ein Gewerkschaftsführer, den Perón dank seiner Mittelmäßigkeit, die ihn ungefährlich machte, ernannt hatte, schlich um Evita herum. Der Präsident wiederholte gern das angeblich chinesische Sprichwort: »Wenn eine Ähre aus dem Kornfeld herausragt, stutze ihr den Kopf«. Der Hausverwalter der Residenz, Atilio Renzi, der später für Evita die wichtigste Stütze ihrer Eva-Perón-Stiftung sein sollte, war ebenfalls anwesend; außerdem die unverzichtbare Isabel und ein Schwarm unterwürfiger Beamter. Damalige Fotos stimmen uns ein wenig melancholisch beim Anblick all der beflissenen, pomadisierten, sichtlich nach billigem Duftwasser riechenden Personen mit den akkuraten Schnurrbärtchen und ihrem ergebenen und streng unpersönlichen Lächeln. Wer waren sie? Wo sind sie heute? Und was hat ihnen ihr Katzbuckeln eingebracht?

Die Gesichter vor dem Schreibtisch zeigten mehr Würde. Es waren Arbeiter, aber auch Frauen, Kinder, Alte. Ihre Zahl wuchs von Tag zu Tag. Noch hatte Evita mit ihrer eigentlichen Aufgabe nicht begonnen: der Umverteilung der Besitztümer. In ihrem Kopf reifte jedoch schon die Idee einer Stiftung. Die Armen kamen und baten um Arbeit, ein Dach über dem Kopf, ein paar Pesos oder darum, sie berühren zu dürfen. Und sie fand blitzartig die kleine Lösung für jeden.

Manchmal unterbrach Evita ihre Gespräche mit den Armen oder den Ministern, um mit Lilian zu plaudern. Unbeschwerte Themen, Frauengespräche, nach denen sie zu lechzen schien. Wenn es spät wurde, machte Lilian Anstalten, sich zu erheben. Doch dann meinte Evita bittend: »Bleib doch noch! Es beruhigt mich so, dich hier sitzen zu sehen!«

Lilian erklärte, daß ihre vier Kinder auf sie warteten. Vergeblich. Von dem Tag an tat Evita gerade so, als habe sie eine bessere Aufgabe für sie gefunden als die einer Hausfrau: die der sitzenden Frau. Lilian wurde mit telefonischen Einladungen bombardiert. Sie wurde regelrecht verfolgt, freundschaftlich natürlich; doch es zeigte sich auch schon Evitas Neigung, über andere zu bestimmen, mit einer Spur Sadismus. Man hätte meinen mögen, obwohl Evita die beruhigende, häusliche Ausstrahlung ihrer Freundin bewunderte, habe sie alles getan, um sie von den Ihren zu trennen. (Man wird noch sehen, mit welchen Methoden sie die leitenden Frauen ihrer Partei PARTIDO PERONISTA FEMININO auswählte und sie, indem sie als fanatische Mutter Oberin voranging, am Privatleben hinderte.)

Erst Freitag abend ließ der Druck auf Lilian nach. Dann endlich wurde die unglückliche Ehefrau und Mutter zur Bahn gebracht und in einen Zug gesetzt, der sie zu dem Landhaus brachte, wo ihre Familie sie zum Wochenende erwartete. Die übrige Zeit stand sie Evita zur Verfügung, die wünschte, daß sie untätig herumsaß: das Monument der Frau ohne Ehrgeiz und Geschichte, die Evita weder sein konnte, noch wollte.

Außer dazusitzen und die Ruhe auszustrahlen, die Evita brauchte, war Lilian noch für andere Großtaten – zumindest in den Augen ihrer Freundin – gut. Sie verstand es, ein Porzellan vom anderen und Plastik von Elfenbein zu unterscheiden. Sie half Evita, die von Botschaftern oder Gewerkschaften erhaltenen Geschenke auszusortieren. Sie sagte ihr, ob ein Gegenstand schön oder schrecklich war. Und sie begleitete sie zu Ricciardi, dem berühmten Juwelier, der, sobald sie sich zeigten, rasch seine wertvollsten Stücke in Sicherheit brachte.

Diese Besuche beim Juwelier Ricciardi glichen eher einem

Überfall. Häufig war Doña Juana mit von der Partie. Endlich hatte sie auch ein Stück vom Kuchen erhascht. Seit Evitas Bekanntschaft mit Perón und ihrem Umzug in die Calle Posadas brannte Doña im fernen Junín darauf, sich ebenfalls dort einzunisten. Jamandreu wohnte Telefonaten bei, in denen Evita ihre Mutter anschrie: »Warte! Komm noch nicht! Meine Position ist noch nicht ausreichend gefestigt!« Doch schließlich hatte Doña Juana sie überzeugt, daß ihre Gegenwart gut für den Ruf war. Evita hatte die Beziehung zur Familie nie abgebrochen. Daß sie sich lange von ihrer Mutter und ihren Schwestern ferngehalten hatte, hieß nicht, daß sie nicht weiterhin ein Clan waren. Ein Zusammengehörigkeitsgefühl, das Evita niemals verlor, auch wenn sie sich manches Mal ärgerte, was nur die Macht der Gefühle zeigte. Juan Duartes Ernennung zum persönlichen Sekretär des Präsidenten; die Beförderung von Ermindas Mann Orlando Bertolini zum Zolldirektor (ein interessanter Posten für seine Importgeschäfte); die Ernennung von Major Arrieta, Elisas Mann, zum Senator; von Alvarez Rodríguez, Blancas Mann, zum Mitglied des Obersten Gerichtshofes; und Blancas Beförderung zur leitenden Direktorin aller Kindergärten und Grundschulen. All das bezeugt klar Evitas Familientreue, um nicht zu sagen ihren Nepotismus.

Inzwischen hatte Doña Juana sich zu einer stattlichen Matrone entwickelt, mit sinnlichen Rundungen, die nichts gemein hatten mit dem kompakten Volumen der Señora Quijano, die wie ein Felsklotz war, integer von Kopf bis Fuß. Kurzum eine Matrone mit Haarknoten und Brille. Doch nicht irgendein Knoten oder irgendeine Brille: hinter den mit glitzernden Goldkettchen verschönten Gläsern blitzten schelmische Augen hervor, sprühend vor Ehrgeiz. Der Erfolg ihrer Tochter hatte Wünsche in ihr geweckt. Sie hatte immer feuchte Lippen, als hörte sie nie auf, sie zu lecken. Natürlich reizte sie die Macht, ebenso wie Elisa (Blanca und Erminda hielten sich weiterhin zurück). Vor allem hatte sie konkrete Wünsche, wollte Materielles, Glitzerndes, sie wollte Schmuck. Schmuck, den sie in den Mund nahm wie ein Kind, das aus Mangel an Zuwendung am Daumen lutscht, oder wie Evita selbst es tat.

Als Paco Jamandreu Evita zum ersten Mal aufsuchte, staunte

er über die Pelzmäntel und den »Schmuck einer umsichtigen und sparsamen Lehrerin«. Das beweist, daß Evita realistisch dachte, aber auch, daß 1945 der funkelnde Schmuck aus dem Bormann-Schatz nicht in ihrem Besitz war. Befand sich dieser legendäre Schatz vielleicht noch hinter Schloß und Riegel auf ihrer fernen Estancia in San Clemente del Tuyú? Warum ihre Überfälle beim Juwelier Ricciardi, wenn sie genug zu Hause besaß?

Doch sie war unersättlich. 1946 war ihr Schmuck, welcher Provenienz auch immer, nicht mehr der einer Lehrerin. Da er ihre Schwäche kannte, hatte Dodero ihr herrliche Juwelen geschenkt, was Perón völlig in Ordnung fand: »Dodero«, so sagte er, »verschenkt Schmuckstücke wie andere Blumensträuße«. Wenn wir bedenken, daß Doña Juana außerdem schamlos mit Ricciardi um Rabatt feilschte und die Zahlungen aus dem Unzué-Palast nicht eben regelmäßig erfolgten, wird verständlich, warum der Juwelier seine besten Preziosen versteckte, sobald er Evita nahen sah. »Aber Señor Ricciardi!«, klagte sie. »Das ist doch kein Schmuckstück, das ist Eisenware!«

Solche Szenen erstaunten Lilian genauso wie die Gier ihrer mächtigen Freundin. Sie kam zu dem Schluß, daß Schmuck für Evita eine Art Beruhigung bedeutete. Die Juwelen zeigten ihr, daß sie geliebt wurde. Sie beruhigte damit ihre Nerven wie andere mit Essen. Da sie aus Angst, dick zu werden, nicht essen konnte, befriedigte sie ihre Bulimie mit diesen funkelnden Pralinen: Pfefferminzsmaragde, Erdbeerrubine. Auch hier wissen wir dank des Modeschöpfers Jamandreu, daß Evita ihre Juwelen in den Mund nahm, um sie zu schmecken.

Ricardo Guardo hatte ihr nahegelegt, das nächste Mal weniger diamantbehangen im Kongreß zu erscheinen. Evita hatte mit dem gleichen Argument geantwortet, das sie bei Franco Monate später anführen sollte. Der spanische Diktator hatte gestaunt, wie sich sein Gast für ein Treffen mit spanischen Arbeitern mit Gold und Edelsteinen herausgeputzt hatte: »Die Armen lieben es, mich hübsch zu sehen«, hatte sie gesagt. »Sie wollen nicht von einer schlecht gekleideten Alten beschützt werden. Sie träumen von mir, und ich darf sie nicht enttäuschen.« Franco hatte sich das so zu Herzen genommen, daß er laut Carmen Llorca Perón telefonisch um Rat fragte. Man stelle sich die Szene vor: zwei reife Herrscher bereden Modefragen über den Ozean hinweg. Zu Francos großer Überraschung gab sein argentinischer Kollege, ein spartanischer Militär, seiner Frau recht. Evita sollte glänzen. Beide hatten dieses delikate Thema besprochen, und sie hatte ihm das Geheimnis der Identifikation erklärt, ein Gebiet, auf dem sie Expertin war, da sie in der Kindheit Norma Shearer sein wollte.

Guardo gab sie die gleiche Antwort. Doch der Rat, die Menge an Schmuck zu reduzieren, ging ihr noch nach. Bald sollte Perón von der spanischen Regierung mit einem Orden ausgezeichnet und dazu ein großes Fest in der Spanischen Botschaft gefeiert werden. Evita rief bei Jamandreu an und wies ihn an, ein ganz einfaches Collier für sie zu besorgen, das sie mit dem grünblauen Kleid tragen konnte, das er eben für sie angefertigt hatte. »All die anderen Frauen werden geschmückt sein wie die Weihnachtsbäume«, meinte sie noch, um ihren plötzlich Wunsch nach bescheidenem Schmuck zu rechtfertigen. »Ich will sie überraschen, indem ich genau das Gegenteil mache.« Jamandreu ging verzweifelt auf die Straße. Genau in einem Schaufenster auf der gegenüberliegenden Straßenseite sah er ein braun-grünes Collier. Triumphierend kehrte er zur Residenz zurück, als er auf Perón stieß, der meinte: »Zum Glück! Mir dreht sich schon der Kopf wegen der Geschichte mit dem Collier.«

Evita trug zu der berühmten Feier das Kleid mit dem Collier. Aufgeregt und glücklich führte sie das Collier immer wieder an den Mund. Abends rief sie Paco an und überhäufte ihn mit Verwünschungen, bei denen »Tunte« nur als Komma diente. Im Hintergrund hörte man Peróns schallendes Gelächter. Schließlich verstand der Modeschöpfer: das Collier war aus bemalten Nudeln. Evita hatte den Reden gelauscht, applaudiert, die Nationalhymne gesungen, ohne zu merken, daß sie zweifarbige Lippen hatte.

Neben dieser Evita gab es noch viele andere. Eine Vielzahl verschiedener Evitas. Wenn man am Rande der Gesellschaft steht, klammert man sich nicht an die Illusion eines einzigen Ichs. Man ist empfindlich und stark zugleich, weil man weiß, daß man sich aus tausenderlei Fragmenten zusammensetzt: Evita, die Frivole, die Gierige, die Bestimmende, Evita, die fürchtet, sich nicht richtig zu benehmen, Evita, die Ausfallende, die laut wird, um ihre Angst zu verbergen. Und Evita, die sensible Protagonistin einer wunderschönen Geschichte.

Eines Tages besucht sie ein Elendsviertel im Sumpfgebiet von Flores: Villa Soldati. Es ist nicht das erste Elendsviertel, das sie aufsucht, doch das schlimmste. Mehrere Familien leben unter den Blechkarosserien verlassener Autos. Andere haben ein paar Holzstücke oder Pappe zusammengetragen, um sich provisorisch eine Hütte zu bauen, die wieder einstürzt, eher sie fertig ist. Vor Verzweiflung gelingt es dem Armen nicht einmal, das behelfsmäßige Material, das ihm als Dach dient, ordentlich zusammenzuhämmern oder den Abfall vor der Tür zusammenzukehren. Er hat keine Wünsche mehr. Er verlernt nicht nur das Kämpfen, sondern sogar das Essen: Je weniger man ißt, desto weniger Hunger hat man. Es gibt ein Maß an Armut, das mit einer tiefen Melancholie einhergeht. Wie in vielen lateinamerikanischen Ländern wirft man den Armen vor, faul zu sein. In Wirklichkeit sind sie todtraurig.

Sie weiß es, spürt es; das Gefühl der Verlassenheit, das man in diesen Gesichtern liest, ist ihr vertraut. Da kommt ihr allmählich die Idee, sie wie eine Psychologin zu heilen, indem sie ihre verlorenen Wünsche reaktiviert, als zeigte sie ihnen Ricciardis Schaufenster, damit ihnen das Wasser im Mund zusammenläuft. Auf nichts anderem basiert ihre Stiftung: den Armen Luxus bieten, damit sie lernen, Wünsche zu haben. »Man muß wollen«, meinte sie. »Ihr habt die Pflicht zu fordern.« Das war der wahre Grund dafür, daß man sie haßte. Den Armen Dinge für Arme hinwerfen, wie die Wohltätigkeitsdamen, in Ordnung. Aber in ihnen Begierden wecken, niemals.

Eine der Elendshütten von Villa Soldati, noch verwahrloster

als die übrigen, fiel ihr besonders auf. Ohne zu wissen warum, schob sie den Jutesack beiseite, der den Eingang verdeckte. In einer Ecke lag ein Berg alter Lumpen. Doch dieser Berg bewegte sich. Eva trat ein, um nachzusehen, und entdeckte ein kleines Kind, dessen Gesicht sie unter dem wirren Haar nicht sehen konnte. Als sie näherkam, erhob sich das Haar surrend in die Luft. Eva rannte hinaus, wild um sich schlagend, um die Hunderte von Fliegen, die sie verfolgten und die sie für schwarzes Haar gehalten hatte, abzuwehren.

Die Erinnerung an diesen schrecklichen Schwarm, der ihr ins Gesicht stob, raubte ihr den Schlaf. Drei Tage später kehrte sie mit dem Bürgermeister von Buenos Aires und dem Gesundheitsminister ins Elendsviertel zurück. Sie rief die Bewohner zusammen und verkündete ihnen, daß sie endlich einfache Häuser bekommen würden. Sie müßten sofort ausziehen. Doch sie stellte eine Bedingung: »Nehmt nur das Notwendigste für die Nacht mit und höchstens noch ein Andenken, den Rest laßt hier.« Egal, da sie sowieso nichts hatten. Nicht ein Möbelstück, nur ein paar Kisten, auf denen stand: »Äpfel vom Rio Negro«, »Trauben aus Mendoza«. Bald blieben nur noch ein paar Pappreste. Und eine tiefe Verlassenheit. Doch Evita ging noch nicht. Sie hatte angeordnet, daß alles niedergebrannt werden sollte. Das Abbrennen hatte eben begonnen, und der Bürgermeister hatte gemeint, sie würde sich in der feuchten Nacht erkälten (seit acht Stunden war sie schon da). »Nein«, erwiderte sie, »ich will bis zum Schluß dabeisein. Ich muß mich davon überzeugen, daß alles verschwindet. Wissen Sie, daß diese Leute im Dreck geboren wurden? Heute nacht, wenn sie in ihren sauberen Laken liegen, werden sie den Geruch der Erde vermissen. Ich kenne sie: Sie bringen es fertig und kommen wieder. Und wenn sie noch ein stehendes Dach finden, wette ich mit Ihnen, daß sie bleiben werden.«

Diese sensible Evita kündet schon von der unendlich geduldigen Frau, die, als man ihre Armen beschuldigte, die Holzböden ihrer herrlichen Wohnungen herausgerissen zu haben, um ein Grillfeuer für einen ASADO zu machen, sagt: »Legen Sie ihnen einen neuen Boden. Und danach noch einen. Es braucht seine Zeit, um zu lernen, daß man leben darf wie Menschen.«

Auch jene andere Frau zeichnet sich hier schon ab, die besessen ist von der Idee, alles persönlich überwachen zu müssen, wie die Reisenden, die auf einer Bergstrecke den Blick nicht vom Fahrer abwenden können, überzeugt, daß sie, wenn sie zur Seite sehen, in den Abgrund stürzen.

Späße und gute Ratschläge

Bei der Opposition löste das Engagement der verhaßten Dame übertriebene Reaktionen aus, zumindest nach heutigen Maßstäben. Silvano Santander, Abgeordneter der Radikalen und Autor von TECNICA DE UNA TRAICION (Methoden eines Verrats, einem 1955 veröffentlichen Buch, in dem Evita beschuldigt wird, für die deutsche Spionage gearbeitet zu haben), beantragte ein Gesetz, das »den Ehefrauen von öffentlichen, zivilen oder militärischen Funktionären untersagt, die gleichen Titel wie ihre Männer zu benutzen und diese bei offiziellen Anlässen zu vertreten«. Doch in der Abgeordnetenkammer wurde der Antrag mit Hilfe der peronistischen Mehrheit abgeschmettert. Bei den Senatoren hatte Evita allerdings nicht den gleichen Erfolg. Der Botschafter der USA, George Messersmith, schildert in einem Brief an Spruille Braden, der stets begierig auf Nachricht aus Argentinien war, Evita sei in den Senat mitten bei einer geheimen Sitzung eingedrungen. (Von »eindringen« sprechen viele Quellen bei Evita, als sei alles – ihre bestimmende Art und ihre übertriebene Aufmachung –, wenn sie irgendwo erschien, an ihr aufdringlich gewesen). Der Senatspräsident hatte sie aufgefordert, den Saal zu verlassen, und Evita hatte sich schluchzend zurückgezogen, was zeigt, wie gekränkt sie sich fühlte, denn im Unterschied zu Isabel Perón, die gerne in Tränen ausbrach, weinte Evita selten. Von dieser Eigenschaft, die Pater Benítez veranlaßte zu behaupten: »Eva war eine tränenlose Frau«, wird noch die Rede sein.

An jenem Tag wurde Perón wütend. Wie konnten sie es wagen, seine Frau auf die Straße zu werfen, und wenn die Sitzung noch so geheim war! Noch heute, nach einem halben Jahrhundert, versetzen uns seine Wutausbrüche in Erstaunen. Wo war der schlaue Pragmatiker, der gerne augenzwinkernd meinte: »Man muß den Hahn rupfen, ohne daß er kräht«? Wo war er an dem Tag? Statt den Senat zu rupfen, explodierte Perón. War sein Stolz mit ihm durchgegangen, oder wollte er seine Macht durch eine fingierte Krise beweisen? Die Botschaft war jedenfalls klar: Evita und er waren wie zwei Seiten einer Münze. Wer Evita beleidigte, beleidigte ihn, denn sie war er. (Im oben erwähnten Buch charakterisiert Cabrera Infante ihn allerdings anders: »Perón, der Mann, der Evita war«.) Perón hatte den Senatspräsidenten angerufen und außer sich vor Wut zusammengestaucht. In der folgenden Sitzung war Evita anwesend. Stehend, stolz die Hand auf das Pult des Präsidenten gestützt, nahm sie an den Beratungen teil.

Kommentare über Evita waren zum liebsten Zeitvertreib der argentinischen Antiperonisten geworden, und die Nordamerikaner standen ihnen in nichts nach. Im Mai 1946 erschien in NEWSWEEK ein Artikel, in dem Evita als »die Frau hinter dem Thron« bezeichnet wurde. Kurze Zeit später nannte die gleiche Zeitung sie »die Präsidentin«. Braden schien so besessen von Evita wie seine argentinischen Freunde. In seinen Memoiren kommen wiederholt Witze vor, die Evita wie kein anderer herausforderte. (Eine ganze Generation von Argentiniern wuchs mit solchen Witzen auf, die in der Familie immer wieder Gesprächsstoff lieferten. Weihnachten, Geburtstage oder Hochzeiten waren ein willkommener Anlaß, um sich Geschichten über Evita zu erzählen, quasi als Ersatz für die verlorene Erzähltradition, womit sie, ohne es zu wollen, eine neue argentinische Tradition begründeten.) Bradens Witz lautet folgendermaßen: Eva benutzt in Begleitung eines ehemaligen Generals den Fahrstuhl. Der Fahrstuhlführer sieht sie von der Seite an und murmelt: »Hure!« Als sie den Fahrstuhl verlassen, beklagt sich Eva beim General, worauf er erwidert: »Machen Sie sich nichts daraus. Ich bin schon seit zehn Jahren außer Dienst, und man nennt mich immer noch General!«

Es steht außer Frage, daß die argentinische Presse es nicht wagte, sie als »die Frau hinter dem Thron«, die Präsidentin oder gar »Hure« zu bezeichnen. Doch 1946 genoß die Presse noch gewisse Freiheiten. Noch hatte das Regime die Repression nicht perfektioniert. Der Tageszeitung LA NACION gelang es, alles zumindest halb zu sagen. LA PRENSA wagte mehr und mußte es schließlich büßen. Außer Eduardo Colomas LA EPOCA hatten die Peronisten jedoch keine eigene Tageszeitung, weshalb die Regierung beschloß, das wenig gelesene Schmähblatt DEMOCRACIA zu kaufen. Die soeben verstaatlichte BANCO CENTRAL lieh ihnen die nötige Summe.

Obwohl Evita DEMOCRACIA nie offiziell leitete, war ihr Einfluß spürbar und vor allem sichtbar: An Tagen, wo ein Foto von ihr im Abendkleid erschien, war die Zeitung in kürzester Zeit vergriffen. Der Leiter von DEMOCRACIA, Valentín Thiébault, mußte erkennen, daß Evita den Verkauf förderte. Je hübscher sie auf den Fotos war, desto mehr Leser gab es, Leser, die darauf brannten, ihr strahlendes Konterfei auszuschneiden und mit vier Reißzwecken innen an die Schranktür zu heften, unmittelbar neben dem Bild des indianischen Heiligen Caferino Namuncurá.

Evitas Präsenz auf den Seiten von DEMOCRACIA war umgekehrt proportional zu der des Außenministers Atilio Bramuglia, der im Oktober 1945 noch gemeint hatte: »Sie sind ja nur daran interessiert, Ihren Mann zu retten!« In DEMOCRACIA war Bramuglia praktisch unsichtbar und unbenannt. Evita rächte sich, indem sie sein Bild und seinen Namen aus der Zeitung verbannte. Wenn er erwähnt wurde, hieß es nur »der Minister«, und nie erschien ein Foto von ihm. Wenn er doch einmal auf einem Gruppenbild zu sehen war, wurde er herausgeschnitten oder wegretuschiert. Mußte er mit anderen zusammen fotografiert werden, machte der Fotograf die erstaunlichsten Verrenkungen, damit sein Gesicht nicht auf dem Foto erschien. Manch einer kaufte DEMOCRACIA nur, um ihn ohne Kopf zu sehenn. Ironie der Geschichte: Nach dem Fall des Regimes wurde Evitas Bild ausgemerzt und der Presse untersagt, ihren Namen zu erwähnen. Bild und Name wurden ebenfalls getilgt, ausgeschnitten, verbrannt.

Wie sah sie sich selbst im Mai 1947, mitten in den Vorbereitungen zu ihrer Europareise auf Einladung der spanischen, der italienischen, der französischen, der schweizer und – wenn auch unter Vorbehalten – der englischen Regierung?

Auskunft erteilt uns Valentín Thiébault, ehemaliger Redakteur von DEMOCRACIA. (Nebenbei sei gesagt, daß die Autorin dieses Buches Thiébault als Nichte des national gesinnten Autors Raúl Scalabrini Ortiz vorgestellt wurde, was zutrifft. Da ihm jedoch der jüdische Name des Vaters seiner Interviewerin unbekannt war und er sich unter Gleichgesinnten fühlte, ließ sich der ehemalige Journalist zu leidenschaftlichen Lobeshymnen auf die Nazis hinreißen).

Thiébault zeigte uns ein großes Foto von Evita, das diese der Zeitungsredaktion 1947 geschenkt hatte. Damals war sie bereits die Gattin des Präsidenten. Montags, mittwochs und freitags arbeitete sie regelmäßig im Ministerium. Im Radio hatte sie bereits ihr Projekt zum Frauenwahlrecht verkündet. Doch noch war ihr nicht der Gedanke gekommen, sich offiziell fotografieren zu lassen. Das Foto war das gleiche, das sie schon 1945 zur Werbung für ihre Radioserie benutzt hatte. Mitten auf dem Kopf thronte eine Rose, so groß wie ein Kohlkopf. Unter der Rose erscheint ein rundes Kindergesicht von mindestens ebensolchem Umfang, ein wenig verschlafen (in Folge der dick geschminkten Augenlider, noch vor dem Verbot von Pater Benítez) und entwaffnend naiv.

»Sehen Sie die Unterschrift«, meinte Thiébault.

Am unteren rechten Rand hatte Evita in Schönschrift geschrieben: María Eva Duarte de Perón. MARIA EVA DUARTE DE in winzigen, dünnen Buchstaben in abfallender Linie. PERON schrieb sie hingegen mit Tendenz nach oben und energischen, fest aufgedrückten Schriftzügen.

»Damals«, meinte Thiébault, »hielten die männlichen Peronisten nicht viel von Evita. Ehrlich gesagt, schmunzelten wir beim Gedanken, daß sie uns in Europa repräsentieren sollte, ein wenig. In der Redaktion nannten wir sie nur »Mutter der Zuversicht« oder »oberste Samariterin Argentiniens«, eine Bezeichnung, die vom Bund der Krankenhäuser, der ASOCIACION DE HOSPITALES Y CLINICAS, stammte. Doch unter uns ... Bis eines Tages eine Gruppe von Frauen in der Redaktion erschien. Sie hatten die Nachricht von Evitas Europareise gelesen. Man sagte ihnen, Evita käme nicht in die Redaktion. Da baten sie, mit mir zu sprechen.«

Thiébault empfing sie. Es waren einfache Frauen mit dunklem Teint, sehr ärmlich gekleidet. Sie hatten eine lange Reise unternommen, nur um Evita folgendes zu sagen:

»Ich will Ihnen erklären, warum wir hier sind. Evita wird die argentinischen Frauen in Europa vertreten, und wir wollen, daß sie sehr, sehr hübsch aussieht. Deshalb wollen wir ihr den Rat geben, daß sie sich das Haar hochsteckt. Das steht ihr am besten: ein Haarknoten. Könnten Sie ihr das von uns ausrichten?«

An dem Tag verstand der Journalist: Evita lebte in jenen Frauen. Sie waren in Gedanken bei ihr, wie die Mutter und die Tanten in Gedanken bei dem kleinen Mädchen sind, das auf einem Schulfest sein Gedicht aufsagt. Sie hätten alles dafür gegeben, um ihr den Knoten zu richten, ihr die Wangen zu pudern oder mit lauter Nadeln im Mund vor ihr zu hocken und ihr den Saum zu heften.

Es ist nicht bekannt, ob Evita diese Nachricht erreichte. Sicher aber ist, daß sie Buenos Aires mit einer turmartigen Frisur verließ und mit einem Knoten zurückkehrte. Solche Botschaften nehmen nie den direkten Weg. Doch am Ende kommen sie immer an, als hätte man sie gerade erst entdeckt. In Wirklichkeit haben dunkle Stimmen einem die richtige Lösung schon seit langem ins Ohr geraunt.

6
Botschafterin

Abflug nach Madrid. Ein weißes Cape für den Besuch im Escorial. Evita haßt das Protokoll. Weizen für Franco. Das Geflüster von Pius XII. Ein mysteriöser Schatz. Die englische Königin wird abwesend sein. Christian Dior. Eine Metrostation mit Namen Argentinien. Die Schweiz und die Bankleute. Río, Montevideo, Buenos Aires: das Ende des Wolkenkratzers.

Am 6. Juni 1947 nahm sie das Flugzeug, ein Jahr und zwei Monate nachdem sie zum ersten Mal im Unzué-Palast schlief.

Franco hatte Perón zu einem Spanienbesuch eingeladen, ohne auch nur im entferntesten zu ahnen, daß dieser sich durch seine Frau vertreten lassen würde. Das weltweit isolierte Spanien wollte so dem einzigen Land danken, das es vor den Vereinten Nationen verteidigt hatte. Peróns Argentinien hatte sich nicht damit begnügt, ausgezeichnete diplomatische Beziehungen mit einem der letzten faschistischen Regimes zu pflegen, sondern ihm auch einen Kredit für die Einfuhr von Fleisch und Getreide gewährt. Die Spanier träumten von diesem argentinischen Eldorado, wo sie fast alle einen Verwandten hatten. Eine Art argentinischer Marshallplan lag in der Luft.

Solche Träume mögen überraschen, wenn wir an das krisengebeutelte Argentinien denken. Doch 1947 war die Situation nicht mehr so kritisch (obwohl sie es wieder werden sollte). Argentinien hatte am Krieg verdient. Nun gehörte es zu den weltweit reichsten Ländern. Europa brauchte seine Rohstoffe. Doch die frisch eingetroffenen Europäer waren keine analphabetischen Bauern, wie der aus Galizien stammende Vetter oder Onkel. Sowohl die Nazi-Opfer als auch ihre Henker hatten hochqualifi-

Evita, zu jener Zeit die Freundin von Coronel Perón, bei ihm zu Hause (AFP)

Portrait (Ullstein)

1946 Evita übernimmt die Leitung einer Zeitung (AFP)

1947 Evita bei einer Rede in Spanien, neben ihr General Franco (Ullstein)

Juli 1947 Evita während einer Messe im Vatikan (Ullstein)

4. Juli 1947 Evita besucht ein römisches Kinderheim (Ullstein)

Evita als »gute Fee« der Armen (AFP)

Um 1950 Evita in Abendrobe (Ullstein)

17. März 1950 Evita begrüßt einen Spieler bei einem von ihr organisierten Jugendfußballspiel (Ullstein)

17. Oktober 1950 Evita spricht zu einer riesigen Menschenmenge vom Balkon des Regierungsgebäudes in Buenos Aires, links Juan Perón (Ullstein)

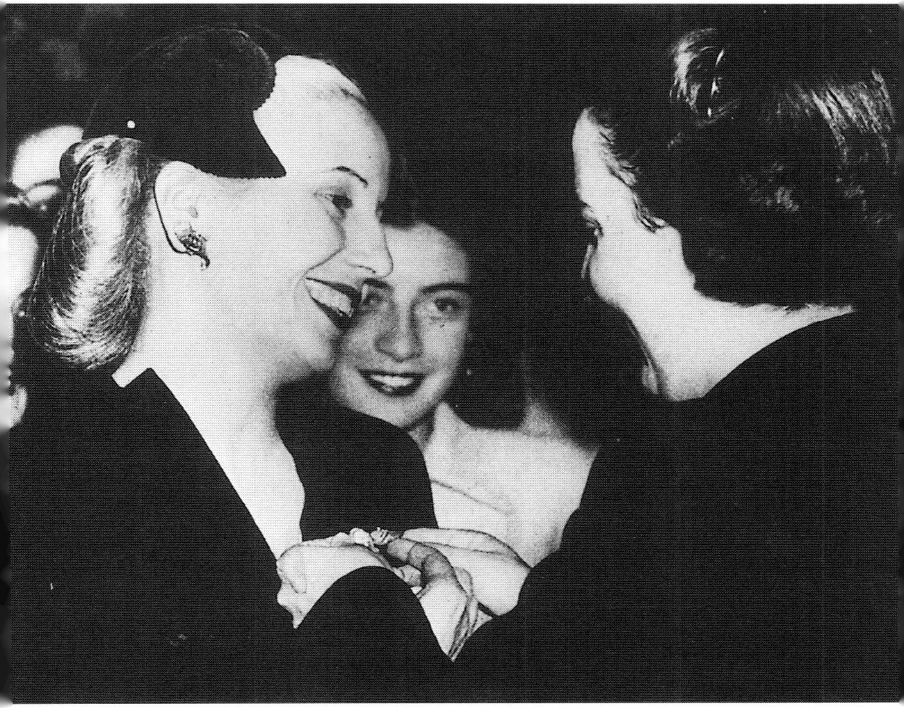

Oktober 1950 Evita wird zur Ehrendirektorin des Instituts der Arbeit ernannt (Ullstein)

Wochenende auf dem Land (AFP)

Die Krankheit beginnt sich abzuzeichnen (AFP)

Offizielles Portrait (AFP)

4. Juni 1952 Evita, bereits sehr geschwächt, während der Zeremonie zur Feier des zweiten Amtsantrittes von Perón (AFP)

Einer der vielen Evita-Altäre, damals an jeder Straßenecke (AFP)

zierte Berufe. Für einen Regierungschef war das Argentinien, das Perón geerbt hatte, ein herrliches Geschenk.

Warum also dieses Interesse an einer guten Freundschaft mit der spanischen Regierung? Argentinien hatte soeben diplomatische Beziehungen zur UdSSR aufgenommen. Es war Mitglied der Vereinten Nationen. Die Vereinigten Staaten signalisierten, daß die argentinische Regierung umgänglicher sei als befürchtet. Und ausgerechnet in dem Moment versichert Perón Franco all seiner Unterstützung! Manche linksgerichteten Peronisten, wie der spanische Gewerkschaftsführer Isaías Santín, der Evita sehr nahe stand, waren perplex. Und doch war alles klar: dieser für Perón typische Widerspruch war das Ergebnis einer Fehleinschätzung, die auf einem Gefühl basierte. Der Faschismus, der ihm so am Herzen lag, ließ ihn mit einem dritten Weltkrieg rechnen. Er war ein fehlgeleiteter Machiavelli, der die argentinische Wirtschaft auf einer Illusion begründete. Diesen Irrtum mußte er während seiner zweiten Präsidentschaft teuer bezahlen, als Argentinien zunehmend ärmer und der europäische Krieg immer unwahrscheinlicher wurde.

Daher konnte Perón die Einladung nach Spanien nicht persönlich annehmen. Das hätte all seine Bemühungen um ein gutes Image unweigerlich zum Scheitern verurteilt. Evita konnte ihn aber vertreten. Wer diese Lösung angeregt hatte, ist nicht bekannt, doch man weiß, daß sie die Gelegenheit sogleich beim Schopfe packte. Sie träumte von Europa. Das hatte sie immer wieder in ANTENA oder SINTONIA erklärt, als sie noch Schauspielerin war. Zu den Ursprüngen zurückkehren. Eine innere Pilgerschaft unternehmen und gleichzeitig die Beweise für den Erfolg öffentlich zur Schau stellen: In psychologischer wie in sozialer Hinsicht entwickelt sich der Argentinier erst mit Betreten der anderen Küste jenseits des Atlantiks. Francos Gast spürte auf Grund ihrer baskischen Herkunft plötzlich eine Sehnsucht nach Spanien. Und da die Spaniensehnsucht gemeinhin mit einer speziellen Rhetorik gepaart ist, war Evita erneut bereit, eine dem nationalistischen Rundfunk entsprechende Ästhetik zu verkörpern.

Sie war mit der Idee der Stellvertreterin einverstanden; als nächstes mußte man erkennen, daß eine ausschließliche Spanienreise einen schlechten Eindruck machen würde. Um den Grund der Reise zu verschleiern, waren Einladungen in andere Länder nötig. Pater Benítez reiste nach Rom, um den Vatikan zu bitten, der »argentinischen Magdalena«, wie sie hinter den Kulissen genannt wurde, eine Audienz zu gewähren. So war die argentinische Regierung rechtzeitig in der Lage zu verkünden, María Eva Duarte würde außer Spanien auch noch Italien einen inoffiziellen und Frankreich einen offiziellen Besuch abstatten. Aus England kam nur die uneindeutige Mitteilung, Evita sei ein »gern gesehener Gast«.

Zweideutigkeit und Heuchelei waren an der Tagesordnung. Auf argentinischer Seite nahm man ein poetisches Bild zu Hilfe: Evita würde nach Europa reisen, um einen »Regenbogen der Schönheit« zwischen beiden Kontinenten zu schlagen. Das kitschige Bild bestätigte dennoch ihre Rolle als Vermittlerin. Eine Funktion, die sie selbst später mit einem treffenderen Bild umschrieb: »Ich bin die Brücke zwischen Perón und dem Volk. Schreitet über mich!« Regenbogen oder Brücke: zwei Arten, verschiedene Welten zu verbinden, die nur jemand mit gespaltener Persönlichkeit in sich vereinen kann. Auf argentinischer Seite fand die Zweideutigkeit also ihre Erklärung in dem Wankelmut, der dem Peronismus seine vielen, schillernden Schattierungen verlieh (vielleicht auch in einem schwer zu gestehenden Grund, von dem noch die Rede sein wird). Auf europäischer Seite handelte es sich um den rein pragmatischen Wunsch, sich nicht festzulegen. Europa hatte Hunger. Argentinien quoll über von Getreide und Fleisch. Evita und ihr bunter Flitter erweckten widersprüchliche Assoziationen: Faschismus und Rindfleisch. Die betroffenen Regierungen hatten zu ersterem ein nicht minder schillerndes Verhältnis, das von Sympathie bis höflicher Ablehnung reichte, um sich letzteres zu sichern.

In Buenos Aires gab es hektische Reisevorbereitungen. Peróns Señora sollte in Schönheit und Reichtum erstrahlen. Spricht der Mythos nicht von Töpfen voller Gold an beiden Enden des Regenbogens? Vielleicht sollte die Zurschaustellung auch einen weitaus kostbareren Schatz als den zur Schau gestellten verbergen. Auf jeden Fall konnte nur ein Parvenu den Fauxpas begehen, sich mit so herrlichen Federn zu schmücken, um Regionen aufzusuchen, die im Krieg so viele Federn hatten lassen müssen. Und doch behielt Evita auf lange Sicht recht: Kein Europäer würde sich noch an sie erinnern, wäre sie in aller Bescheidenheit gereist, um die Entblößten und die Toten nicht zu kränken. Eine so vornehme Zurückhaltung hätten nur sehr wenige verstanden. Evita aber war so aufsehenerregend, daß alle Welt sie mit den Augen verschlang und man noch heute darüber spricht.

Lilian wurde als erstes Opfer auserwählt. Von allen verfügbaren Frauen war sie die geeignetste, um die Botschafterin zu begleiten. Ihr Hofstaat bestand aus folgenden Personen: Juan Duarte, der mehr darauf brannte, sich zu amüsieren, als berühmte Museen zu besichtigen; Muñoz Azpiri, der seine liebste Darstellerin nur am Flugplatz verabschieden wollte und gleich ohne Gepäck, wenn auch ohne Protest, an Bord des Flugzeugs genötigt wurde; Julio Alcaraz, der schweigsame Figaro und Vertraute, der sich um den schweinsledernen Koffer mit Schmuck kümmerte, den Perón gebracht hatte; der Arzt Doktor Alsina; zwei Schneiderinnen: Asunta, aus dem Hause Henriette, und Juanita, von Naletoff; Alberto Dodero, der laut Evita die Reise finanzierte; ein Journalist von DEMOCRACIA; der Marquis Chinchilla und der Graf Foxá von der spanischen Botschaft; zwei Adjutanten der Präsidentschaft und mehrere Zofen. Lilian begleitete Evita als Dolmetscherin für Französisch, mit Examen in Benimmregeln und der Rolle als Sündenbock.

Als Evita ihr vorschlug mitzureisen, hatte Lilian sich zunächst geweigert, Mann und Kinder allein zu lassen. Eine vorsichtige Anfrage bei Guardo hatte zum gleichen Resultat geführt. Um das Problem zu lösen, hatte Perón beschlossen einzugreifen. Er lud das Ehepaar zum Essen ein und nahm Lilian, als sie beim Nachtisch waren, beiseite, um sie mit zitternder Stimme zu bitten: »Willigen Sie ein, Lilian! Es ist wichtig für das Land! Sie bringt es noch fertig, die Reise abzusagen, wenn Sie nicht mitkommen!« Bei so viel seelischer Erpressung gaben sich die Guardos seufzend geschlagen und sagten zu. Glücklich wie ein Kind erwirkte Evita für Lilian eine ansehnliche Geldsumme vom Außenministerium, die Ricardo Guardo unhöflicherweise ablehnte. Evita seufzte mit resigniertem Blick zum Himmel: Die

Leute waren so kompliziert! War es denn wirklich so schwer, ihren Launen nachzugeben? Der Schmuck aus dem Koffer war sorgfältig ausgewählt. Jetzt hatte er nichts mehr von dem einer bescheidenen Lehrerin. Woher er auch stammen mochte (Geschenke von Dodero, Evitas Erwerbungen vom Juwelier Ricciardi oder der sagenhafte Schatz), das Ergebnis war aufsehenerregend. Laut Jamandreu befand sich unter den Schmuckstücken ein in der Welt einmaliges schwarzes Perlenkollier. Außerdem ein dickes Armband aus Perlen und Brillanten, Ohrgehänge mit tropfenförmigen Perlen und ein mehrreihiges Perlenkollier mit Brillantverschluß. Hatte Evita sich bei einem letzten Annäherungsversuch an die Welt der Damen schließlich doch zu Perlen durchgerungen?

Wiederum laut Jamandreu hatte sie vor, bei einer Theateraufführung im Teatro Colón mit den erlauchten Damen zusammenzutreffen, zu der die gesamte Kuhfladenaristokratie anwesend sein würde. Doch nach wenigen Minuten war die grausame Wahrheit nicht mehr zu negieren: Die kirschroten Samtsitze waren ausschließlich von den Dienstboten besagter nobler Familien belegt. Aus den vornehmen Kreisen war Doña Adelina Harilaos de Olmos die einzige, die um 1950 eine Bekanntschaft mit Evita akzeptierte. Die alte, streng katholische Dame, die in den 30er Jahren die SOCIEDAD DE BENEFICIENCIA geleitet hatte, wollte den Präsidenten um einen Gefallen bitten (eine finstere Grabgeschichte). So lud sie Evita zum Tee ein und pries ihre Schönheit. Evita wußte, daß Doña Adelina päpstliche Markgräfin war. Vielleicht brachte das Evita auf die fixe Idee, einen ebensolchen Titel zu erwerben (von dem sie noch nie zuvor gehört hatte). Auf jeden Fall setzte sie sich diese Idee in den Kopf, mit dem einzigen Ergebnis, daß sie eine weitere Enttäuschung hinnehmen mußte.

Hinsichtlich der Reisegarderobe erzählt die Spanierin Ana de Pombo in ihren Memoiren eine aufschlußreiche Geschichte, die zeigt, wie verächtlich man in feinen Kreisen auf Evita herabsah. Ana de Pombo hatte soeben ein Modehaus in Buenos Aires eröffnet, das von den großen Namen Argentiniens besucht wurde: Martínez de Hoz, Pueyrredón, Zuberbüller. Eines Tages klopften zwei Polizisten an ihre Tür. »Die Señora Perón erwartet Sie morgen früh, um 7 Uhr. Bringen Sie Ihre Modelle und Ihre Mannequins mit.«

Ana de Pombo erschien zur vorgesehenen Zeit im Unzué-Palast, gefolgt von zwei Näherinnen und einem mit Kartons beladenem Mann. Der Erzbischof von Buenos Aires und der Kriegsminister warteten bereits, doch die Modeschöpferin wurde vor ihnen empfangen. Evita war im Hausrock, wie immer, wenn sie ihre morgendlichen Besucher empfing. Sie kam gerade von draußen und trat ein mit den Worten: »Entschuldigen Sie mich, ich mußte zum Armenfrühstück fort.« Dann prüfte sie den Inhalt der Schachteln und bat, man möge sie mit Ana de Pombo allein lassen. Schließlich meinte sie zu Ana: »Sie sind eine merkwürdige Frau. Ich hätte niemals gedacht, daß Sie tatsächlich morgens mit Ihren Modellkleidern und Mannequins kommen würden, noch dazu so elegant. Die gesamte vornehme Gesellschaft von Buenos Aires ist gegen mich. Was Sie getan haben, wird Ihnen nur schaden. Ich danke Ihnen für Ihren Mut.«

Was wollte sie von ihr? Ein Kleid, das »schöner als das der Königinnen« sein sollte, mit einem riesgigen Cape, um die Treppen des Madrider Königspalasts hinaufzuschreiten.

Ana de Pombo hatte verstanden und entwarf für Evita ein blaues Spitzenkleid mit Straßbesatz: wie die Blaue Fee in Walt Disneys PINOCCHIO oder mehr noch wie das der Fee der Nacht, das ihre Mutter und Schwestern ihr vor langer Zeit zum Karneval genäht hatten. Das Cape war aus ebenfalls blauen Straußenfedern mit einer zwei Meter langen Schleppe, genau wie das Kleid. Von dieser blauen, glitzernden Woge gefolgt, würde Evita langsam die endlose Treppe erklimmen. Das war ihre Traumrolle: die ewig aufsteigende Evita. Nach der Rückkehr von der Reise gab sie ein Portrait beim spanischen Maler Sotomayor in Auftrag. Für das Gesicht stellte sie ihm mehrere Fotos zur Verfügung und für den Körper das blaue Kleid auf einer Ankleidepuppe. Sotomayor sollte die himmlische Erscheinung verewigen.

Drei Tage vor der Abreise weihte Evita ihr erstes Frauenhaus, HOGAR DE TRANSITO, ein, das in weiser Vorausschau den Namen »María Eva Duarte de Perón erhielt. (Spätere sollten »Eva Perón«, »Evita« oder ähnliche Namen bekommen). Im Süden gelegen, war es so eingerichtet, daß es sechsundvierzig arbeitssuchende Frauen aus der Provinz aufnehmen konnte. Für Evita war das ein Symbol: Auch sie war einst nach Buenos Aires gekommen, ohne zu wissen, wo sie unterkommen sollte. Jetzt würden andere Frauen, die wie sie aus der Provinz »zugewandert« waren, alles haben, was ihr damals fehlte: ein Dach über dem Kopf, Essen und Gesellschaft. Das ergab sich ausgerechnet, als sie sich eben anschickte, wieder aufzubrechen.

Sie hatte persönlich die Einrichtung des Hauses beaufsichtigt. Wer außer ihr hätte diese provenzalisch anmutenden Kretonnestoffe mit großen, bunten Blumen ausgesucht? Bisher gab es jedoch keine Konkurrenz, niemand hatte einen besseren Geschmack bewiesen, da sich noch niemand so um das Wohl der jungen Provinzlerinnen gekümmert hatte, daß er ihnen sogar die Gardinen auswählte. Evitas Gegner witzelten, sie habe sehr gut Schlechtes getan und sehr schlecht Gutes. Auf diesen Satz werden wir noch zurückkommen, denn zumindest bedeutete er, daß Evitas Aktivitäten gewürdigt wurden. Andererseits hatten die Blumengardinen auch einen Zweck: Evita wollte ihre weiblichen Gäste nicht an einem tristen Ort empfangen. Sie sollten in Luxus schwelgen. Nur wer von einem nachtblauen Feenkostüm geträumt hat, wird es auch bekommen. Doch um von etwas zu träumen, muß man es gesehen haben, wie Evita die weißen Telefone und die Seidenlaken gesehen hatte. Und Evita war da, um ihnen zu sagen, daß es Feen gab, Feen, wie sie eine war.

Abschiednahme

Am Abend des gleichen Tages lud der spanische Botschafter, José María de Areilza, Graf von Motrico, sie zu einem Empfang in seiner Botschaft ein. Das Foto, das dieses Ereignis bezeugt, hätte verdient, sofort verbrannt zu werden (wie häufig Fotos von Politikern veröffentlicht werden, die man schleunigst vernichten sollte, bevor der Betrachter den wahren Charakter hinter den Gesichtern erkennt). Das Trio Areilza, Perón und Evita blickt uns auf dem Foto fröhlich entgegen. Das Glas in der Hand erklärt die heiteren Gesichter und die glänzende Haut.

Der Botschafter hat eine schmale Nase und die geschwungenen Brauen eines eitlen Señorito, ehrgeizig und spitzzüngig. Er hatte Perón gerade mit ungewöhnlich aufwendigen Feierlichkeiten seine Aufwartung gemacht. Er war unter allen franquistischen Diplomaten auserwählt worden, um den Vertrag zwischen Franco und Perón zu unterzeichnen, der Argentinien verpflichten sollte, Spanien einen Kredit in Peseten zu gewähren, mit dem es Getreide kaufen konnte. Vom korpulenten Graf de Foxá, vor allem aber vom Marqués de Chinchilla, dem Vater eines Mädchens, das Evita tief ins Herz geschlossen hatte, vorgestellt, hatte Areilza bald mit dem Präsidentenpaar Freundschaft geschlossen.

Später sollte diese schöne Freundschaft abkühlen: Nach ihrer Rückkehr empfing die Señora Kellner, die am Tisch in der Botschaft servierten. So erfuhr sie, daß man sich bei solchen Essen über sie lustig machte. Eines Tages befand sich Areilza im Unzué-Palast und wartete, daß Evita ihn empfing, als er sie plötzlich ausrufen hörte: »Dieser Scheißgalizier soll ruhig noch warten!« Da nahm Areilza seinen Hut und rief seinerseits: »Sagen Sie Ihrer Dienstherrin, der Galizier ginge und ließe die Scheiße zurück.«

Auf dem besagten Foto macht Areilza ein freundliches Gesicht, mit leicht ironischem Ausdruck, der erkennen läßt, wie überzeugt er von sich selbst und seiner adeligen Herkunft ist. In der Mitte, ein wenig im Hintergrund, zeigt Perón ein ihm fremdes Lächeln. Diesmal hat er es nicht angeknipst, um die Massen mit ausgebreiteten Armen zu begrüßen. Er bleibt ein wenig im Schatten seines »Schattens«. In Kenntnis der restlichen Geschichte kann man leicht sagen, er habe einen listigen Ausdruck, als läsen wir einen Roman, von dem wir bereits wissen, wie er ausgeht. Doch weder damals noch heute könnte die Verschlagenheit seiner zusammengekniffenen Augen und die freudlose Sinnlichkeit seiner feuchten Lippen den unvoreingenommenen Betrachter täuschen. Seine Hand mit dem Glas ist leicht auf die Hermelinstola seiner Gattin gestützt, als wolle er seinen Besitzanspruch auf beides, Frau und Stola – aber wie sanft! – bekräftigen. Vielleicht ging ihm gerade der Tango durch den Kopf, der besagt: áquel tapado de armiño/ todo forrado en lamé (»jener Hermelinmantel/ ganz mit goldenem Futter«), und er beglückwünschte sich, listiger als der Mann in dem Tango gewesen zu sein, der von seiner Frau mit den hohen Schulden für den Mantel, den er noch in kleinen Raten abzahlte, verlassen worden war. Auf jeden Fall scheint einer der beiden Männer – Areilza – zu sagen: »Seht nur, wie schlau ich bin. Ich verkehre mit diesen Neureichen, weil sie Getreide haben, doch im Grunde genommen verachte ich sie«. Und der andere: »Seht nur, wie gerissen ich bin. Ich spiele das Spiel, das ich am meisten genieße: ihnen meine Frau aufzwingen. Die wahren Gründe für die Reise behalte ich für mich. Und das mit dem Getreide für die Galizier werden wir noch sehen.« Beide verraten ihre Empfindungen indirekt, der eine mit hochgezogener Augenbraue und der andere mit dem Ausdruck seines Mundes. Nur Evita, die verkleideter wirkt denn je mit ihrem weißen Hut, der wie ein Teller am Hinterkopf klebt, ihren mit falschem Haar aufgebauschten Zickzacklocken über der Stirn und ihrem ganzen Geschmeide, scheint sich nicht zu verstellen. Hübsch, leicht vulgär und unschuldig, strahlt sie eine einfache, unverfälschte Fröhlichkeit aus. Die Schauspielerin ist hier die einzig Unschuldige, die sich damit begnügt, zu sein, was sie ist.

Dem Abschied von Argentinien stand Areilzas Feier in nichts nach. Während eines abendlichen Festes zu Evitas Ehren erklärte der Arbeitsminister María Freyre in blumenreichen Worten, Evita sei »die bestmögliche Repräsentantin«, die »perfekte Verkörperung der argentinischen Frau, die ihre Persönlichkeit nicht durch pfauenhafte Eitelkeit beweist, sondern durch erlesene Weiblichkeit«. Am Ende der Rede rief Evita ihm zu: »Hör schon auf! Willst du vielleicht, daß ich dir ein Geschenk mitbringe?« Dennoch begann sie, sich an die unterwürfigsten Schmeicheleien zu gewöhnen. Soeben war ein Lied entstanden mit dem Titel »La Dama de la Esperanza« (Mutter der Zuversicht). Doch immer noch brüskierte Evita andere lieber, als Lobeshymnen zu hören.

Sie war nicht die einzige, die auf die Rede des Ministers reagierte. Die Konferenz Sozialistischer Frauen veröffentlichte folgendes Kommuniqué:

»1) Die sozialistischen Frauen fühlen sich von dieser Señora nicht vertreten.

2) Sie bedauern den Doktortitel ›honoris causa‹, den die Universität von La Plata ihr verliehen hat, und lehnen ihn ab.

3) Sie mißbilligen, daß die französische Regierung, die weitgehend aus sozialistischen Kameraden besteht, sie offiziell nach Frankreich eingeladen hat.« (Andere Länder konnten »diese Señora« ungestraft einladen. Frankreich nicht. Bei Frankreich, dem Land der Intelligenz, kam diese Einladung einem Verrat gleich.)

Die politisch bedeutendsten Abschiedsfeierlichkeiten fanden am 5. Juni in der SOCIEDAD RURAL ARGENTINA statt (dem Landwirtschaftsverband). Eine weitere Bastion der Viehzüchteraristokratie, wo die Besitzer bis heute jedes Jahr ihre Kühe und Stiere ausstellen. In den traditionellen Zeitungen erschienen die Fotos dieser Tiere, Shorton oder Aberdeen Angus, mit dem sturen Gesichtsausdruck immer auf der ersten Seite neben den nicht minder starrköpfigen, finster dreinblickenden Militärs. Während Evitas Reise war dieser Tempel der herrschenden Klasse bereits durch die Massen am Sonntag beschmutzt, die CABECITAS NEGRAS, die genau gegenüber auf dem Rasen der Plaza Italia frische Luft schnappten, bevor sie in den benachbarten Zoo gingen, um die Elefanten in ihrem Hindupalast zu bestaunen. Vor dem Peronismus hatte man noch nie etwas derartiges gesehen. Sonntagsfeine, pomadisierte Dunkelhäutige, aus den Tropen oder den Trockengebieten stammende Arbeiter und Dienstmägde schienen abgesprochen zu haben, daß sie alle Sonnenbrillen tragen wollten. So zu tun, als hätten sie empfindliche Augen, als stammten sie aus nebligen Regionen, war das wichtigste Zeichen des sozialen Aufstiegs. Wenigstens das, murmelten die Aussteller fetter Rinder mit abschätzigem Blick zum immer dünneren Rasen auf dem Platz.

Dort versammelten sich die Arbeiter der Gewerkschaften, um die gute Fee zu verabschieden. Hunderttausend Arbeiter waren gekommen, um ihr zuzujubeln. An ihrer Seite strahlte Domingo Mercante vor Glück. Evita ergriff das Wort, um zu wiederholen: »Ich gehe, doch mein Herz bleibt hier«.

Am 6. Juni kommt das Ende. Es ist vier Uhr nachmittags. Die Menschenmassen haben den Flugplatz von Morón im Westen der Stadt erstürmt. Eva kennt die Menge sehr gut, ihre Warmherzigkeit und ihre Gefährlichkeit: Während der letzten Reise nach Tucumán hatte der Menschenandrang sieben Tote, mehrere Verletzte und zwei Frühgeburten gekostet. Sie war ins Krankenhaus geeilt, um die Verletzten und sogar die Toten zu sehen. Beim Verlassen der Leichenhalle sank sie ohnmächtig in Lilians Arme, die sich um ihre Gesundheit und Nerven sorgte. Heute geschieht zum Glück nichts dergleichen. Niemand drängt, alle respektieren ihre Gefühle: sie wirkt so ergriffen! Evita und Perón umarmen sich. Sie hat Angst vor dem Fliegen. Die Reise ist so lang! Wie eine Königin das Schafott besteigt sie die DC4 von Iberia.

Die Gefolgschaft reist mit Evita und das Gepäck in einem argentinischen Flugzeug der FAMA. Sobald die DC4 abgehoben hat, räuspert sie sich, hebt den Finger und sagt: »Hört gut zu, Jungens. Von jetzt an aufgepaßt, ja? Die ganze Welt blickt auf uns, also keine Dummheiten! Und wehe euch, wenn ihr ihnen auch nur den geringsten Anlaß bietet, uns reinzulegen!« Es ist klar, daß sie weder an die beiden spanischen Adligen, noch an Lilian denkt, die sie mit offenem Mund anhören, sondern an ihren Bruder. Ihre Intuition trügt sie nicht: Sobald sie Spanien erreichen, wird dieser sich mit Dodero um die offiziellen Feierlichkeiten herumdrücken, um nach Granada zu eilen und dort die Zigeunerinnen des Sacromonte zu beglücken. Und in Rom wird Pater Benítez alle Mühe haben, das Benehmen des unerzogenen Bruders zu rechtfertigen.

Doch Eva denkt nicht nur an ihn, als sie diese Worte ausspricht. Sie fürchtet auch ihre eigene Ungeschicklichkeit, und sie hat Angst vor einem Unfall. Das Flugzeug wird sicher abstürzen. Außerdem verfolgt ihre Vergangenheit sie. Es gelingt ihr nicht, davon loszukommen. Um Mitternacht greift sie zum Federhalter, um Perón folgenden Brief zu schreiben:

»Lieber Juan:

Ich reise mit großem Bedauern ab, denn fern von Dir kann ich nicht leben; ich liebe Dich so sehr, daß es schon an Götzenverehrung grenzt. Vielleicht gelingt es mir nicht, Dir meine ganzen Gefühle zu zeigen, denn ich kann Dir versichern, daß ich viel im Leben zu kämpfen hatte, um jemand zu sein. Ich habe viel gelitten, doch dann kamst Du und hast mich so glücklich gemacht, daß es ist wie im Traum; und da ich Dir nichts anderes anbieten konnte als mein Herz und meine Seele, habe ich Dir beides ganz geschenkt; doch in den drei Jahren unseres täglich wachsenden Glücks habe ich nicht eine Stunde aufgehört, Dich anzubeten und dem Himmel zu danken, daß Gott so gut war, mich mit Deiner Zuneigung auszuzeichnen, derer ich mich jeden Moment versucht habe würdig zu zeigen, indem ich alles tat, um Dich glücklich zu machen. Ich weiß nicht, ob es mir gelungen ist, doch ich kann Dir versichern, daß niemand auf der Welt Dich je mehr verehrt und geliebt hat. Ich bin Dir so treu, daß, wenn Gott dieses Glück, Dich zu lieben, nicht billigt und mich zu sich ruft, ich Dir noch nach dem Tod treu sein und Dich von dort oben verehren werde. Liebster Juancito, verzeih mir dieses Geständnis, doch Du sollst wissen, daß in dem Augenblick, da ich gehe und in Gottes Hand bin, ohne zu wissen, ob nicht ein Unglück geschieht, Deine Frau mit all ihren Fehlern, daß Du mich geläutert hast, denn ich lebe durch Dich, fühle durch Dich und denke durch Dich. Achte auf Dich. Regieren ist undankbar, da hast Du recht. So Gott will und alles ein gutes Ende nimmt, werden wir uns zurückziehen, um unser Leben zu leben, und ich werde versuchen, Dich glücklich zu machen, so glücklich ich kann, denn Deine Freude ist meine Freude. Juan, sollte ich sterben, kümmere Dich bitte um Mama, sie ist allein und hat viel Leid erfahren. Gib ihr 100.000 Pesos; für Isabelita, die Dir treu war und ist, 20.000 Pesos und ein besseres Gehalt. Und ich werde von da oben über Dich wachen. Meinen Schmuck sollst Du behalten. Ebenso San Vicente und Teodoro García, damit Du an Deine Chinita denkst, die Dich so sehr liebte. Für Doña Juana brauche ich Dich gar nicht erst zu bitten, denn ich weiß, daß Du sie genauso liebst wie ich. Es war nur so, daß wir ewig in unseren Flitterwochen gelebt und der Familie unsere Zuneigung nicht gezeigt haben, obwohl wir sie lieben. Juan, sieh in Marcante immer einen Freund, denn er bewundert Dich und sollte wegen seiner treuen Ergebenheit immer Dein Mitarbeiter bleiben. Vor Rudi nimm Dich in acht, er liebt Geschäfte. Castro hat es mir gesagt, er kann Dir sehr schaden. Ich will, daß Dein Name sauber bleibt, so wie Du bist; wenn es auch schmerzlich ist, solltest Du wissen, was er in Junín veranlaßt hat, Castro weiß es. Ich schwöre, daß es eine Verleumdung ist (meine Vergangenheit gehört mir, doch in der Stunde meines Todes solltes Du das wissen, es ist alles gelogen); es ist schmerzlich, wenn man seine Freunde liebt und sie es einem so vergelten. Ich habe Junín verlassen, als ich dreizehn Jahre alt war. Was für eine Gemeinheit, von einem Mädchen so etwas Schmutziges anzunehmen, es ist alles falsch. Dich kann ich nicht täuschen; ich habe es Dir nur nicht bei der Abreise gesagt, weil der Abschied von Dir mir schon schwer genug fiel und ich es damit nicht noch schwerer machen wollte; aber Du kannst stolz sein auf Deine Frau, denn ich habe Deinen Namen in Ehren gehalten und Dich angebetet. Viele, viele Küsse, Küsse … Evita«.

Wer ist Castro? Der Coronel Juan Francisco Castro, der zukünftige Minister des Transportwesens. Und Rudi? Rodolfo Freude, Peróns Sekretär. Um was für eine Nachforschung mag es gegangen sein, die der Sohn des deutschen Millionärs in Junín angeordnet hat? Unmöglich, nicht an die beiden Aristokratensöhne zu denken, die Evita und ihre Freundin am Straßenrand zurückließen. Aber warum wollte Rudi sie vor ihrem Mann bloßstellen? Es bleibt ein dunkler Punkt, ebenso wie die Frage: Warum vererbt Evita in diesem von der Angst vor einem Flugzeugunglück diktierten »Testament« Perón das Haus in San Vicente, das er schon vor ihrer Hochzeit besaß?

Das lächeln von Carmen Franco

An einem lauen, noch taghellen Sommerabend am 8. Juni um zwanzig Uhr fünfunddreißig landete das Flugzeug auf dem Flughafen Barajas, eskortiert von vierzig Jagdflugzeugen. Als Eva die Stufen hinabstieg, sah sie den Generalisimo Franco, der ihr auf der Esplanade entgegenkam, flankiert von zwei schwarz gekleideten Damen: seiner Gattin, Doña Carmen Polo de Franco, und seiner Tochter, Carmen Franco Polo. Alle drei führten ein imposantes Gefolge von Uniformen und Soutanen an. Etwas weiter hinten schwenkte eine Gruppe von jungen Mädchen der Falange in Volkstracht ihre Taschentücher. Kilometerlange Teppiche auf dem Boden, Blumen und überall spanische, rot-gelbrote oder argentinische blau-weiß-blaue Fähnchen. Rund um den Flughafen warteten dreihunderttausend Madrider, die wie im Taumel ihren Namen riefen.

Als sie die letzte Stufe nahm, kurz vor dem Betreten spanischen Bodens, huschte kaum merklich ein Lächeln über ihr Gesicht. Das Foto, das die spanische Presse damals veröffentlichte, zeigt sie lächelnd, aber angespannt, die rechte Schulter hochgezogen und den linken Fuß nach innen geknickt. (Vor langer Zeit hatte ihre Schwester Elisa über Evas X-Beine geklagt. Nicht nur, daß sie unerlaubt ihre Schuhe lieh, sondern sie lief auch noch die Hacken innen ab.) Es ist ein erstaunliches Foto: der rechte Arm steif, wie eingegipst, vom Körper abgewinkelt, während der linke die Tasche fest an die Taille preßt, als fürchte sie sich im von der Diktatur unterdrückten Spanien, umgeben von Polizei und Militär, vor Dieben.

Auch ihre Kleidung hat nichts von Lockerheit. Ihre Ratgeber haben ihr wohl gesagt, sie solle sich seriös kleiden, doch in all seiner Steifheit wirkt das Resultat fast komisch. Evita trägt das Haar rund um den Nacken zur »Banane« gesteckt, was ihren Hals zu kurz wirken läßt. Der viereckige, am Hinterkopf klebende Hut wirkt wie aus dem Zirkus. Schließlich ist ihr Schneiderkostüm mit langer, kaum taillierter Jacke, mit riesigen Schulterpolstern und geradem, vorne gefälteltem Rock, aus so dickem Stoff, daß sie darin etwas wuchtig wirkt. Die gesamte Erscheinung ist steif und gedrungen, obwohl sie Franco um mehrere Zentimeter überragt.

In dem kurzen Augenblick, als er sich neben ihr umwandte, lächelte sie schüchtern. Doch dieses Lächeln war nur kurz. Vielleicht, auf ihre Füße konzentriert, erwiderte sie im folgenden Francos Höflichkeiten nur schwach, mit geschlossenen Lippen lächelnd. Dann verbeugte sich der galizische Diktator, um ihr die Hand zu küssen. Da verneigte sich auch Eva ein wenig mit einer Geste voller Noblesse, die bei jeder Wiederholung vor anderen europäischen Würdenträgern noch perfekter gelingen sollte. In Argentinien ist der Handkuß nicht üblich. Welche alte Erinnerung bewirkte diese perfekte Biegung des Armes?

Auf den folgenden Fotos zeigen Señora und Señorita Franco beide das gleiche Lächeln, mit reichlich Zähnen und hochgezogenen Mundwinkeln: ein archetypisches Lächeln. Tatsächlich ist ihre Kleidung zu schwarz, doch man merkt, daß sie zumindest nicht stundenlang überlegt haben, was sie zu diesem wichtigen Anlaß tragen sollten. Ihre Schultern sind rund gepolstert, ohne Aggressivität, und ihre weichen Hüte, viel kleidsamer als Evitas, umschmeicheln ihre Gesichter wie ein romantischer Heiligenschein.

Evita schreitet neben Franco die Truppen ab. Hier sind ihr Ernst und ihre Steifheit richtig am Platz. Ein Ernst und eine Steifheit, die sich in Hochnäsigkeit und verletzende Worte verkehren, als der glücklose argentinische Botschafter, Doktor Pedro Radío, mit halb zerrissenem Jacket und verrutschter Krawatte herbeieilt. Er ist in Schweiß gebadet: Die Menge hat verhindert, daß er pünktlich zur Stelle war. Doch statt ihm zu verzeihen oder zu lachen, stellt sie ihn bloß. Die Frau, die auf ihren Fuß achten muß, damit er nicht umknickt, läßt ihre schlechte Laune an dem säumigen Staatsbeamten aus.

Als sie mit Franco, seiner Frau und seiner Tochter in den Wagen steigt, ist sie schon gefaßter. Eine lange Kolonne nähert sich der Stadt. Im milden Klima beginnt sie sich zu entspannen. Evita kommt aus dem Winter und hat noch die Junikälte von Buenos Aires in den Knochen. Doch auch die Herzlichkeit der Menschenmassen bewirkt Wunder. Die Madrider haben gelernt, ihrem Caudillo zu gehorchen, der angeregt hatte, auf der Route der Kolonne entlang der Calle Alcalá die Balkons zu schmükken. Da Sonntag ist, konnten die Menschen zum Flugplatz kommen. Deshalb stehen sie auch auf den Straßen, auf den Terrassen oder schauen aus den Fenstern. Auch am nächsten Tag können sie Evita auf der Plaza Oriente begrüßen, denn dann ist Feiertag. Regie führt Franco. Alle Formen von Faschismus sind eine Inszenierung.

Die Prozession zog die Calle Alcalá entlang und mündete auf die Plaza de la Cibeles. Es war ein atemberaubendes Schauspiel. Die PUERTA DE ALCALA, das Standbild des ESPARTERO und die Gran Vía waren hell erleuchtet! Seit langem kannten die Madrider ihre Stadt nur in Finsternis. Eine solche Lichterflut muß unzählige wahnwitzige Täume geweckt haben. Wenn der Generalisimo so verschwenderisch war, dann vertraute er auf den

Erfolg dieses Besuchs und auf seinen blonden Gast, dessen weizenblondes Haar seine Hoffnung zu bestätigen schien.

Der Zug endete im Pardo, dem Palast, den Franco mit seiner Familie bewohnte und wo Eva mit ihrer Gefolgschaft ebenfalls während ihres Madridaufenthalts untergebracht war. Später empfing Señora Franco keine Gäste mehr in ihrem Palast, und mochten sie noch so vornehm sein: von Evitas Besuch hatte sie genug.

Vor ihren Augen wurden kostbare Geschenke ausgebreitet: ein alter Schal, ein Fächer aus Gold und Elfenbein, ein Lederkoffer mit den Wappen beider Länder, und vor allem ein herrlicher Teppich, in den ein Bild von El Greco eingewebt war. Dann wünschte man sich eine gute Nacht, und jeder ging auf sein Zimmer. Alle außer Evita, die Lilian zu sich rief und sie bat, bei ihr zur bleiben. Sie hatte Angst. Aber warum? Mit all den Dienstboten und Polizisten, die Wache hielten? Doch so war es: sie hatte Angst, jemand könnte ihr Zimmer betreten. Aber wer? Ein Mörder? Ein Verehrer? Jemand mit dem Auftrag, ihrem Ruf zu schaden? Oder verbarg sich hinter der Reise ein Geheimnis, das sie so vor Angst zittern ließ? Vielleicht ging es auch nur um ihre alte Angst vor dem Alleinsein. Wir wissen nur, daß Evita fortan ihr Zimmer mit Lilian teilte. In jener Nacht schoben die beiden Frauen den Schrank vor die Tür, als wären sie in einer zwielichtigen Unterkunft abgestiegen. Drei Monate lang mußte Frau Guardo jede Nacht Evitas Unruhe, ihre Träume und Pläne ertragen, denn Evita schlief wenig und schlecht. Später erzählte Lilian von diesen langen Unterhaltungen, die sich bis zum Morgengrauen hinzogen und in denen es immer um zwei Themen ging.

Das erste war Perón. Evita ließ diesen herrlichen, männlichen Namen im Mund zergehen. Was ihr aber den Schlaf raubte, war die Vorstellung, ihre Feinde könnten ihre Abwesenheit nutzen, um ihn zu hintergehen. Sie war unfähig auszuspannen, da sie sich für Perón verantwortlich fühlte. Während ihrer Krankheit am Ende ihres Lebens wurde diese Vorstellung zur fixen Idee; doch mit den Jahren hat sich gezeigt, daß sie sich nicht irrte: Die Neurose, sich für unentbehrlich zu halten, schließt prophetische Hellsicht nicht unbedingt aus.

Das zweite Thema ihrer nächtlichen Gespräche war die Geschichte. Bereits in der ersten Nacht stellte Evita Lilian eine sehr ernste Frage, die sie in den folgenden Nächten ständig wiederholte und die ihre Begleiterin jedes Mal mit kläglicherer Stimme beantwortete: »Sag mal, Lilian, was würdest du eigentlich gerne im Leben machen?«. »Ich wäre damit zufrieden, meinen Kindern eine gute Mutter zu sein«, sagte Señora Guardo immer aufs neue. Und Evita erwiderte leidenschaftlich seufzend: »Ich nicht. Ich will in die Geschichte eingehen.«

Als in Buenos Aires zum ersten Mal von der Einladung nach Spanien die Rede war, hatte Evita Botschafter Areilza zu verstehen gegeben, daß sie gerne das Kreuz Isabellas der Katholischen verliehen bekäme »auf dieser Plaza de Occidente, die Sie dort in Madrid haben«. »De Oriente«, hatte der Graf mit hochgezogener Augenbraue erwidert. Doch Evita hatte nichts darauf gegeben und nur gemeint: »Ist doch egal«. Jetzt stand der große Augenblick bevor. Am Tag nach ihrer Ankunft verließ sie gegen zwölf Uhr mit Franco den Pardo auf dem Weg zum Palacio Real, der tatsächlich an der Plaza de Oriente liegt.

Es war sehr heiß. Doña Carmen Polo de Franco trug wieder einmal Schwarz mit einem Musketierhut. Nur die Details waren anders: Der dreieckige Ausschnitt vom Vorabend war nun einem viereckigen gewichen, und statt einer einzigen aufragenden Feder war der Hut nun mit einem ganzen Strauß weicher Federn geschmückt. Am Hals trug sie Perlen.

Evita hingegen hatte sich gegenüber dem Vortag stark verändert. Pedro Alcaraz hatte sich damit begnügt, die Banane rund um den Nacken etwas herzurichten. Doch jetzt sah sie nur, wer sich links von ihr befand. Von rechts verschwand sie unter einem riesigen Federbusch, ebenso weich wie der von Doña Carmen, nur ohne Hut, einfach Federn, die Evita sanft über die Wange strichen und der Grund für ihr verträumtes Lächeln zu sein schienen. Doch auch an diesem Morgen sollte sie nicht unbefangen lächeln. Sie trug ein weich glänzendes, bedrucktes Kleid wie aus Samtsatin. Das Modell konnte man freilich kaum sehen, denn trotz der Hitze ließ Evita die gesamte Zeremonie über sich ergehen, ohne sich das Zobelcape auszuziehen. In Ermangelung des geliebten Pyjamas schien sie etwas zum Einhüllen zu benötigen. In ihr Cape gehüllt, wie andere sich in Würde kleiden, nahm sie die Auszeichnung mit dem Orden Isabellas der Katholischen entgegen, den gleichen, den Perón an dem Tag erhalten hatte, an dem Evita ihr Nudelhalsband trug, mit dem Unterschied, daß das Kreuz, das sie nun entgegennahm, aus Gold und Edelsteinen bestand. Noch immer dick angezogen, lauschte sie Francos Rede, der mit Lobeshymnen auf Perón nicht geizte, und ergriff schließlich selbst das Wort, ohne das Cape abzulegen.

Ihre Rede, von Muñoz Azpiri verfaßt, war ein Resümee aller Gemeinplätze über das Mutterland und eine Hymne auf Isabella die Katholische, »die in der heiligen Epoche Spaniens Gott näher war, damals, als Gott nahesein Kämpfen und Beten hieß.«(Sie sagte nicht: »Und das Töten der Juden und Ureinwohner«.) In einem Wort, der Skriptschreiber hatte alle Elemente der Rhetorik verwendet, die in den argentinischen Schulen an jedem 12. Oktober, dem »Tag der Rasse«, den kleinen Nachfahren von syrischen Libanesen oder Wolgadeutschen vorgesetzt werden. Verglichen mit der franquistischen Presse war Muñoz Aspiris Prosa freilich von enttäuschender Nüchternheit. Bei der Ankündigung von Evitas Besuch hatte der spanische Schriftsteller Eugenio d'Ors sogar geschrieben: »Wenn man sich im tiefsten Inneren fragt, was Argentinien ist, stößt man auf nichts anderes als das alte Spanien, auf Rosinantes Trott, auf die glühende Sehnsucht des Rittertums. Was gemahnt denn mehr an Quichotte als der Gaucho?« Große Worte heruntergebetet, bei denen nur noch Sancho Pansa und der Alte Vizcacha fehlten, denn auch die pikareske Tradition hätte bei diesem feierlichen Anlaß gut gepaßt.

Nach Beendigung der Reden traten sie auf den Balkon hinaus. Der Platz war schwarz vor Menschen, die die Namen zweier Militärs riefen, eines Generalísimo und eines Generals. Endlich, von ihrem Cape befreit, ergriff Evita das Mikrophon, um zu sprechen. »In diesem Augenblick empfindet Franco das gleiche wie Perón, wenn die DESCAMISADOS ihm zujubeln«. Es ist nicht bekannt, ob Franco es Evita dankte, daß sie ihm die gleichen Gefühle wie Perón zuschrieb, aus dem einzigen Grund, einmal mehr diesen gewaltigen Namen im Munde zu führen, den sie so schön fand. Doch auch ihr wird man vielleicht fälschlicherweise eine bestimmte politische Gesinnung zugeschrieben haben, als sie ihre Stegreifrede beendet hatte und die Menge wie gewöhnlich mit erhobenem, kaum gekrümmtem und fast reglosem Arm grüßte. Eine an den faschistischen Gruß gemahnende Geste. Am folgenden Tag ließ die spanische Presse es sich nicht nehmen, das anzumerken.

Wie viele Madrider waren wohl zu dem Ereignis gekommen? »Hunderttausende«, behauptete damals die Presse. »Vierzigtausend«, berichtigt Marysa Navarro. Auf jeden Fall war der Platz voll, ein Phänomen, das sich in allen Städten, die der Staatsgast besuchte, wiederholen sollte. Der Titel des Films, in dem Mastroianni und Sophia Loren als einzige Römer Hitler während seines dortigen Besuchs nicht bejubeln, würde die Situation angemessen beschreiben: Es war »ein denkwürdiger Tag«. Die unerwartete Sympathiekundgebung der Madrider erinnert in der Tat an die der Römer an jenem denkwürdigen Tag. So kurz nach Ende des Bürgerkriegs litten die Spanier Hunger. Und sie lechzten nach Unterhaltung, ein Verlangen, das das Fernsehen noch nicht befriedigen konnte. Evita konnte mit ihrem »Brot und Spiele« zu keinem besseren Zeitpunkt kommen. Sie war hübsch und freundlich. Außerdem war Argentinien Spaniens Lieblingskind, und Evita betonte ihre spanische Abstammung (und vergaß dabei, daß Duarte ein baskisch-französischer Name war). Nichts fehlte, um ein visuelles Schauspiel und euphorische Gefühle in einem zu bieten:

Evita erwies sich in dieser von Franco arrangierten Inszenierung jedoch als eigenwillige Schauspielerin. Am gleichen Tag bestand sie nach dem Mittagessen darauf, die Elendsviertel aufzusuchen. Bei dieser Hitze hätte Doña Carmen lieber ihre Siesta gehalten, zumal sie am Abend ein Empfang im Pardo erwartete. Doch ihr Gast war überaus tatendurstig: Sie begnügte sich nicht damit, im Wagen durch die Elendsviertel zu fahren, sondern sie betrat auch jede verwahrloste Hütte, fragte jeden Mann mit eingefallenen Wangen, ob er Arbeit habe, sie sorgte sich um ein krankes Kind, verteilte Unmengen von Peseten und hörte nicht auf zu beteuern, es sei keine Barmherzigkeit, sondern

Wohlfahrt. Gerechtigkeit. Die Armen hätten die Pflicht, zu fordern. Und wieder sprach sie von Perón, seinem Fünfjahresplan, der Peronistischen Revolution. Doña Carmen behielt ihr Lächeln auf den Lippen, als sei es aufgemalt, doch ihre Mundwinkel fielen ein wenig herab, als Evita Franco bat, eine Doña des gegnerischen Lagers zu begnadigen: Juana Doña, eine zum Tode verurteilte Kommunistin. Wer hätte einem so reizenden Gast etwas abschlagen können? Franco schenkte Juana Doña das Leben, und Doña Carmens Mundwinkel zeigten wieder nach oben.

Die Verfasserin muß leider ihre Unkenntnis hinsichtlich Evitas Garderobe beim Empfang im Pardo gestehen. Sicher ist lediglich, daß sie zu den Feierlichkeiten am Mittag nicht als blaue Fee erscheinen konnte. Hatte sie sich am Abend getröstet und im Salon des Königspalastes mit ihrem himmelblauen Spitzenkleid geglänzt? War es die Aufregung über das himmlische Kleid, die sie das Kreuz Isabellas der Katholischen vergessen ließ? Franco empfing sie mit fragendem Blick. Sie verstand sogleich, und säuselte, statt zu verzagen, höflich: »Ach, ich habe ganz vergessen, es anzulegen. Macht nichts, das kann behoben werden«. Dann schnippte sie mit den Fingern, jemand eilte auf ihr Zimmer, um das Kreuz zu holen, und sie hängte es sich um den Hals. Damit war die Sache erledigt.

Wie sie in ihrer Ansprache im Flugzeug vorausgesagt hatte, war die Reise reich an Fettnäppfchen. Häufig zog Evita sich mit rührender Offenheit aus der Affäre, wie zum Beispiel an dem Tag, als sie die Kathedrale von Sevilla besichtigte. Die Anekdote hat Joaquín Romero Murube, damaliger Bürgermeister der Stadt, dem Maler Eduardo Jonquières erzählt. Der Bischof erwartete sie, man hatte einen goldenen Klingelbeutel vorbereitet, und nun sollte der Gast sich auch großzügig zeigen. Doch Evita kam soeben aus einer Kirche, wo sie eine astronomische Summe gespendet hatte. Erst in der Kathedrale bemerkte sie ihren Irrtum. Da schlug sie sich an die Stirn und rief aus: »Mein Gott, ich habe keinen Pfennig mehr! Ich hatte geglaubt, die andere Kirche sei die Kathedrale und gab ihnen alles, was ich in der Tasche hatte! Schnell zum Pardo, um mehr Geld zu holen!« Oder als sie in einer anderen Kirche (wenn nicht der gleichen) einem spanischen Beamten, der sie begleiten sollte, sagte: »Erklären Sie mir bitte, wann man sich erheben und wann man sich setzen muß, denn von diesen Dingen verstehe ich nicht viel«. In allen drei Fällen (der Sache mit dem Ehrenkreuz und den beiden Male in der Kirche) hatte Evita das Beste aus der Situation gemacht: Sie hatte in aller Bescheidenheit und in aller Würde zugegeben, daß sie nicht wußte, wie sie sich benehmen sollte. Doch bei anderen Gelegenheiten verriet ihre stolze Reaktion ihren Minderwertigkeitskomplex, was ihre ehrlichen Geständnisse nicht getan hatten. Im Prado-Museum mußte Botschafter Radío erneut büßen – der gleiche, der zu spät am Flughafen eingetroffen war. Der Museumsdirektor war gerade dabei, ihnen ein Bild von El Greco zu erklären, als der Botschafter, im Wunsch, sie wieder gnädig zu stimmen, es wagte, seine Meinung über das Werk des Malers kundzutun. »Sie halten besser den Mund, denn Sie wissen überhaupt nichts«, wies Evita ihn daraufhin zurecht. »Seien Sie still, besser sagen Sie gar nichts.«

Im Escorial trat sie vorbildlich auf. Das perfekte Erscheinungsbild sommerlicher Helligkeit: ein weißgrundiges, bedrucktes Sommerkleid, weiße Accessoires, ohne Halskette (nur eine Brosche an einer Ecke des quadratischen Ausschnitts) und, welch Überraschung, ein weiches, weißes Käppchen über der freien Stirn. Die armen Frauen hatten nicht Unrecht, als sie zur Zeitung gegangen waren, um Evita zu einer Hochsteckfrisur zu raten. Eine reizende Evita, die in vornehmer Eleganz den Palast Philipps II. besichtigte und sich wenig beeindruckt von der strengen Architektur zeigte. Der Escorial entlockte ihr nur den Kommentar: »Wieviele Räume! Was für ein herrliches Waisenheim könnte man hier doch einrichten!«

Wie nicht anders zu erwarten, sah das umfangreiche Folklore-Programm auch einen Stierkampf vor. Für Evita war das ein ungewohntes Schauspiel: In ihrem Bestreben, allen spanischen Einfluß auszumerzen, hatte die argentinische Volksversammlung 1813 Stierkämpfe verboten. Der Matador, der an jenem Tag zu Evitas Ehren kämpfte, war allerdings in Argentinien geboren. Er hieß José Rovira, und es war nicht gerade sein Glückstag. Schon die Ehrenbezeugung erfolgte zur Unzeit (anschließend sollte er sein ungebührliches Auftreten noch auf die Spitze treiben). Als sie schließlich mit der Mantilla auf dem blonden Haar erschien, hatte das Publikum nur noch Augen für sie. So sehr Rovira auch mit den Hüften wackelte, um seine Wespentaille und seine schmalen, in die glitzernde Hose eingeschnürten Hinterbacken zur Geltung zu bringen, es war umsonst. »Sie sind nicht meinetwegen gekommen«, meinte er verbittert, »sondern ihretwegen.« Der eitle Torero verehrte seiner »Presidenta« sein erstes Opfer, doch zu allem Unglück war der letzte Stoß wenig beeindruckend: Der Stier gehörte zu der Sorte, die sich von vorneherein ergeben. Was wie tausend Feuer erstrahlte, war die ganz in Nelken getauchte Hauptloge.

Die Einzelheiten des Programms, das sich erwartungsgemäß im Rahmen von Gemeinplätzen bewegte, sollen dem Leser erspart bleiben. Am 15. Juni ging Evita auf eine Rundreise durch die verschiedenen Regionen, begleitet von ihrem Hofstaat, aber nicht von den Francos. Bei dieser Gelegenheit sandte sie eine flammende Botschaft an die spanischen Frauen, die Muñoz Azpiri in aller Eile verfaßt hatte und in der sie unsere Zeit als »das Jahrhundert des siegreichen Feminismus« bezeichnete. Kühne Worte, denen sogleich weniger provozierende folgten, sehr ähnlich dem Stil, den ihre Schreiber für sie in LA RAZON DE MI VIDA benutzten: »Die Frau ist nur frei als Sklavin der Liebe, und nur in der Freiheit der Liebe ist sie Sklavin«. Diese Ergüsse aus männlicher Feder strotzten vor keineswegs unbeabsichtigtem Kitsch mit dem Ziel, Perón aufzuwerten und Evita in ihre Schranken zu weisen. Wie diese ja selbst ständig wiederholte, »war sie nur eine Frau«. Ein gewaltiger Widerspruch zwischen diesen von Männern diktierten Worten und ihrem eigenen Wunsch, »jemand zu sein«. Es sei noch erwähnt, daß sie in dieser Rede, wie jedesmal, wenn sie in Spanien das Wort ergriff, den Laut »ll« auf spanische, nicht auf argentinische Art aussprach. Ein Entgegenkommen, das den Spaniern ihr Befremden über die argentinische Aussprache ersparen sollte. Es zeugte aber auch vom Gehorsam eines kleinen Mädchens, das seinen Aufsatz in der Schule so vorliest, wie die Lehrerin es angeordnet hat. Vorläufig gebrauchte Evita fremde Worte in fremder Aussprache.

In Granada zeigte ihr jemand vor den liegenden Standbildern der Katholischen Könige: »Sehen Sie, Isabellas Kopf versinkt tief im Kissen. Es heißt, das Gehirn der Königin habe mehr gewogen als das Ferdinands«. Wollte er damit auf das Verhältnis ihrer eigenen Intelligenz im Vergleich zu der ihres Gatten anspielen? Sicher ist, daß Evita (die sonst so treu war!) ihren fernen Ehemann verriet, als sie lächelnd erwiderte: »Es ist doch immer das gleiche«.

Je mehr sie nach Süden kamen, desto heftiger wurde sie vom Volk verehrt. In Sevilla fuhr sie in einer Kutsche vom Flugplatz bis zum Hotel Alfonso XIII, wo sie eine Suite mit roter Brokatverkleidung an den Wänden und Möbeln aus dem Museum erwarteten. Junge Sevillanerinnen bewarfen sie mit Rosenblättern. Eine unter ihnen hatte gelobt, der Jungfrau der Macarena eine Hutfeder von Evita zu opfern. Nicht bekannt ist, ob es ihr gelang, die eine zu berauben, um der anderen zu huldigen. Doch eines war offensichtlich: dieser Andalusierin war eine so heilig wie die andere. In der argentinischen Provinz hatte eine andere junge Frau etwas Ähnliches, wenn auch weniger Fetischistisches, gelobt: Evita zu sehen. Nachdem es ihr gelungen war, den Kopf durch das Wagenfenster ihres Idols zu stecken, hatte sie ausgerufen: »Ich habe sie gesehen!« und war in Ohnmacht gesunken. Was die Marienfiguren betrifft, so ging Maria del Pilar als Siegerin hervor. In Zaragoza betete Evita vor ihrem Altar. In der Kirche von Los Toldos hatte sie eine Nachbildung dieser Figur gesehen. Ähnlich wie die beiden jungen Frauen nahm sie in einer vielleicht einstudierten Regung ihre goldenen Brillantohrringe ab und opferte sie, mit Blick zum Himmel, der Jungfrau ihrer Kindheit.

Sie besuchte Huelva, Toledo, Avila, Vigo, Santiago de Compostela (in ungeordneter Reihenfolge). Dann kam der Augenblick, in dem sie wieder mit Doña Carmen zusammentraf. Sie vereinten sich auf dem Flughafen von Barcelona und fuhren gemeinsam im offenen Wagen in die Stadt, gefolgt von zweihundert Autos. Der Bürgermeister hieß sie willkommen, und der Bischof zelebrierte für sie ein Te Deum in der Kathedrale. Argentinien und Spanien blickten sich mißtrauisch von der Seite an. Von Mal zu Mal wurde es schwieriger, die gegenseitige Abneigung zu verbergen. In jener Reisephase war Evita dem Nervenzusammenbruch nahe. Sie hatte sich redlich um vorbildliches

Verhalten bemüht und gewissenhaft, wie ein kleines Mädchen die Zungenspitze zwischen den Lippen, ihre Hausaufgaben gemacht. Doch die Anarchie war ihr einfach angeboren. Ihre Neigung, das Feierliche zu profanisieren, ist vielfach analysiert und sie eine »Revolutionärin«, »rechte Anarchistin« oder »plebejische Jakobinerin« gescholten worden.

Nach einer kurzen Ruhepause im Palast Pedralbes mußten sie einer Theatervorführung beiwohnen: EIN SOMMERNACHTSTRAUM. Diesmal traf Evita mit zwei Stunden Verspätung im Amphitheater des Palacio Nacional von Montjuich ein. Doña Carmen, die auf sie gewartet hatte, machte eine Bemerkung nach ihrer Art (vielleicht, indem sie dabei die Mundwinkel beim Lächeln um einen Millimeter herabzog). Daraufhin erwiderte Evita: »Sollen sie doch warten. Wir sind nicht umsonst Präsidentinnen. Niemand kann mir oder meinem Mann einen Stundenplan vorschreiben«.

Zu Doña Carmens Glück kam ihr Mann am nächsten Tag. Seit dem Flugzeugunglück, bei dem sein Freund General Emilio Mora 1937 ums Leben gekommen war, hatte er kein Flugzeug mehr bestiegen. Doch mittags, als der Caudillo auf dem katalanischen Flugplatz eintreffen sollte, erschien Evita nicht. Sie aß mit Dodero auf einem Schiff zu Mittag. Und dort im Kreis der Familie, mit ihrem Bruder, der von seinen Abenteuern im Land der Galizier (besser der Galizierinnen) erzählte, lachte sie so ausgelassen wie seit langem nicht mehr.

Die Banketts, die Jungfrauen, das Abschreiten der Truppen und die Reden wollten kein Ende nehmen. Am 24. Juni beichtete sie im Palacio Pedralbes bei Pater Benítez. Und hier machte sie sich Luft: Sie ertrug kein Protokoll mehr. »Womit habe ich all diese Ehrungen verdient«, jammerte sie, »ich, die uneheliche Tochter, die alle nur »la China« nannten?«

Am 26. Juni bestieg sie endlich das Flugzeug nach Rom und winkte mit der Hand (und dem Herzen) zum Abschied: »Adieu, mein Spanien!«

Ihr Gepäck war angewachsen. Sie hatte herrliche Volkstrachten eingepackt, die Tänzerinnen aus jeder spanischen Provinz ihr während eines Fests auf der Plaza Mayor zu Füßen gelegt hatten, an einem Abend, an dem Evita von Kopf bis Fuß in einen

Hermelinmantel gehüllt erschienen war. (Diese Volkstrachten wurden dann nach ihrer Rückkehr in Buenos Aires ausgestellt. Der Ertrag der Eintrittsgelder, die den Fonds der Eva-Perón-Stiftung aufstocken sollte, war enttäuschend. Da steuerte Botschafter Areilza, der noch nicht zum »Scheißgalizier« degradiert war, Geld aus der eigenen Tasche bei, was ihm von seinen Landsleuten vorgeworfen wurde: »Wie? Evita hat den Armen in Spanien geholfen und Areilza denen in Argentinien?«) Außerdem führte die Reisende einen Kamin im Gepäck mit, eine Miniaturnachbildung des Schiffs von Don Juan Díaz de Solís (dem Entdecker des Río de la Plata, den die Charrúa-Indianer verspeisten), einen Kubikmeter Parfüm und vor allem einen echten Gobelin aus dem Prado-Museum, auf dem Darios Tod abgebildet war.

Letzteres Geschenk war das Ergebnis einer Wette. Im Glauben, sie sei sentimental, hatte der galizische Diktator ihr gesagt: »Wenn es Ihnen beim Besuch des Escorial gelingt, die Tränen zurückzuhalten, schenke ich Ihnen diesen Wandteppich«. Da kannte er sie schlecht. Evita sollte Tränen vergießen über ein Gebäude? Perón war sehr wohl fähig, sich von der argentinischen Fahne rühren zu lassen. Als Spanier hätte er diese Wette wohl verloren. Vielleicht hatten beide Diktatoren dieselbe Sentimentalität, eine, die eher Symbolen als Menschen galt; eine Neigung, wie Dostojewski sie entlarvt, als er vom alten Karamasow schreibt, er sei sentimental gewesen, sentimental und schlecht. Evita hat selbst ihre Gefühle während dieser Reise sehr gut beschrieben. Jemand hatte sie gefragt: »Sind Sie von diesen Kunstwerken nicht zutiefst bewegt?« Und ihre Antwort lautete: »Nein. Ich bewundere sie, aber sie rühren mich nicht. Das einzige, was mich rührt, ist das Volk«.

Später erfuhr man, was sie zum Weinen brachte. Ihre Schwester Erminda zählt in ihrem Buch die wenigen Fälle auf, als Evita weinte. Evita vergoß nicht eine Träne, als sie erfuhr, daß sie sterben würde. Doch nach der Rückkehr von der Reise weinte sie, als sie ihren Entschluß verkündete, sich noch mehr um die Armen zu kümmern. Sie weinte, als sie die Altersversorgung sicherte. Sie weinte angesichts der Armut von Las Cuevas, eines Andendorfes, als sie anordnete, an dieser Stelle solle eine herrliche Stadt gleichen Namens errichtet werden. Manchmal waren es auch böse Vorahnungen, die sie zum Weinen brachten: Eines Tages, als sie sich vom Krankenlager erhob, um ein letztes Mal ihre Waisenheime zu besuchen, weinte sie, als sie sie verwahrlost vorfand und ihr klar wurde, daß ihr Werk sie nicht überleben würde. In einem Wort: Sie weinte nur, wenn etwas gelang oder mißlang. Das einzige, was sie bewegte, war ihre Aufgabe, war ihre Mission. Doch der Escorial, nein wirklich ... Es kostete sie keine Mühe, sich den Teppich zu verdienen.

Auch an Erfahrung war sie reicher geworden. In einer Madrider Berufsschule hatte sie »das Wort ergriffen«, in einer Fabrik in Granada und vor den Fischern in der CASA DEL PESCADOR in Vigo. Überall hatte sie es verstanden, ihre Zuhörerschaft in den Bann zu ziehen, wenn sie von Perón oder den Sozialplänen sprach. Aus Sicht ihres Mannes war diese Reise ein voller Erfolg. Als Evita kurz vor der Abreise stand, sandte Perón eine Botschaft an die Spanier, in der er ihnen Argentinien als gelobtes Land empfahl: »Hier habt ihr ein Vaterland, das die Fortsetzung eurer alten spanischen Erde ist und das euch mit offenen Armen aufnehmen wird, wenn ihr es wünscht«. Er brauchte Arme, weshalb er die seinen ausbreitete.

Franco breitete seine Arme nicht aus, sondern rieb sich die Hände in Erwartung des Getreides. Doch die TIME veröffentlichte eine Geschichte, die sein Glück trübte. Vor ihrer Abreise hatte Evita ihm ein Schiff voller Getreide geschenkt. Verglichen mit dem Vermögen, das er ausgegeben hatte, um ihr zu schmeicheln, war das jedoch nicht viel. Der Diktator konnte sich mit so wenig nicht zufriedengeben: Er wollte seinen Kredit, wie im Vertrag zwischen Franco und Perón festgelegt. Daher soll er kühl reagiert haben: »Vielen Dank, Señora, aber wir brauchen nichts. Hier in Spanien haben wir so viel Getreide, daß wir nicht wissen, wohin damit«. Und Evita soll geantwortet haben: »Warum benutzen Sie es dann nicht, um damit Brot zu backen?«

»Alles gelogen«, hat uns Thiébault erklärt. »Dieser Witz kursierte seit Evitas Ankunft in den Madrider Cafés. Außerdem war sie damals viel zu schüchtern, um eine solche Antwort zu riskieren.«

Doch wie so häufig enthüllte der angebliche Witz die Wahrheit. Nach ihrem Streit mit Areilza widersetzte Evita sich der Getreidelieferung für die »Galizier«. Und Franco beklagte sich in folgenden Worten: »Ich verstehe nicht, warum diese Frau uns grollt, nach all den Gefälligkeiten, die wir ihr erwiesen haben«.

Gottes Stellvertreter

Am Flughafen in Rom erwarteten sie Graf Carlo Sforza, der Außenminister im Kabinett Alcide de Gasperi, in Begleitung seiner Gattin; der argentinische Botschafter Rafael Ocampo Jiménez und Vertreter des Vatikans. Die Kolonne fuhr in Richtung der Botschaft auf der Piazza dell'Esquilino.

Extra für diese Gelegenheit mit einem Orden ausgezeichnet, erschien die Frau des Botschafters würdig, um einen so bedeutenden Gast zu empfangen. Der Eingang der Botschaft war marmorverkleidet, und vom Bürgersteig hatte man eines jener typischen Pissoirs der Stadt entfernt, die nur die wichtigsten Körperteile des Benutzers verdecken, doch das konzentrierte Gesicht und die auseinanderstehenden Füße sehen lassen. Evitas Besuch hatte die Römer also eines ihrer Monumente gekostet. Doch das war nicht der Grund für ihre Ablehnung. Ungeachtet ihrer Verschönerung lag die Botschaft ungünstig: genau gegenüber der Parteizentrale der Kommunisten.

Circa fünftausend Personen erwarteten Evita auf dem Platz. Nicht alle riefen die gleichen Parolen. Das war vielleicht der Grund, warum dem Botschafter Ocampo ein so schwerer Fehler unterlief: Sicherlich hatte er nur wenige Worte aufgeschnappt. »Kommen Sie auf den Balkon, Señora«, sagte er zu der eben Eingetroffenen. »Das Volk ruft nach Ihnen.« Evita wäre ihm sicherlich gleich gefolgt, wenn eine gewisse Señora Alzaga, die entweder besser Italienisch verstand oder nicht nur die angenehmen, sondern auch die unangenehmen Parolen hörte, sie nicht zurückgehalten hätte. Was sagten die Leute? Einige riefen, sie hätten Hunger, zumindest, wenn man Román Lombille Glauben schenkt, einem der antiperonistischen Autoren, dessen Haß auf Evita fast schon wieder an Liebe grenzt. Andere riefen im Chor: »Duuu-ce, Duuu-ce«, in einem ähnlichen Rhythmus wie »Peee-rón, Peee-rón«. Wieder andere, die eher auf der Linie der Partei lagen: »Perón Faschist« oder »weder Mussolini, noch Perón«.

Am nächsten Morgen um halb zehn war Evita beim Papst geladen. War der Ärger über die gegenüberliegenden Kommunisten daran schuld, daß sie nicht frühzeitig aufstand, oder eine weitere Unannehmlichkeit, die Pater Benítez ihr bisher verschwiegen hatte, die sie aber verletzen mußte: denn Dodero sollte nicht zur Audienz beim Papst empfangen werden, als Strafe für einen früheren Besuch, bei dem er sich dem Papst mit einer jungen Frau präsentiert hatte, die nicht mit ihm verheiratet war? Immer umgab sie fatalerweise eine Atmosphäre fragwürdiger Moral, sei es aus eigener Schuld oder der ihrer Vertrauten. Hatte sie wegen dieser schlechten Nachricht eine schlaflose Nacht verbracht? Jedenfalls schlief Evita noch, als der argentinische Diplomat, der sie zum Vatikan bringen sollte, um neun Uhr kam, um sie abzuholen, und niemand hatte gewagt, sie zu wecken.

Sie mußte sich in aller Hast ankleiden, während Pedro Alcaraz ihr eine Frisur mit zwei ungleichen falschen Haarteilen zu beiden Seiten des Gesichts auftürmte (links höher als rechts). Dahinter war eine schwarze Mantilla, ein Geschenk Carmens, befestigt. Auf der Brust das Kreuz Isabellas der Katholischen. Ein langes schwarzes Seidenkleid, fast ein Nonnengewand, zu dem ihr Beichtvater ihr geraten hatte. An diesem majestätischen Aufzug wirkte alles strikt protokollgemäß. Alles, außer der Frisur, ein heimliches Augenzwinkern zwischen dem Friseur und der Schauspielerin, die ihre nostalgische Erinnerung an einen Film teilten. Beim Betrachten des Fotos von Evita im Vatikan kommt uns eine Erinnerung: die Frau mit dem ernsten Gesicht, von Kopf bis Fuß in Trauerkleidung, mit zwei ungleichen Haartürmen auf dem Kopf ist niemand anderes als die »Verschwenderin«.

Unglücklicherweise blieb ihr Geheimnis keineswegs geheim. Pius XII. war über ihre Vergangenheit als Künstlerin informiert. Pater Benítez war in die Verlegenheit geraten, eine dicke Akte voller skandalöser Fotos herunterzuspielen, die antiperonistische Katholiken dem Papst zugesandt hatten. Konnte die argentinische Oligarchie denn einfach so hinnehmen, daß der Papst sie nicht nur empfing, sondern auch noch zur Markgräfin ernannte? Es wurde gemunkelt, selbst Monsignore Copello, der zwar an allen peronistischen Veranstaltungen teilnahm, aber Evita grollte, weil sie ihn bloßgestellt hatte, habe dem ehemaligen Monsignore Pacelli geraten, sie nicht mit Ehren zu überhäufen. Ein bloßes Gerücht. Román Lombille hat uns allerdings den Namen des Priesters verraten, der den Auftrag hatte, die Sendung Monsignore Tardini zu überbringen, dem Staatssekretär im Vatikan. Laut seiner Aussage hieß dieser Priester Cucetti und wurde auf Tardinis Veranlassung von Pacelli empfangen. Cucetti soll dem Papst ein Memorandum mit der Unterschrift von Monsignore X und Monsignore Y (wie Lombille sie nennt) übergeben haben mit Fotos, auf denen die Schauspielerin – vade retro! – in Shorts zu sehen war. Der Stellvertreter Christi soll daraufhin ausgerufen haben: »Ma questo non è possibile!« (Das ist doch nicht möglich!) und dann die rätselhaften Worte geäußert haben: »In dem Fall werde nur ich unterzeichnen«. Mit den Worten soll er »über dem traurig geneigten Kopf Cucettis« das Blatt mit den Unterschriften zerrissen haben. Das ist der Grund, warum Evita, ebenfalls nach Lombilles Aussage, es nicht zur Markgräfin brachte. Doch Lombilles Text läßt Zweifel aufkommen: Warum soll Pius XII., so entsetzt er beim Anblick von Evitas Beinen auch gewesen sein mag, das Dokument der geheimnisvollen Prälaten zerrisen haben? Und warum soll der Cucetti aus der Geschichte traurig den Kopf gesenkt haben, wenn er seine Mission doch erfolgreich erfüllt hatte?

Evitas Verschlafen hatte zur Folge, daß sie mit zwanzig Minuten Verspätung beim Papst erschien. Ein winziger Mönch mit violetter Kappe und Brille – Monsignore Bieniamino Nardoni – und ein hoch aufgeschossener Herr mit weißer Halskrause, ganz in Schwarz gekleidet, mit einer Augenklappe – Prinz Alessandro Ruspoli – erwarteten sie im Patio von San Damaso ohne Anzeichen von Ungeduld. Evita raunte einem aus ihrem Gefolge zu: »Und diese Augenklappe, gehört sie zur Uniform?« – »Nein«, erwiderte dieser ohne Sinn für Humor, »ihm fehlt ein

Auge.« »Sicherlich wegen dieser Lanzen«, schloß sie, mit dem Kinn auf die Schweizer Garde weisend. »Warum sind sie mit Lanzen ausstaffiert, wenn sie nicht verstehen, damit umzugehen?«

Nach einem langen Marsch durch die Salons und Vorzimmer, wo andere Monsignori sie begrüßten, stand Evita plötzlich in der päspstlichen Bibliothek vor Pius XII.

Am gleichen Abend sagte sie Perón am Telefon, die Stimme des Papstes klänge »wie in einem erloschenen, fernen Traum«. Tatsächlich lassen die Bilder dieses Papstes mit dem asketischen Gesicht kaum auf eine warme Stimme schließen. Doch vergessen wir nicht, daß Pius XII. zwischen dem zornigen Aufschrei der argentinischen Katholiken und seinen eigenen Kontakten zu den Naziverbrechern lavieren mußte, die über die »Klosterroute« auf dem Weg nach Argentinien waren. Niemand wäre an seiner Stelle in Freudenrufe ausgebrochen. Dieser Besuch brachte ihn in Verlegenheit. Ob wahr oder erfunden, das Bild Cucettis mit hängendem Kopf, just als er sein Ziel erreicht hat, scheint der zwiespältigen Lage gerade angemessen.

Pius XII. sagte einige Worte auf Spanisch, um die Besucherin und ihr Gefolge zu segnen. Er murmelte, er verfolge aufmerksam die Erfolge Peróns, »seines liebsten Sohnes«, den er damals sicherlich für einen der besten Kämpfer gegen den Kommunismus hielt. Dann schenkte er Evita einen goldenen Rosenkranz, und damit war die Audienz auch schon beendet. Sie hatte zwanzig Minuten gedauert, das heißt, daß der verhinderten Markgräfin die Zeit eingeräumt wurde, die Königinnen vorbehalten war. Benítez betonte diese Tatsache, um ihr klarzumachen, daß der Besuch weder als enttäuschend, noch als gescheitert zu bewerten war, wie ihre Widersacher gehofft hatten. Hugo Gambini behauptet jedoch in seiner HISTORIA DEL PERONISMO, Evita und Dodero hätten eine Abmachung getroffen. Wenn Evita ihm nach der Audienz sagte, alles sei gut gegangen, bedeutete das, daß sie den Titel einer Markgräfin nicht erhielt. Wenn sie sagte »sehr gut«, sollten hundertfünfzigtausend Pesos gespendet werden. Die Antwort lautete »gut«, und entsprechend fiel die Spende aus.

Viel bedenklicher als diese Probleme gekränkter Eitelkeit erscheint uns Jorge Camarasas Version, die auf einem Artikel in IZBOR beruht, der Zeitschrift der kroatischen Gemeinschaft in Argentinien. In diesem 1954, zwei Jahre nach Evitas Tod, erschienenen Artikel schrieben die Kroaten: »Wir sind in Europa von Tür zu Tür gegangen, bis zu dem Tag, an dem wir in unserem Schmerz an die Tür des edelsten Herzens klopften, das damals in der Welt schlug, das Eva Peróns, die sich zu einem Besuch in Rom befand. (...) Und der berühmte Präsident der argentinischen Nation, Don Juan Domingo Perón, hat uns ohne Zögern die Tore dieses gesegneten Landes geöffnet«. In der Tat hatte Ante Pavelic, der kroatische Quisling, am 5. Juli 1947, zehn Tage nach Evitas Besuch im Vatikan, in Rom ein Einreisevisum nach Argentinien erhalten. Mit einem Paß des Internationalen Roten Kreuzes ausgestattet, gelangte Pavelic im September nach Buenos Aires, in Priestersoutane und unter dem Namen Aranjos Pal. Zwischen 1941 und 1945 war er für den Tod von achthunderttausend Menschen in den Konzentrationslagern von Lobor, Jablanac, Mlaka, Brescica, Ustica, Stara Gradiska, Jastrebarsko, Gornka Rijka, Koprivinka, Pag und Senj verantwortlich.

Camarasa stützt sich auch auf ein Telegramm der France Presse, das die Zeitung LA RAZON von Buenos Aires am 8. Mai 1986 abdruckte und in dem man lesen kann, daß der Geheimdienst der nordamerikanischen Armee dazu geraten hatte, Pavelic, den ehemaligen, von den Deutschen wegen seiner Beziehungen zum Vatikan (vor allem mit Giovanni Battista Montini, dem zukünftigen Papst Paul VI., und, wie bereits erwähnt, dem Erzbischof Draganovic, dem Herzen des kroatischen Netzes in Rom) anerkannten kroatischen Regierungschef, nicht festzunehmen. Pavelic war dank dieser Kontakte nach Argentinien gelangt. Dennoch führte er die Liste der Kriegsverbrecher an, die die Alliierten der jugoslawischen Regierung versprochen hatten.

Warum wird in der Zeitschrift IZBOR der Plural benutzt? Warum reiste Pavelic nicht allein? Die »an die Tür von Evitas Herz geklopft« hatten, hießen unter anderem Vjekoslav Vrancic – von Hitler wegen seiner Beteiligung an den Massendeportationen hoch dekoriert –, Petar Pejacevic, Ivan Herencic oder Branko Benzón, alle Würdenträger des Regimes. Benzón wurde Peróns

Arzt und Berater der Leitung der Einwanderungsbehörden, die dem Antisemiten Santiago Peralta unterstanden, der den Juden die Einwanderung nach Argentinien so erschwert hat. Diese »Gruppe der USTACHAS« arbeitete unter anderem mit dem Nationalen Befreiungsverband und mit der peronistischen Polizei in Sachen Folter zusammen und half, diese zu perfektionieren.

Camarasa deutet an, Evita habe während ihrer Audienz beim Papst das Thema auf die Kroaten gebracht. Doch das ist schwer zu glauben. Sie war am Abend des Vortages angekommen, und bereits am folgenden Morgen fand ihre Unterredung mit dem Papst statt, für ihren Geschmack zu früh. Alles in allem ist es gut möglich, daß sie die Kroaten zu irgendeinem Zeitpunkt während ihres Romaufenthalts empfing. Die Behauptungen der Kroaten stimmen mit dem Datum der Visa und dem der Reise überein. Zu Evitas Entlastung kann man nur ihre krasse Unwissenheit anführen. Angenommen, Perón habe dieses Treffen mit den USTACHAS vorgesehen, so wußte er sehr wohl, wer sie waren. Sie muß in ihrer Rolle als gute Fee von dieser Szene nur ihre ausgestreckte Hand im Gedächtnis behalten haben, die sie mildtätig ein paar Männern mit blauen Augen entgegenhielt, die diese ihr wiederum ehrerbietig, ohne sie mit den Lippen zu berühren, küßten.

Am Tag nach ihrer Unterredung mit Pius XII. erhielt Evita das Große Kreuz des Heiligen Gregorius des Großen in Peróns Namen. Pater Benítez versichert uns, daß sie darüber hinaus in eigenem Namen das Ordenskleid einer Franziskanerterziarin empfing.

Andererseits gefiel sie bei einer Pressekonferenz den einen und mißfiel den anderen, als sie sich gegen die Scheidung aussprach. Das war eines ihrer Lieblingsthemen (auch Peróns, bevor er sich mit der Kirche zerstritt). Während eines Empfangs bei einer ihm bisher feindlich gesonnenen Frauenorganisation gewann er sie, als er dem Frauenwahlrecht seine Unterstützung zusicherte. »Mein Name«, sagte er, »ist zum Kampfruf aller Frauen der Welt geworden.« Jeden Tag brachte die argentinische Presse Berichte von Evitas Reise. Als sie diese Worte in allen Tageszeitungen lasen, erkannten die sozialistischen Frauen, daß die Reisende für ein halbes Jahrhundert politischen Kampfes stand.

Ihre Gastgeber irrten sich gewaltig, als sie meinten, ihr zu schmeicheln, wenn sie ihr eine Freiluftaufführung der Oper AIDA in den Thermen von Caracalla boten. Evita kam zu spät, wie zur Theatervorstellung in Barcelona. Im Verlauf der Reise wurde immer deutlicher, daß künstlerischer Schönheit nicht ihre Leidenschaft galt. Außer für Mode interessierte sie sich für keine Aufführung, Ausstellung oder Unterhaltung. Sie bereiste eine umso unbekanntere Welt, da diese sie an kein Drehbuch erinnerte. Sie hatte kaum einen Blick für diese Welt, und ihre einzige Sorge galt dem sozialen Engagement. Die Waisenhäuser waren das, was sie faszinierte. Sie bat, man möge ihr staatliche oder kirchliche Einrichtungen zeigen, die sie eingehend begutachtete. Nach ihrer Rückkehr meinte sie zu Perón: »Europa ist alt. Die Paläste sind wunderschön ..., sehr geeignet, um sie als Krankenhäuser zu nutzen. Und was die Wohlfahrt betrifft, habe ich genug gesehen, um mich tunlichst davor zu hüten, ihnen nachzueifern«.

In Rom war es heiß, und sie ließ Anzeichen von Erschöpfung erkennen. Am 28. erlitt sie nach den Waisenhäusern und dem Geschrei der AIDA einen Schwächeanfall. Ihr Arzt, Doktor Alsina, riet ihr, die Reise abzubrechen, oder sie zumindest nicht im gleichen Rhythmus fortzusetzen. Doch man brauchte ihr nur das zu sagen, damit Evita genau das Gegenteil beschloß. In Begleitung des Grafen Sforza, und natürlich ihres Gefolges, reiste sie gen Norden, wo sie den argentinischen Stand auf der Mailänder Messe besuchen wollte. Als sie abends in der Scala eintraf, ging eben der zweite Akt des ORPHEUS zu Ende. Zu ihrer großen Freude führte man sie in die Königsloge, von wo aus ihr die Vorstellung in der verbleibenden Kürze umso märchenhafter erschien.

Wieder in Rom besichtigte sie – gezwungenermaßen – das Forum, die Katakomben und das Museum der Villa Borghese, ohne den Charme, den Schrecken oder die Erhabenheit dieser Orte zu empfinden, an denen sie wie abwesend vorbeizog, ständig nur von Perón redend. Ein typisches Verhalten für ungebildete Reisende, die sich aus Unsicherheit desinteressiert geben. Etwas davon hatte sie. Doch vor allem war es die Blindheit, die notwendig ist, damit ein Werk entstehen kann. Sie konnte sich nicht in dilettantischen Freudenausbrüchen verlieren, wie es jeder andere halbwegs Ehrgeizige und Kulturbeflissene getan hätte. Evita konzentrierte ihre ganze Energie auf eine Sache. Überraschenderweise erwies sich diese Reise, so absurd es klingen mag, als eine Art Initiation. Statt sich der Welt zu öffnen, konzentrierte sie sich noch mehr auf ihre eigene Idee. Das war ein Zeichen geistiger Beschränktheit, doch paradoxerweise auch eines von Größe: In kultureller und selbst in geistiger Hinsicht ist eine Bereicherung nicht immer erstrebenswert. Goethe hatte das erkannt, als er davon sprach, daß das Geniale gerade in der Beschränkung liegt. Diese ungebildete, stolze Frau mit einer Unmenge von Schmuck dubioser Herkunft, die von den Antifaschisten zu Recht ausgepfiffen wurde, war dabei, ihr Talent, wenn nicht ihre Genialität auszubilden: die Liebe zu den Armen, in die sich wie kein anderer hineinversetzte.

Das Programm beinhaltete auch Abstecher nach Venedig, Florenz und Neapel. Doch am 3. Juli hatte Evita eine sehr ernste Unterredung mit De Gaspari. Die Kommunistische Partei protestierte energisch gegen ihre Anwesenheit in Italien. Und der christdemokratische Präsident gestand ihr, er könne nicht mehr für ihre Sicherheit garantieren.

Am 4. erhielt Evita ein Telegramm von ihrem Mann, in dem er sie bat, James Dunn, den Botschafter der Vereinigten Staaten, aufzusuchen. Wie der Gottesmann war Perón auf der Höhe der Zeit.

Ihr letzter öffentlicher Auftritt fand am 5. statt, als sie der Kanonisierung einer portugiesischen Nonne beiwohnte. Die Ehrentribüne war der Prinzessin von Braganza vorbehalten. Doch der argentinische Diplomat, der mit der Angelegenheit betraut war, sagte seinen italienischen Amtskollegen mit mehr Erfolg als Eleganz: »Wenn ihr Getreide wollt, müßt ihr es wagen, der Señora die Ehrenloge zu reservieren«. Evita bekam die obere Loge und die Prinzessin die darunter, und Italien sein Getreide. Hat Evita vielleicht von Heiligsprechung geträumt, als sie in dieser Loge saß, und sich ihre eigene Kanonisierung vorgestellt? Und haben ihre Vorahnungen ihr enthüllt, daß einige nach ihrem Tod mit dem Gedanken spielten, beim Vatikan Evitas Heiligsprechung zu beantragen, bis sie schließlich aus Furcht vor einer Absage darauf verzichteten?

Ihre Erschöpfung wurde vorgeschoben, um die Reise vorzeitig abzubrechen. Am 6. fuhr Evita nach Rapallo, wo Dodero ein Haus besaß. Sie besuchte Portofino, San Remo und Genua. Die Riviera schimmerte violett, blau und smaragdgrün zu ihren Füßen. Wegen ihrer zarten Haut hat sie sich niemals gesonnt, doch sie ging aus, unternahm Spaziergänge und gab sich wie eine einfache Touristin, die es genießt, Einkaufsbummel zu machen und sich die Zeit zu vertreiben.

Nebelschleier

Die Gegner des Peronismus waren stets der Ansicht, diese Reise stünde nicht unter dem Zeichen des Regenbogens, sondern des Nebelschleiers. Die wahre Absicht sei es gewesen, das ungeheure Vermögen der Nazis auf einer Schweizer Bank zu deponieren: den Bormannschatz. Man mußte sich jedoch bis zum 14. Juli 1972 gedulden, bis eine argentinische Zeitschrift, ULTIMA CLAVE, einen Bericht zu diesem Thema brachte. Die darin gezogenen Schlüsse wurden nie bestätigt. Sie sollen hier kurz erwähnt werden, um die Fülle von Möglichkeiten aufzuzeigen. Im übrigen wirft der Artikel eine berechtigte Frage auf: Warum wurde Evitas Reiseroute ab Rapallo so unübersichtlich?

Am 17. Juli kehrte sie nach Rom zurück, um das Flugzeug nach Lissabon zu nehmen. Danach reiste sie nach Paris, an die Côte d'Azur, in die Schweiz und kehrte nach Lissabon zurück, um von dort aus nach Dakar zu fliegen, von wo sie schließlich ein Schiff nach Argentinien nahm. Ein rätselhaftes Hin und Her, das die besagte Zeitung auf folgende Weise zu erklären versucht: Am 10. Juni soll Evita sich in Rapallo mit dem COMMENDATORE Giovanni Maggio getroffen haben. Tage zuvor war ein argentinisches Schiff im Hafen von Genua vor Anker gegangen. Es brachte neunzig Tonnen Getreide, ein Geschenk Argentiniens an das hungernde Europa. Die Ladung wurde von Angehörigen der Argentinischen Botschaft kontrolliert. Doch im Artikel heißt es, unter dem Getreide versteckt habe es eine Goldladung gegeben, die mit Maggios Hilfe auf einem Schweizer Konto hinterlegt werden sollte. Der Grund für die Reise nach Lissabon, die ebenso ungelegen wie unlogisch war, soll ein Treffen mit dem Exkönig Umberto von Italien gewesen sein, immer noch in Zusammenhang mit dem geheimen Schatz.

In der Tat fand dieses Treffen am 20. Juli in der Hosteria LA BARRACA statt, am Strand des portugiesischen Guincho gelegen, circa fünfzehn Kilometer von Cascais entfernt. Außer dem ehemaligen Monarchen waren seine Gemahlin, María José, und zwei italienische Generäle, Gracziani und Cassiani, bei dem Essen zugegen. Der Artikel klärt nicht, ob ein Teil der Juwelen dank Umberto in Lissabon hinterlegt werden konnte oder ob der entthronte Souverän als Mittelsmann vorgesehen war, um den gesamten Schatz in der Schweiz anzulegen. Schließlich soll Evita sich am 7. August 1947 in Bar-au-Lac mit Schweizer Bankvertretern geeinigt haben. Tatsächlich nahm sie an jenem Tag an einem Empfang teil, den zweihundert Bankleute ihr zu Ehren gaben.

Umberto war nicht der einzige König, mit dem sich unsere geheimnisvolle Reisende in Lissabon traf. Auch Don Juan de Borbón machte ihr seine Aufwartung. Ein argentinischer Diplomat hatte ihr angedeutet, es könnte zu Mißstimmungen führen, einen anderen Thronanwärter als den von Franco bestimmten zu empfangen. Darauf hatte Evita nur achselzuckend gemeint: »Wenn Dickerchen sich ärgert, ist das sein Problem«.

Drei Tage lang hielt sie sich in der portugiesischen Hauptstadt auf, ohne Liebe oder Haß auf sich zu ziehen. Die Stadt schlief, in von Antonio Oliveira Salazar aufgezwungenes Schweigen gehüllt. Evita besuchte die COMEDORES DE LA ALEGRIA DEL TRABAJO (eine portugiesische Version von Mussolinis DOPPOLAVORO) und reiste dann nach Paris weiter.

Kehren wir kurz nach Rapallo zurück. Dort hatte sich ein kompliziertes diplomatisches Verwirrspiel ergeben. Verhandlungsthema: Evitas Reise nach Großbritannien, wo die Nachricht von ihrem Besuch voller Entsetzen aufgenommen wurde. Die Labour-Partei widersetzte sich. Doch der gemäßigte rechte Flügel sah in Argentinien vom wirtschaftlichen Standpunkt aus einen nicht unwichtigen Verhandlungspartner, während die orthodoxe Linke die Anwesenheit einer »Faschistin« in ihrem Land für untragbar hielt. Lord Strabolgi, ein Sozialist, der Argentinien kannte, trat für Evita ein und bezeichnete sie sogar als »die Eleanor Roosevelt Südamerikas«. Ein wichtiger Vergleich, denn Frau Roosevelt war 1942 offiziell nach England eingeladen worden, und Evita begehrte dieselben Ehren. Die konservativen Vertreter der Banken waren ihrerseits entzückt, sie zu empfangen.

Um zu schlichten, hatte das Foreign Office die bereits bekannte Formel gefunden: Evita würde in England »freundlich aufgenommen« werden. Die Londoner Presse hatte ein so umfangreiches wie widersprüchliches Programm veröffentlicht: An einem Tag wurde bestätigt, die Königin habe sie offiziell eingeladen, und am nächsten wurde das wieder dementiert. Der argentinische Botschafter in London, Ricardo de Labougle, war nach Rapallo gereist, offiziell, um Evita davon zu überzeugen, sie würde keine Zurücksetzung erfahren: Die Königin wolle sie zum Tee bitten. Nach dieser Version soll Evita erwidert haben: »Wenn die Königin nicht in der Lage ist, mich offiziell einzuladen, fahre ich nicht«. Und als der Botschafter insistierte, soll sie in schärferem Ton gesagt haben »Wenn ich sage, daß ich nicht fahre, fahre ich nicht, basta!« Andere behaupten, Evita habe ihre Ferien in Rapallo zu lange ausgedehnt, bei diesem Tempo hätte sie erst im August nach London reisen können, wenn die Königin wie jede gewöhnliche Sterbliche Sommerferien machte.

Kurzum, am 17. Juli beschloß Evita, nach Lissabon zu reisen. Warum kann man diesen Entschluß nicht als rein elitäre oder besser noch monarchische Laune abtun? Immerhin war bei Evita ein solches Hin und Her nicht einmal erstaunlich. Wenn man sie kennt, kann man sich auch vorstellen, daß Evita diese wahnwitzige Weltreise nur unternahm, um der Königin zwei Könige vor die Nase zu halten. Obwohl ohne Thron, machten Umberto von Italien und Don Juan de Borbón allemal eine Elisabeth von England wett.

Die Version von ULTIMA CLAVE lautet jedoch ganz anders. Der besagte Artikel behauptet, Ricardo de Labougle sei als Diplomat damit beauftragt gewesen, den wahren Grund der Reise zu verschleiern. Dieses Hin und Her, diese Anfälle von verletztem Stolz hätten kein anderes Ziel gehabt, als die englische

Bankenwelt, die Evita so hoffnungsfroh erwartete, ebenso wie die der Schweiz und aus den gleichen Gründen, in die Irre zu führen.

Wieder einmal halten wir alle Erklärungen für gültig: die Version eines Komplotts mit der Absicht, den Schatz in der Schweiz anzulegen, widerspricht der psychologischen Deutung nicht. Ihre Rolle auf die eines einfachen Instruments in Peróns Hand herunterzuspielen, ist eine von Evitas beiden typischen Haltungen. Wer sie kannte oder über sie nachgedacht hat, trennt sich in zwei Lager: Für die einen wurde Evita von Perón ausgenutzt, und für die anderen war genau das Gegenteil der Fall. Am wahrscheinlichsten ist, daß jeder den anderen auf seine Art ausnutzte, Evita aber die Grenzen dieser auf gegenseitige Nutzen angelegten Beziehung ausweitete. Wie? Indem sie den Fallen und Berechnungen auf überraschenden Pfaden auswich. Nehmen wir einmal an, Perón hatte tatsächlich einen Plan, und Evita war seine Komplizin. Perón konnte sie selbst aus der Entfernung manipulieren und gezielte Reaktionen bei ihr auslösen. Und doch war sie dank ihrer Ungezügeltheit und ihrer Launen den leidigen Zwängen des franquistischen Staatsapparats entkommen. Genauso entzog sie sich Peróns Apparat, indem sie sich in seinen Dienst stellte und gleichzeitig eine mystische Seite entwickelte, die er nicht vorhergesehen hatte. Hat sie sich auch hinsichtlich des Schatzes ihm entzogen?

Die Ureinwohner von Paris

Zu den Geheimnissen der Reise gesellen sich noch einige unerwarteten Folgen: Jedes Land reagierte so anders, daß Evitas Gegenwart hier zu einem Katalysator und einer Art Test wurde. In Frankreich rief die Nachricht ihres Besuchs eine typisch französische Reaktion hervor, das heißt auf halbem Wege zwischen Galanterie und Ironie, mit einer Prise Verärgerung, um das Gewissen zu beruhigen.

FRANCE SOIR hatte ein Foto veröffentlicht, auf dem Evita nackt unter einem dünnen Stoff zu sehen war, den sie am Körper festhielt. Wie wir gesehen haben, hatten die Bembergs der Zeitung dieses Bild von Evita zugespielt, das sie sicherlich skandalös fanden. Aber da kannten sie Frankreich schlecht, denn die Franzosen waren nicht so hartherzig, eine bildschöne Frau mit leichter Bekleidung zu tadeln. Der Besuch einer Faschistin rief jedoch den Protest der Kommunistischen Partei Frankreichs, der C.G.T., und mehrerer Gruppierungen der Resistance hervor. Doch schließlich bewegte sich alles im Rahmen perfekter Frivolität. Dieses Volk, das von einer anderen schönen Argentinierin, Victoria Ocampo, als die »Ureinwohner von Paris« bezeichnet wurde, nahm diesen Besuch kaum ernst.

Die Familie Bemberg mußte ihren Spaß teuer bezahlen. Als Millionäre deutscher Abstammung hatten sie in Argentinien ihr Vermögen als Bierfabrikanten gemacht. Der Vater war in den 30er Jahren in der Schweiz gestorben, und seine Erben argumentierten, da der Tod sich außerhalb des Landes ereignet habe, seien sie nicht verpflichtet, in Argentinien Erbschaftssteuer zu zahlen. Der Prozeß zog sich lange hin, doch 1948 sprach der Oberste Gerichtshof endlich sein Urteil zugunsten des Staates, was niemanden überraschte. Der Kongreß beruhigte die Señora eilfertig, die siebenundneunzig Millionen Pesos von den Bembergs würden nicht im Steuertopf untergehen, sondern der Eva-Perón-Stiftung zukommen. Das war zu erwarten: auf dem Skandalfoto wirkte die junge Frau mit der einen Hand auf der Brust und der anderen auf dem Leib, damit der Stoff, in den sie gehüllt war, nicht herabglitt, keineswegs dumm. Vielleicht hätten die Bembergs das Foto nicht der Presse übergeben, wenn sie es aufmerksamer betrachtet hätten.

Das Kapitel, das Suzanne Bidault, die Gattin des Außenministers George Bidault, Evita in ihrem Buch JE N'AI PAS DE OUBLIE widmete, schildert wunderbar die halb indignierte, halb spielerische Atmosphäre, mit der die Ureinwohner von Paris unsere Reisende umgaben. Schauen wir uns ein Beispiel aus diesem Text von unschätzbarem Wert an:

»1947 war Frankreich auf Argentinien angewiesen, oder, besser gesagt, auf Argentiniens Getreide. Deshalb lud man Evita ein, trotz der Antipathie, die gegenüber dem peronistischen Regime bestand. Man hatte sogar beschlossen, ihr das Band der Ehrenlegion zu verleihen.

Wenige Tage vor ihrer Ankunft suchte der argentinische Botschafter den Außenminister auf, um ihm zu erklären, es sei ratsam, den illustren Gast gleich zu Beginn zu ehren, indem man ihr die Rosette verlieh. Mit dem Zeigefinger malte er einen Kreis in die Luft und legte den Finger dann auf das Jackett des Ministers: »Und schwupp!«, meinte er, »so werden Sie noch viel mehr Getreide erhalten.«

In aller gebotenen Höflichkeit erwiderte der Minister, Señora Perón müsse sich mit dem Band begnügen, danke.

Der Anfang von Madame Bidaults Text ist noch erheiternder, da er von weiblicher Eifersucht und beträchtlichem Informationsmangel zeugt. »War Señora Perón hübsch? Ich neige dazu, es zu bejahen. Mein Mann teilt diese Auffassung allerdings nicht, doch ich finde ihn zu anspruchsvoll. Es stimmt, daß etwas, das auf den Fotos nicht zu erkennen ist, sie häßlicher erscheinen ließ: Ihr Gesicht war völlig farblos (vielleicht schon durch die Leukämie?) unter gebleichtem Haar, und sie tat nichts, um dem abzuhelfen, da – wie sie mir selbst sagte –, ihr Beichtvater ihr zwar erlaubte, die Lippen zu schminken, aber nicht die Wangen.«

Bei diesen Worten muß man schmunzeln, wenn man weiß, daß George Bidault, als er Evita am 21. Juli am Fuß der Gangway erwartete, bei ihrem Anblick ausrief: »Wie jung und hübsch sie ist!« Der Verdacht auf Leukämie greift das Gerücht auf, das sich seit langem um Evitas Krankheit rankt und ihre Blässe zu erklären suchte.

Stets darauf bedacht, sich in Szene zu setzten, hatte Evita einige Minuten abgewartet, bevor sie sich sehen ließ. Sie war ganz in Weiß gekleidet. Erst seit knapp vierzig Tagen war sie in Europa, und schon klaffte ein Abgrund zwischen dieser eleganten Frau und der anderen, gehemmten, vom Flughafen Barajas. Tatsächlich klaffte ein ebensolcher Abgrund zwischen dem spanischen »Dickerchen« und dem weltmännischen Franzosen mit dem feurigen Blick. War sie wirklich so locker geworden, wie die Fotos von Paris glauben machen? Das ist nicht so sicher. Besser gekleidet zu sein, machte sie ungezwungener, doch Frankreich zwang ihr eine stumme Rolle auf, wie zu Zeiten ihrer entsprechenden Theaterrollen. In Spanien hatte sie sich wie ein verwöhntes Kind aufführen können. In Italien weniger, doch wie alle Argentinier meinte sie, Italienisch zu können, und obgleich das Ergebnis nicht selten zur Erheiterung diente, waren die Dialoge, die auf solchen Mißverständnissen basierten, zumindest nicht ganz unmöglich. In Frankreich war Evita zur Verständigung ganz von der armen Lilian abhängig oder von der entschieden antiperonistischen argentinischen Botschafterin, einer Dolmetscherin, der sie mißtraute, und das zu Recht.

Der argentinische Botschafter, Julio Victorino Roca, erwartete sie ebenfalls auf dem Flughafen, gemeinsam mit anderen lateinamerikanischen Botschaftern. Vierzig Wagen geleiteten sie bis zum Hotel Ritz. Ein kleines Mädchen überreichte ihr einen Blumenstrauß. Eva streckte Bidault ihre Hand entgegen, die er kaum mit den Lippen berührte, die gleiche Stelle, die Ante Pabelic mit den Lippen gestreift hatte. Sie dankte der sozialistischen Regierung Vincent Auriols, die ihr den früheren Wagen Charles de Gaulles zur Verfügung stellte, den auch Churchill während seines Parisaufenthalts benutzt hatte, für diese Geste und begab sich auf ihr Zimmer, um auszuruhen.

Am folgenden Tag gab man ein Essen für sie am Quai d'Orsay, um die Unterzeichnung eines franko-argentinischen Handelsvertrags zu feiern. Argentinien gewährte Frankreich einen fast so beträchtlichen Kredit wie Franco für den Kauf von Fleisch und Getreide. Die Feier schien der Münzprägung des geldgebenden Landes nachzueifern, mit der Ähre auf der einen Seite und dem Rind auf der anderen. Da die europäische Presse viel Tinte verschwendet hatte, um sich über Evitas Verspätungen in Barcelona und Rom auszulassen, hatte die Gattin des Botschafters ihr mitgeteilt, die Franzosen könne man nicht warten lassen. So traf Evita »überraschend pünktlich« ein (die Anführungszeichen sind Madame Bidaults Enthüllungen zu verdanken). Der Minister, der neben ihr saß, versuchte, ein Gespräch mit ihr zu führen zu dessen »Belebung die Botschafterin nichts beitrug«. Im Gegenteil, nach mehreren Versuchen Bidaults raunte die argentinische Dame ihm müde zu: »Geben Sie sich keine Mühe, es ist schon in Ordnung«.

Doch Evita wollte reden. Wenn der Dialog nicht in Gang kam,

war es nicht ihre Schuld, anders, als Madame Bidault es ihr nicht ohne gewisse Bosheit zu unterstellen versucht. »Obwohl sie, wie es scheint, bei den DESCAMISADOS sehr redegewandt war, gab es keine Unterhaltung. Das kann großen Rednern schon mal widerfahren«. In Wirklichkeit war Evita die Pariser Sitte, die PASSER DU COQ A L'ANE genannt wird, was soviel heißt wie »von einem Thema zum anderen springen« sowohl im Fransösischen wie im Spanischen fremd. Da die Botschafterin sie ihrem eigenen Geschick überließ, wandte sie sich an Lilian mit der Bitte, dem Minister Mercantes Maßnahmen in der Provinz Buenos Aires zu erklären. Lilian ließ sich Zeit: Sie hatte genug Feingefühl, um ihre Gastgeber nicht mitten beim Essen mit einer Propagandarede zu behelligen. Doch Evita spitzte die Ohren und insistierte, rot vor Zorn, mit erhobener Stimme: »Aber Lilian, ich höre dich nicht von Mercante reden!«

Nach diesem Mangel an Kommunikation wurden die Gäste ins Kabinett des Ministers gebeten. Dort sollte die Verleihung des Bandes der Ehrenlegion stattfinden, »unter dem billigenden Blick von Maria de Medici, gemalt von Rubens, der einzigen, die dieser Szene wohwollend beigewohnt zu haben scheint. Bei diesem Punkt schwelgt Madame Bidaults Text in bissigen Anspielungen auf Äußerlichkeiten: »Madame Perón trug ein malvenfarbenes Satinkleid ohne Schulterpolster. Im entscheidenden Moment blickten die Anwesenden mit boshafter Neugier den Minister an: Wie würde er sich aus der Affaire ziehen? Er regelte es bestens: das Oberteil des Kleides war gefältelt, so daß man den Stoff geschickt greifen konnte, und es ihm gelang, das Kreuz vorbildlich anzubringen«.

Am 22. war Evita beim Präsidenten Vincent Auriol und seiner Gattin zu einem Mittagessen im Schloß von Rambouillet eingeladen. Es war ein heißer Tag, doch sie erschien frisch und hübsch anzusehen in ihrem hellen Kleid mit viereckigem Ausschnitt. Nicht zufrieden mit dem weißen Hut, hatte sie sich noch eine Rose ins Haar gesteckt. Bereits in Barcelona und in Italien hatte sie überflüssigerweise diese Rose benutzt, die die romantische Wirkung des breitkrempigen Hutes zerstörte und ihr das Aussehen einer Zarzuelasängerin verlieh.

Es war, wie gesagt, heiß. Doch Programm ist Programm, und

so kam sie um den Waldspaziergang nicht herum. Nach dem Kaffee steckte man sie zusammen mit zwei Frauen in einen Wagen, die ihr nicht sonderlich zugetan waren: die Gattinnen von Bidault und von Victorino Roca. Kurz darauf wischten sich die drei Frauen unverhohlen die schweißnassen Gesichter ab. Dutzende von Autos verließen den Park im gleichen Augenblick und wirbelten eine rote, hartnäckige Staubwolke auf, die durch die Türritzen drang: Es waren die Gäste, die aus der Hitze flohen, ohne die Rückkehr der illustren Dame abzuwarten. Die drei Grazien kehrten mit durchschwitzter Kleidung und vom Staub fleckigen Wangen zum Schloß zurück.

Die einzigen, die sie noch erwarteten, waren der Präsident und seine Gattin. Madame Auriol sah mit ihrem schwarzen, strengen Haarkranz aus wie Helena Rubinstein. Sie und ihre Schwiegertochter gaben sich alle Mühe, um ein Gesprächsthema zu finden, und meinten schließlich, auf eines gestoßen zu sein; die Mode. Laut Madame Bidault rieten beide Damen Auriol »Madame Perón lebhaft, sich bei Maggy Rouff einzukleiden«. Ein Rat, den Evita nicht sogleich in die Tat umsetzte, denn sie entschied sich, ganz bescheiden, für Christian Dior. Und Suzanne Bidault, aus eigener Erfahrung Expertin in Eifersucht, merkt dazu an: »Der Präsident, der ein wenig Spanisch sprach, flirtete mit der gefürchteten Faschistin, was seiner Frau überhaupt nicht zu behagen schien. Als der Gast ging, meinte Madame Auriol mit einem nüchternen Blick auf das Armband, das Evita am rechten Handgelenk trug: »Natürlich kein Vergleich!«.

Die Hitze war ein willkommener Vorwand, um nicht einmal den Louvre zu besichtigen. Doch wie immer wollte sie in die Armenviertel gehen, um dort Geschenke zu verteilen. Pater Benítez hatte einen Besuch in einer Schule organisiert. Kisten voller Zucker, Speck und Schinken warteten auf Evita. Auch die Kinder warteten argentinische Fähnchen schwenkend. Doch alles umsonst. Keine Spur von Evita. Der Beichtvater rief im Hotel an, wo niemand abnahm. Verzweifelt nahm er ein Taxi. Als er zum Ritz kam, wurde ihm die Katastrophe in ihrem vollen Ausmaß bewußt: Dieser Schurke Dodero hatte ihm wieder einen bösen Streich gespielt! Evita hatte die Kreationen der berühmten Modeschöpfer sehen wollen, doch die Botschafterin hatte ihr geraten, sie ins Ritz kommen zu lassen. Und Dodero, jederzeit darauf aus, Evita die kleinsten Wünsche von den Augen abzulesen, hatte für sie eine Modenschau organisiert. Die Mannequins der berühmtesten Modehäuser waren schon dabei, sich in einem der Salons umzukleiden, und Evita hatte in ihrer Seligkeit die arme Schule und die Kartons mit Schinken völlig vergessen. Benítez war zornig und beschuldigte Dodero, sie zur Frivolität zu verleiten, und Eva, sich verleiten zu lassen. Beschämt sagte letztere zur maßlosen Enttäuschung der Modeschöpfer die Modenschau ab. Doch sie verließ die Stadt nicht, ohne sich bei Dior und bei Marcel Rochas ihre Maße abnehmen zu lassen. Der eine sollte Evitas schönste Kleider kreieren, und Evita sollte fortan kein anderes Parfüm mehr benutzen als Femme von Rochas.

Mit Suzanne Bidault suchte sie eine andere Schule auf, die in Sèvres, damals einer kommunistischen Vorstadt, lag. Und »Evita fühlte sich unwohl, das war nicht zu übersehen. Sicher aus Widerspruchsgeist meinte sie, ein lobendes Wort über das Hitlerregime äußern zu müssen. Ich verstehe Spanisch, wenn ich es auch nicht spreche, und litt schrecklich darunter, sie nicht gebührend zurechtweisen zu können.«

Auf jeden Fall versuchte man, sie zurechtzuweisen, indem man sie zur Fédération Nationale des Déportés de la Résistance führte, wo sie, laut Fermín Chavez, eine Summe von hunderttausend Francs spendete. Diese Organisation half den Opfern von Auschwitz und Dachau. Plötzlich sah Evita sich mit einer Realität konfrontiert, von der sie nichts geahnt hatte. Sie hatte über die Judenfrage reden hören, doch nur abstrakt und häufig vom Standpunkt der Nazis aus, die sich als die Verfolgten gaben. In keinem Moment hatte sie bis dahin die unerträglich Wahrheit begriffen. In Argentinien waren 1947 nur die Juden, linksgerichtete Kreise oder einige Intellektuelle wirklich informiert. Für die anderen war Europa weit weg. Perón verschwendete keine Zeit damit, die Juden zu bedauern. Daher erfuhr Evita es erst dort in Paris, als sie die Fotos sah. Noch nie hatte sie solche Kinder gesehen, nicht einmal in den Elendsvierteln von Buenos Aires. Haben diese Bilder sie aufgeschreckt? Fünf

Jahre nach diesem Besuch sollte Evita auf fatale Weise diesen fiebernden Skeletten ähneln, die jemand, nicht ohne Absicht, vor ihrer Nase ausgestellt hatte.

Am 24. gab die argentinische Botschaft ihrerseits einen Empfang im Ritz. Aus optischen Gründen können wir der Versuchung nicht widerstehen, Madame Bidault noch einmal zu zitieren: »Neben ihr auf dem Diwan saß der dicke Edouard Herriot und machte ihr den Hof: Er sprach Italienisch, sie Spanisch, und sie schienen sich blendend zu verstehen«. Das Erstaunliche ist, daß dieses Foto auf dem Diwan mit der freundlichen Unterhaltung leicht zu identifizieren ist. Die Prosa dieser Dame ist zu genau, als daß es den geringsten Zweifel geben könnte. Das Foto erlaubt uns, die Szene noch einmal zu sehen: Der Schriftsteller und Politiker, der tatsächlich ziemlich schwergewichtig ist und nicht mehr ganz jung, blickt Evita mit einer Begierde an, die aus dem einzigen sichtbaren Auge, seiner etwas hängenden Unterlippe und den behaarten Händen spricht. Rechts neben ihm scheint Evita soeben aus dem Hause Dior gekommen zu sein. Sie ist weiß gekleidet, ohne Hut, mit hochgestecktem Haar, perfekt. Sie redet angeregt, während sie mit einer sehr typischen Geste an ihrem Ring spielt. Herriot ist schwer und massig, dunkel, ein wenig animalisch und triebhaft; sie eine strahlende Schönheit.

Doch ihr Strahlen geht nicht vom Körperlichen aus. Bei ihrem Anblick kommt uns die Beschreibung von Botschafter Areilza in den Sinn, die wir Carmen Llorca verdanken: »Eva war eine verblüffende Frau, fotogen, aber nicht schön, auffallend arrogant wirkend, doch fad und ohne Sex-Appeal. Ich glaube, daß die Todsünden sich gegenseitig ausschließen. Übermäßiger Geiz schließt Völlerei aus und übertriebener Zorn die Verschwendungssucht. Sie war vom Machthunger besessen, und das ließ keinen Raum für andere Dinge«. Herriot macht offensichtlich ein bestürztes Gesicht. Auf diesem Diwan, der ihn vielleicht an den von Madame Récamier erinnert, ein Thema eines seiner Romane, scheint er sich beunruhigende Fragen ohne Antwort zu stellen, so wie bei dem noch ungelösten Rätsel der berühmten Juliette, die zu ihrer Zeit angeklagt war, die Liebe nicht zu lieben.

Der Höhepunkt ihres Besuchs war das Fest, das das Lateinamerikahaus, die Casa de América Latina, ihr zu Ehren gab. Man kann nie genug von Evitas Kleidern reden, die uns so viele Dinge über sie verraten, über ihre Kühnheiten und ihre Ängste. An jenem Abend war ihr Goldlamékleid umwerfend. Román Lombille versichert uns, es habe so gewirkt, als sei es den großen Produktionen Samuel Goldwins nachempfunden, vielleicht wegen des Golds. Dann nennt er aber andere Filmvorlagen: »Stellt sie eine römische Kaiserin dar? Salomons Frau? Salomé? Nein, sie ist Kleopatra, Frau der Ptolemäer und Cäsars«. Evas Gestalt war wie die einer ägyptischen Königin durch diagonal fallende Falten eines hochgerafften Rocks modelliert, die sich am Saum fächerförmig in einer Schleppe entfalteten. Die ärmel- und trägerlose Corsage, sehr eng, und nur durch Fischbeinstangen gehalten, hatte als einzigen Schmuck eine bestickte Büste, die die Brust so anhob, wie es die zusammengerollten Strümpfe in ihrer Zeit als Künstlerin nicht vermocht hatten. Die Form des Colliers und die drei schweren Armreifen, die langen Ohrgehänge und die goldenen Sandaletten mit blitzenden Steinen am Absatz riefen tatsächlich Erinnerungen an Rom oder den Nil wach.

Man konnte unmöglich an der durchschlagenden Wirkung einer solchen Aufmachung zweifeln. Und wenn Evita, wie es für barocke Geister typisch ist, nicht wußte, wann es genug war, hätte einer aus ihrem Gefolge sie davon überzeugen müssen, sich nicht auch noch einen goldenen Schleier auf ihr von einem Lockenkranz gekröntes Haar zu setzen. Dieser Goldschleier scheint eine Obsession von ihr gewesen zu sein, ebenso wie die Rose zum Hut. Paco Jamandreu war es schon einmal gelungen, sie davon abzuhalten, ihn für eine Galavorstellung im Teatro Colón anzulegen. Der furchtlose Jamandreu hatte eine Bemerkung über ihren Schleier gemacht, woraufhin sie ihn sich wütend herunterriß und dabei auch das mit viel Geduld von ihrem getreuen Alcaraz aufgebauten Haarkonstrukt zerzauste. Doch »die Tunte« gehörte zu Evitas Welt. Er konnte sich Freiheiten erlauben, die sie weder von der Botschafterin noch von Lilian hingenommen hätte. Daher gab es an jenem Abend niemanden, der ihr hätte raten können, den Schleier abzunehmen. Ob man sich eine Sternenkrone aufsetzte oder Feenflügel, es machte keinen Unterschied. Allein die Geste zählte, und die sollte besagen: »Die Mode bin ich«.

Román Lombille beobachtete ihr Verhalten während des Abends: »Eva, die sonst redselig, nervös, angeregt, immer in Bewegung ist, bleibt während der zwei Stunden, die der Empfang dauert, völlig steif«. Erinnern wir uns an Areilzas »Sünden«. Wenn Evita wie in einem Traum gebannt war, dann, weil sie genoß, was sie am meisten liebte: Macht. Sich so absurd zu kleiden, war gleichbedeutend mit Ausübung von Macht. Ein Gefühl, das durch den Protokollzwang noch bestärkt wurde: Die lateinamerikanischen Botschaftergattinnen mußten ihr zur Begrüßung ihre Reverenz erweisen und dann drei Schritte zurücktreten, ohne ihr den Rücken zuzukehren. Es fehlte nur noch die Negerin, um der Señora mit einem Fächer aus Pfauenfedern Luft zuzufächern.

Die Journalisten nahmen sich dennoch die Freiheit, sie wie üblich unter Beschuß zu nehmen. Ihre Fragen weckten sie auf, rissen sie aus ihrem Traum. Zum ersten Mal antwortete Evita auf Ironie mit noch mehr Ironie, indem sie frech ihre Unwissenheit zugab. Ihr Lieblingsautor? Plutarch? Hatte sie ihn gelesen? Selbstverständlich nicht, und sie dachte auch nicht daran, es zu tun. Ihre Lieblingsmusik? Die kürzeste.

Nach dem Empfang lud Dodero die Gruppe ins Pré-Catelan im Bois de Boulogne ein. Dort war Evita mit all ihrem Gold wieder die Sensation. Es gab Gäste, die vom Tisch aufstanden, um sich kein Detail entgehen zu lassen. Sie lächelte »steif«. Am gleichen Abend (wenn nicht an einem anderen) kam Dodero auf die Idee, sie in ein Kabarett zu führen.

Überflüssig zu betonen, daß die Versionen divergieren, zu dieser Episode ebenso wie zur Modenschau. (Für die Modenschau beziehen wir uns auf den Bericht von Roberto Galán, der alle anderen mit einschließt). Es folgenden drei Versionen der Nacht im Kabarett:

1) Evita wollte lieber in den Zirkus gehen, um ihren Ruf zu wahren. Im Zirkus hat ein Clown ihr einen Blumenstrauß gereicht. In dem Moment, da sie die Hand ausstreckte, zog er den Blumenstrauß zurück, woraufhin Evita den Zirkus wütend verließ.

2) Evita ging ins Restaurant LES AMBASSADEURS, wo zwei als

Kamele verkleidete Clowns ihr einen Blumenstrauß reichten, den sich die falschen Kamele zuvor in den After gesteckt hatten. Daraufhin verließ sie wütend das Lokal.

3) Evita willigte ein, ein Kabarett aufzusuchen, wo zwei als Kamele verkleidete Clowns ihr einen Blumenstrauß reichten, den sie aus einer Vase genommen und dann zwischen den Beinen des hinteren Tieres durchgezogen hatten. Daraufhin verließ sie das Lokal etc ...

In jeder Verfälschung der Wahrheit steckt vielleicht ein heimliches Spiel. Deshalb haben diejenigen, die meinen, Evita zu beherrschen, so wenig Freude. Und wenn der Sinn dieser Geschichten darin liegt, die Schlüpfrigkeit, diese versteckte Bosheit, zu erkennen?

Hinter all dem Rauschgold verbirgt sich jemand, der zunehmend Einfluß auf Evita gewann. Dieser Jemand war das Anti-Kabarett, die Anti-Modenschau, der Anti-Dodero: Benítez. Der ehemals passionierte, zum feurigen Populisten konvertierte Jesuit war dabei, Evitas Gewissen zu werden. In Zusammenhang mit der Modenschau und seinem Verbot jeglichen Make-ups außer auf den Lippen haben wir uns schon eine Vorstellung von ihm machen können. Sein Fanatismus entwickelte sich parallel zu ihrer sündhaften Schönheit, die er zweifellos förderte. Seltsam, daß Isabelita, Peróns dritte Frau, ebenfalls einen Guru hatte: den Hexer López Rega. Perón schätzte seinereits Benítez, der ihn in seinen Annäherungsversuchen mit der Kirche beriet. Doch nach Evitas Tod brach sein Kontakt mit dem Priester ab. Warum? Die Antwort darauf könnte uns helfen, Evitas Leidenschaft besser zu begreifen (im religiösen Sinn). Benítez hat Perón niemals die Aufweichung der Moral in den fünfziger Jahren und die Gleichgültigkeit gegenüber seiner sterbenden Frau verziehen. Zu dem Möchtegern-Guru López Rega unterhielt Perón hingegen bis zu seinem Lebensende nicht nur herzliche Beziehungen, sondern ließ sich auch von seinen esoterischen Lehren beeinflussen.

So gesehen war der Höhepunkt des Paris-Aufenthaltes nicht das Kleopatra-Gewand, sondern der Besuch in Notre Dame, der, von Pater Benítez minutiös vorbereitet, abends, am gleichen Tag wie das Mittagessen in Rambouillet, stattfand.

Evita erschien eskortiert von Kürassieren mit Federhelmen. Ganz in Weiß gekleidet, schritt sie an der Spitze ihrer Gefolgschaft durch das Hauptschiff in die Kirche. Nachdem sie den Begrüßungsworten von Monsignore Vaussart gelauscht hatte, kniete sie ohne Zögern vor dem Altar der Jungfrau nieder. Die Argentinier, die – ebenso wenig bewandert in der Materie wie Evita – der Szene beiwohnten, staunten nur. Wie konnte sie, ohne mit Blicken zu fragen, auf den richtigen Altar zugehen? Ein unerwarteter Epilog rührte sie sichtlich. Man hatte die seit dem Krieg nicht mehr benutzte Orgel von Notre-Dame entstaubt. Plötzlich ertönten in der alten Kathedrale die Klänge der argentinischen Nationalhymne. Evita neigte den Kopf, voller Würde und Grazie, als wolle sie ihre Tränen verbergen. »E tornata l'Imperatrice Eugenia di Montijo!« Das war Monsignore Roncalli, der Apostolische Nuntius der Stadt Paris und zukünftige Papst Johannes XXIII.

Pater Benítez hat als einziger dieses in seinen Augen entscheidende Zusammentreffen zwischen Evita und Roncalli bezeugt. Als Beweis hat er einen Brief des Nuntius vom 23. Juli mit einigen Tippfehlern vorgelegt, in dem er Evita bittet, einen gewissen Monsignore Reynes, den Architekten der Basilika de la Paix von Lisieux und Überbringer eines Briefes von der Schwester der Heiligen Teresita des Jesuskindes an »Madame la Présidente« zu empfangen.

Benítez beteuert, die Unterredung sei ausführlich und ergiebig gewesen. Beide auf den ersten Blick so unterschiedlichen Personen waren wie dazu geschaffen, sich zu verstehen. Wie Evita war Roncalli von bescheidener Herkunft, ein Bauernsohn. Im Vatikan honorierte niemand seinen sprühenden Geist. Im Gegenteil, man mokierte sich über seine Ungehobeltheit und Naivität.

Aus diesem Grunde befand er sich, laut Benítez, in Paris. Bidault hatte dem Vatikan eine lange Liste kirchlicher Kollaborateure eingereicht und ihre Entlassung gefordert. Wie man sich denken kann, befolgte der Papst diesen Antrag nicht. Und seine Rache hatte einen Namen: Roncalli. Als der Nuntius von Paris abgelöst werden mußte, hatte Pius XII. diesen obskuren Bischof berufen, der sein Amt in Alexandrien ausübte und den schlechtesten Ruf unter den Bischöfen hatte. Zunächst überrascht über eine so hohe Auszeichnung, hatte der bäuerliche Prälat rasch begriffen, daß es eine Herabsetzung sein mußte, wenn man einen Provinzler wie ihn zum Nuntius einer so eleganten Stadt wie Paris ernennt. Doch wie man weiß, nahm die Geschichte ihren eigenen Verlauf. Ohne es zu wollen, hatte man einen Mann von gesunder Intelligenz gewählt. So sollte der letzte aller Erzbischöfe sich schließlich als sympathischster aller Päpste erweisen.

Evita und Roncalli sprachen über die wohltätigen Werke. Sie bestand darauf, es Sozialhilfe zu nennen oder einfach Gerechtigkeit, und legte ihm ihre Vorstellung in allen Einzelheiten auseinander. Sie dachte ununterbrochen über die Sitftung nach, die sie nach ihrer Rückkehr ins Leben rufen wollte. Roncalli gab ihr zwei entscheidende Ratschläge, die Evita wortwörtlich befolgen sollte. Der erste war, daß sie alle offiziellen Papiere vermeiden solle, um in ihrer Organisation eine unbürokratische Flexibilität zu bewahren. Der zweite besagte, sie solle sich ihrer Aufgabe ohne Einschränkungen widmen. Vielleicht war er sich nicht voll bewußt, was er da sagte. Wenn wir aber die Vorstellung akzeptieren, daß dieser mediterrane Weihnachtsmann sehr weise war, müssen wir auch annehmen, daß er Evita bis in die tiefste Seele kannte. Was er ihr riet, bedeutete nichts Geringeres, als sich völlig zu verausgaben.

Am letzten Tag besuchte Evita Versailles, das seit Kriegsbeginn geschlossen war und nur ihr zu Ehren geöffnet wurde. Sie wollte auch das Grab von Napoleon sehen, den sie sehr bewunderte, weil Perón in ihm ein Vorbild sah. Der Peronismus ist unter anderem auch als Bonapartismus definiert worden. (Eva bewunderte auch Marie Antoinette, was sie Madame Bidault sagte, obwohl sie sich sehr wohl hütete, ihr die Gründe zu nennen oder ihr gar ihre Kindheitserinnerungen zu verraten.)

Schließlich hatte ihr Besuch noch eine unerwartete Folge: die Umbenennung der Pariser Metrostation »Obligado« in »Argentine«. Folgen wir der Erläuterung des französischen Historikers Pierre Miquel in seiner Geschichte der Pariser Metro: »ARGENTINE. Die Station ist die einzige, die den Namen eines befreundeten Landes trägt. Es gibt keine Station Brasilien, USA oder Großbritannien. Warum also Argentinien? Die »rue Argentine«, die der Station den Namen gibt, hieß früher »rue de la Pelouse de l'Etoile«, um den ländlichen Stil dieses Ortes östlich des Arc de Triomphe anzudeuten. 1845 wurde sie umbenannt in Obligado. In Obligado war am 20. November 1845 ein Infanterieregiment eines frankobritannischen Geschwaders an Land gegangen, um den Zugang zum Río de la Plata zu sichern. Damals regierte Rosas, der mit seinen Soldaten in den Pampas Blutbäder anrichtete und seine Anhänger, wie es in London hieß, mit der Peitsche auf die Straßen von Buenos Aires trieb. Der Tyrann wollte sein Land von europäischen Interessen befreien, doch der Sieg von Obligado geriet zur vollen Zufriedenheit der städtischen Finanzleute. Fortan hatten die englischen und französischen Truppen freien Zugang zum argentinischen Handel. Endlich konnte man kilometerweise diesen neuen Stacheldraht nach Argentinien einführen, der den Ertrag der Viehzüchter erhöhen sollte und gleichzeitig die Getreidefelder schützte. 1945 litten die Franzosen Hunger, und um der französischen Regierung ihren Wunsch zu erfüllen, schickte Argentinien sofort mehrere Frachter mit Getreide und Rindfleisch. Aus Dankbarkeit beschloß Paris Argentinien eine Straße zu widmen, ohne zu bedenken, daß ein neuer Diktator sich in diesem Land breitmachte: Juan Domingo Perón. Später sollte die argentinische Regierung die Ausstattung der Station Argentine als besonderes Privileg übernehmen«.

In diesem Text wird der Ausgang der Geschichte geschickt umgangen. Am 16. Juni 1848 hob Frankreich die Blockade des Hafens von Buenos Aires auf. Die Zweite Republik wollte ihren Konflikt mit der Argentinischen Föderation nicht aufrechterhalten. Am 31. August 1850 unterzeichnete der Konteradmiral Le Prédour schließlich einen ähnlichen Friedensvertrag, wie ihn England seinerseits gerade abgeschlossen hatte, in dem man Rosas' Bedingungen akzeptierte. Die beiden europäischen Mächte zogen ihre Truppen vom Río de la Plata ab, erkannten die argentinische Hoheit über die Flüsse im Landesinneren an und gaben die Insel Martín García, die sie inzwischen besetzt hatten, zurück.

Miquels Text unterläßt es auch, Evita zu erwähnen. Allerdings war sie es, die die nationalistische Note hinzufügte und Auriol daran erinnerte, daß Frankreich 1848 in Vuelta de Obligado nicht den Krieg, sondern nur eine Schlacht gewonnen hatte. Andererseits irrten die Nationalisten in diesem Punkt nicht: Ein von zwei Kolonialmächten geführter Krieg, nur um ihren Stacheldraht loszuwerden, weckt kaum Sympathien. Das ändert freilich nichts daran, daß die Gegner auch im Recht waren, da Rosas ein Tyrann war. Vielleicht macht die Haltung Frankreichs 1947, hin und hergerissen zwischen relativer Lebensmittelknappheit und der Versuchung, einem argentinischen Diktator zu huldigen, wie schon ein Jahrhundert früher einem anderen, deutlich, daß zwei widersprüchliche Wahrheiten zusammen oft die ganze Wahrheit ergeben können.

Evita hielt sich gerade auf Einladung des vergnügungssüchtigen Dodero in Monte Carlo auf, als ein Schiff, das im Hafen von Brest vor Anker lag, explodierte, wobei ein Teil der Stadt zerstört wurde. Sie schickte Bidault sofort ein Telegramm zusammen mit einem Scheck über fünfhunderttausend Francs für die Opfer. Und bevor sie Frankreich verließ, legte sie noch zweihunderttausend drauf, »für die Armen von Paris«.

Eine andere Geschichte mit Schecks, doch von weit geringerem moralischem Wert steht auch in Zusammenhang mit dieser Reise. Aristoteles Onassis war argentinischer Staatsbürger geworden und kannte Dodero, der ebenfalls Reeder war. Daher ist nicht auszuschließen, daß er ihn im Hotel de Paris aufsuchte (manche meinen im Beach Hotel), wo Dodero mit Evita und ihren Jüngern logierte. Nach Evitas Tod erklärte dieser Sammler berühmter Frauen, er habe mit ihr geschlafen und ihr zum Abschied einen Scheck für ihre wohltätigen Zwecke dagelassen. Diese Worte qualifizieren ihn endgültig als zur Klasse der »Sapos« gehörig ab. Evita schlief weiterhin mit Lilian in ihrem Zimmer, um ihre Ehre zu bewahren. Selbst ihre leidenschaftlichsten Widersacher (und damit auch die zwielichtigsten), wie Lombille, bestätigen das einwandfrei.

Lombille fügt Evitas Städtetour noch Biarritz hinzu. Biarritz und ein kleines Schlößchen oben auf einer Klippe, das natürlich Dodero gehörte. Juancito Duarte war entzückt von Biarritz. Dieser einfache und herzliche junge Mann, der bis an sein

Lebensende weiter nach Junín kam, um dort in einem Café mit seinen Jugendfreunden anzustoßen, begeisterte sich nun für die Stars. Im Casino stand ihm der Mund offen, als er Rita Hayworth, Jean Marais und Sacha Guitry sah ... Ach, die große, weite Welt! Doch Evita winkte ab. Andere Stars interessierten sie nicht. Und die guten Weine und der Champagner? Sie nippte kaum daran. Ihre Gleichgültigkeit gegenüber Genüssen wirkte fast ein wenig befremdlich. Juancito war verwundert. War seine Schwester vielleicht dabei, eine Asketin zu werden?

Tomaten und Rätsel

Evita hält sich fünf Tage, die rätselhaftesten ihres Lebens, in der Schweiz auf. Außer Genf umfaßt ihre Rundreise Neufchâtel, Bern, Zürich und Sankt-Moritz. In Bern bewirft ein junger Schweizer, der in Argentinien gelebt hat, ihren Wagen mit Steinen. Die Windschutzscheibe geht zu Bruch, und der Chauffeur wird verletzt. Sie bleibt ruhig. Etwas später wird in der selben Stadt erneut ein groteskes Attentat auf sie verübt: Man bewirft sie mit Tomaten. Doch wieder geht sie völlig unbeschadet daraus hervor. Der Außenminister, Max Petitpierre, ein Mann von feierlichem Ernst, tropft von oben bis unten vor Tomatenbrei. Die Gefolgsleute kommen bestürzt herbeigelaufen. Geht es der Señora gut? Hatte sie keine Angst? Evita wahrt ihre Kleopatramaske, ihr Gesicht der Kaiserin Eugénie: »Wenn man einen Staat vertritt, darf man keine Angst haben«.

Eine alte, würdevolle Dame, die das letzte Attentat miterlebt, ruft begeistert aus: »Das ist der schönste Tag meines Lebens!« Es ist die Witwe Alfonsos XIII, des 1931 ins Exil gegangenen spanischen Königs. Und doch hat die gleiche Señora Wert drauf gelegt, die Kolonne vorbeiziehen zu sehen, ja, man munkelt gar, sie habe den Wunsch geäußert, Evita kennenzulernen. Diese soll geanwortet haben. »Wenn sie mich sehen will, braucht sie nur am Straßenrand zu warten, bis mein Wagen vorbeifährt, so wie jeder andere auch« Die Neugier der alten Königin war stärker gewesen als ihr Stolz, und sie hatte das außerordentliche Glück, genau im richtigen Moment anzukommen und die falsche Königin in einem Tomatenhagel zu sehen. Diese Anekdote betont den zwiespältigen Eindruck von Evitas europäischen Abenteuern. Wenn die Witwe Alfonsos XIII. sie so verachtete, warum wollte sie sie dann sehen? Die Erklärung liegt in der großen Schau. Groß oder Klein, alle langweilten sich. Daher fügen sie Areilzas Aufzählung der Todsünden eine weitere hinzu: die »der Wollust des Blicks«.

Das ist die Chronik der Fakten: alle Zeitungen der Welt haben diese Tomaten erwähnt und die Steine dieses Max Petitpierre. Gibt es nicht noch etwas? Ja, Vermutungen. Nichts als Vermutungen.

Eine erste Reihe von Mutmaßungen betrifft Evitas Bankkonten. Doch die diesbezüglichen Berichte erscheinen zu konstruiert. Wie kann man ein so lückenloses Argumentationsgebäude aus nie bestätigten Daten zimmern? Natürlich fällt es dem Forscher schwer, sich mit einem mehrdeutigen, nur aus Fragmenten bestehenden Bericht zu begnügen, so daß schließlich seine Entdeckerleidenschaft und die Notwendigkeit, alles zu erklären, über Besonnenheit und sogar den kritischen Blick siegen. Es gibt freilich keinen Grund, all diese Erklärungen in Bausch und Bogen zu verdammen. Die erwähnten Daten sind wichtig genug, daß sie verdienen, hier aufgeführt zu werden.

Glenn B. Infield, ein bereits zitierter nordamerikanischer Historiker und Spezialist für die Nazizeit, gehört zu denen, die lieber Gewißheit haben als Zweifel. Seine Thesen basieren tatsächlich auf bisher unveröffentlichten Dokumenten, die in den Archiven von Washington DC, der CIA, des FBI, der National Archives, des Dokumentationszentrums in Berlin, der Defense Intelligence Agency des State Departements und im Büro für Information und Sicherheit des nordamerikanischen Heers gefunden wurden, was von vornherein ausschließt, sie als unseriös abzuqualifizieren. In seinem Buch über Otto Skorzeny, – Hitlers Kommandochef, der durch seine Befreiung Mussolinis 1943 berühmt wurde und den Infield persönlich interviewt hat – sagt letzterer folgendes aus: »Evita hat zum ersten Mal dank Rudolf Ludwig Freude davon gehört, daß Geld aus dem Dritten Reich nach Argentinien geschafft wurde. (…) Freude kümmerte sich nach seiner Ankunft in Argentinien um dieses Vermögen und beaufsichtigte gemeinsam mit Heinrich Dörge die Hinterlegung im BANCO ALEMAN. (...) Mit ihrem Mann als Komplizen gelang es ihr einfach, Freude und Dörge davon zu überzeugen, daß es für alle sicherer wäre, den Schatz auf ihren Namen zu hinterlegen, solange man noch auf Bormanns Eintreffen wartete.«

So geschah es. Doch die Zeit verging, und Bormann kam immer noch nicht nach Buenos Aires. »Also ernannte Perón sich selbst zum Anlegeverwalter des ausländischen Vermögens, doch mit eigenem Interesse: Im geeigneten Moment würde er es konfiszieren. Evita bestand ihrerseits gegenüber Dörge und Freude, die sich weiterhin als die eigentlichen von Bormann Betrauten sahen, darauf, die Angelegenheit zu vergessen.«

Da erschien Skorzeny auf der Bildfläche. Er traf 1948 ein, nachdem er mit dem Segen der Nordamerikaner aus dem Gefängnis entflohen war. Bis in sein Gefängnis war die Nachricht von der Existenz des Schatzes vorgedrungen, ein Thema, das ihm keine Ruhe ließ: »Ihre (Evitas) Europareise beunruhigte mich. Hatte sie etwa mit einem Teil unseres Geldes zu tun, das sie in der Hand hatte?, äußerte er sich vertraulich gegenüber Infield, der nicht ganz zu Unrecht meinte, daß diese Besorgnis die Existenz des Schatzes bestätigte.

Einmal in Buenos Aires eingetroffen, brauchte Skorzeny nicht lange, um Peróns Vertrauen zu gewinnen, der Mussolinis Befreier bewunderte. Der Rest des Berichts ist so phantastisch wie Onassis' Traum: Skorzeny versichert, Evitas Geliebter gewesen zu sein. Doch läßt man einmal diesen immerhin verständlichen Wunschtraum außer acht, besteht kein Zweifel, daß Skorzeny als Ausbilder der argentinischen Polizei eine ähnlich wichtige Rolle im peronistischen Regime spielte wie der Kroate Ante Pavelic. Im Juli 1949 entlarvte er ein Komplott, das Evita nach dem Leben trachtete.

»Wie dem auch sei«, fährt Infield fort, »Anfang 1950 (...) hatten Evita und Juan Perón Skorzeny ungefähr ein Viertel des von Bormann außer Landes geschafften Vermögens zurückerstattet.« (Nebenbei sei bemerkt, daß Infield nicht wie viele glaubt, Bormann habe sich in Buenos Aires aufgehalten. Andere wie Ladislas Farago behaupten, Perón habe die Summe dem »Führerstellvertreter Martin Bormann zurückerstattet«. Der eine wie der andere erwähnen allerdings Pater Egido Esparza, einen profaschistischen katholischen Priester, der an der Operation beteiligt gewesen sein soll.)

Nach Evitas Tod 1952 blieb Juan Duarte der einzige Mitwisser des Geheimnisses der Schweizer Konten. Von Perón (und, laut Infield, auch von Skorzeny) verfolgt, geschwächt durch den Verlust seiner Beschützerin, und noch dazu krank, reiste der arme Juancito brav in die Schweiz, »wo er Dokumente unterzeichnete, die es Perón ermöglichten, an das Geld und Evitas Schmuck zu gelangen, die in mehreren Kisten in einer Züricher Bank aufbewahrt wurden, und an die übrigen Konten, die Evita in der Schweiz auf ihren Namen eröffnet hatte. Damit unterschrieb er sein eigenes Todesurteil«. Von seinem Tod am 9. April 1953 wird noch die Rede sein. Zu der Zeit hatten bereits mehrere Personen, die in die Angelegenheit verwickelt waren, das Zeitliche gesegnet: Heinrich Dörge, der 1949 auf einer Straße in Buenos Aires tot aufgefunden wurde; Richard von Leute, der 1950 ermordet wurde; Richard Stadt, desgleichen; und schließlich Ludwig Freude, den man 1952 in seinem Haus vergiftet vor einer Tasse Kaffee fand.

Aber warum den Ereignissen vorgreifen, da wir uns vorläufig noch 1947 in der Schweiz befinden? Aus einem einfachen Grund. Die fünf rätselhaften Tage, die Evita im Land der Uhren verbrachte, könnten im Lichte dieser Ereignisse eine Erklärung finden. Selbst, wenn man die angeblichen Enthüllungen von ULTIMA CLAVE über das im Hafen von Genua vor Anker gegangene Schiff, den Commendatore Giovanni Maggio und König Umberto von Italien außer acht läßt, bleiben immer noch Juancito Duartes letzte Reise in die Schweiz und sein nachfolgender Selbstmord oder seine Ermordung als Alarmzeichen. Ein Zeichen, das das argentinische Volk sehr wohl erkannt hat, als es beide Ereignisse immer intuitiv zusammenbrachte, was Historiker nie wagen würden.

Die zweite Reihe von Mutmaßungen betrifft Evitas Gesundheitszustand 1947. In diesem Fall handelt es sich weder um eindeutige noch auch nur um nebulöse Aussagen, sondern nur um ein Gefühl, eine Stimmung: Bereits damals ahnten manche ihre

Erkrankung voraus. Raúl Salinas behauptet, Evita habe die ersten Symptome während der Reise gehabt. Es soll eine noch vage Diagnose gegeben haben, und ihr persönlicher Arzt, Doktor Alsina, »ließ sie nicht einen Moment lang aus den Augen, weil sie Spritzen brauchte«. »Morphium«, stellt Lombille seinerseits klar. Tatsächlich wurde damals häufig Morphium verschrieben. Ana Macri, eine der Stützen der peronistischen Frauenpartei, hat sich uns gegenüber ähnlich geäußert: »Vor ihrer Reise hatte Evita Lust zu arbeiten. Doch nach ihrer Rückkehr kann man nicht mehr von Lust sprechen, sondern von Fieber. Meiner Meinung nach wußte sie bereits, daß sie nur noch kurze Zeit zu leben hatte«.

Das ist alles an Information, über die wir verfügen. Einmal weil die Ärzte Evita eine »tierische Angst« einjagten (ein Ausdruck von Salinas) und sie nicht sehr daran interessiert war, ihr Unwohlsein einzugestehen oder mitzuteilen. Zum anderen wegen der Heuchelei, die damals noch jede Krankheit, und besonders Krebs, umgab. Wir werden noch das Versteckspiel zwischen Perón und Evita sehen, um sich gegenseitig zu verheimlichen, daß sie beide im Bilde waren. Folglich können wir für die Zeit der Reise nur von einem Eindruck sprechen. Einer nicht geringzuschätzenden Intuition, die Evitas erstaunliche Verwandlung in Europa erklären würde. Auch hier ist es ratsam, der Stimme des Volkes zu lauschen. Das argentinische Volk hat sich immer nach den Gründen für diesen Wandel gefragt. Bei den Großen dieser Welt zu verkehren (die sie, außer Roncalli, im übrigen nur langweilten und über die sie sich mokierte), sich die Kleider von Dior fertigen zu lassen, all das verändert eine Frau. Aber nicht in dem Maße. Da war noch etwas anderes. Ein anderes Licht, eine andere Ausstrahlung. Wenn Pater Benítez viel mit diesem Wandel zu tun hatte, so könnte das ein Anhaltspunkt sein: Hatte der Priester etwa einen so starken Einfluß auf die junge, gesunde Frau gewonnen, die glaubte, noch viel Zeit zu haben?

Am 10. August machte Evita ihre umständliche Reiseroute mit ihrer Rückkehr nach Lissabon perfekt. In Dakar ging sie schließlich an Bord der Buenos Aires, die zu Doderos Gesellschaft gehörte und auf der sechshundert Einwanderer nach Argentinien reisten. Sie begleitete sie freilich nicht bis in das gelobte Land, da sie in Pernambuco an Land ging, um von dort ein Flugzeug nach Río de Janeiro zu besteigen. In der brasilianischen Hauptstadt fand gerade die Interamerikanische Konferenz für Frieden und Sicherheit des Kontinents statt. Die argentinische Delegation wurde angeführt von Atilio Bramuglia, der ihr so verhaßt war, daß sie sogar untersagte, daß Fotos von ihm in der Zeitung DEMOCRACIA erschienen. Doch in diesem Fall verhielt sie sich wie eine Frau von Welt und beherrschte sich. Beide traten friedlich gemeinsam bei den Ehrungen und Banketts und den Plenarversammlungen der Konferenz auf. George Marshall hielt eine Rede, und der brasilianische Kanzler Raul Fernandes stieß auf Evita an, die unter ihrem Schleier mit Samttupfen lächelte: In Europa, und vor allem in Spanien, war sie die Alternative zum Marshall-Plan gewesen. Das wußten die Brasilianer. Ríos Mauern waren voller Plakate, auf denen unter einem riesigen Foto von Evita zu lesen stand: »Für die brasilianische Frau, die wie die argentinische mit ihrem Volk für eine Zukunft der Gerechtigkeit, der Arbeit und des Friedens kämpft«. Plakate, auf denen bald Hakenkreuze mit der Aufschrift »Nazifrau« prangten, die ihr Lächeln durchtrennten.

Diese diffamierenden Symbole waren nicht der einzige Mißton in Río. Hinter den Kulissen sorgte Lilian für eine weitere Verstimmung. Ricardo Guardo befand sich unter den argentinischen Würdenträgern, die nach Río gekommen waren, um Evita willkommen zu heißen. Diese Anekdote verdanken wir Raúl Salinas, einem engen Freund des Zahnarztes. Als Lilian ihren Mann wiedertraf, machte sie sich Luft. Aufgebracht beschuldigte sie Evita unter Tränen, ihr während der ganzen schrecklichen Reise zugesetzt zu haben. Sie ging sogar so weit, zu behaupten, Evita habe mit ihrem Mann geflirtet. Spielte sie damit auf die Episode mit dem Kleid für die Kongreßfeier an? Tatsache ist, daß auf der Friedenskonferenz von Río die Feindschaft zwischen Evita und Guardo, der seine Frau natürlich leidenschaftlich verteidigte, ihren Anfang nahm. Später, bei ihrer Ankunft in Buenos Aires, entdeckte Evita Raúl Salinas in der Menge, lud ihn in ihren Wagen ein und ließ ihn zwischen sich und Perón Platz nehmen. Während der Reise hatte sie täglich mit ihrem Mann telefoniert, und jetzt war sie nach drei Monaten wieder mit ihm vereint. Aber es gab kein Liebesgeplänkel, sondern nur einen wütenden Monolog. »Sie haben einen Verräter als Freund«, meinte sie zu Salinas. »Wen?« »Guardo.«

Doch kehren wir zum 21. August zurück, als die Reisende in Montevideo ankam, der Stadt, wo sie von uruguayischen Politikern empfangen wurde. Montevideo, wo sie auf der Theatertournee mit Sapos Truppe ihre erste Galavorstellung erlebt hatte, die diesen Namen verdiente. Diesmal verkündeten die Straßenplakate nicht LAS INNOCENTES, sondern »die uruguayische Frau«. Es folgte der gleiche Text, den man der brasilianischen Frau gewidmet hatte. Evita aß mit dem Präsidenten Luis Batlle Berres zu Mittag, wie in Brasilien, wo sie ebenfalls mit dem Präsidenten Enrico Gaspar Dutra zusammengetroffen war. Danach nahm sie die Fähre über den Río de la Plata nach Buenos Aires.

Am Samstag, dem 23., um 16 Uhr, legte die Fähre im Hafen von Buenos Aires an. Von der Mole bis zum Zollgebäude war ein roter Teppich ausgerollt. Perón, Doña Juana, die drei Schwestern und alle Regierungsmitglieder erwarteten sie auf einer provisorisch aufgebauten Tribüne. Die Menschenmenge war immer noch gewaltig. Tagtäglich hatten all diese Leute von Evitas Erfolgen gelesen. Sie fühlten sich wie Eltern, deren Tochter das Examen mit der besten Note bestanden hat. Freude und Stolz schwellte ihre Brust. Evita grüßte vom Deck aus und drängte, das Schiff zu verlassen, noch bevor der Gangway fertig installiert war. Sie war so ungeduldig, daß sie sich in der Richtung irrte und auf dem Absatz umdrehen mußte, um Perón mit einem Kuß zu begrüßen.

Dann ergriff sie das Wort. Alles an ihr war anders, bis auf den Redestil. Wie immer sprach sie von »Liebe«, »Herz«, Friedensbotschaft«. Immer noch Wiederholungen und Verzauberung:

Alle lauschten ihr wie gebannt. Sie sah einfach so bezaubernd aus, so strahlend, seit sie durch ihren Triumph in Europa – der argentinische Traum – einen fast religiösen Ruhm erworben hatte, daß man kaum die einzig wichtigen Worte ihrer Rede erfaßte, die sie mit tränenerstickter Stimme hervorbrachte: »Am Montag werde ich wieder bei euch sein, um meine Aufgabe zu erfüllen«. In dem Moment verstand sie niemand: Was sie versprach, war sehr ernst gemeint. Von nun an sollte nur noch ihre Mission gelten.

Die Reise hatte ihr etwas Erlesenes verliehen. Keine der Damen konnte sich mit ihr messen. Ihre vollkommene Eleganz beschränkte sich nicht auf ihre Aufmachung, sondern ging von ihr selbst aus. Eine Freundin ihrer Schwestern bemerkte, daß Evita die Absätze ihrer Schuhe nicht mehr schief trat, als hätte sie, seit sie das Ritual der Oligarchie erfüllte, ihr Gleichgewicht gefunden. Außer den paar Tomaten hatte Europa sie wie niemanden sonst empfangen (nicht einmal Victoria Ocampo konnte sich mit ihr vergleichen). Natürlich hatte sie sich geschmeichelt gefühlt, wenn sie sich auch weiterhin über die Scheinheiligkeit und den ganzen Prunk mokierte. Ihre Eitelkeit war voll befriedigt. Ihre Ressentiments waren nicht mehr begründet. Es war Zeit, die Ärmel hochzukrempeln und sich Wichtigerem zu widmen.

Ihr eigentliche Geschichte beginnt am 25. August 1947, als sie ihre Arbeit im Ministerium wieder aufnimmt. Bisher hat sie ihre Rolle nur eingeübt. Nun hebt sich der Vorhang.

7
Stiftungsgründung

Evitas Frisur. Das Frauenwahlrecht. Zensur und Propaganda. Evita tut sich in guten Taten hervor. Die Zeit drängt. »Las Delicias« oder die Wundergaben. Die Eva-Perón-Stiftung. Die Armen haben ein Recht auf Luxus. Falsche Zähne und Nähmaschinen. Küsse für die Leprakranken. Verwunschene Bonbons. Evita und ihre Arbeiter. Evita und ihre Dichter.

Ende 1947 hat Evita ein für alle Mal ihren Entschluß gefaßt: sie wird ihr Haar nur noch zum Knoten zusammengesteckt tragen. Manche haben in dieser endgültigen Entscheidung den Einfluß von Christian Dior erkennen wollen, was andere wiederum bestreiten. Letzteren zufolge soll Evita zu ihrer Frisur von einer argentinischen Dame inspiriert worden sein, von Hortensia Tuíz González de Fernández Anchorena, die sie in Paris kennengelernt hatte. Schließlich hat Pedro Alcaraz versichert, er sei der alleinige Erfinder der neuen Haartracht gewesen. Frühmorgens verließ sie das Haus Richtung Büro, und »dank einiger falscher Haarteile und Haarklemmen«, blieb ihre Erscheinung tadellos bis zum Abend. Jedenfalls wurde der wie zwei Hände ineinander verschlungene Haarknoten jenseits von Mode und praktischen Argumenten zum Symbol für die neue Evita. Und das neue Regime.

Fortan zeigten beide ihr wahres Gesicht. Und es wird immer deutlicher, wie sehr diese Frau das politische System verkörpert: Um den Peronismus zu erforschen, genügt es, Evita zu beobachten. Die Phase, die 1948 beginnt und 1952 kurz vor ihrem Tod endet, wird die alten Zöpfe »hypothetischer Freiheit« abschneiden. Der Autoritarismus und die strenge Frisur gehören zusammen. Für Evita ist der Augenblick gekommen, das Land mit der Faust voranzutreiben, weshalb sie eine symbolische Faust im Nacken trägt.

Doch der Nacken ist ein Körperteil, der gewaltige Lasten tragen kann, wenn man an Atlas denkt, den aber auch das Henkerbeil treffen kann. Und die Wirklichkeit entgleitet einem, so sehr man auch die Faust ballt. Alles, was Evita aus ihrem Willen zur Macht erreicht, wird spurlos wieder verschwinden. Auch von dem, was sie aus Liebe vollbringt, werden kaum Spuren bleiben, doch zumindest wird die Erinnerung daran später neue Energie freisetzen. Nicht zufällig grub die linksperonistische Jugend in den siebziger Jahren das einzige Foto wieder aus, auf dem ihre Pasionaria mit gelöstem Haar zu sehen ist. Diese Jugend wählte das Bild einer freiheitlichen, gelösten Evita, denn ihr romantisches Verständnis vom Peronismus hinderte sie daran, die Bedeutung des gebändigten Haars zu erkennen. Und erneut mußte Evita als Idol herhalten.

In diesem Kapitel werden wir versuchen, die wichtigsten Aspekte ihres Wirkens aufzuführen: Es sollen ihre Erfolge während der letzten fünf Lebensjahre gezeigt werden. Erfolge, Macht, Absolutismus, Hierarchien. Ein Resümee, daß ein wenig kraß erscheinen mag, da wir Evita ausschließlich auf zwei Rollen fixiert sehen: die Rolle, die zu ihrem strengen Knoten paßt, und die, die wir mangels einer anderen Definition als die »mit gelöstem Haar« bezeichnen wollen, oder die der Liebe.

Diese Sichtweise unterliegt der gleichen Gefahr wie die Darstellung Peróns, der mit seiner globalen Übersicht über die einzelnen Etappen Evita beschrieb, als sei sie immer schon blond gewesen. In einem Wort, wenn man diese Jahre als Ganzes betrachtet, können wir sie nicht mehr wie bisher in ihrem Wandel erfassen. Doch diese Entscheidung scheint aus einem leicht ersichtlichen Grund dennoch legitim: Nach ihrer Rückkehr aus Europa ändert sich Evita nicht mehr, weder in ihrer Art, sich zu kleiden, noch in ihrem Verhalten, und schon gar nicht in ihrer Arbeit. Ihr Leben teilt sich in zwei Abschnitte: einen vor und einen nach Europa. Die Krankheit ist das einzige, was die Persönlichkeit, die sie seitdem mit absoluter Entschlossenheit verkörpert, zu ändern vermag, als ob der eisige Knoten der Erinnerung an früher (der durchaus etwas mit der Krankheit zu tun hat), ihr gesamtes Leben überwucherte. Diese Anspannung der Seele und der Muskeln, diese äußerste Konzentration, teilt sich der Zeit mit, so stark, daß Evita vom Tag ihrer Rückkehr an unvermittelt die fünfziger Jahre einzuläuten scheint. Plötzlich verschwinden die Schulterpolster und die viereckigen Ausschnitte, weichen der sanft gerundeteten Schulterpartie, den taillierten Kostümjacken mit Schößchen und den langen, »sirenenförmigen« Röcken. Ebenso plötzlich zeigt sich eine selbstsichere Evita mit rauher Stimme, entschlossenem Blick und markantem Gesicht. Ein Aufbäumen gegen das Verrinnen der Zeit. Wie ihre Mutter wiederholt sie unablässig: »Ich habe keine Zeit zu verlieren«, oder »ich mache ein Wettrennen gegen die Zeit«. Die Zeit drängt, und sie versucht, sie zu bezwingen. Und doch ist es auch eine Phase der Auflehnung, in der Evita nicht aufhört zu sagen: »Jetzt. Binnen kurzem. Wir erleben eine Revolution«.

Ein Monat war seit ihrer Rückkehr vergangen, als sie eine denkwürdige Rede vom Balkon der Casa Rosada aus hielt. Noch mit ihrer hektischen, schrillen Stimme, wie die eines von der Meute gehetzten Rehs, las Evita folgende Worte ab: »Soeben erhalte ich von der Regierung der Nation das Gesetz, das unsere bürgerlichen Rechte festschreibt. Und ich nehme es vor euch entgegen, mit der Gewißheit, dies im Namen aller argentinischen Frauen zu tun, mit freudig bebenden Händen, da sie den Lorbeer berühren, der von unserem Sieg zeugt. Dieser auf einige wenige Artikel zusammengedrängte Text, meine Schwestern, umfaßt eine lange Geschichte des Kampfes, eine Geschichte voller Rückschläge und Hoffnungen«. Es war der 23. September 1947, und Evita präsentierte einer enthusiastischen, von der CGT zusammengetrommelten Menge das Gesetz 13.010, das der Frau das Wahlrecht erteilte.

Die angebliche Gewißheit, alle argentinischen Frauen zu repräsentieren, erscheint kaum glaubwürdig. Evita wandte sich immer nur an die Frauen des einfachen Volks und konnte die erbosten Reaktionen der anderen Frauen, vor allem der sozialistischen, wohl kaum übersehen. Andererseits ist es auch zweifelhaft, daß sie die »lange Geschichte des Kampfes«, von der sie spricht, im einzelnen kannte. Eine Geschichte, die siebenundvierzig Jahre zurückreichte, als Cecilia Grierson, die erste argentinische Ärztin, im September 1900 den Frauenrat, den CONSEJO DE MUJERES, gründete, nachdem sie erfahren mußte, daß man ihr die Ausübung ihres Berufes verbot.

Im gleichen Jahr war das Frauenzentrum, das CENTRO FEMENICO, unter Vorsitz von Elvira Rawson de Dellepiane, geschaffen worden. Sagten Namen wie Julieta Lanteri, Carmela Horne de Burmeister, Alicia Morceau de Justo, Luisa Berrondo oder die Schwestern Tcherkoff, die in verschiedenen Epochen für das Frauenwahlrecht gekämpft hatten, ihr überhaupt etwas? War ihr bekannt, daß der letzte diesbezüglich präsentierte Gesetzesantrag von 1938 von Susana Larguía und Victoria Ocampo unterzeichnet war? Wahrscheinlich nicht. Andererseits war Evita nicht einmal innerhalb der peronistischen Bewegung die Urheberin dieses Gesetzes. Bereits 1945 hatte die Regierung Farrel unter Perón als Vizepräsident es in Aussicht gestellt. Der Journalist Eduardo Colom hat Navarro und Fraser versichert, er habe das Projekt angeregt. Sein erster Nutznießer soll Perón bei den folgenden Wahlen gewesen sein, als er dank des Frauenwahlrechts sechzig Prozent der Stimmen erhielt.

Dabei drängt sich die Frage auf, ob Perón dieses Gesetz nur als Falle benutzte, um die Frauen einzufangen (seine eigene und alle anderen), oder ob vielmehr er es war, der seiner Frau in eine noch gefährlichere, da völlig ehrlich gemeinte Falle ging. Obwohl ihre Worte das leugnen, war Evitas Feminismus viel intuitiver, als es scheinen mochte, was ihr Tod in gewisser Weise bestätigte. Doch man wird bald sehen, daß der Wettstreit um die Macht beide gleich machte und die Unterschiede zwischen der Verschlagenheit des einen und der Geradlinigkeit der anderen ausglich.

Die CGT, die die Veranstaltung organisierte, hatte sich seit dem glorreichen 17. Oktober stark gewandelt. Im Februar 1947 war der Gewerkschaftssekretär und Leiter der Gewerkschaft der Angestellten im Telefonwesen Luis Gay von Aurelio Hernández abgelöst worden. Gay hatte es gewagt, eine Gruppe nordamerikanischer, mexikanischer und italienischer Gewerkschaftsvertreter nach Argentinien einzuladen, von denen Perón nichts wissen wollte. (Dieser dem Anarchismus nahestehende Mann hatte Tito Broz in der Zeit kennengelernt, als der Jugoslawe in einer Pension in Buenos Aires wohnte, und ihn später in Belgrad aufgesucht.) Aus offenem Protest gegen Peróns Verbot hatte Gay die Gewerkschaftsführer erneut getroffen, ohne zu ahnen, daß der Saal in dem Hotel, wo das Treffen stattfand, auf Anordnung des Präsidenten mit Mikrophonen gespickt war. Am nächsten Tag rief Perón ihn zu sich und sagte kurz und bündig: »Tritt zurück, oder ich brech dir die Knochen«.

Hernandez blieb nur ein Jahr lang auf seinem Posten. 1948 wurde José Espejo Generalsekretär der CGT bis zu Evitas Tod 1952. Espejos Werdegang innerhalb der Gewerkschaft war unauffällig gewesen, und genau deshalb wurde er ausgewählt: Innerhalb der Gewerkschaften suchte Perón sich wie in allen anderen Bereichen Menschen aus, durch die er sich selbst bestätigt fühlen konnte. Evita teilte seine Ansicht. Bisher waren ihre Beziehungen zur CGT anders gewesen. Doch Espejo sollte sie mehr bestätigen als Perón, indem er ihr Einfluß auf eine CGT gewährte, die ihr jeden Tag schmeichelte: »Die Schönste bist du«.

Folter

Am 20. September 1948 schloß sich die Faust um den Gewerkschafter Cipriano Reyes. Die Regierung enthüllte ein Mordkomplott gegen Perón und Evita. Unter den einundzwanzig Angeklagten befanden sich Cipriano selbst und John Griffiths, ehemaliger Kulturattaché der US-Botschaft, den man nach seiner Erklärung, Martin Bormann lebe mit Wissen des Präsidenten in Buenos Aires, nach Montevideo versetzt hatte. Außer Griffiths, der nicht greifbar war, wurde die ganze Gruppe verhaftet. Ein Prozeß fand jedoch nie statt, und Reyes blieb bis zu Peróns Sturz 1955 in Haft.

Folgende Episode hat Walter Beveraggi Allende erzählt, der später in Montevideo im Exil lebte und wie die anderen gefoltert wurde. Am 13. Dezember erhielt Reyes Besuch von zwei Personen, die sich als Luftwaffenoffiziere vorstellten. Der erste, Walter Pereyra, war tatsächlich einer, obwohl er einen falschen Namen nannte. Der zweite war niemand anderer als Kommissar

Salomón Wasserman, ein seltsamer Mensch in zweifacher Hinsicht: Obwohl Jude, war er nicht nur zur Polizei gegangen, sondern auch Folterer geworden. Bei einer zweiten Zusammenkunft beim Notar Velloso, Mitglied der ehemaligen Partido Laborista, legten Wassermann und Pereyra einen »Revolutionsplan« zum Sturz Peróns vor. Bevor sie ihm zustimmten, wollten die Parteiführer der Laboristas mit den Verantwortlichen der Bewegung sprechen, woraufhin der Brigadier Francisco J. Vélez sie zur Direktion der Zivilen Luftfahrt zitierte.

Das war eine Falle. Die Gruppe um Cipriano wurde zur Sonderabteilung der Bundespolizei geführt, wo der Chef, sein Namensvetter – der berüchtigte Henker Cipriano Lombille –, ihnen Elektroschocks verpaßte. Noch vierzehn Tage später litt Reyes an einer schweren Entzündung der Genitalien. Nach einem hartnäckigen Gerücht soll er bleibende Schäden zurückbehalten haben. Doch das hat Reyes niemals eingestanden (auch nicht dementiert), was die Peronisten nutzten, um alles übrige ebenfalls abzustreiten.

Ein interessantes Zeugnis läßt allerdings tatsächlich Zweifel an Reyes' Glaubwürdigkeit aufkommen. Lange bevor er verhaftet wurde, hatte der Gewerkschaftsführer eine Horde von Peronisten beschuldigt, ihn angegriffen und am Kopf verletzt zu haben. Zu den Kongreßversammlungen erschien er mit verbundenem Kopf, wie eine Mumie. Doch in den Augen von Tito Di Ciano, dem ehemaligen Friseur des Kongresses, »war das alles Lüge«. (Außer der Geschichte mit Cipriano hat uns Tito noch andere Geschichten erzählt, speziell eine von Quijano, »der sich sehr schwer rasieren ließ, weil ihm der Bart bis ans Revers reichte«. Zu jener Zeit rasierten die Männer, zumindest die Peronisten, sich nicht mehr als zweimal pro Woche, wie er sagt. Und Perón, Gott habe ihn selig, hatte angeordnet, daß sie sich täglich zu rasieren hatten.) »Alles Lüge, das mit Cipriano«, bekräftigte der Friseur. »Als er zum Rasieren kam, nahm ich ihm die Bandage ab, und darunter hatte er nicht einen Kratzer. Danach hat er sich den Kopf wieder verbunden und ging, um sich als Opfer aufzuspielen.«

Doch Beveraggis Zeugnis ist weniger lustig und eindeutig genug, um Reyes' Stillschweigen einer nur zu verständlichen männlichen Scham zuzuschreiben, zumal seine Kerkermeister sich einen Spaß auf seine Kosten erlaubten, indem sie Fotos in Umlauf brachten, auf denen der Gefangene neben einem Spucknapf zu sehen ist. Was wollten die Folterer herausfinden? Immer wieder fragten sie nach John Griffiths, versuchten, die Gefangenen mit ihm in Zusammenhang zu bringen, obwohl diese leugneten, ihn zu kennen. Aber weder die Folterer noch Perón selbst, als er das »Komplott« im Radio bekanntgab, waren an Einzelheiten interessiert. Abwechselnd beschuldigten sie die mutmaßlichen Schuldigen, die Verfassungsreform boykottieren zu wollen (ein wichtiges Thema, auf das wir noch kommen werden), oder des Gegenteils. Wesentlich war nicht die Logik, sondern die Strafe. Cipriano loszuwerden und sich gleichzeitig an dem so verhaßten nordamerikanischen Diplomaten zu rächen war ein meisterhafter Coup.

Während der Kolonialzeit hatte Argentinien die Inquisition mit ihren Folterungen nur aus der Entfernung erlebt. Für die wichtigen Scheiterhaufen war Lima zuständig gewesen. Buenos Aires war auf Grund des fehlenden Goldes und Silbers eine wenig interessante Stadt gewesen und hatte nichts anderes verdient als die Folterbank. Nach der Unabhängigkeit hatte die Volksversammlung von 1813 nicht nur den Stierkampf, sondern auch die Folter verboten. 1930 ließ Komissar Lugones, der Sohn des von Borges so verehrten Dichters Leopoldo Lugones, diese Tradition wieder aufleben, die nach 1945 von Peróns Polizei beibehalten wurde. Außer den Genannten walteten noch andere Folterknechte wie Cardoso, Amoresano, Soveyra Casares, Simón Etchart oder Nievas Malavar (mit Hilfe seines Hundes Tom) während des Peronismus erfolgreich ihres Amtes.

Und doch waren sie nur Stümper. Sie verstanden es kaum, eine Exekution zu vertuschen, mit einer langen Nadel zuzustechen, ein nasses Handtuch um ein Körperglied zu legen und es ganz allmählich abzuwürgen, einen Keil unter den Nagel zu treiben und natürlich Elektroschocks anzuwenden, eine argentinische Erfindung, wenn man einem alten Handbuch Glauben schenkt, das in Frankreich bei der Polizei gebräuchlich war. Im Vergleich zu der antikommunistischen Triple A, Alianza Anticomunista Argentina, die López Rega um 1974 gründete, und der nachfolgenden Diktatur, erscheinen diese bescheidenen Versuche geradezu armselig. Tatsächlich zucken manche nur mit den Achseln, wenn von der Folter zu Beginn des Peronismus gesprochen wird. Es stimmt, daß die Folterer der ESCUELA DE MACANICA DE LA ARMADA 1977 ihr eigentliches Werk erst dort begannen, wo ihre Vorgänger es schon für vollendet hielten, nämlich beim Elektroschock. Aber ist das ein Grund, wegen jener Pioniere in Rührung auszubrechen wie vor dem ersten Automobil oder der letzten Straßenbahn?

Es gibt noch eine zweite Art Achselzucken, die uns erstaunt: Das Argument von Polizisten, die in ihrem Eifer über die erteilten Befehle hinausgehen. Die Vertreter dieser These behaupten, in allen Regimes gebe es Entgleisungen. Aber wie war es denn in einem Machtsystem wie dem peronistischen, das jedes Individuum genauestens überwachte, möglich, so über das Ziel hinauszuschießen? Bestand überdies nicht eine von Evitas Funktionen genau darin, »über alles im Bilde zu sein«, um es Perón weiterzuleiten?

Natürlich war die Kontrolle über ein ganzes Land keine leichte Aufgabe, wenn man einen so genialen Heuchler zum Mann hatte. Folgende Anekdote, die Raúl Salinas erzählt hat, wirft ein neues Licht auf diese Frage. Perón hatte soeben das Komplott von Cipriano Reyes »aufgedeckt« und eine Sitzung in der Casa Rosada anberaumt, um über die zu ergreifenden Maßnahmen zu beraten. Er wirkte unentschlossen. Der »grasfressende Löwe«, wie er sich selbst später nennen sollte, ließ seinen Wunsch, die Verschwörer zu bestrafen, nicht klar erkennen, und Evita fand so viel Schwäche unerträglich. Sie bestand mit Nachdruck darauf, daß die Mörder eine drakonische Strafe erhielten. Bei ihrer Art, die Dinge schwarz-weiß zu sehen, war das sehr verständlich. Doch als sie merkte, daß Perón immer noch zögerte, oder zumindest so tat, wurde sie zornig, beschimpfte ihn als Feigling, riß ihm die Mütze vom Kopf und warf sie aus dem Fenster.

Ungerührt bat der Präsident der Argentinier seinen Kammerdiener, er möge in den Hof hinuntergehen, um ihm seine Mütze wiederzuholen. Welche Strafe er der Gruppe um Reyes schließlich auferlegte, wissen wir ja. Aber scheint Evita, so wie sie sich benahm, nicht ernstlich geglaubt zu haben, daß man ihm nach dem Leben trachtete? Niemand wirft eine Mütze aus dem Fenster, wenn er nicht ehrlich in Rage ist. Alles spricht dafür, daß Perón wieder einmal eine Szene heraufbeschworen hatte, um Evitas Zorn zu entfachen, damit diese rot sah, ihn anschrie und von ihm forderte, wozu er viel bereiter war als er vorgab.

Das hieße auch zuzugeben, daß Evita, wenn sie einmal in Fahrt war, zu Grausamkeiten fähig war. Ihr Fanatismus und Sektierertum lassen uns das annehmen. In der Tat kursieren sehr hartnäckige Gerüchte, die sie beschuldigen, sie habe persönlich den Befehl erteilt, einige Frauen, die bei der Telefongesellschaft angestellt waren, zu foltern. Der Soziologe Juan José Sebreli hält das für sicher, obwohl alle Zeugen einhellig ihre Unkenntis in diesem Fall versichert haben, auch mit dem Hinweis, daß die Folterungen meist nach Evitas Tod erfolgten.

Im Fall der Telefonistinnen trifft das jedoch nicht zu: Sie wurden noch zu Lebzeiten der Señora in Haft genommen und gefoltert. In seinem Buch LOS TORTURADORES (Die Folterer) – eine 1956 erschienene, überzeugende Sammlung von Zeugenaussagen über Folterungen, erwähnt Raúl Lamas Evita überhaupt nicht. Dafür weist er jedoch auf ihre engsten Mitarbeiter: Espejo und Nicolini.

Die Telefongesellschaft war 1949 verstaatlicht worden. Dreiundvierzig Angestellte weigerten sich, in die Peronistische Partei einzutreten. Nicolini erklärte sie zu Gesetzesbrechern, und Cipriano Lombilla ordnete eine Polizeiaktion an, um kompromittierende Dokumente in ihren Versammlungsraum zu schmuggeln. Irene Rodríguez, Nieves Beschi de Blanco, Dora Fernández, Paulina Manasaro, Segunda Gil, Luci Vial und Raquel Soto und anderen wurden mit Elektroschocks in der Vagina gefoltert. Eine von ihnen war schwanger und verlor ihr Kind.

Ausschaltung

Die Faust schloß sich auch um die Presse.

Nach der Revolution von 1943 hatte die neue Militärregierung ihre Absicht verkündet, die sozialistische Tageszeitung

LA VANGUARDIA, die kommunistische LA HORA, mehrere Provinzblätter und die beliebte Zeitung der Familie Botana, CRITICA, deren Direktor, Raúl Damonte Taborda, nach Montevideo ins Exil gegangen war, zu verbieten. Die großen Tageszeitungen waren aber weiter unabhängig geblieben. Etwas später hatte der Journalist Eduardo Colom Perón angeboten, seine Kandidatur in seiner Zeitung LA EPOCHA zu unterstützen. Dafür hatte er ihn um eine beträchtliche Geldzahlung gebeten. Perón, den man nicht an die wichtige Rolle der Presse zu erinnern brauchte, hatte eingewilligt. Bereits 1944 hatte er Muñoz Azpiri zum Propagandadirektor des Informationsamtes genannt. Mit ihm arbeiteten Oscar Lomuto und Roberto Pettinato, ebenfalls Experten. Da Argentinien nur mit United Press und Associated Press zusammenarbeitete, hatte man damals beschlossen, einen argentinischen Presseinformationsdienst einzurichten und ihm das Monopol für die Rundfunkinformation zu geben. Diese Agentur bestand nicht lange, doch während ihres Bestehens unterstützte sie mehrere nationalistische Tageszeitungen (BANDERA ARGENTINA, EL PAMPERO, CRISOL), eine frankistische (DIARO ESPAÑOL) und eine Nazizeitung (DEUTSCHE LA PLATA ZEITUNG) und belieferte sie gratis mit Information.

Nach Aussage des nordamerikanischen Historikers Robert Potash verhinderte die Post unter Nicolinis Leitung die Auslieferung antiperonistischer Tageszeitungen während der Wahlkampagne. Perón versuchte, Yankelevich zu bestechen, um Radio Belgrano zum offiziellen Sprachrohr seiner Bewegung zu machen, doch der ließ sich nicht gewinnen. Während dieser Kampagne wagten LA PRENSA und LA VANGUARDIA es, Perón als »Demiurg des CANDOMBE«, des Tanzes der Rosas-Anhänger) oder »selbsternannter Anwärter für eine Lehrstelle als Staatsmann« zu bezeichnen. Doch nach seinem Wahlsieg drängte Perón Farrell, der noch vier Monate Präsident blieb, ein Dekret zu unterzeichnen, das das staatliche Informationsamt berechtigte, die Papierausteilung zu kontrollieren. Die Papierknappheit war ein ernstes Problem, doch er benutzte sie, um die Zeitungen seiner Gegner auszuschalten.

Dabei begnügte er sich nicht mit der Druckerzeugnissen. Im Mai 1946 ordnete er an, daß die verschiedenen Radiosender die Informationen des staatlichen Rundfunks in den Nachrichten um 20 Uhr 35 übernahmen. Die Radiosender mußten sich – so stand es schwarz auf weiß geschrieben – »jeglicher Kritik enthalten«. Die Journalisten, die sich nicht daran hielten, riskierten einen Prozeß wegen übler Nachrede. Andere Intellektuelle wurden mit mehr Sinn für Humor bestraft. 1953 wurde Victoria Ocampo, die an einer antiperonistischen Kundgebung teilgenommen hatte, verhaftet und mit Prostituierten zusammengesperrt. Schon lange vorher war Borges seines Postens als Bibliothekar in der Stadtbibliothek von Buenos Aires enthoben und zum Geflügelkontrolleur auf den Märkten von Buenos Aires befördert worden. Als er dankend auf diese Ehre verzichtete, blieb er bis zum Ende des Peronismus arbeitslos. Nach Aussage der Autorin Gloria Acorta war Raúl Salinas, damaliger Kulturdezernent der Stadt, derjenige, der diesen Streich ausgeheckt hatte. Sie hatte ihn kennengelernt, weil er trotz seiner peronistischen Gesinnung ein umgänglicher Mensch war. Nach der Ernennung traf Gloria Alcorta bei Freunden auf Borges. Sie sprachen über Salinas, und die Autorin meinte lachend: »Er ist trotzdem ganz sympathisch«. Woraufhin Borges mit seiner sanften Stimme erwiderte: »Natürlich ist er sympathisch. Wäre der Teufel nicht sympathisch, wäre er nicht der Teufel«.

Inzwischen wurde die Fehde zwischen LA PRENSA und der Regierung offen ausgetragen: Perón riet den Arbeitern, diese Zeitung der Herrschenden nicht zu kaufen. Eine andere, eher unerwartete Fehde lief hinter den Kulissen im Zentrum des Peronismus ab. Die Kontrahenten waren Eduardo Colom und Evita. (Hier berufen wir uns auf Pablo Sirvéns Buch über Perón und die Presse, PERON Y LOS MEDIOS DE COMUNICACION)

Colom wollte seine Zeitungsunternehmen vergrößern und LA RAZON, eine Abendzeitung, kaufen, die, nebenbei gesagt, nicht zum Verkauf stand. Deshalb war er mit Miguel Miranda in Verbindung getreten, dem Direktor des spanischen CONSEJO NACIONAL E INDUSTRIAL, einem überaus erfolgreichen Wirtschaftsinstitut, bis es in Ungnade fiel. Evita meinte immer, wenn sie Geld für ihre Stiftung brauche, stampfte Miranda nur mit dem Fuß auf den Boden, und schon käme das Geld. Doch der

Mann mit dem magischen Fußstampfen war an LA RAZON nicht interessiert: Gemeinsam mit Alberto Dodero und Orlando Maroglio hatte er soeben DEMOCRACIA für Evita gekauft. Hoch erfreut über den Erfolg ihrer Zeitung, hatte sie mit dem Gedanken gespielt, ... LA EPOCHA hinzuzukaufen. Colom aber hatte abgelehnt.

Daraufhin hatte Evita einen anderen Kauf ins Auge gefaßt: den des Verlagshauses HAYNES, einer mächtigen Verlagsgruppe, die an die zehn Zeitungen und Zeitschriften herausgab, darunter EL HOGAR, wo Perón Evitas erstes Foto im Abendkleid hatte veröffentlichen, um die Damen der vornehmen Gesellschaft zu ärgern. Die Regierung kaufte schließlich einundfünzig Prozent der Aktien dieser Gruppe, und Carlos Vicente Aloe, den die Opposition nur »das Pferd« nannte, wurde von Evita zum Direktor erkoren.

Die Witze über Aloe standen denen über Evita in nichts nach. Noch heute erkennen sich die Argentinier einer gewissen Altersstufe untereinander an augenzwinkernden Anspielungen auf Aloe. Etwa die Anekdote, wo einer auf einem Bankett einen Toast ausspricht: »Stoßen Sie an«, und »das Pferd« die Hacken zusammenschlägt. Doch der berühmteste Witz Argentiniens ist folgender, der mit dem gestottert klingenden Begriff ZOZOBAR (sinken) spielt: Perón will mit Aloe auf ein Kriegsschiff fliehen, wozu beide sich schwere Goldsäcke aufladen. So schwer, daß Perón meint: »Ich habe Angst, wir könnten sinken (zo-zobrar)«. Woraufhin Aloe, der das Wort ZO-ZOBAR nicht kennt, stotternd erwidert: »Besser zu-zuviel als zu-zuwenig« (»Mejor que so-sobre y no fa-falte«).

Aloe war ein alter Freund von Perón, der ihn 1952 zum Gouverneur der Provinz Buenos Aires ernennen sollte. Dieser folgsame, ungebildete Mann (der peronistische Idealtypus) fand sich unvermittelt an der Spitze eines riesigen Zeitungsimperiums mit Namen Alea S.A wieder. Man könnte meinen, es handele sich um eine Variante von »Aloe«. Weit gefehlt: Es war einer der Perón so wichtigen Latinismen, so wichtig, daß er in allen Oberschulen Unterricht in den klassischen Sprachen einführte. ALEA JACTA EST: In der Tat war der Würfel gefallen. Außer der Haynes-Gruppe hatte Evita schließlich noch LA RAZON,

NOTICIAS GRAFICAS und die legendäre CRITICA gekauft, in der die gesamte schreibende Elite Argentiniens und viele andere mehr sich zu Wort gemeldet hatten. Ein gigantisches Hochhaus wurde gebaut, um die fast hundert Tages-, Wochenzeitungen, Zeitschriften und Propagandablätter etc. unterzubringen, die Alea herausgab. Schließlich schloß die Regierung LA VANGUARDIA, ARGENTINA LIBRE und mehrere andere Zeitungen unter ebenso nichtigen wie wirksamen Vorwänden: etwa wegen des schlechten Zustands der sanitären Anlagen. Die Zeitschrift QUE SUCEDIO EN SIETE DIAS wurde verboten, weil sie auf dem Titelblatt ein Foto von Libertad Lamarque gezeigt hatte. Der Journalist Ambrosio Vecino hat uns erzählt, der Vizepräsident Quijano habe sie wieder zulassen wollen, der Todesstoß sei von Evita gekommen.

Parallel dazu wurde eine Kommission gegründet, die die Aufgabe hatte, »antiargentinische Agitationen« aufzudecken. Diesmal handelte es sich nicht wie vorher bei der Organisation gleichen Namens unter Vorsitz von Raúl Damonte Taborda und Enricque Dickman darum, dem Nazismus in Argentinien nachzuspüren. Eher das Gegenteil, nämlich nicht Aufdecken, sondern Aufoktroyieren war angesagt. Vorsitzende der Kommission waren der ehemalige Konservative Jose Emilio Visca und der Rechtsanwalt Rodolfo Decker, der Mercante nahestand. Beide Männer führten eine Einschüchterungskampagne gegen Redaktionen und Verlage. Visca ließ zwei Bücher des kommunistischen Verlags Lautaro verbieten. Man muß zugeben, daß ihre Titel nicht eben vertrauenerweckend klangen: EXISTENCIALISMO (Existenzialismus) von Henri Lefevre und vor allem TRATADO DE LA DOCTA IGNORANCIA (Traktat der gelehrten Ignoranz) von Nicolás de Cusa rechtfertigten allemal ihr Mißtrauen. 1950 verschwanden sechzig Provinztageszeitungen, weil sie vergessen hatten, unter dem Titel den Hinweis »Jahr des Freiheitskämpfers General San Martín« zu vermerken. Der Direktor der ebenfalls verbotenen Zeitung EL INTRANSIGENTE war in Haft, ebenso wie die Sozialistenführer Alfredo Palacios, Carlos Sánchez Viamonte und Nicolás Repetto. Carlos Ghioldi, ein anderer führender Sozialist, hatte außer Landes gehen müssen. Aber was war daran überraschend, wo Eduardo Colom schon 1949 Besuch von Aloe und dem damaligen Abgeordneten und Evita-Anhänger Héctor Cámpora erhielt, die ihm die ebensowenig wie LA RAZON, als Evita sie erwarb, zum Verkauf stehende LA EPOCHA abkaufen wollten. Diesmal verstand Colom die Botschaft sehr wohl, verkaufte seine Tageszeitung zum Spottpreis und räumte das Feld.

Die Geschichte gipfelt in der unvermeidlichen Schließung von LA PRENSA. Die Seitenzahl der 1869 gegründeten Tageszeitung von Alberto Gainza Paz war aufgrund von »Papiermangel« auf die Hälfte geschrumpft. Schließlich aber dienten nicht die mutigen Artikel gegen das Regime oder die Berichte der Visca-Kommission als Vorwand. Wer LA PRENSA ausschaltete, war Napoleón Sollazo, der Leiter der Gewerkschaft der Zeitungsverkäufer, der 1951 verkündete, die Männer seiner Gewerkschaft könnten »die Seiten des Verrats« nicht weiter verkaufen. Gainza Paz ging ins Exil, und die Regierung enteignete seine Zeitung. Als sie davon erfuhren, legten die europäischen und nordamerikanischen Journalisten zum Zeichen der Trauer schwarze Armbinden um.

Die peronistische Version von LA PRENSA kam am 19. November 1951 heraus. Direktor war nun der Gewerkschaftssekretär der CGT, José Espejo. Folglich brachte die erste Nummer reichlich Fotos von Perón und Evita. Die Frau des Präsidenten schrieb: »Ich wünsche, daß die Verleumdung des Vaterlands, die Hetze gegen das ausgebeutete Volk, durch das von der peronistischen Idee inspirierte Wort der Arbeiter abgelöst wird«.

Doch damit nicht genug. An dem Tag, als Evita nach Europa reisen sollte und Radio Belgrano gerade eine Rede von Perón übertrug, hörte man plötzlich eine Stimme, die sagte: »Glauben Sie nicht ein Wort, das sind nichts als Lügen«. Einigen war es gelungen, die Frequenz zu empfangen. Zur Strafe wurde der Sender auf unbestimmte Zeit geschlossen, bis Evita ihn erwarb und freundlicherweise Yankelevich zum Direktor ernannte. Endlich wurde Peróns alte Idee wahr. Bei Evitas Rückkehr im September 1947 erhielt Miguel Miranda einen Bescheid von der Post, sprich von Nicolini, in dem von der Möglichkeit die Rede war, alle Privatsender zu erwerben. Und so geschah es. Einige wurden der Alea-Gruppe einverleibt, andere dem Yankelevich-Netz angegliedert. Yankelevich war 1951 eben aus den Staaten heimgekehrt und schwärmte von den Wundern des Fernsehens. Evita, die bereits schwer krank war, unterbrach ihn trokken: »Ist ja gut, ich habe schon verstanden. Nimm den Aufmarsch vom kommenden 17. Oktober fürs Fernsehen auf«. So kam es, daß Argentinien das zweite Land mit Fernsehen auf dem Kontinent wurde.

Ein Goebbels-Abklatsch

Im Januar 1947 wurde der Journalist Raúl Apold, ein alter Bekannter von Evita und Perón, zum Direktor des Informationsamtes ernannt. Muñoz Azpiris Stern war untergegangen. »Ich habe einen Fehler begangen«, gestand er den Verfassern von HISTORIA DEL PERONISMO, »als ich einen Vorschlag ablehnte. Es ging um die Anfertigung von Anstecknadeln mit dem Gesicht des Generals. Ich lehnte ab, wobei ich den psychologischen Faktor im Sinn hatte: Ich dachte nicht, daß so etwas bei den Argentiniern ankommen würde. Am nächsten Tag erhielt ich einen Anruf von Evita: »Bist du wahnsinnig? Wie kannst du nur jemanden, der dir eine solche Kampagne anbietet, zum Teufel schicken? Perón ist ganz wütend auf dich!«

Tausend Personen arbeiteten unter Apold. Eine seiner Hauptaufgaben bestand darin, Evitas Arbeit in der Stiftung herauszustellen. Andererseits war, laut Raúl Salinas, kein anderer als Apold der Erfinder des Namens Eva Perón. Bei ihrer Abreise nach Europa hieß sie noch Doña María Eva Duarte de PERON. Seit ihrer Rückkehr übernahm sie Apolds Idee und benutzte fortan diesen kurzen, wohlklingenden Namen statt des schwerfälligen einer traditionellen Ehefrau, so wie sie die Locken durch den strengen Knoten ersetzte. Doch wie in allen Ländern spanischer Tradition ist es in Argentinien nicht üblich, den Mädchennamen abzulegen, um ihn durch den des Mannes zu ersetzen. Die Besitz suggerierende Präposition »de« (von) vor dem Namen des Mannes entspricht natürlich auch nicht eben dem feministischen Ideal. Doch zumindest verliert die Frau nicht ihren eigenen Vaternamen. Evitas Reaktion ist nicht bekannt, als sie ihren Namen Duarte ablegen mußte, an den sie so gewöhnt war. Man weiß nur, daß EVA PERON sie nicht besonders begeisterte. In LA RAZON DE MI VIDA unterscheidet sie klar zwischen »Eva Perón« und »Evita«, wobei sie ersteres etwas abschätzig bewertet: Eva Perón spielt als Präsidentengattin nur eine gesellschaftliche Rolle, die leicht auszufüllen ist und mit der sie sich nicht zu sehr identifiziert. Wer ist sie also wirklich? Evita. Evita, wie sie beim Volk heißt und niemand als das Volk sie nennen darf. Evita, die Koseform, zwar gebildet durch das Verkleinerungssuffix -ita, doch aufgewertet durch die liebevolle Note.

Die Opposition beschuldigte Apold immer, einen Propagandaapparat wie Goebbels aufgebaut zu haben. Tatsache ist, daß man nach dem Ende des Peronismus in seinem Safe eine minutiöse Analyse der Struktur des Propagandaministeriums im Dritten Reich fand. Apold hat Evita als feenhafte Lichtgestalt aufgebaut. In den Propagandafilmen stellte der Schauspieler Pedro Maratea einen armen, von der Entdeckung dieses Lichts erleuchteten Arbeiter dar: Evita existierte! In anderen Filmen war es die Schauspielerin Fanny Navarro, Juan Duartes Freundin, die in Ekstase geriet, als sie einer strahlenden Madonna der Zuversicht ansichtig wurde. Wer sich über die Fans von Rockstars wundert, die Gegenstände mit dem Konterfei ihrer Idole kaufen, würde sich noch mehr wundern, wenn er wüßte, daß Apold damals Tausende von Aschenbechern, Feuerzeugen, Notizbüchern oder Zigarettendöschen mit dem Profil des »Herrscherpaares« herstellen ließ. Es fehlte ihm nicht an Einfällen. Er hatte auch ein Spiel für Kinder entworfen, wo die Sieger die Antiperonisten vernichteten.

Das Informationsamt besaß noch eine Abteilung für besondere Angelegenheiten, die alle Informationen über die Aktivitäten der Oppositionellen, aber auch der Peronisten registrierte. Auch Schriftsteller und Lehrer wurden in ihren Karteien vermerkt.

Noch eine nicht zu unterschätzende Hinterlist: Apold zentralisierte den Import von zollfreien Automobilen, die Künstler, Journalisten, Richter, Autoren und Militärs erhielten, die sich dem Regime gegenüber wohlwollend zeigten. Es wurde gemunkelt, der Komiker Luis Sandrini habe fünf Mercedes Benz erhalten und General von der Becke ebenso viele, aber pro Monat. Das Geschäft wurde über das Ministerium für Industrie und Handel mit dem Händler Jorge Antonio, einem guten Freund von Juan Duarte, geregelt, dessen Name bereits im Zusammenhang mit dem Nazischatz fiel. In dem Buch JORGE ANTONIO, EL TESTIGO (JORGE ANTONIO ALS ZEUGE) von Osvaldo Granados, erzählt der Betroffene, Evita, die wußte, daß er Mercedeswagen importierte, habe ihn angerufen und gebeten, bei diesem Geschäft mitzumachen.

Wie wir sehen werden, sollte Apolds Rolle nach Evas Tod noch wichtiger werden. Folgende Anekdote soll das Bild dieses Mannes, den nicht einer der Altperonisten negativ sieht, abrunden: Als Evita stirbt, ruft Apold die Fotografin Anne-Marie Heinrich an. Sie kennt ihn seit seiner Zeit am Theater Colón und sieht, trotz seiner Mitwirkung am damaligen Plan, Zully Moreno mit Perón zu verkuppeln, keinen besonderen Grund, ihm zu mißtrauen. »Wir brauchen alle Fotos von Evita, die du am Anfang ihrer Laufbahn von ihr gemacht hast«, meint er, »um sie in einem Buch herauszugeben.« Anne-Marie Heinrich überläßt ihm alle Bilder außer einem. Eins, das sie niemals zeigen wird, »aus Gründen des Respekts und der Berufsehre«: das erste Foto von Evita mit siebzehn, mager und blaß im Badeanzug. Tage später kommt die Polizei und droht, ihr Archiv zu zerstören, falls sie die Negative von Evitas Fotos nicht herausgibt. Gezwungen zu gehorchen, verliert die Fotografin alle Erzeugnisse jahrelanger Arbeit. Das Buch brachte Apold niemals heraus, aber die Fotos, die Frau Heinrich von Evita machte, erschienen in LIFE und in PARIS MATCH, wofür Apold viel Geld kassierte.

Der Mate aus Schlamm

Die Faust schloß sich auch um die Künstler von Rundfunk, Theater und Film, Sänger, Musiker und Tänzer. Einerseits war da die Angst, registriert zu werden, andererseits winkte die Aussicht auf Vorteile. Um den Künstlern Arbeit zu verschaffen hatte der Peronismus die »Live-Nummer« geschaffen, einen Sketch oder ein kurzes Musikstück, die in den Kinos im Vorprogramm vor dem Film vorgeführt wurden. Außerdem mußte die Musik in jedem Konzert oder Radioprogramm zu fünzig Prozent argentinisch sein. Drohung und Versuchung: Viele Künstler wurden schwach sowohl wegen der Vorteile, als auch aus Angst vor den Worten »no corre« aus Evitas Mund, dem nicht immer logisch begründeten Veto, das den Betroffenen augenblicklich seine Arbeit kostete. Zum Beispiel ist Evitas Rache an Libertad nachvollziehbar, aber nicht, daß sie vor einem Zeugen – Raúl Salinas – Thilda Thamar grundlos schlecht behandelte und sie, als sie wegen Evita nach Paris ins Exil ging, »die argentinische Atombombe« nannte. Allerdings drehte sie dort LA GITANE BLONDE (Die blonde Zigeunerin) und verbrachte viele glückliche Jahre, als bedeute Evitas Veto manchmal gerade das Gegenteil eines Fluchs: »Exil, deine Name sei argentinisch!«

Im Radio mußte genau nach der Uhr fünf Minuten lang von Perón berichtet werden, und natürlich nur in lobenden Worten. Die Tangosängerin Tita Merello hatte keine Skrupel, das zu befolgen. Wer sich weigerte, erhielt Drohanrufe und verlor schließlich seine Arbeit. Darsteller und Darstellerinnen waren verpflichtet, ein von Apold hergestelltes Abzeichen mit Evitas Bild am Revers zu tragen. Und wehe ihnen, wenn die überall wirkenden Spitzel sie ohne erwischten. Zum Glück waren diese Spitzel bekannt: In Künstlerkreisen kannte jeder die Verräter. Keine von Juan Duartes beiden offiziellen Geliebten (die blonde Elina Colomer und die dunkle Fanny Navarro) gehörte dazu. Viele andere, wie der Sänger Hugo del Carril, der Tangodichter Enrique Santos Discépolo und Tita Mirello unterstützten in ehrlichem Glauben das Regime, weil sie von der Sache überzeugt waren. Die meisten aber ertrugen es nur resigniert oder zogen ihren Vorteil daraus. Perón gestand Eduardo Colom voller Überdruß, wenn auch nicht ohne Triumph darüber, sein Menschenbild bestätigt zu sehen: »Wenn sie mich aufsuchen, ist es immer nur, um jemanden zu denunzieren oder mir einen Handel vorzuschlagen«.

In Junín verstand es Evitas Mutter, in kleinerem Maßstab mit Angst und Habsucht zu manövrieren. Eine Nachbarin aus Junín hat uns folgendes erzählt: Vor Doña Juanas Haus wurde die Schlange von Bittstellern von Tag zu Tag länger. Die Frau eines

Arztes vergaß ihre frühere Verachtung für Juana und kam, um sie um einen Gefallen zu bitten. Doña Juana hörte ihr zu und meinte dann: »Servier mir einen Mate«. Und die Arztfrau stand, ohne mit der Wimper zu zucken, auf, holte Wasserkessel und Mategefäß, goß das Wasser auf den Mate und reichte ihn ihr zwei, dreimal, bis Doña Juana »halt« sagte. Für Uneingeweihte sei angemerkt, daß das gemeinsame Matetrinken zwischen zwei, drei oder mehreren Peronen als herzlich und freundschaftlich gilt, ihn aufzugießen und zu reichen, ohne sich hinzusetzten und selbst zu kosten – das wußte Doña Juana aus leidvoller Erfahrung – aber eine unterwürfige Geste ist.

Das Frauenwahlrecht war vom Kongreß angenommen worden. Doch es war die CGT, die ihre Anhänger vor der Casa Rosada versammelte, um die Neuigkeit zu feiern. Es war ein Zeichen, das alle verstanden: Die Beratungen der Abgeordneten und Senatoren waren zur Maskerade verkommen. Die Macht befand sich nicht mehr unter der grünspanverfärbten Kuppel, sondern etwas weiter entfernt, am Ende der Avenida de Mayo. Andere Diktatoren sollten später den Kongreß ganz auflösen. Perón machte sich nicht einmal diese Mühe: Galt sein Regime nicht als die »Diktatur der Wahlen«? Mit der Mehrheit in beiden Kammern konnte er sich ruhig erlauben, daß die oppositionellen Gesetzgeber sich weiterhin querstellten. Wenn sie ihn zu sehr ärgerten, wie 1948 mit dem Abgeordneten der Radikalen Partei Ernesto Sammartino, begnügte er sich damit, ihnen die Immunität abzuerkennen. Nach seiner Entlassung aus dem Kongreß rächte sich Ernesto Sammartino mit einer berühmten Rede: »Wir sind nicht hier, um vor der Peitsche unterwürfig den Kopf zu neigen oder die Gigue zu tanzen, um Madame Pompadour zu unterhalten«.

Héctor J. Cámpora hatte Guardo als Präsident der Abgeordnetenkammer abgelöst. Er war Zahnarzt, wie sein Vorgänger (vielleicht die Bedingung SINE QUA NON für diesen Posten), und entpuppte sich als der Prototyp des peronistischen Speichelleckers, vor allem gegenüber Evita. Seine eigenen Kollegen meinten, wenn Evita ihn nach der Uhrzeit frage, antworte er: »Wann Sie wollen, Señora«. 1973 wurde er für einen Monat Präsident der Nation, bevor Perón ihn ablöste, und überraschte alle Welt mit seiner sympathischen Art und seinen linken Positionen, Eigenschaften, die ihm den Namen »Tío« (Onkel), die Liebe der peronistischen Jugend und Peróns Zorn einbrachten. Doch 1948 und in den folgenden Jahren war Cámpora der folgsamste Mann des Regimes, was nicht wenig bedeutet.

Seine Frau, Georgina Acevedo de Cámpora, hatte Lilian Lagomarsino de Fuardo abgelöst. Fortan erschien Evita bei offiziellen Anlässen nur noch in Begleitung von Georgina, genannt Nené. Isabel Ernst war ebenfalls von der Bildfläche verschwunden und von Elena Caporele de Mercante ersetzt worden. Für Evitas neuen Moralkodex war das ein Fortschritt, da sie die Geliebte durch die Ehefrau ersetzte. Doch Elena begnügte sich nicht mit ihrer Rolle als Ehefrau. Die Frau des Gouverneurs der Provinz Buenos Aires war bereit, für ihre Provinz eine ähnliche Rolle zu spielen, wie Evita für das ganze Land.

Hinsichtlich der Verurteilungen braucht man nur eine Geschichte zu erzählen, die von Mike Gallahar stammt – einem ehemaligen Luftwaffenoffizier vom Geheimdienst –, um zu erkennen, wie abhängig diese Institution war. Die Geschichte reicht in das Jahr 1948 oder 49 zurück. Vorsitzender des Obersten Gerichtshofs war Doktor Casares. Eva erschien im Justizpalast, um den Beginn eines neuen Gerichtsjahres zu feiern. Als sie sich zu den Ministern gesellen will, greift Casares behutsam ein und läßt sie neben seiner Gattin Platz nehmen. Rot vor Zorn läßt Evita den Justizminister Gache Pirán rufen und meint: »Du, Gachi, diesen jämmerlichen Gerichtspräsidenten wirfst du mir gleich raus, oder? Ich will ihn nie mehr hier sehen«. Der Minister stottert mit gequältem Lächeln: »Was für ein Sinn für Humor, Señora!« Ein Jahr später war Casares nicht mehr im Amt.

Román Subiza, Außenminister und enger Freund von Juan Duarte, hatte ein Memorandum mit Peróns Unterschrift erhalten mit folgendem handschriftlichen Inhalt: »Dem Feind keine Gerechtigkeit«. Juan José Sebreli, ein peronistischer Richter, erklärte vor einem Tribunal der Befreiungsrevolution: »Ich war kein Richter, sondern eine Marionette, die Subizas Anordnungen befolgte«. Als Perón 1946 uralte Gesetze hervorgeholt hatte, um vier Richter zu ersetzen, befand sich Evitas Schwager Justo Alvarez Rodríguez unter den neuen Richtern des Obersten Gerichtshof.

Doch es wäre falsch zu behaupten, es habe kein Recht mehr geherrscht. Wer hob den Unterschied zwischen ehelichen und unehelichen Kindern auf, wenn nicht der Peronismus? Bis dahin stand der Vermerk »unehelich« in der Geburtsurkunde. Nach Aussage des Journalisten Enrique Oliva soll Evita, als sie erfuhr, daß der Kardinal Caggiano die Reform mißbilligte, auf den Tisch gehauen und ausgerufen haben: »Illegitimer Pater«.

Unermeßliche Liebe

Der Ausspruch der Opposition, dem zufolge Evita das Schlechte sehr gut und das Gute sehr schlecht gemacht habe, wurde bereits erwähnt. Es ist an der Zeit, dem zu widersprechen: Wie man sehen konnte, war Evita gut, wenn sie schaden wollte. Doch nun soll gezeigt werden, daß sie auch Gutes gut zu tun wußte.

Dabei spielte die Zeit eine Rolle. Für Evita drängte die Zeit seit ihrer Rückkehr aus Europa. Das war vielleicht der Grund, warum sie das Drängen anderer so gut verstand. Der Hungrige kann nicht warten: eine sehr einfache, von satten Wirtschaftsplanern einer strahlenden Zukunft wenig bedachte Tatsache. Evita hatte diese Eile nicht vergessen. Im Gegenteil, sie verbrachte ihren Tag noch genauso wie in ihrer Zeit als Künstlerin. Wie die Zigeuner lebte sie nur im Augenblick. Was Perón die typisch weibliche »kleine Lösung« nannte, war auch die direkteste Lösung. Eines Tages wird man verstehen, daß der größte Unterschied zwischen Männern und Frauen im Verhältnis zur Zeit besteht. In der Liebe wie in allen anderen Dingen haben sie einen verschiedenen Rhythmus.

Seit ihrem Einzug in den Unzué-Palast hatte Evita Briefe erhalten. Ein Junge aus dem Norden wollte einen Fußball haben, eine alte Frau bat um eine Matratze. Ein General bettelte um Essen und Kleidung. Die Wünsche waren erstaunlich bescheiden und konkret. Die Träume der Armen sind nicht vage. Wie auch? Die Sehnsucht wird erst unbestimmt, wenn man die Wahl hat, nicht, wenn es nur ein vitales Problem gibt. Das konnte

Evita akzeptieren. So sehr sie auch in Kleidern, Hüten und Schuhen erstickte, sie wußte, was sie wollte. Und in diesem Lebensabschnitt wollte sie wieder die VERSCHWENDERIN sein. Für die Menschen, die so wenig erwarteten.

Dafür hatte sie sich eine Machtposition erstritten, die nur Perón in Frage stellen konnte. Doch noch hütete er sich wohlweislich: solange sie in seinem Namen handelte und von Mal zu Mal entschiedener verkündete, Perón sei alles und sie nichts, war Evita ihm nützlich. Und man muß zugeben, daß Evita ohne diese Macht nicht so frei hätte walten können.

So kam es, daß sie eine Menge Sachen in leeren Garagen des Präsidentensitzes anhäufte: Schuhe, Zucker, Töpfe, Hosen, Mehl ... Wenn auch zwangsläufig unvollständig, so führt diese Liste doch zu dem, was Borges »cometer una enumeración« (eine Aufzählung begehen) nennt. Wir erleben eine Anhäufung von Gegenständen und Aktivitäten, die in ihrer Maßlosigkeit nicht minder beunruhigen als die literarischen Gestalten bei Borges. Funes, das Gedächtniswunder, dazu verurteilt, alles, was er im Leben gesehen hat, im Gedächtnis zu behalten, oder der »aufzählende« Dichter, der im Besitz eines unzählbaren Aleph ist, in dem alle Wesen und Dinge des Universums gleichzeitig kreisen. Evitas Stiftung hatte von beidem etwas. Ihre Schilderung erweckt gleichzeitig Bewunderung und Beklemmung, die sicher auch die Urheberin empfand.

Gegenstände also. Gegenstände, die Evita jeden Abend, wenn die Durchschnittsehefrau zu Bett ging, ordnete und einpackte, um sie bei ihren Reisen in die Provinzen oder die Armenviertel der Hauptstadt eigenhändig auszuteilen (10.000 Pakete hier, 9.000 dort, besonders viele für das Weihnachtsfest 1947). Renzi, der Verwalter der Residenz, half ihr gemeinsam mit anderen Angestellten. Evita bestellte sie an diesen geheimen Ort, den sie zum Spaß »Almacén de las Delicias« (Laden der Wundergaben) nannte. Eine Bezeichnung, die nach »Tausend und einer Nacht« klingt und an die syrisch-libanesischen Dorfläden in Argentinien erinnert. Sie erlebte ihre nächtlichen Abenteuer mit einer solchen Begeisterung, daß ihr beim Einpacken der Pakete die Hände zitterten, wie den vierzig Räubern, als sie in das Gold tauchten. Renzi hat Barroni und Vacca erzählt, in ihrer Begeisterung habe Evita den Zucker beim Verpacken verschüttet: »Es blieb mehr auf der Erde zurück als in den Päckchen«.

Was dem vorausging, geschah vor der Reise, als die Obdachlosen noch an die Tore der Residenz klopften. DEMOCRACIA berichtete über Evitas Aktionen, so daß die Arbeiter der Gewerkschaften bald begannen, ihr Produkte zu schenken, die sie selbst herstellten und die die Lager bis zur Decke füllten. Diese Aktionen galten als »Cruzada« (oder »Obra«) de Ayuda Social María Eva Duarte de Perón (Kreuzzug oder Werk der Wohlfahrt María Eva Duarte de Perón). Nach einem Erlaß vom September 1946, der vom Wirtschaftsminister Ramón Cerejo stammte, war ein Konto unter Mitwirkung mehrerer Minister eröffnet worden, um Kleidung, Schuhe, Lebensmittel, Medikamente usw. für die Armen zu erwerben.

Doch die Eva-Perón-Stiftung wurde, so wie sie bis zum Fall Peróns bestand, offiziell am 8. Juli 1949 gegründet. Vorher hatte der Minister Méndez San Martín nach der Schließung der Sociedad de Beneficiencia die von ihr abhängigen Waisenhäuser und Krankenhäuser neu organisiert, parallel zu Evitas Aktionen in ihrem Büro im Ministerium und in ihrer Ali-Baba-Höhle. Im Juni 1948 hatte die Krankenschwester Teresa Adelina Fiora die ESCUELA DE ENFERMERAS, eine Ausbildungsstätte für Krankenschwestern, gegründet und ihr keinen geringeren Namen verliehen als »María Eva Duarte de Perón«. Diese Schule bildete 858 Krankenschwestern aus, die in der Lage waren, mitten auf dem Land die fehlenden Ärzte zu ersetzen, einen Jeep zu fahren, aber auch am 17. Oktober direkt hinter den Soldaten in blauen Uniformen (mit Namenszug und Profil Evitas), in Bergsteigerhosen, taillierter Jacke und mit dem solchen faschistischen oder sozialistischen Aufmärschen angemessenen strahlenden Gesicht aufzumarschieren. 1950 wurde die Schule umgetauft und der Stiftung einverleibt. Fortan hieß sie »7. de Mayo« (7. Mai). Unnötig, daran zu erinnern, wessen Geburtstag mit jenem Datum gefeiert wurde.

Doch die Eva-Perón-Stiftung blieb bei ihrem Maskottchen und ihrer ersten Aufgabe (Sachen sammeln). So entwickelte sie sich zu einem riesigen »Vorrat an Wunderdingen«. Die Artikel und Werke sollen im folgenden aufgeführt werden, wobei dem Leser ermüdende Zahlen erspart bleiben, mit Ausnahme der wichtigsten Daten, um die Bedeutung dieser Organisation mit ihren immerhin vierzehntausend Mitarbeitern und zweihundert Millionen Dollar Kapital zu verdeutlichen.

In den Provinzen entstanden tausend Schulen und achtzehn Schulwohnheime. Die annähernd dreitausend Schüler hatten vorher in Lehmziegelhütten gehaust und auf dem Boden geschlafen. Evita kümmerte sich persönlich um jeden einzelnen Fall und entschied, ob ein Kind in dem Schulwohnheim übernachtete oder zu Hause schlief. In Córdoba und Mendoza ließ sie auch Studentendörfer bauen. Doch ihre beiden goßen Leidenschaften waren die Ciudad Estudiantil, die Studentenstadt in Buenos Aires, die sich über fünf Häuserblocks erstreckte, und das Kinderdorf Amanda Allen, das am 14. Juli 1949 eingeweiht wurde. Amanda war eine Krankenschwester der Stiftung, die auf dem Rückflug von einem Erdbebengebiet in Ecuador, deren Opfern sie eine Spende ihrer Organisation überbracht hatte, bei einem Flugzeugunglück ums Leben gekommen war. Die Ecuadorianer hatte Evita kurz vorher zur »Amerikanischen Bürgerin« ernannt. Ihrer Schwester Erminda zufolge bekam Evita bei der Nachricht vom Absturz den schlimmsten Weinkrampf ihres Lebens.

Das Kinderdorf, eine kleine, der Größe ihrer Bewohner – siebenjähriger Kinder – angepaßte Spielzeugstadt, schien aus den Erinnerungen an die selbstgebastelten Hütten im hinteren Teil des Gartens von Los Toldos entstiegen. Anderen Kindern Zwergenhäuser zu schenken, auf die Idee war vor ihr noch niemand gekommen. Eine »Stadt«, wo die Kinder sich in einer Welt nach ihrem Maßstab befanden. Rote Dachziegel, weiße Wände, ein wenig Stein oder Backstein, um ihnen einen rustikalen Anstrich zu verleihen, halb spanischer Stil, halb an das Ballett GISELLE erinnernd mit seinen roten Herzen auf den grünen Fensterläden. Das war der Baustil, der ihr gefiel: Perón ließ Einheitswohnblocks errichten und Evita verwunschene Schlösser. Die Stadt hatte eine Miniaturbank, »Apotheken« und »Bäckereien« im Kleinstformat, eine winzige Kapelle, ein passendes Schwimmbad, aber auch eine Schule, einen Zirkus und einen Eßraum in

Großformat, damit die Erwachsenen, die sich um die Kinder kümmerten, sich nicht bücken mußten. Wie in allen von Evita eingerichteten Heimen verrieten die Details ihren übertriebenen Perfektionismus. (Mercantes Sohn hat uns folgende Szene geschildert: Evita kommt rot vor Zorn aus dem Bad der CGT und schreit die Gewerkschafter an: »Warum habt ihr nicht diese umrandeten Leinentücher, die immer da sein sollten?«) So fehlte im Kinderdorf nichts: niedlich asymmetrisch geraffte Gardinen, Bettchen mit Spitzenbezügen, blütenweiße Deckchen auf jedem Tischchen, fröhliche Bilder mit verwunschenen Schlössern, Clowns und Elefanten.

Und die Kinder! Diese Kinder mit dem pomadegestriegelten Haar und dem akkurat wie mit dem Lineal gezogenen Scheitel! Diese Mädchen in duftigen Kleidchen und mit ihrem kurzen schwarzen Haar, zu einer Ponyfrisur à la Prinz Eisenherz geschnitten! Waren diese kleinen Mädchen mit ihrem Bubikopf und den makellosen, wie von Doña Juana gewaschenen und gestärkten Kleidchen nicht wie ein vervielfältigtes Abbild jenes kleinen Mädchens in Los Toldos?

»Diese Kinder sind reine Schau«, sagten die Antiperonisten. »Das Kinderdorf ist eine leere Kulisse, um sie den Besuchern vorzuführen.« Tatsächlich scheinen die Kinder auf den Propagandafotos, die Apold aufnehmen ließ, nur etwas vorzuspielen. Aber können wir daraus schließen, daß sie nicht dort wohnten? Außer dem propagandistischen Zweck entspricht diese Überkorrektheit und exzessive Reinlichkeit dem Volksgeschmack. Je ärmer die Herkunft, desto heftiger der Wunsch nach einem dunklen Anzug mit Krawatte oder nach einem weißen Kleid. In den lateinamerikanischen Elendsvierteln putzen alle Mütter ihre Töchter zum Sonntag mit bestickten Kleidchen heraus. Evita ahnte, wie enttäuscht ihre Kleinen gewesen wären, hätte sie sie praktisch eingekleidet. Ein Märchen ohne gebauschtes Röckchen, hinten gebundenem Gürtel, rundem Krägelchen und Puffärmel ist undenkbar.

Die Aussage Lunazzis, eines militanten Anarchisten und damaligen pädagogischen Beraters in einer Spielzeugfabrik, zeigt, wie genau und selbständig sich Evita um jedes Detail kümmerte. Als er erfuhr, daß die Señora kommen würde, um Spielzeug auszusuchen, kreierte Lunazzi ein Lernspiel über den Freiheitskämpfer San Martín (das Jahr war diesem Nationalhelden gewidmet, was Perón mit solcher Gewalt durchgesetzt hatte, daß auch, wer vorher nichts gegen ihn hatte, ihn am Ende über hatte). Evita sah sich nacheinander das Spielzeug an und wählte dann die schönsten Sachen aus, aber nach traditionellen Gesichtspunkten: Puppen, Bälle, Dreiräder. Das patriotische Spiel würdigte sie keines Blickes.

Diese Kinder und viele andere lernten dank Evita auch das Meer und die Berge kennen. Außer den Ferienkolonien in Ezeiza nahe Buenos Aires ließ Evita noch »Erholungszentren« in Capadmalal (nicht weit von Mar del Plata), Uspallata (Mendoza) und Embalse Río Tercero (Córdoba) bauen. In jedem dieser Zentren konnten an die viertausend Leute untergebracht werden (Arbeiter, Rentner, Studenten oder Ferienkolonien).

Für manche dieser Kinder war die Vorstellung, richtige Schuhe zu tragen, ebenso ein Traum wie der, Ferien am Meer zu verbringen. Die Fußballspiele »Evita« ermöglichten es ihnen, die Hanfschuhe oder die Lehmkruste unter den Füßen abzustreifen und mit Straßenschuhen oder Turnschuhen zu vertauschen. Tausende von Kindern schrieben sich ein, um an diesen Wettspielen teilzunehmen: 100.000 im Jahr 1949 und die doppelte Zahl 1953. Sie kamen aus allen Provinzen. Für die Reise nach Buenos Aires kleidete man sie ein, schenkte ihnen eine Sportausrüstung, und die Ärzte und Sozialarbeiter nutzten die Gelegenheit, um ihre Gesundheit und ihre Lebensbedingungen zu untersuchen.

Die Fußballspiele fanden in den großen Stadien in Buenos Aires statt, mit ungeheuren Zuschauerzahlen, und die kleinen Spieler gewannen weitaus mehr als nur ein Stipendium, einen Motorroller oder einen Aufenthalt am Meer: Außerdem nahmen sie die Erinnerung an Evitas Lächeln, mit dem sie den Wettkampf eröffnete, und eine Goldmedaille (konnte sie aus anderem Metall sein?) mit, auf der dieses Lächeln auf ewig eingraviert war. Der Peronismus war eine Inszenierung und auch ein Fest der Medaillen als Zeichen der Heiligen Allianz. Beim geringsten Anflug von Zweifel brauchte man nur die Hand an die Brust zu legen, um den greifbaren Beweis zu finden, daß all das kein Traum war. Und sollte der Zweifel bleiben, mußte man nur Evitas Profil und Namenszug, der in den Mannschaftsfarben aufs Hemd gestickt war, betrachten.

Natürlich wartete man nicht die Wettkämpfe ab, um das Gesundheitsproblem in Angriff zu nehmen. In diesem Bereich war Doktor Ricardo Finochietto Evitas große Stütze. Die Stiftung baute drei Polikliniken in Buenos Aires und weitere in neun Provinzen. In Termas de Reyes (Jujuy) und in Ramos Mejía (im Großraum Buenos Aires) wurden Kinderkliniken eingerichtet. In Catamarca stellte man gerade eine große Kinderpoliklinik fertig, als die Befreiungsrevolution ausbrach, die trotz ihrer zerstörerischen Tendenz beschloß, die Arbeiten fortzusetzen. Anders geschah es mit der Kinderklinik in Buenos Aires und einem anderen Krankenhaus in Corrientes, die nach Peróns Absetzung aufgegeben wurden. All diese Kliniken (insgesamt zwölf) unterschieden sich grundlegend von einem Krankenhaus im alten Stil, wie er bisher nach französischem Muster gepflegt worden war. Schluß mit den riesigen dunklen Sälen mit braunen oder khakigelben Wänden. Evita fand mehr als drei Kranke pro Zimmer die Hölle. Modern, hell, mit bester, aus den USA importierter Ausstattung und gut geschulten Medizinern, waren die Kliniken völlig gratis, einschließlich der Medikamente für ambulante Behandlung.

1951 fuhr ein Sanitätszug, ausgerüstet von der Poliklinik Presidente Perón, kreuz und quer durch Argentinien und bot der Bevölkerung an, sie gratis zu untersuchen und zu röntgen. Und auch die Hilfe für Ecuador war keine Ausnahme: Evita schickte Kleidung, Medikamente und Nahrungsmittel nach Peru, Kolumbien, Israel, in die Türkei und andere Länder der Erde, wo andere DESCAMISADOS aufgrund von natürlichen oder mutwillig verursachten Katastrophen Not litten.

Im August 1948 verkündete der Arbeitsminister feierlich das Recht auf Altersversorgung. Im Juli 1950 gewährte Evita unter Tränen tausend ebenfalls schluchzenden alten Leute im Teatro Colón eine Rente. Eine typisch peronistische Feier, wo feuchte Augen ein Muß waren. Tatsächlich hatte man bei einer Blinddarmoperation bei Evita den Krebs entdeckt. Doch obwohl sie vielleicht daran dachte, daß sie nie dieses Alter ereichen würde, waren es keine Tränen des Selbstmitleids. Evita weinte fast immer wegen anderer.

Bei der Verkündung des Gesetzes und der Verteilung der Renten hielt sie Reden, in denen sie Perón anrief, wie man es sonst nur mit Gott macht, und Peróns immense Liebe zu den alten Männern und Frauen beschwor. Das verleitete einen nordamerikanischen Journalisten namens Hamburger, zitiert bei Navarro und Fraser, zu der Bemerkung: »In Argentinien schwelgt man in Liebe, Liebe, Liebe (...) Ständig befinden sich Perón und Evita in leidenschaftlichem Liebeswahn«. In der Tat entfesselte das Regime absichtlich die Emotionen. Das sentimentale Ritual verlieh der Altersrente oder dem Preis für einen kleinen Fußballstar einen noch strahlenderen Nimbus. Die alten Gauchos, die aus der hintersten Pampa kamen, wo sie sich bereits damit abgefunden hatten, völlig vereinsamt zu sterben, und die nun einen ruhigen Lebensabend verbringen konnten, brauchten sich auch nicht zu fragen, ob der bloße Gedanke an sie dem Präsidenten tatsächlich das Herz brach.

Ob Perón sie nun wirklich liebte oder nicht, auf jeden Fall konnten die Alten ihre letzten Tage in vier herrlichen Altersheimen verbringen. Das in Burzaco, nahe Buenos Aires, umfaßte zweiunddreißig Hektar und konnte zweihundert Personen aufnehmen. Die Atmosphäre war dort so freundlich, daß Evita in LA RAZON DE MI VIDA (als sie schon von ihrer Krankheit wußte) bereits von der Zeit träumte, da sie selbst dort wohnen würde. Allerdings hatte Evita der Oligarchie einen schweren Schlag versetzt, als sie die Estancia der Familie Pereyra Iraola enteignete, um einen Erholungpark für alte Leute dort einzurichten. Die Großgrundbesitzer hatten ihre riesigen Ländereien behalten, da Perón seine versprochene Agrarreform nie durchführte. Doch diese Estancia war ein Symbol mit ihrem jahrhundertealten Baumbestand, der das Leben der Elite vor neugierigen Blikken schützte. Und Evita machte daraus einen öffentlichen, für alle zugänglichen Park!

Andere Heime folgten dem ersten, das kurz vor ihrer Spanienreise eingeweiht wurde. In den Heimen wurden unter anderem Frauen ohne Arbeit und ohne Bleibe untergebracht, solange man das eine oder das andere für sie suchte. Padre Benítez zufolge hatte das luxuriöse Ambiente all dieser Heime die Herzogin Edmée de La Rochefoucauld bei einem gemeinsamen Besuch mit Evita erstaunt. Diese hatte ihr erwidert, was sie immer sagte: »Wenn die Reichen an die Armen denken, denken sie sie arm«. Und dann meinte sie noch, sie habe nicht vor, sich so zu verhalten, sondern wolle ihnen eine Portion Glück schenken.

Die Herzogin schwankte noch zwischen Bewunderung für das, was sie sah, und der puritanischen Moral des Reichen, der den Armen die armseligsten Wünsche andichtet, als das Bekenntnis einer der Frauen sie am Ende überzeugte. Es war ein Dienstmädchen, das aus dem Haus, in dem es ein Leben lang gearbeitet hatte, hinausgeworfen worden war. An dem Tag, als sie in eines der Frauenhäuser der Stiftung kam, hatte sie versucht, auf dem Boden zu schlafen und sich in den Teppich einzuwickeln, um das Bett nicht unordentlich zu machen. Sie konnte ihren Körper einer Dienstmagd nicht unter dieses Seiden- oder Spitzenkissen und in diese Laken mit Spitzenborten betten. Sie hatte fast gezwungenermaßen Evitas Grundidee akzeptieren müssen, die sie den Armen regelrecht in die Köpfe einhämmerte: Sie hatte ein Recht auf solch ein Bett. »Verstehen Sie?«, meinte die Frau zur Herzogin. »Das ist das Bett einer Herrin. So waren die Betten, die ich immer für die anderen hergerichtet habe. Und auf einmal soll ich hier schlafen?! Ich! Verstehen Sie, was das bedeutet?« Madame de La Rochefoucauld küßte Evita und sagte: »Endlich habe ich Sie verstanden«.

Jetzt hatten die Dienstmägde eine Gewerkschaft. Diese schüchternen und schweigsamen Provinzlerinnen mit den Mandelaugen, die ihre Herren stets nur verstohlen zu hassen gewagt hatten, erlaubten sich jetzt, sich mit den Händen in die Hüften gestützt vor ihnen aufzupflanzen und ihr Weihnachtsgeld, ihren bezahlten Urlaub zu fordern und ihnen mit Gesetzen und Artikeln zu kommen. Entschlossen stellten die Hausherrinnen aus Rache die »Unverschämten von der Gewerkschaft« nicht ein. Eine Reaktion, die Evita selbst provoziert hatte, als sie den Frauen in ihrer Rede ungefähr folgendes geraten hatte: »Sie haben die Pflicht, am 1. Mai zur Plaza de Mayo zu gehen. Bitten Sie Ihre Herrinnen, Ihnen frei zu geben. Sie werden sagen, es sei Wäsche zu waschen. Waschen Sie sie. Bitten Sie erneut um Erlaubnis. Ihnen wird einfallen, daß noch ein Hemd gebügelt werden muß. Bügeln Sie es. Bitten Sie ein drittes Mal um Erlaubnis. Wenn sie jetzt wieder mit etwas kommen, öffnen Sie den Kühlschrank, nehmen eine Flasche Bier heraus und werfen sie ihnen an den Kopf«.

(Rosa Calviño, eine enge Freundin Evitas, hat uns erzählt, daß sie sagte: »Es gibt Herrschaften, bei denen ich nicht übel Lust hätte, zuzubeißen, als seien es Mohrrüben oder Rettiche«.)

Am meisten hing Evita an ihrem Heim für Hausangestellte in der Avenida de Mayo. Es konnte fünfhundert Frauen aufnehmen, die auf Arbeitssuche in die Hauptstadt gekommen waren. Jede Etage war nach Evitas genauen Angaben dekoriert: die erste im damals sehr modernen provenzalischen Stil; die zweite in englischem Stil; die dritte im Stil Louis XV. und so weiter. Ein Besucher, den Mary Main zitiert, beschreibt es folgendermaßen: »Der Salon wäre als Empfangssaal für die Casa Rosada durchgegangen. Er wurde von mehreren Kristalleuchtern erhellt. Auf dem Flügel lag eine Mantilla mit erlesenen Stickereien, ein Museumsstück, das man Evita auf ihrer Spanienreise geschenkt hatte. Die Louis XV.-Stühle waren mit ganz blassem Brokat bezogen. Auf den Sockeln und Tischen waren Dresdener Porzellanfiguren, und in den Ecken standen große Krüge aus Sèvres-Porzellan. An den Seiten hingen zwei Ölgemälde über die ganze Wand: von Eva und Perón«.

Der ehemalige peronistische Abgeordnete Angel Miel Asquía hat uns erzählt, daß Evita, als sie das eben fertiggestellte Heim besichtigte, um die Arbeit zu begutachten, eine Gardine auffiel, die in einem Zimmer nicht gerade hing. Bevor man sie daran hindern konnte, stieg sie auf einen Stuhl und brachte das selbst in Ordnung. »Fertig«, rief sie triumphierend aus. »Jetzt ist sie nicht mehr verzogen«. Sie benutzte dazu das argentinische Wort »chingada«, das in Mexiko eine obszöne Bedeutung hat und soviel bedeutet wie »vergewaltigt«. Octavio Paz hat den ständigen Gebrauch dieses Wortes in Mexiko sehr einleuchtend mit der Vergewaltigung der aztekischen Malinche durch den spanischen Eroberer Cortés erklärt. Vielleicht bedeutet das Wort in Argentinien das gleiche, nur im übertragenen Sinne: »chingada« benutzt man für die verdrehte Gardine oder den verdrehten Rock, als hielten sie in ihren Falten eine ferne Erinnerung, einen Hauch von weiblicher Erniedrigung fest. Unbewußt konnte Evita das in ihrem Lieblingsheim nicht dulden.

Aber was war DAS? Der Sex? Die Unmoral? Die Frau von Raúl Salinas scheint das zu glauben. Evita soll ihr zufolge wie eine Furie reagiert haben, als Gisele Shaw, eine Dame der Aristokratie, sie für ein von ihr gegründetes Heim für unverheiratete Mütter um Unterstützung gebeten hatte. Da Evita es sich nicht erlauben konnte, ihren Verleumdern Stoff zu liefern, hatte sie der ebenso mildtätigen wie verblüfften Dame nur gesagt: »Raus hier!«

Keine Sorge: Evitas Heime beherbergten auch uneheliche Mütter mit ihren Kindern. Der Situation unehelicher Kinder galt ihr besonderes Augenmerk, wenn sie die Elendsviertel aufsuchte. Abgesehen von ihren zunehmend strengeren Moralvorstellungen störte sie an der Idee der Dame vielleicht die Einschränkung auf ein »Heim für alleinstehende Mütter«. Ein solches Heim zu bewohnen, war das gleiche, wie das Schild um den Hals mit der Aufschrift »debiles Kind« bei den früheren Straßenkollekten der Sociedad de Beneficiencia. Auch zeigt sich, daß Evita in jeder Hinsicht intuitiv die Gefühle der Armen schonte. Auf sie verwandte sie all das Zartgefühl, zu dem sie fähig war. Sie erlaubte sich keine Geste, kein Wort, das sie hätte verletzen können. Selber in Erniedrigungen erfahren, spürte sie den Unterschied zwischen der richtigen und der falschen Art zu schenken. Wenn sie etwas im Leben gelernt hatte, dann zu schenken, ohne zu beleidigen.

Pater Benítez hat uns ihre unerwarteten Besuche in den verschiedenen Heimen geschildert: Mitten in der Nacht tauchte Evita auf, um nachzusehen, ob die Kinder ruhig schliefen. Ein anderes Mal kontrollierte sie die Gänge während der Mahlzeiten oder zählte die Vorräte: Gab es noch genug Öl? War noch Zucker da und Waschpulver? Und dieser kleine Rotzbengel, der immer dort saß, war der erkältet? Sie ging zu ihm aufs Zimmer, um ihn ein wenig zu verwöhnen.

Ihre Vorratslisten wurden unendlich lang. Die Stiftung hatte eine Billigladenkette in allen Städten des Landes eröffnet. Dennoch blieben an entlegenen Orten immer noch manche Menschen vom Leben ausgeschlossen. Und wenn man weder Ferien in Chapadmalal verbringen, noch in einem Übergangsheim leben oder in einer Poliklinik genesen oder in den Billigläden der Stiftung einkaufen konnte, weil man weder den Stand eines Arbeiters noch eines Bauern erreicht hatte, sondern in völligem Elend lebte, konnte man Evita einen Brief schicken, um sie um einen Besuchstermin zu bitten.

Tiefe Liebe

Täglich erhielt sie zwölftausend Briefe. Eine Gruppe von Sozialarbeiterinnen las und ordnete sie für sie. Ihre Helferinnen hatte Evita nach ihrem Einfühlungsvermögen ausgewählt; um die Briefe zu verstehen, ohne über deren Unbeholfenheit zu lachen, mußte man mit dem Leid vertraut sein. Die Helferinnen hätten die Briefe beantworten und die Pakete oder Lastwagen voller Sachen schicken können. Doch es ging nicht nur um die Sachen, sondern auch um Evita. Das Geld mußte aus ihrer Hand übergeben werden, ihr Ohr mußte zuhören, ihr Gesicht mußte zeigen, daß es noch Schönheit gab. Endlich, wenn ein Treffen mit der Mutter der Zuversicht (oder der Träume?) schon nicht mehr möglich schien, kam dann ein Brief, in dem der Tag und die Uhrzeit für einen Besuch angegeben war. Es sei denn, ein kleines Mädchen hatte dem Schreiben ihrer Mama mit der Bitte um eine Nähmaschine einen eigenen Brief beigelegt. In einem solchen Fall war alles möglich. Etwa, daß es an der Tür klingelte, Mutter und Tochter öffneten, und Evita dort in der Tür stand, lächelnd hinter einer riesigen, durchsichtigen Schachtel, in der die Traumpuppe mit den blonden Locken zu sehen war. Eine Lichtgestalt. »Guten Tag, Señorita«, sagte sie zu dem Mädchen, »Sind Sie es, die sich das gewünscht hat?«

Ihre Tage begannen um sieben Uhr morgens. Perón war bereits aus dem Haus gegangen (ob es regnete oder donnerte und blitzte, er stand um halb sechs Uhr auf), und sie empfing ihre ersten Bittsteller. »Alle Minister oder Staatsbeamten«, erklärt

Pater Benítez, »bestellte Evita früh, um sie zu zwingen aufzustehen.«

Sie sprang aus dem Bett und schlüpfte in einen normalen, meist himmelblauen Morgenmantel. Auch ihre Pyjamas oder Pantoffeln waren nicht luxuriös. Evita machte sich nur für die öffentlichen Auftritte fein wie für eine Theaterinszenierung. Zu Hause verlor sie das Interesse an sich selbst, auch wenn sie von Leuten umgeben war, so als sei ihr Körper nicht wahrhaftig, sondern nur eine Idee. Der Dichter Héctor Villanueva erinnert sich, daß Evita an einem 17. Oktober in der Casa Rosada unter Ministern so gekleidet und gekämmt war, daß sie sich einer Million Menschen auf dem Balkon zeigen konnte, doch an den Füßen trug sie Pantoffeln mit Plüschbesatz. Der für die Menge unsichtbare untere Teil war der einer Hausfrau mit geschwollenen Füßen, die zwanglos ihre Freunde empfängt. Der obere, sichtbare Teil, das war Evita.

Die morgendlichen Besucher trafen also auf eine natürliche, gerade aufgestandene Evita mit noch ungewaschenem Gesicht. Wer sich wie Doktor Decker – mit seinen knapp vierundzwanzig Jahren einer der jüngsten Abgeordneten des Landes – erst zwei Stunden vorher ihr verabschiedet hatte, bekam kaum die Augen auf. Ein Grund mehr, über ihre Schönheit, die Frische der so makellosen Haut und ihre Emsigkeit zu staunen. Was machten die Besucher aber dort, statt sich auszuschlafen? Genügte es nicht, daß sie bis fünf Uhr morgens an ihrer Seite gewesen waren? Offensichtlich nicht. Um halb sieben hatte Evita sie angerufen und mit dröhnender Stimme gemeint: »Sag bloß, du hast noch geschlafen! Spring eben unter die Dusche und komm sofort her«.

Während sie mit ihrer verschlafenen Truppe wichtiger Männer redete, die sie aufsuchten, damit Evita sie duzte, sie schüttelte und schlecht behandelte, die aber immerhin dabei sein durften, wenn die Königin sich erhob, löste Pedro Alcaraz ihr die nächtlichen Zöpfe (egal wie kurz ihre Nacht war, sie flocht ihre Haare immer zum Zopf) und kreierte ihr Tag für Tag einen neuen Knoten, geflochten oder mit locker verwobenem Haar wie ein Teppich. Irma Gatti, die Maniküre, feilte ihr die Nägel und malte sie dann leuchtend rot an. Irma Cabreri, das Hausmädchen, ließ sie zwischen mehreren Kostümen, Hüten und Schuhen wählen. Nur einen kurzen Moment des Genusses erlaubte Evita sich: wenn sie in die Badewanne eintauchte. Ihr Frühstück bestand aus zwei Schlucken Mate. Wenn sie angekleidet war, kramte sie einen winzigen Spiegel aus der Handtasche hervor und malte sich im Stehen vor allen die Lippen rot an. Kein Puder für die Nase, nichts auf die Augen, die von alleine glänzten, vor Unschuld, Bosheit, Freude oder Wut. Ein Tropfen FEMME hinter die Ohren, und schon war sie bereit, zu gehen oder weitere Audienzen in der Residenz abzuhalten, wo eine Abordnung von Arbeitern, die sie später hatte aufstehen lassen als die Minister, gleichzeitig mit einem Kleid aus Paris eintraf. Dabei gab es außergewöhnliche Szenen. Die Arbeiter, die sie um eine Gehaltserhöhung bitten wollten, lachten am Ende schallend über die feinen Kleider, wobei sie sich mit der Unbefangenheit des einfachen Volks über die Mode ausließen, so wie Perón, als er bei der Anprobe eines Capes von Dior, das aus lauter Federn bestand, gemeint hatte: »Du siehst aus wie ein Huhn«.

Die Arbeiter zweifelten jedenfalls nicht an Evita: Noch nie hatten sie sich an sie gewandt, ohne daß sie ihnen mehr gewährte, als sie erbeten hatten. Unter diesem Regime mußte man fordern. »Das ist eine Pflicht«, meinte Evita und erwähnte dann fast zähneknirschend ein Wort, das ihr weniger behagte: Recht. Es war also ihr Recht. Doch ein Recht, das der Opposition zufolge alle anderen ausklammerte. Während einer Debatte im Senat über ein Steuerprojekt, das der Stiftung zugute kommen sollte, hatte der Abgeordnete der Radikalen, Dávila, folgende Worte geäußert: »Hoffentlich werden Provinzialismus und Vetternwirtschaft irgendwann ausgemerzt. Hoffentlich wird die Spende nicht zum beschämenden Symbol sogenannter sozialer Gerechtigkeit in diesem Land. Hoffentlich hat das argentinische Volk nicht eines Tages seinen Wohlstand einer sterblichen, flüchtigen Person zu verdanken, sondern einer demokratischen Regierungsform (...), Verständnis, ohne Eigeninteresse, ohne Luxus und Prunk. Hoffentlich können die Machthaber das Gute unter ihresgleichen bringen, ohne die Früchte des politischen Ansehens zu ernten oder ihren Gegnern zu schaden«.

Eine Reihe guter Wünsche, die für ein besseres Argentinien als das augenblickliche galten. Ein Argentinien des Rechts und nicht des Wohlwollens. Ein Argentinien der Vernunft und nicht des Mythos. Eine militante Sozialistin, Lilia Reta, hat uns ihre Vorliebe für diese Ideale des »hoffentlich« erklärt, als sie meinte: »Ich verabscheue die argentinischen Volksmythen. Der von der verstorbenen Correa mit seiner Mischung aus Mutterschaft und Tod ist mir ganz besonders zuwider«. Die verstorbene Correa, die legendäre Mutterfigur, die im Nordwesten des Landes verehrt wird und unter einer bleiernen Sonne auf glühendem Boden stirbt. Doch der Sohn sucht im Schatten Schutz und trinkt aus den Brüsten der Verstorbenen die Wundermilch.

Eva, die Sterbliche, die Vergängliche, ist an jenem Morgen 1948, 49 oder 50, an dem wir ihr ins Arbeitsministerium folgen wollen, wo sich das Volk des wahren Argentinien drängt, noch am Leben. Die alten Frauen, die aus den Provinzen gekommen sind, wo die Mutter mit der Wundermilch verehrt wird, und seit dem frühen Morgen warten, haben Augen, um zu sehen. Blind vor Haß hat die Elite Argentiniens noch nichts bemerkt. Sie hingegen beobachten, wie sie immer blasser und dünner wird, und fragen sich, was mit ihr los ist, warum sie manchmal vom Stuhl aufsteht, ein Knie auf den Sitz legt und sich zusammenkrümmt, als habe sie Schmerzen. »Sie arbeitet sich tot«, sagen die alten Frauen. Und, gefangen in ihrem Traum, dem heimlichen Wunsch, den ein Abgeordneter nicht verstehen kann, fügen sie flüsternd hinzu: »Hoffentlich kann sie uns noch lange ernähren ..., auch noch nach dem Tod.«

Wenn Evita ins Ministerium kam, roch es schon stark. Ganze Familien kamen von weit her und rochen nach Reise. Ein nicht immer unangenehmer Geruch, der sich über den des Elends legte und den Evita auswendig kannte: nach vom vielen Waschen mit Kernseife ausgeblichener, in der Sonne fast verbrannter Kleidung, in der der Geruch nach saurem Schweiß immer ein wenig haften bleibt. Unterschiedliche Gerüche, je nach Gegend: nach Rind oder Hammel, Ziege oder Pferd, nach Mate oder Kokablättern, Chicha oder Rotwein. Die Kinder hatten sich naßgemacht. Und es roch nach Milch. In einem angrenzenden Raum hatte Evita Öfen installiert, um die Hunderte von Babyflaschen warmzumachen, mit denen mehrere Regale bis zur Decke gefüllt waren.

Sie sah dünn aus, wenn sie in ihrem eng anliegenden, strengen Kostüm durch den stickigen Raum ging, als röche sie keinen anderen Duft als Femme de Rochas. Sie lief mit schnellen, nervösen Schritten. Im Licht der Blitze von Fotoapparaten oder Kameras für die Wochenschau strahlte sie auch selbst, ihr Haar, ihr Teint, ihr Schmuck und die absolute Gewißheit, am richtigen Platz zu sein. An keinem anderen Ort fühlte sie sich so sie selbst wie hier. Kein Raum für Zweifel oder Irrtümer, jede Geste kam von innen.

Im Vorübergehen grüßte sie die Männer von den Gewerkschaften wie alte Freunde: »Hallo, Jungs«. Sobald sie hinter dem Schreibtisch saß, drehte sie die Uhr um, ein Geschenk: selbst verdeckte Uhren waren lästig. Wenn sie jemand leichtsinnig nach dem Grund fragte, erwiderte Evita: »Die Zeit ist mein schlimmster Feind«. Sie sah ihre mit grüner Tinte aufgezeichneten Notizen durch, während hinter ihr Sekretärinnen und Sozialhelfer herumwirbelten. Und dann begann das Defilee.

Botschafter Areilza, der diesen Szenen beiwohnte, bevor er zum »Scheißgalizier« degradiert wurde, hat das folgendermaßen geschildert: »Es gab Arbeitergruppen, Gewerkschaftsführer, Frauen vom Land mit ihren Kindern, ausländische Journalisten; eine Gauchofamilie in Ponchos, der Mann mit riesigem schwarzem Schnauzbart; es gab Flüchtlinge aus Ländern hinter dem eisernen Vorhang, Leute aus dem Nachkriegseuropa, Intellektuelle und Leute von der Universität der Baltischen Staaten, Priester und Mönche, korpulente, lebhafte, schwitzende Frauen mittleren Alters, junge Beamte und Fußballspieler, Schauspieler und Zirkusleute … (und) mitten in diesem scheinbaren Chaos, diesem lauten Durcheinander hörte Evita sich aufmerksam alle Bitten an, vom einfachen Wunsch nach Gehaltserhöhung bis hin zur Errichtung einer ganzen Fabrik und zwischendurch das Gesuch um eine Wohnung für eine ganze Familie, Möbel, einen Arbeitsplatz, eine Schule oder Essen, um die Erlaubnis, einen Film zu drehen, um finanzielle Unterstützung jeglicher Art, Klagen wegen Machtmißbrauchs, Interviews, Ehrungen, Veranstaltungen, Eröffnungen, Versammlungen von Politikerinnen, die Übergabe von Geschenken und Spenden«.

Evitas Reaktion auf diese Menge unterschiedlichster Probleme war unterschiedlich. Einen »Krawattenträger« erkannte sie auf den ersten Blick und ließ ihn warten. Die »Armen« behandelte sie hingegen freundlich und unkompliziert, wie eine Frau aus dem Volk, die rein zufällig Glück hatte und wünschte, daß die anderen davon profitierten. Sie wollte nur ersetzen, entschädigen und danken. Aber wie sollte das gehen, wenn sie voll mit sich selbst beschäftigt war? Schon aus praktischen Gründen mußten Eitelkeit, Habsucht, Betrug und Rachsucht weichen. Milton Bracker vom NEW YORK TIMES MAGAZIN zitiert einen Satz von Evita, der ihr Gefühl perfekt wiedergibt: »Meine Arbeit sind diese Leute. Ich bin nichts, meine Arbeit ist alles«.

»Ich bin nichts«, das hatte sie schon Perón beim ersten Treffen im Luna-Park gesagt. Doch jetzt war dieses »nichts« nicht negativ gemeint, auch nicht vom Wunsch getragen, durch den Mann »alles« zu bekommen. Es war ein produktives »nichts«. Evita hatte ein System geschaffen, das auf den ersten Blick unorganisiert wirkte, ihr aber erlaubte, als Korridor zu wirken, durch den der Reichtum der einen, wenn auch nur zu einem Bruchteil, in die Hände der anderen gelangte. Es war nicht ihr Reichtum: Sie verteilte nicht ihr eigenes Geld. Doch sie stellte die Weichen. Um das zu tun – achtzehn Stunden am Tag bis zu ihrem Tod –, mußte sie alles von sich hergeben.

Die Armen baten sie immer um weniger, als sie brauchten. Sie gab ihnen mehr. Um geliebt zu werden? Zweifellos. Aber auch aus Klugheit, denn sie erfaßte eine Situation, eine ganze Geschichte im Handumdrehen und suchte eine globale Lösung. Eine von ihrem Mann verlassene Frau bittet um eine Matratze. »Haben Sie ein Bett?« will Evita wissen. »Mmm, nein« – »Notieren Sie, ein Bett für die Señora.« – »Wieviele Kinder haben Sie?« – »Fünf.« – »Schlafen sie im Bett?« – »Mmm, nein.« – »Notieren Sie, fünf, nein, warten Sie. Haben Sie zu Hause überhaupt Platz für so viele Betten?« – »Nein, Evita, wir leben alle in nur einem Raum.« Eine kurze Unterredung mit den Helfern: »Man wird Sie für das neue Viertel von Saavedra auswählen«. Die Frau will schon gehen und träumt von den niedlichen Häuschen, wie sie Frauen mögen, nicht wie diese männlichen Einheitsblocks, sondern hübsch mit Vorgarten, um mit der Nachbarin zu schwatzen, im Halbkreis um einen Sportplatz herum gelegen; und in der Kirche keinen geringeren als Pater Benítez als Priester, da hält Evita sie mit einer letzten Frage zurück: »Haben Sie auch Geld für den Fahrschein?«

Mit diesen Worten verrät sie ihre Erinnerung an die Armut: Nur wer einmal ohne Geld war, um den Bus zu zahlen, kann so eine Frage stellen. In diesem Moment wirken ihr Kostüm und ihr Hut wie geliehen. Jederzeit kann sie alles verlieren und sich gezwungen sehen, Geld für den Fahrschein zu erbetteln. Die Frau, der Evita ein Haus schenkt als Rahmen für ihre Matratze, fühlt sich in vertrauter Umgebung. Fast möchte sie ihr zuzwinkern, bevor sie geht, als wolle sie ihr voller Schadenfreude sagen: »Heute ich, morgen du«.

Evita schätzt eine Situation mit einem Blick ab, aber auch den Details schenkt sie Aufmerksamkeit. Eine Familie bittet um Möbel, Töpfe und Wellblech für das Dach. Das Mädchen schielt. Evita gewährt die Bitten, nicht ohne hinzuzufügen: »Und einen Augenarzt für das Mädchen«. Ein Mädchen fragt nach Geld, um ihren Verlobten, der in einer anderen Stadt wohnt, zu besuchen. »Wollt ihr heiraten?« (Das Wesentliche, denn Evita ist schrecklich häuslich geworden). »Ja, aber er arbeitet dort, und ich kann meine Mutter nicht allein lassen.« – »Dann muß man für den Verlobten eine Arbeit in Buenos Aires finden. Und ein Haus. Und Möbel.« Eine zahnlose Frau bittet um Kleidung für die Kinder. »Notieren Sie: Kleidung, und eine Nähmaschine, damit sie lernt, selbst zu nähen. Und ein Zahnarzt, um ihr Zähne zu machen. Man muß immer schön gepflegt sein, um dem Ehemann zu gefallen«, meint sie dann zu der armen Frau, die schon lange nicht mehr daran denkt und sich nun verlegen eine weiße Haarsträhne nach hinten streicht.

Von Nähmaschinen und falschen Zähnen ist Evita wie besessen. Beides teilt sie mit vollen Händen aus: Hatte Doña Juana sich nicht nur dank der Singer durchs Leben geschlagen? Und tausenderlei Anekdoten schildern sie beim Verschenken von falschen Zähnen, von ihr selbst angeboten oder auf Nachfrage freudig gewährt. In seinem Buch QUIEN MATO A ROSENDO (Wer hat Rosendo getötet) erzählte der Autor Rodolfo Walsh (der während der Militärdiktatur von 1976–1983 verschwand), Evita habe einer Frau, die fürchtete, mit einem Gebiß zuviel zu verlangen, geantwortet: »Nein, darum bittet niemand; wir brauchen aber solche Bittsteller, damit die Ärzte studieren können«, und dann machte sie quasi als Dank dafür, daß sie sich traute, für sich und ihren Mann Zähne zu wünschen, einen Witz. Zwei oder drei Tage später startete der Lastwagen mit dem Wellblech, den Betten, den Matratzen, dem Sack Zucker, den Tassen, Tellern, Kleidern, Käsekugeln und falschen Zähnen«.

Da man ihr Einfluß und Weisheit zuschreibt, wirkt sie zwangsläufig auch als Psychologin. Unter all den Unglücklichen gibt es manche, die mehr zaudern, weniger sicher sind, was sie wollen: weder Matratzen, Nähmaschinen noch Gebisse. Was dann? Rat. Es sind ihre »Geheimaudienzen«. Man flüstert ihr schreckliche Geschichten ins Ohr, die ihr die Zornesröte ins Gesicht treiben. Geschichten von Unrecht. Evita kümmert sich, hört zu, erfaßt blitzartig, respektiert das Geheimnis, indem sie Indiskrete mit einer Handbewegung hinausjagt, oder sie geht mit dem völlig am Boden Zerstörten und in Tränen Aufgelösten, der gekommen ist, um ihr alles zu sagen, allein ins Nebenzimmer. Und sie findet eine Lösung. An Ort und Stelle. Genau so, wie sie ein Gewerkschaftsproblem löst. Eine zugleich praktische und psychologische Lösung. Sie hat die absolute Macht, selbst die, verletzte Seelen zu heilen.

Und sie kann Schicksal spielen. Wie oft wird sie sich wohl eingeschaltet haben, um den Kurs eines Lebens zu ändern, wenn sie etwa sich unaufhörlich kratzende Kinder von der Straße auflas und in den Präsidentenpalast oder ins Ministerium mitbrachte? »Haben sie die Krätze?«, wollte sie von Doktor Lobo wissen, der immer an ihrer Seite war. Als der Arzt das bestätigte, meinte Evita zu der Mutter: »Señora, würden Sie mir Ihre Kinder für ein paar Tage ausleihen?« Im Unzué-Palast konnte sie sie waschen, versorgen und verwöhnen: Wozu sollten sonst die fünfzig Badewannen gut sein, zumal sie bereits von den Armen eingeweiht wurden, die seit 1946 an ihre Pforte klopften? Die Kinder mit Krätze und die übelriechenden Greisinnen verließen ihn wieder gesund und frisch parfümiert, mehr noch:

wie ausgewechselt. Zum Eintauchen in die Wanne oder gar mehrere Nächte lang hatten sie beim Präsidenten gewohnt, in einem traumhaften Palast. Perón und das Volk hatten Evita »gereinigt«. Und nun reinigte sie ihrerseits, indem sie mit ihren »Gedemütigten« (sich mit ihnen identifizierend) den magischen Raum des Clans um Doña Juana, die Reinliche, neu erschuf. Die Bäder und die hellen, sauberen Sachen halfen ihr beim verzweifelten Kampf gegen das Elend, diese Unmenge von zerlumpter Kleidung und widerspenstigem Haar so nah der Sünde. Nicht umsonst gilt das Bad auch als »Taufe«. Schöne, funkelnagelneue Sachen standen unabhängig von ihrer Funktion für Vollkommenheit, für Erlösung. Diese Szenen fanden vor Kameras statt, und doch sehr fern, an einem paradiesischen Ort der Wärme und des Glücks. Evita und die Armen wie durch Osmose vereint, vorgeburtlich, von der Welt abgekapselt, die dieses Wunder nie verstand.

Erlebten diese Menschen nur einen Traum, oder war das, was Evita ihnen eröffnete, das wahre Leben? Dieses »Eingreifen« war von ihr bewußt beabsichtigt: Sie wollte sie die Wonnen eines Prinzenlebens erleben lassen, damit sie reagierten. Die Rebellion kommt mit dem Vergleich. Sie war dank der weißen Telefone, die sie in den Hollywoodfilmen gesehen hatte, aus Junín geflohen. Ihre Armen mußte man genauso wachrütteln, indem man ihnen Luxus vorführte, und so ihre Wut nicht besänftigen, sondern vielmehr anstacheln. So gesehen war Evita eine Revolutionärin und Pionierin: Theaterexperimente in benachteiligten Vorstädten oder mit straffälligen Jugendlichen haben gezeigt, daß die Sehnsucht nach Reichtum und Schönheit nie unvernünftig ist. Luxus scheint ebenso erstrebenswert wie Glück. Der Mangel hingegen ist eine »absurde Wunde« (wie es im Tango vom Leben heißt). Die von Evita Gereinigten kehrten mit dem Gefühl auf ihre Ranchos zurück, etwas Normaleres gesehen zu haben als ihr Elend, das ihnen plötzlich absurd und unerträglich vorkam.

Leider zeigen die Fotos, auf denen Evita mit ausgestrecktem Arm beim Austeilen von Schecks oder Geld zu sehen ist, sie nur im Profil, mit einer von Mal zu Mal spitzeren Nase, immer tieferliegenden Augen und dem Schatten ihrer Augenringe. Im

Ministerium arbeitete sie wirklich, ohne sich den Fotografen zuzuwenden. Doch der halb aufmerksame, halb staunende Blick der Mädchen, die sie ansehen, wirkt wie ein Spiegel. Die Mütter zerfließen vor dankbarem Lächeln, unterwürfigen Dankesbezeugungen. Die Mädchen aber haben Zeit, sie anzusehen, um sie sich ins Gedächtnis einzuprägen.

Sie sehen eine schöne Frau, die um drei Uhr noch nicht gegessen hat und sogar vergißt, das Glas Milch zu trinken, das man ihr auf den Schreibtisch gestellt hat. Sie ist nicht einmal aufgestanden, um ins Bad zu gehen. Sie hat die Beine übereinandergeschlagen und preßt sie zusammen, um den Drang zu unterdrücken. Die Krankheit lauert, die Zeit ist ihr schlimmster Feind: Erst ab 1950 wird Evita ins Bad gehen, um die Vorlage zu wechseln, die das Blut stillen soll.

Sie sehen auch eine schöne Frau, die sich nicht vor Ansteckung fürchtet. Als sie eine Frau mit von der Syphilis aufgeplatzter Lippe entdeckt, küßt Evita sie auf den Mund. Der Dichter José María Castiñeira de Dios erzählt, er habe versucht, sie daran zu hindern, doch Evita habe gemeint: »Ist Ihnen nicht klar, was es für sie bedeutet, wenn ich sie küsse?«

»Ich habe sie Leprakranke küssen sehen«, bestätigt Pater Benítez, »auch Tuberkulose- und Krebskranke. Ich habe gesehen, wie sie Elende in Lumpen umarmte und dann von Läusen übersät war.« (Morgens beschränkte Pedro Alcaraz sich nicht darauf, ihr Haar zu richten, sondern behandelte sie auch mit Essig und kämmte sie mit einem feinzinkigen Kamm, um die Parasiten zu beseitigen.) Einmal hatte Irma Cabrera versucht, Evita die Wange mit Alkohol abzuwischen, auf die sie ein mit Pusteln übersäter Mann geküßt hatte. Doch »die Heilige«, wie man sie immer überzeugter nannte, hatte ihr die Flasche aus der Hand gerissen und auf den Boden geschleudert.

Und was sehen die wißbegierigen Mädchen noch? Es beschämt sie und läßt sie den Blick senken: Diese Jungfrau nimmt sie ebenso mit ihrem durchdringenden Blick unter die Lupe. Evita läßt sich Zeit, um zu sehen, mit wem sie es zu tun hat. »Wußten Sie, daß die Menschen ganz unterschiedlich schauen, je nachdem ob sie ein Anliegen haben oder sich selbst vergessen?« meinte der ehemalige Abgeordnete Angel Miel Asquía uns gegenüber.

»Im Ministerium konnte sie sie seelenruhig in Augenschein nehmen, wenn sie sich nicht beobachtet fühlten. So erkannte sie den Lügner, den Dieb, den Ehrlichen oder die mögliche Parteigenossin.« Denn vergessen wir nicht, daß Evita immer auf der Jagd war. Während sie mit der Mutter redete, beobachtete sie die Tochter, um den Funken der Begeisterung zu erkennen. Ihre Partei Peronistischer Frauen ging aus diesen Blickkontakten hervor: Die einzige ihr wirklich wichtige Tugend war ein absoluter Fanatismus.

Die Unehrlichen verachtete sie jedoch nicht, sondern sie hatte eher Mitleid mit ihnen. So fanatisch sie auch sonst sein mochte, mit den Schmarotzern war sie nachsichtig. Wie oft waren sie nicht schon gekommen, um sie immer wieder um das gleiche zu bitten, in der Annahme, sie würde sich nicht mehr erinnern? Doch sie hatte ein erstaunliches Gedächtnis. »Sie habe ich schon mal gesehen«, sagte sie. »Macht nichts, ich werde Ihnen noch einmal etwas geben, aber versprechen Sie mir, daß Sie nicht immer wiederkommen.« Einer Frau hatte sie Geld für den Zahnarzt gegeben. Nach einiger Zeit kam sie zahnloser als zuvor wieder. »Für die Zähne habe ich Ihnen schon etwas gegeben. Was haben Sie mit dem Geld gemacht?« – »Mein Mann hat es mir abgenommen.« – »Natürlich! Und jetzt schickt er Sie noch einmal, um es Ihnen erneut abzunehmen! Für Sie also nicht einen Peso. Machen Sie mir einen Termin beim Zahnarzt für diese Señora, und sagen Sie ihm, daß wir bezahlen.«

Renzi verwaltet das Geld mehr schlecht als recht. Eine Frau kommt mehrmals und immer mit der Bitte um Geld. Strenger als Evita, weigert Renzi sich, ihr etwas zu geben. Da nimmt Evita ihre Brillantohrringe ab und reicht sie ihr wortlos.

Sie nimmt das Geld aus einem vollen Umschlag. Unmöglich zu wissen, wieviel in dem Umschlag steckt und wie vielen sie außer der Matratze oder den Ziegeln kleine Bündel mit fünfzig Pesos überreicht, egal, worum sie gebeten haben. Wenn der Umschlag leer ist, meint Eva mit theatralischer Geste zum Publikum: »Seht, ich habe nicht einen Peso mehr, doch ich werde diesem Herren mit Krawatte etwas abnehmen, denn er hat bestimmt noch welches«. Und angesteckt vom Lachen ihrer Brüder und Schwestern, der Armen, der einzigen Wesen, die sie liebt und die jetzt noch zahlreicher zusammenlaufen, um die Szene nicht zu verpassen, ruft sie einen Minister oder einen wichtigen Mann auf und sagt: »Öffne dein Portemonnaie«.

Bald wird von Herren mit Krawatte gemunkelt, die nur noch mit zwei Portemonnaies zu ihr gehen, eines davon leer. Das werden sie im entscheidenden Moment öffnen und bedauern: »Es tut mir leid, aber ich habe nichts«. Evita ist freilich nicht leicht hinters Licht zu führen. Mit ausgestreckter Hand meint sie daraufhin nur: »Gib mir das andere Portemonnaie«. Und sollte sie nur einen Anflug von Widerwillen im Gesicht des Ministers oder des Staatsbeamten bemerken, sagt sie noch ohne Erbarmen: »Mach schon, sieh, jetzt verdienst du doch genug. Was warst du denn, bevor du zu uns kamst? Ein Hungerleider!«

Der Bonbonkrieg

Es fragt sich, wo das Geld aus dem Umschlag herkam und wer die Lager in der Calle Uriburu und später, nach dem Umzug, in einem klassizistisch-faschistischen Bau im unteren Buenos Aires auffüllte.

Die Romanautorin María Granata hat uns eine danteske Beschreibung dieser riesigen, in mehrere, perfekt organisierte Sektionen unterteilten Lagerhallen geliefert. 1953 hatte Apold sie beauftragt, etwas über die Stiftung zu schreiben. Und sie hatte die Regale bestaunt, die bis zur Decke mit Kinderhosen, Töpfen, Mützen, Käse oder Aspirin gefüllt waren. Von Zeit zu Zeit orderte eine Stimme über Mikrophon: »Schuhe für einen Jungen von acht Jahren, schwarz, ein Paar. Fußball für Kinder, einen. Geschirr mit sechs flachen und sechs tiefen Tellern. Laken für ein Doppelbett«. Zu der Zeit war Evita schon gestorben, doch die Stiftung lief weiter. Die Assistenten, die im Ministerium arbeiteten, bestellten telefonisch im Lager Artikel, die die himmelblauen Lastwagen der Stiftung den Bittstellern nach Hause lieferten. Doña Adela, eine Katholikin, die nach Peróns Sturz zum Komitee gehörte, das die Stiftung auflösen sollte, hat uns gegenüber geäußert: »Niemals hätte ich geglaubt, daß man so viele Tennisschläger zusammentragen könnte. Es war Verschwendung und der reinste Wahnsinn, aber kein Raub. Man konnte Evita nicht nachweisen, daß sie auch nur einen Peso in die eigene Tasche gewirtschaftet hätte. Ich wünschte, ich könnte das gleiche von meinen Mitarbeitern bei der Liquidation der Stiftung behaupten«.

Wer hat also geholfen, diese zwar chaotische, aber nicht betrügerische Menge von Dingen zusammenzutragen? Vor allem die Arbeiter selbst. Seit 1948 waren es keine spontanen Spenden mehr. Einen Teil ihrer mit Evitas Hilfe erlangten Gehaltserhöhung mußten sie wieder abgeben. Eine Hand wäscht die andere. Beklagt haben sie sich aber erst später, als ihr Lebensstandard zu sinken begann. 1950 beschloß die CGT, der Stiftung den Verdienst eines jeden Arbeiters vom 1. Mai und vom 17. Oktober zu geben. Erst da wurden viele heftige Proteste laut, die Evita immerhin zu einem scheinbaren Rückzieher veranlaßten, indem sie versprach, die bereits erfolgten Abzüge zurückzuerstatten. Das war ein strategischer Rückzug. Espejo gab eine Reihe öffentlicher Erklärungen ab, die die Arbeiter beschämen sollten, bis diese Evita baten, das Geld doch bitte anzunehmen. Am 27. Dezember desselben Jahres hielt Evita eine Rede, in der sie ganz locker erklärte: »Ich muß offen gestehen, daß ich nichts anderes von euch erwartet habe«.

Sie wußte ihre Arbeiter zu nehmen. Im Januar 1951 verließ sie ein Bankett in der Residenz, um sich noch spät am Abend mit streikenden Eisenbahnern zu treffen. Auf stillgelegten Abstellgleisen fuhr sie eigenhändig eine handbetriebene Lore. Sie platzte in die Versammlung hinein und schalt die Eisenbahner kopfschüttelnd aus, wie man es mit ungehorsamen, doch trotz allem geliebten Kindern tut. Als sie die zarte und gleichzeitig so energische Evita sahen, waren die Arbeiter so beschämt wie ein Jahr zuvor, als sie baten, sie möge einen Teil ihrer Gehälter wieder einziehen.

Die Linke fand diesen »Maternalismus« natürlich untragbar und glaubte, Perón und Evita hätten die Arbeiterbewegung gekauft, um ihre Forderungen zu bremsen. Damit hatten sie nicht unrecht. Der Peronismus war eine Revolution der Argwöhnischen.

Den besagten Streik hatte die FRATERNIDAD, eine antiperonistische Vereinigung von Eisenbahnern, angezettelt, als die Lage für das Regime mit dem wirtschaftlichen Niedergang von Tag zu Tag schwieriger wurde. Entschlossen, trotz der Schmerzen im Unterleib weiterzuarbeiten, hatte Evita, getrieben von dem Gefühl des nahenden Endes, die Arbeiter getadelt. »Hört auf mit den Dummheiten, die nur dem Feind dienen«, hatte sie mit heiserer Stimme gescholten.

Wie weit konnte sie gehen in ihrem Eifer, das Schicksal in die eigene Hand zu nehmen? Juan José Sebreli bestätigt, daß die erfahrenen Stoßtrupps der Stiftung, die schon andere Streiks niedergeschlagen hatten, die FRATERNIDAD angriffen. Perón hielt eine heftige Rede gegen die Streikenden, ließ zweitausend entlassen und dreihundert festnehmen. Diese kommunistischen oder sozialistischen Arbeiter erwarteten von der Regierung nicht, ihnen Mutter oder Vater zu sein. Sie forderten nur ihre Rechte ein. Die übrigen hatten wie Evita nie etwas anderes gekannt als Autorität oder Begünstigung. Wie sollte man fordern, was man nicht kannte?

Abgesehen von den »freiwilligen« Spenden der Arbeiter, bat man auch die Industriellen um Unterstützung, und sie taten gut daran einzuwilligen. Wären diese Aufforderungen nicht in so zynischem und autoritärem Ton erfolgt, hätten sie sich in nichts von dem unterschieden, was man in anderen Ländern als »Vermögenssteuer« bezeichnet. Außer dem von der Familie Bemberg geforderten Beitrag für die Stiftung gab es noch zwei wichtige Fälle: den von Arnaldo Massones Pharmalabor und den der Bonbons Mu-Mu. Der erste hatte das Pech, der stark antiperonistischen Argentinischen Handelskammer vorzustehen. Gegen 1950 bat die Stiftung ihn um Impfstoff, natürlich gratis, was er verweigerte. Von einem Tag auf den anderen versank sein Labor in Finsternis, aus Strommangel. In dem Moment kam eine Prüfungskomission, um die Medikamente zu analysieren, die natürlich wegen der nicht funktionierenden Kühlschränke verdorben waren. Don Arnaldo hatte kaum Zeit, um auf sein Schiff zu gelangen, das ihn ins uruguayische Exil brachte, während sein Labor bis zum Fall des Regimes geschlossen blieb.

Mit den Mu-Mu-Bonbons verfuhr man auf gleiche Weise: Die Gebrüder Grossmann, die Eigentümer der Fabrik, wollten die der Stiftung gelieferten Bonbons bezahlt haben, woraufhin man sie beschuldigte, unter schlimmsten hygienischen Bedingungen zu arbeiten. Eine ganze Generation behielt ein Trauma zurück. Die argentinischen Kinder liebten diese herrlich braunen Karamelbonbons, die so schön an den Zähnen kleben blieben. Und auf einmal zeigten die Regierung und die Erwachsenen mit dem Finger auf diese Bonbons, weil man angeblich Rattenhaare darin gefunden hatte! Drei Jahre später konnte die Fabrik dank eines großzügigen Angebots ihre Tore wieder öffnen. Die Gebrüder Grossmann würden der Stiftung einen Teil ihres zukünftigen Umsatzes abtreten. Doch der Schaden war bereits angerichtet: Der Vorwand für die Schließung war so gelungen, daß jeder bei diesen Bonbons sofort an Rattenhaare denken mußte. Noch heute dient diese Geschichte von den Mu-Mu-Bonbons als Erkennungszeichen für eine ganze Generation von Argentiniern, ebenso wie die Witze über Evita oder Aloe.

Evita am frühen Morgen

Gegen drei Uhr nachmittags konnte man Evita endlich dazu überreden, im Heim für Angestellte zu Mittag zu essen. Mit Perón zu essen, wie sie es zu Anfang getan hatte, war inzwischen unmöglich. Zu dieser Zeit beendete Perón gerade seine geheiligte Siesta und kehrte in sein Büro zurück. Evita sah ihn selten, immer weniger, nur bei offiziellen Veranstaltungen und vor allem mittwochs, wenn das gesamte Ministerium ihn besuchte. Dieser Mittwoch hatte eine eindeutige Funktion: dem eigentlichen Herren, Perón, die Arbeitsergebnisse seiner Delegierten, Evita, vorzuführen. Und wie sie selbst in LA RAZON DE MI VIDA schildert, erlaubte das Perón, mit den Arbeitern wieder direkt und vertraulich zusammenzukommen. Das hieß, sie weiter zu verführen, indem er ihnen seine Ideen auseinandersetzte, wie ein Lehrer, aber auch wie ein Freund, der laut nachdenkt und genau diese Personen braucht, um klarer zu sehen. Doch da nichts so einfach war (so sehr Perón auch beim Reden vereinfachte), hatte dieser Mittwoch auch einen Hintersinn: dem ehemaligen Herrn die wachsende Macht seines angeblichen Schattens vor Augen zu führen. Alles geschah in der besten aller Welten, da Evita keine Gelegenheit ausließ, um zu bekräftigen, sie sei nichts und er alles, und Perón, seine große Freude über die Erfolge seiner Frau zu bekunden.

Bei diesen Essen im Heim der Angestellten ging es an Evitas Tisch laut und lebhaft zu, wie in ihrer Zeit am Theater. Doch sie aß nicht. Mit der Gabel, die ihr auch dazu diente, die Kohlensäure aus dem Sprudelwasser zu rühren, pickte sie kaum mal ein Stück Fisch auf. Wenn sie sich erhob, lagen auf dem Tischtuch die Krümelreste von dem Keks, den sie zwischen den Fingern zerbröselt hatte. Alle ihre Gesten waren nervös, und alle wehrten irgendwie das Essen oder das Trinken ab, das man ihr serviert hatte.

An den Tagen, wo sie an keiner Einweihungsfeier teilnehmen, keine Medaille auf die Brust eines vielversprechenden Jungen oder eines dankbaren Alten heften mußte, empfing Evita bis zwei oder drei Uhr morgens daheim. Auf einem bekannten Foto sitzt sie in ihrem Wagen und winkt dem Fotografen zu. Sie kommt von der Arbeit. Sie wirkt frisch und lacht unter ihrem Hut à la Maurice Chevalier. Die Uhr an der Torre de los Ingleses hinter der Plaza San Martín zeigt zwanzig vor fünf am Morgen an.

Nachmittags zeigt sich im Ministerium die gleiche Menschenmenge. Manche warten schon seit Stunden. Sie rühren sich nicht von der Stelle im festen Vertrauen, daß Evita sie noch empfangen wird. Ungeduld war schlecht angesehen. Die ausgeharrt hatten, bekamen hingegen einen Pluspunkt: Sie bewiesen, daß sie hartnäckig waren und wußten, was sie wollten. Was das Warten verlängerte, war Evitas Wettlauf mit der Zeit: Sie mußten jetzt ausharren, um nicht ein ganzes Leben auf ein Wirtschaftswunder zu hoffen, das noch lange auf sich warten lassen würde. Das war der Sinn der »Direkthilfe«: Während Perón Fünfjahrespläne entwarf, die alles lösen sollten (Evita glaubte tatsächlich daran), nahm sie sich der Bedürftigsten an. Ihre Stiftung kümmerte sich um die Notfälle, um die, für die es immer zu spät ist. Evita hat nie den bürokratischen Satz gesagt, den der spanische Chronist Mariano José de Larra verewigt hat: »Kommen Sie morgen wieder«.

Warten war in Argentinien im übrigen nichts Neues. Seit jeher kannte das Land die AMANSADORA, das Schmiergeld, das die Administration, vor allem die Yrigoyens, so teuer zu stehen kam. Auch der PELUDO Yrigoyen ließ die Leute stundenlang warten, um ihnen später zu gewähren, worum sie baten. Eine paternalistische Tradition, die auf die konservativen CAUDILLOS, wie Evitas Vater, Don Duarte, zurückging, mit dem Unterschied, daß Evita sich viel mehr als Tochter von Doña Juana und weniger als die eines Großgrundbesitzers fühlte. Die Treue zu ihrer sozialen Herkunft war ehrlich und bewußt. Sie verkündete es auch in ihren Reden, aber vor allem bewies sie es in ihrem alltäglichen Verhalten.

Das Ministerium war auch der Ort, an dem sie am liebsten alle anderen Besucher empfing. Leute, die keine Bitte hatten und nicht aus dem Volk stammten, wurden ebenso hierher bestellt. Dabei verhehlte Evita nicht ihre erzieherische Absicht: die peronistischen Theoretiker mit dem Elend des Volkes und mit seiner Warmherzigkeit zu konfrontieren. Sie wiederholte gern einen Satz von Perón, der nicht falsch war: »Das beste, was wir in Argentinien haben, ist das Volk«. Tatsächlich zeigte das Volk unter dem Peronismus seine besten Eigenschaften (allerdings auch seine Fehler). Da es Vertrauen hatte, konnte es sich viel leichter ausdrücken als andere Völker. Die Sitten und Gebräuche während der Kolonialzeit waren in Argentinien unkompliziert gewesen, ohne die strenge höfische Etikette wie in Lima oder Bogotá. Der Zustrom von Immigranten hatte die menschlichen Umgangsformen durch eine Art brüderlicher Vertrautheit bereichert. Aus all diesen Gründen waren die gesellschaftlichen Regeln nie streng gewesen. Das zwar autoritäre, aber auch volksnahe peronistische Regime hatte daher keine Schwierigkeiten, unglaublich lockere Verhaltensregeln einzuführen, die beim Kodex der gebildeten Schichten, wo die mehr der Form nach als wirklich praktizierte Demokratie die Ungebildeten ausgrenzt, undenkbar wären. Die Leute auf der Straße grüßten den im Wagen vorbeifahrenden Perón ohne die geringste Scheu mit: »Ciao, Juancito!«, »Bitte stirb nie, Peroncito«, oder »Wir lieben dich«.

Evita wußte das alles irgendwie und wollte es den halbherzigen Peronisten zeigen, als führe sie ihnen ihre eigenen Kinder vor. So stolz war sie auf die Freundlichkeit, den Humor und die Menschlichkeit ihrer HUMILDES, daß sie nicht einen Moment daran zweifelte, daß diese Zauderer sich wieder mehr für die Sache begeistern würden. Tatsächlich waren einige Intellektuelle unter den Peronisten (für die Opposition schlossen sich beide Termini allerdings aus) beeindruckt von dem, was sie sahen. So entstand die PEÑA EVA PERON.

1950 wurde José María Castiñeira de Dios zum Kulturminister ernannt. Er war ein junger nationalistisch gesonnener, katholischer Dichter, der die peronistische Revolution seit 1945 unterstützt, sich später aber distanziert hatte. Evita war es, die ihn auf diesen Posten berief. Wie gewöhnlich zitierte sie ihn ins Ministerium und bat ihn, dem Schauspiel ihrer GRASITAS (kleine Schmutzfinken, wie sie die Armen auch gerne nannte) beizuwohnen. Dieser Tag war für den Dichter der »Oligarchie«, wie Evita ihn auf den ersten Blick charakterisierte, einschneidend. Castiñeira sah die immer gleichen Szenen. Eine Frau bat um drei Betten. »Warum drei, wenn Sie sechs Kinder haben?« wollte Evita wissen. Manchmal sagte sie zu Castiñeira: »Sehen Sie jetzt, wie diese Leute leiden?«

Vorher hatte sie ihn jedoch ein wenig geärgert. Zuerst hatte sie ihm auf den Zahn gefühlt, um zu erfahren, ob seine Frau nicht vielleicht für sie arbeiten würde. Castiñeira, der sich selbst als »Galizischer Höhlenmensch« bezeichnete, hatte ihr zu verstehen gegeben, er halte gar nichts davon, seine Frau außerhalb des Haushaltes zu sehen. Daraufhin hatte Evita ihn rundheraus gefragt: »Und warum mögen Sie Franco? Ich kann ihn nicht ausstehen, weder ihn, noch die, die ihn umgeben«. Beschämt und gleichzeitig fasziniert hatte Castiñeira noch in der gleichen Nacht ein Gedicht verfaßt, in dem er mit den Namen Eva und María spielt und diese segensreiche Frau mit dem Pelikan vergleicht, der seine Jungen mit seinem Mageninhalt ernährt.

Wir wissen bereits, daß Evita schon immer für Gedichte schwärmte. Von dem Pelikan war sie begeistert und ließ Apold hundert Exemplare des Gedichts drucken. Außerdem schlug sie dem Dichter vor, sich mit seinen Kollegen jeden Mittwoch abend im Heim für Angestellte zu treffen, unter einer Bedingung: daß sie über Perón redeten. Daß jedes Wort sich auf IHN beziehen müßte.

Mehrere Dichter kamen Evitas Aufforderung nach, ohne zu ahnen, wie sehr es ihrem Ansehen in Intellektuellenkreisen schadete, sich als Peronist zu bezeichnen. Darunter waren Fermín Chávez, Héctor Villanueva, Julia Prolutzka Farny, Claudio Martínez Paiva, María Granata und Juan Oscar Ponferrada. Es entstanden siebzehn Bändchen mit Preisgedichten, von Apold gedruckt. Manchmal vergaß Evita bei diesen Abenden ihre eigene Auflage, Perón zu huldigen, und zeigte ein ganz anderes Gesicht. Sie machte Witze, lachte, gab lebhafte Antworten, als genieße sie es, die Abende ihres Bohèmelebens, der sorglosen Zeit, zu wiederholen. Hatte sie in ihrem neuen Leben überhaupt jemals entspannt, oder entdeckte sie das jetzt zum ersten Mal, jetzt, wo es zu spät war?

Fermín Chávez erzählt, bei einem dieser Treffen habe Evita während der mühselig abgelesenen Rede von Salomón Chichilnisky, Mitglied der OIA – ORGANIZACION ISRAELITA ARGENTINA, ein Zusammenschluß der wenigen Juden, die Perón unterstützten – einen richtigen Lachanfall bekommen. Sie war keine Antisemitin. Dora Dana, die Witwe von Moisés Lebensohn, dem Journalisten aus Junín, hat uns das, ohne zu zögern, versichert. Evitas schallendes Gelächter während Chichilniskys Rede war kein Ausdruck von Fremdenhaß, sondern hatte nur mit seiner Aussprache zu tun: Der jüdische, in Rußland geborene Arzt machte aus jedem Umlaut -ue- ein -oi-. Evita versuchte krampfhaft, das Lachen zu unterdrücken, doch schließlich brach es aus ihr heraus. Chichilnisky sah sie über den Rand der Seiten an. Blitzschnell wandte Evita sich Chocha Nicolini zu, die neben ihr saß, und ermahnte die Tochter ihres alten Freundes mit folgenden Worten: »Du dummes Gör, wirst du denn nie lernen, dich in Gegenwart Erwachsener ordentlich zu benehmen? Geh ins Bad, und bleib da, bis der Doktor mit seiner Rede fertig ist!«

Ein peronistischer Autor fehlte bei diesen Festen: Leopoldo Marechal, Dichter und Autor von ADAN BUENOSAYRES, einem grundlegenden Roman, wenn man Argentinien verstehen will. Doch Evita hatte ihn keineswegs vergessen. 1951 mußte Marechal die Saison im Teatro Nacional Cervantes mit dem Stück

ANTIGONA BELEZ eröffnen und hatte den Text Fanny Navarro gegeben, die die Hauptrolle spielen sollte. Doch Fanny hatte ihn verloren. Da er keine Kopie besaß, mußte Marechal das Projekt aufgeben. Eines Tages rief Evita ihn an. »Sie sind ein großer Dichter und Peronist«, sagt sie. »Sie müssen Ihr Werk am 25. Mai unbedingt aufführen. Sicher haben Sie es im Kopf. Versuchen Sie doch, es neu zu schreiben.« Ihr Elan war ansteckend, und Marechal machte sich mit Hilfe seiner Frau Elbia Rosbaco an die Arbeit. Zwei Tage später war das Werk wieder fertig.

»Bei jedem Treffen«, hat uns der Dichter Héctor Villanueva erzählt, »wählte Evita ihren Hofstaat, indem sie mit dem Finger diejenigen bestimmte, die sie bis zur Residenz begleiten sollten: »Du, du und du«.« Wer waren die Auserwählten? Warum sie und nicht die anderen? Das wußten sie selbst nicht einmal. Nach all den Jahren läßt uns die äußere Erscheinung von Villanueva, Castiñeira oder Decker (der nicht zur PEÑA gehörte) vermuten, was ihnen gemeinsam war. Damals waren alle drei zwischen zwanzig und dreißig, mit glatten Gesichtern und Stupsnase: der Typ Jüngling, der sie nicht anzog, ihr aber ein kameradschaftliches, geschwisterliches Gefühl einflößte, ohne jedes Risiko. Tatsächlich war dieses letzte gemeinsam geleerte Glas vor dem Hahnenschrei für Evita niemals gefährlich. Ihre Treue gegenüber Perón war so offensichtlich, daß die nicht katholische Opposition sie mangels anderer Argumente als unweiblich abqualifizierte.

Sie suchte also ihre harmlosen Kavaliere (das Gegenteil des reiferen, sportlichen Typs à la Emilio Kartulowicz, der sie sehr wohl beeindrucken konnte), um ihr für ein, zwei Stunden Gesellschaft zu leisten. Am fahlen Morgen allein zu bleiben, glich zu sehr dem Tod. Wenn sie gegen vier Uhr morgens das Heim für Dienstpersonal verließen, gingen sie zum Unzué-Palast, um die Nacht dort in einem Salon ausklingen zu lassen. »Psssst«, sagte Evita, wenn sie die Tür aufschloß. »Der Alte schläft«.

Stundenlang hatte sie Perón so sehr in den Himmel gehoben, daß sie sich nun einmal erlauben durfte, ihn »Alter« zu nennen. In einer noch vor 1949 gehaltenen Rede hatte sie ihn schon einmal den »alten General Perón« genannt. Sicher hat man ihr deshalb die Leviten gelesen, denn fortan sprach sie nur noch voller Ehrerbietung von ihm. Immer, außer in solchen Momenten, um vier oder fünf Uhr morgens, wenn sie ihre Hündin Tinolita auf den Arm nahm, damit sie nicht bellte, und ihren brüderlichen Freunden mit den Stupsnasen zuraunte: »Geht auf Zehenspitzen nach oben. Wir braten uns Kartoffeln mit Ei und trinken dazu ein Bier«.

Die brüderlichen Freunde verabschiedeten sich kurz vor sechs, wenn sie den »Alten« in seinem Zimmer hörten. Nicht selten trafen sie beim Hinausgehen auf den echten Bruder, Juancito Duarte. Er kam auch von einem Fest heim, den Zeigefinger auf den Lippen: jeden Morgen um sechs. Juancito ließ sie im Glauben, er sei eben aufgestanden, und rief den Barbier, um wenigstens beim Rasieren etwas zu schlafen.

Um sieben rief Evita Castiñeiro, Villanueva oder Decker an, um ihnen mit zuckersüßer Stimme zu sagen: »Ich habe dich doch nicht geweckt, oder? Na los, komm sofort hierher«.

1950 hatte man ihre Krankheit bereits festgestellt. Jetzt ging es nicht mehr nur darum, ihre Besucher so früh herbeizuzitieren, um sie zu erziehen. Sie rief sie um Hilfe. Der wahre Grund war ihre Einsamkeit.

8
Verzicht

Evitas Partei. Unmut beim General über Evitas Erfolg. Die Frauen. LA RAZON DE SU VIDA. *Evita zeigt ihren Reichtum. Kostüme aus Haifischhaut. Ein ungleiches Paar. Evita erkrankt. Vom Volk geheiligt. Der Verzicht. Waffenkauf. Die letzte Rede.*

Es ist der 26. Juli 1949: Evitas Verhältnis zu anderen Frauen bekommt politischen Charakter. Tausend peronistische Frauen, die an der Parteiversammlung im Luna Park teilgenommen haben, begeben sich zum Teatro Nacional Cervantes, wo Evita, die Gründerin der peronistischen Frauenpartei PARTIDO PERONISTA FEMININO, sie erwartet.

Wenn es auch unsinnig ist, die Koinzidenz der Daten in psychologischem oder gar esoterischem Sinne überzubewerten, soll doch festgehalten werden, daß Evita ebenfalls an einem 26. Juli starb.

Warum die Gründung einer von den männlichen Peronisten unabhängigen Partei? Rosa Calviño Gomez weiß ohne Zögern eine Antwort: »Weil Evita meinte, die Männer benutzten die Frauen«.

Das waren nicht ihre Worte im Teatro Cervantes. Die edle spanische Ausstattung des Theaters wäre kaum passend gewesen. Die Probleme der Arbeiterinnen – so erklärte sie den tausend Parteigenossinnen – waren viel schlimer als die ihrer männlichen Kollegen. Sie opferten sich im Haushalt auf, ertrugen die Grobheiten ihrer Arbeitgeber und verdienten weniger als die Männer. Aus all diesen Gründen müßten die Frauen sich auf ihre Art zusammenschließen. Doch Vorsicht! Das sollte keinesfalls heißen, Evita sei unabhängig von Perón: »Peronistin zu sein, bedeutet für die Frau vor allem, Perón die Treue zu halten und blind auf ihn zu vertrauen«. Es folgte eine Lobeshymne auf den LIDER im bekannten Stil, nur noch übertriebener als in den vorangehenden Jahren, als Evita ihn zwar maßlos verherrlichte, aber noch nicht zum Gott erhob.

1948 war für sie das Jahr der Machtergreifung, 1949, als sie ihre Partei gründete, das Jahr des inneren Kampfes und Spiels mit der Macht, 1950 kam der Höhepunkt und 1951 der unvermeidliche Machtverlust. 1949 wurde Perón durch Evitas Mund gar zur alles überstrahlenden »Sonne« erhoben. Diese übertriebene Huldigung scheint verdächtig. Vergötterte sie ihn tatsächlich immer mehr, fast bis zur Unsterblichkeit, oder erkaufte sie sich, indem sie ihn in den Himmel hob, ihre Freiheit, ähnlich wie sie es an den Dichterabenden der PEÑA EVA PERON getan hatte, die sich unter der Auflage, nur von IHM zu sprechen, bis zum frühen Morgen hinzogen? Aufschluß gibt uns Rosa Calviño, wenn sie uns verrät, daß sich Evita gegenüber ihren engsten Freunden äußerte: »Es stimmt, daß Perón wie die Sonne ist. Besser man nähert sich ihm nicht zu sehr, um sich nicht zu verbrennen«.

In solchen vertraulichen Augenblicken deutete sie also an, Perón verbrenne eher, als daß er erleuchte. Sie ging sogar noch weiter. Hugo Gambini erzählt, zu Guardo habe sie gesagt: »Perón ist ein Feigling«.

Doch so seltsam es klingen mag, ihre Vergötterung Peróns war ehrlich. Sie hielt ihn für den genialsten Staatsmann aller Zeiten. Ihn anbetend gewann sie im übrigen ihr eigenes Gleichgewicht wieder, indem sie nämlich eine Liebe mythisch überhöhte, die in der Realität schwand. Zu übertreiben war ihr angeboren, und wie sollte sie ihre Enttäuschung und ihr Gefühl, in seiner Schuld zu stehen, auch anders ausdrücken als durch Übertreibung? Je größer ihre persönlichen Ambitionen wurden, desto mehr Schuld empfand sie gegenüber dieser Sonne, die im Schatten agierte. Andererseits zuckte Perón bei ihren Lobeshymnen nicht mit der Wimper, und wenn sie noch so exaltiert waren. Nie hat er sie mit einem Anflug von Scham unterbrochen. Niemand verstand es besser, ihm zu huldigen, als seine Frau. Also tat sie es, weil sie den Glauben brauchte und weil sie Peróns Schwachpunkt, die Eitelkeit, kannte, vor allem aber, um seine Eifersucht zu beschwichtigen. Auf den Reisen oder bei den Aufmärschen auf der Plaza de Mayo schien Perón entzückt, wenn das Volk Evita mit wachsender Begeisterung applaudierte. Unmöglich, die Ovationen, die beiden gebracht wurden, nicht zu vergleichen. Evita wurde mehr applaudiert als Perón. Und sein Lächeln wurde womöglich noch breiter. Doch in seinen Indioaugen blitzte der Neid auf. War Perón eifersüchtig? Schon der Gedanke daran ließ sie erzittern. Bereits 1946 hatte sie einem unserer Zeugen gestanden, ihr Mann mache ihr Angst.

War der persönliche Ehrgeiz bei einer Peronistin erst einmal als ihrer unwürdige Sünde abgetan, genoß Evita völlige Freiheit, ihre Partei so zu gründen, wie es ihr am besten schien. Zunächst löste sie alle bisher bestehenden peronistischen Frauenbewegungen auf, vor allem die ihrer Schwester Elisa. Auf dem Weg zum Teatro Cervantes hatte sie gehört, wie eine Gruppe von Frauen Elisas Namen im gleichen Rhythmus skandierte, wie es sonst nur mit ihrem geschah. Damit war die politische Karriere der Caudilla von Junín auf der Stelle beendet.

Die Gründungsfeier vom 26. Juli steht am Anfang einer Reihe von Interviews, in denen Evita die Kandidatinnen mit einem klar umrissenen Ziel prüfte: Delegierte zu finden, die genügend couragiert waren, um das allgemeine Frauenwahlrecht durchzusetzen und so die Frauen im ganzen Land für den Peronismus zu gewinnen. Das Ergebnis war eine Gruppe von dreiundzwanzig Frauen (eine für jede Provinz), ausgewählt nach mehr oder weniger eindeutigen Kriterien: Fanatismus und Arbeitswut. Diese Delegierten mußten alles aufgeben, um sich ganz der Sache zu verschreiben: Heim, Familie, Beruf. Die Methode, nach der Rosa Calviño ausgewählt wurde, zeigt deutlich, wie Evita, die Seelenhüterin, vorging.

Rosa führte mit ihrem Mann einen Bäckerladen im Stadtviertel Caballito, wo sie die Plakate von Evita und Perón angebracht hatte. Einer ihrer Kunden war Atilio Renzi. Eines Tages verkündete Renzi ihr, er werde mit seiner Frau in den Unzué-Palast umziehen: Er war zum Hausverwalter der Residenz ernannt worden. Als er nach einiger Zeit einmal zu Besuch kam, bat sie ihn, ihr eine Anstellung zu verschaffen. Sie war geprüfte Grundschullehrerin, hatte ihren Beruf aber nie ausgeübt. Kurz darauf wurde sie von Evita an eine Schule berufen. 1949 großes Theatertrommeln: Evita erwartet sie in der Residenz. Zwei weitere Frauen sind geladen. Evita erscheint, nimmt sie kritisch in Augenschein und eröffnet ihnen dann, sie müßten Basisarbeit in der Peronistischen Frauenpartei machen. Das hieß soviel wie Tag und Nacht arbeiten. Die anderen beiden zogen sich aus der Affäre. »Und die Lehrerin?«, will Evita wissen. »Ich hätte Lust dazu, aber ich habe einen Sohn von drei Jahren.« »Wir werden Ihnen ein Haus im Saavedra-Viertel zur Verfügung stellen, wo der Sitz der Basiseinheit ist. Dort können Sie arbeiten und sich dabei um den Kleinen kümmern.« So kam es, daß die Lehrerin und Bäckereibesitzerin am 27. Januar das erste Parteibüro der Peronistischen Frauenpartei leitete, sich mit Evita anfreundete und ein Jahr später Senatorin wurde.

Auch Ana Macris Werdegang ist aufschlußreich. Sie hatte in der SOCIEDAD DE BENEFICIENCIA gearbeitet und war nun in einem der Krankenhäuser beschäftigt, die laut Beschluß von Doktor Méndez San Martín dem Gesundheitsministerium unterstanden. Evita hatte den Doktor um eine Liste »verdienter« Frauen gebeten, die bei ihr arbeiten könnten. Ana wurde ausgewählt, um sich um das Übergangsheim Nr. 2 in der Calle Lafinur zu kümmern. Nach der Versammlung im Teatro Cervantes gehörte sie zu den dreiundzwanzig Delegierten, die Evita in alle Teile des Landes aussandte. »Sie gab uns allen ein Schreiben an den Provinzgouverneur«, erinnert sie sich. »Damit mußten wir alles regeln. War der Gouverneur freundlich, half er uns, indem er uns einen Wagen zur Verfügung stellte. Doch häufig blickten die männlichen Peronisten auf uns herab und boykottierten unsere Arbeit. Als Evita mir die Provinz Santa Fe übertrug, meinte sie: »Ich habe schon eine sehr gute Frau, aber mit wenig Persönlichkeit dorthin geschickt. Geh, und verschaff dir Respekt.«

Ana Macri, eine kleine, knapp ein Meter fünfzig große Blondine, machte Fußmärsche, überquerte Flüsse im Kanu, gründete sechshundertfünfzig Parteivertretungen und gewann fünftausend Frauen. Zu ihrem Glück half ihr eine glühende Peronistin mit weißem Haarknoten und dem Spitznamen »Oma« und hatte ihr bereits vor ihrer Ankunft ein Parteibüro gemietet und eingerichtet. Folglich konnte die kleine Blondine unverzüglich mit der Arbeit beginnen. In ihrem Jeep klapperte sie ein Dorf nach dem anderen ab, hielt auf dem Dorfplatz und rief die Frauen per Lautsprecher zusammen. Den Herbeieilenden wiederholte sie Evitas Sätze: »In der Politik muß die Frau hinter dem Mann stehen, ohne sich in seine Angelegenheiten zu mischen«. »Ich will keinen einzigen Mann in unseren Parteibüros sehen. In der Politik ist der Mann für die Frau ein Gegner«. Manchmal tagte die Basis in einem Eßzimmer. Dem Ehemann war dabei während der Sitzung der Zutritt untersagt.

Der Parteisitz der Peronistischen Frauen in der Hauptstadt wurde am 29. Oktober 1949 von der Delegierten für Buenos Aires, Teresa Adelina Fiora, eingeweiht, die auch die Schwesternschule der Eva-Perón-Stiftung leitete. Kurze Zeit später eröffnete Elena Caporale de Mercante die erste Basis in der Provinz. Die dreiundzwanzig Delegierten hatten die Aufgabe, mit der Hilfe Hunderter von Unterdelegierten Anhängerinnen zu gewinnen und Frauen zu finden, die das Zeug zur Abgeordneten hatten. Wie waren sie auszuwählen? »Diplome sind mir piepegal«, meinte Evita. »Nehmt die fleißigsten und die treusten Peronistinnen.« Das Verfahren glich einem Initiationsritus. Es war so, als nähme man den Schleier: Die Kandidatinnen durften nicht wissen, daß sie für den Himmel bestimmt waren, also für den Kongreß. Evita verpflichtete ihre Frauen, kein Wort darüber verlauten zu lassen, und warf eine gewisse Señora Coronel hinaus, weil sie zuviel ausgeplaudert hatte. Damit wollte sie vermeiden, daß die Kandidatinnen für den Kongreß sich vom Ehrgeiz leiten ließen. Sie sollten vom Glauben getrieben sein.

Unter den Krankenschwestern und Lehrerinnen, die das Gros ihrer Truppe bildeten, befanden sich auch eine Rechtsanwältin, Elsa Chamorro Alemán, und eine Tangosängerin, Juanita Larrauri (eine der wenigen Freundinnen aus ihrer Künstlerzeit, die mit Evita noch Kontakt hatten, als sie an der Macht war). Doch Ana Macri zufolge tauchten diese »Studierten« erst auf, als »die Männer« absichtlich das Geheimnis verrieten und die

Nachricht verbreiteten, mehrere Frauen würden zu Abgeordneten und Senatorinnen ernannt werden. Evita war der Intellekt nicht wichtig, vielmehr der Gehorsam, und sie wußte sehr gut, wie sie ihn sich verschaffen konnte.

1955 verriet die Abgeordnete der Provinz San Luis, Delia Degliuomini de Parodi, eine glühende Evita-Helferin, einer Untersuchungskomission der Befreiungsrevolution: »Nach den Wahlen von 1951 für die Senatoren und Abgeordneten der Peronistischen Partei mußten alle weiblichen Abgeordneten Briefe an ihre Verwandten oder Freunde mit kritischen Äußerungen über die Partei unterzeichnen. Das war eine persönlich geäußerte oder durch mich weitergeleitete Forderung der Señora Perón: Zu der Zeit war sie bereits krank. Diese Dokumente wurden in der Residenz verfaßt und Señor Renzi ausgehändigt«. Renzi hat diese erstaunliche Aussage bestätigt: »Die Briefe dienten Señora Perón als Waffe, um die Unterzeichnerinnen ihrer gesetzgeberischen Funktion zu entheben, sollten sie ihren Anordnungen nicht Folge leisten«.

Trotz aller Autorität war es auch originell. In den meisten Ländern werden die Volksvertreter nach ihrer sprachlichen Begabung ausgewählt. Vor allem in Frankreich kommt nur an die Macht, wer die Sprache beherrscht. Es stimmt zwar, daß soziokulturelle Kriterien nicht so entscheidend sind, doch immer noch wichtig genug, daß Evita ihre Frauen in der Kunst der Rede hätte trainieren müssen. Doch sie wagte es provokativ, Frauen mit geringer Bildung zu wählen. Ihre Motive waren natürlich nicht ganz selbstlos: Diese Frauen drohten nicht, sie in den Schatten zu stellen, und wurden dennoch beim ersten Fehler entlassen. Trotz allem war es auch mutig und eine echte Provokation, beinahe revolutionär. Es gibt nicht viele Bäckersfrauen auf der Welt, die es zu Senatorinnen gebracht haben.

Das Originelle am »Evitismus« war: In den Basisvertretungen konnten die Frauen Nähen, Kochen, Frisieren und alle möglichen anderen Fähigkeiten erlernen, die eine unter ihnen vermitteln konnte. Das neue am Peronismus überhaupt war: Dem Journalisten Enrique Oliva zufolge gab es an der Universität Cuyo Arbeiterprofessoren, die zum Thema »Hanfschuhe« lehrten. Man ging von der triftigen und vorurteilslosen Annahme aus, daß jeder irgend etwas beherrschte und es den anderen beibringen konnte.

Die Frauenpartei war der verlängerte Arm der Stiftung, denn die Erhebungen ermöglichten es, das gesamte Land von Haus zu Haus unter Kontrolle zu bekommen. Das war für die Polizei von großem Nutzen bei der Überwachung jeder Straße, jedes Häuserblocks: Der Peronismus verfügte über endlose Listen mit Namen, Gewohnheiten und Vorstellungen eines jeden. Doch die Zählung hatte auch ihr Gutes: Niemand blieb unsichtbar oder anonym. Es gab keine Gleichgültigkeit, etwa im Fall einer COYITA (Indiofrau), die in einem gottverlassenen Dorf im Nordwesten des Landes nahe der bolivianischen Grenze lebte und vorhatte zu heiraten. Die Parteiabgeordnete von Salta oder Jujuy erfuhr davon und leitete es an Evita weiter, die ihre Frauen jeden Abend zu unmöglichen Zeiten anrief. Kurz vor der Hochzeit klopfte jemand bei der COYITA an. Es war der Briefträger. Er brachte eine riesige Schachtel mit dem Hochzeitskleid, dem Schleier, den Schuhen und dem Brautkranz, sogar einen Stoff für das Kleid der Brautmutter mit passendem Hut.

Wohlanständigkeit war Evita fast ebenso wichtig wie gepflegte Zähne oder eine Nähmaschine. Sie hatte man aus Gründen der Moral verachtet, und nun wollte Evita, daß ihre Frauen sich seriös benahmen. Ana Serrano, die sie als junges Mädchen kannte, hat uns von Evitas Ratschlägen erzählt: »Gebt gut acht! Euer Auftreten und eure Umgangsformen müssen tadellos sein. Kleidet euch elegant. Ich habe viele Fehler begangen, bin jetzt aber als Peróns Frau unanfechtbar. Euch hingegen werden sie bei jedem Fehler attackieren«. »Sie«, die sich auf die armen Mädchen stürzen würden, waren eine dunkle Macht unterschiedlichster Feinde: Oligarchen, Priester, Militärs, Männer ... 1951 wurde während einer Sitzung des Consejo Superior del Partido Peronista (Oberster Parteirat) über die Anzahl der männlichen und weiblichen Kandidaten der Partei für den Kongreß diskutiert. Evita wollte acht Senatorinnen auf die Liste setzen. Doch man reduzierte sie auf sechs, und Evita mußte sich fügen. Wer waren »sie«? »Die Männer«, meint Rosa Calviño ganz ruhig. »Und Perón war einverstanden und sagte: »Ich bitte die Präsidentin der Frauenpartei, auf die beiden Senatorinnen zu verzichten!« Evita gab nach, was blieb ihr auch anderes übrig? Als sie aber auf die Straße trat, mußte sie sich übergeben.«

Der zensierte Sinn

Die Geschichte ihres Buches LA RAZON DE MI VIDA (Der Sinn meines Lebens) ist eng mit der der Frauenpartei verbunden. In der von der Zeitschrift PRIMERA PLANA 1967 veröffentlichten Geschichte des Peronismus, HISTORIA DEL PERONISMO, schildert Hugo Gambini uns eine seltsame Figur: Manuel Penella de Silva. Er war ein spanischer Journalist mit bewegter Vergangenheit. Als Sohn eines bekannten Musikers, den er nie kennenlernte, war er von seiner Mutter und vier Geschwistern aufgezogen worden. Später hatte er eine Deutsche geheiratet und mit ihr fünf Kinder bekommen, so daß er die Frauen sehr gut verstand. Man hatte ihn aus Deutschland vertrieben, weil er die militärische Niederlage vorausgesagt hatte. Und er hatte ein sehr nazifeindliches Hitlerbuch geschrieben. Dabei war ihm plötzlich die Erkenntnis gekommen, was dem Naziregime gefehlt habe, seien die Frauen gewesen. »Weder eine Agrippina, noch eine Lukretia. Hitler hielt Eva Braun wie alle ihre Vorgängerinnen versteckt. Der Führer, als Symbol und Vorbild des Germanen, mußte ein Mann ohne Frau sein.«

Diese Erkenntnis brachte ihn auf die Idee, die weibliche Beteiligung an allen politischen Regimes zu untersuchen. Dabei kam er auf den Gedanken, eine rein weibliche Kammer einzurichten, da die Parlamente zwei hatten. Allerdings wagte er es nicht selbst, diesen Vorschlag zu unterbreiten: Wenn er so weitermachte – sagte er sich –, würde man ihn noch zur Frau »ehrenhalber« erklären! Er hatte vor, in die USA zu reisen und mit Eleanor Roosevelt über dieses Projekt zu sprechen, und hielt sich gerade mit seiner siebenköpfigen, ziemlichen Hunger leidenden Familie in Zürich auf, als er den argentinischen Botschafter Benito Llambí kennenlernte und von diesem erfuhr: »Die richtige Person dafür ist Eva Perón«.

Penella kratzte seine letzten Groschen zusammen, um nach Buenos Aires zu fahren. Er wollte Evita sein berüchtigtes Projekt vortragen und nebenbei eine Biographie über sie schreiben. Bei seinem ersten Zusammentreffen mit Perón gab es ein Mißverständnis, das das spätere Verhältnis beider Männer zueinander erschweren sollte. Perón gewann seine ausländischen Gesprächspartner bekanntlich immer für sich, indem er seine größte Sympathie für ihr Land zum Ausdruck brachte, manchmal war sogar von einem Großvater aus dem jeweiligen Land die Rede. In der Annahme, de Silva sei ein brasilianischer Name, begann er von Brasilien zu schwärmen. Als er seinen Irrtum bemerkte, fühlte er sich entlarvt und verzieh dem Journalisten nie mehr, daß er kein Brasilianer war. Erst sehr viel später gelang es Penella de Silva, Evita kennenzulernen. Sie erfuhr auf ihrer Reise in die Schweiz durch Botschafter Llambí von Penellas Idee. Nach ihrer Rückkehr traf sie sich so häufig mit dem Spanier, daß Aloe ihr riet, ihn nicht immer allein zu sehen, damit man ihr nichts nachsagen konnte. Ein Rat, den Evita, die stets auf ihren guten Ruf bedacht war, sofort befolgte.

Die Worte des Journalisten beeindruckten sie zutiefst. Sie beschlossen, er solle Evitas Geschichte in der Ich-Form schreiben und ihr seine Ideen in den Mund legen, die sie ausgezeichnet fand. »Als er mit der Redaktion begonnen hatte und ihr aus dem Manuskript vorlas«, schreibt Gambini, »weinte Evita, als lese er aus einem Heftchenroman: ›Ja, ja! Genauso war es!‹.« Doch sie teilte nicht Penellas literarisches Konzept. Er schrieb das Buch in schlichtem Stil, ein wenig ungeschickt und sehr sentimental, um Evitas Unschuld und einfachen Geist wiederzugeben. Und sie wollte einen schönen, geschliffenen Stil. Einen Stil, der dem Stil ihrer sorgfältigen Kleidung und ihrem neuen Moralkodex entsprach.

Doch Perón widersetzte sich diesem Buch. Dem Buch und der Idee einer weiblichen Kammer, die er lächerlich fand, was Evita nicht daran hinderte, sie auf dem in Buenos Aires veranstalteten Hispanoamerikanischen Frauenkongreß zu verkünden. Nur Frauen sollten den Senat bilden, der eine Versammlung mit beratender Funktion sein würde und ein Instrument des Weltfriedens. »Reine Hirngespinste«, meinte Perón und legte die Papiere gemeinsam mit der Idee zu den Akten.

Penella zufolge tröstete Evita sich damit, daß sie Perón das

Versprechen abnahm, eine Frauenpartei zu gründen. Das war besser als nichts, und Perón hatte aus taktischen Gründen nichts dagegen: So würde er erreichen, daß die Frauen ihn mehrheitlich wählten. Doch gleichzeitig akzeptierte der Präsident nach Meinung des spanischen Journalisten damit auch eine unübersehbare Tatsache: zwei Köpfe an der Spitze der Macht.

Es erübrigt sich zu sagen, daß der Spanier seine Unzufriedenheit zum Ausdruck brachte. Eines Tages, als er mit Evita, Raúl Mendé, dem Minister für Technologie, und Armando Méndez San Martín, dem Erziehungsminister, im Auto saß, auf dem Weg zu einem Essen in der Residenz in Olivos, einem anderen Präsidentensitz, nutzte er die Gelegenheit, sich zu äußern. Die ganze Fahrt über wiederholte Evita unermüdlich die bekannten Sätze vom Gehorsam gegenüber Perón (sicherlich angesichts zweier argentinischer Zeugen in übertriebenem Maße): »Wir müssen für Perón arbeiten, uns seinem Willen beugen. Er hat zu bestimmen, er weiß, er kennt den Weg. Er ist der außergewöhnlichste Mann auf der Welt.« Der Journalist konnte es nicht mehr hören und konterte: »Sie hören nicht einen Moment auf, es in alle Himmelsrichtungen zu verkünden. Er hingegen lobt Sie nie, weder in der Öffentlichkeit, noch privat«. Evita verstummte für den Rest der Fahrt. Als sie nach Olivos kamen, bat sie Penella nicht mit ins Haus, winkte ihm aber zum Abschied. Später erfuhr er, sie habe Perón während des Essens gesagt: »Penella sagt, Du lobst mich nie«. Als der Spanier ihr vorwarf, sie habe zuviel geredet, meinte sie mit ausgebreiteten Armen, als sei es offensichtlich: »Wollen Sie etwa, daß Perón es aus Mendés Mund erfährt?« Ausgerechnet Mendé, einem seiner ergebensten Diener, übertrug Perón dann auch die Korrektur von LA RAZON DE MI VIDA. Es war das Jahr 1951. Evita hatte ihrem Mann gesagt, sie würde das Buch gerne noch vor ihrem Tod veröffentlicht sehen.

Pater Benítez hätte diese Korrekturen übernommen, um Perón zu beruhigen, dem der Feminismus des Buches zuwider war, und gleichzeitig den Kern der Aussage dieses in seinen Augen wichtigen Werks zu bewahren. Mendé veränderte es bis zur Unkenntlichkeit. Nicht genug damit, daß er die grundlegenden Ideen eliminierte, schmückte er den Text auch noch mit schwülstigen Lobeshymnen auf Perón. Dazu ein Beispiel:

»So wie die Frau ewigen Ruhm erlangt, indem sie sich aus Liebe dem Mann hingibt und so Einsamkeit und Tod überwindet, denke ich, wird wohl keine feministische Bewegung auf der Welt zu ewigem Ruhm gelangen, wenn sie sich nicht der Sache eines Mannes verschreibt.

Wichtig ist nur, daß die Sache und der Mann diese völlig Hingabe wert sind!

Ich glaube, Perón und seine Sache sind groß und würdig genug, um die totale Hingabe der Frauenbewegung meines Landes zu verdienen. Mehr noch, auf der ganzen Welt sollten die Frauen seinem JUSTICIALISMO huldigen, denn sich aus Liebe einer Sache zu verschreiben, die die ganze Menschheit angeht, verleiht den Frauen Größe.«

Für den Verfasser der HISTORIA DEL PERONISMO entstammen diese Abschnitte einem »eifernden Hirn, das die Hinwendung der Frauen zu Perón in Form eines exaltierten Erotismus begreift«. Und er kommt zu dem Schluß: »Das paßt genau zu späteren Taktiken in Peróns Umfeld, mit dem Ziel, ihn in eine Art erotischen Taumel zu versetzen. Noch hatte man nicht damit begonnen, ihm bestimmte Hormone zu spritzen. Die Behandlung blieb rein verbal.«

Wir werden noch auf Peróns »erotischen Taumel« nach Evitas Tod und auf die Rolle, die Mendé und Méndez San Martín dabei spielten, zurückkommen. Bleiben wir zunächst bei den Worten, die man Evita in den Mund legte, mit der Absicht, wenn nicht ihre, so doch die eines frauenfreundlichen Mannes auszumerzen. »Das Buch stammte so sehr von mir wie von ihr«, meint Penella. »Einfach, naiv, zwangsläufig auch kämpferisch, wie sie es war, das Buch war ihr Ebenbild.« Mit dem Verzicht hatte Evita einen zweifachen Verrat begangen: zum einen am Verfasser, zum anderen an ihrem eigenen, instinktiven Feminismus. Da sie sich dessen bewußt, aber bereits zu schwach war, brach sie den Kontakt zu Penella de Silva schließlich ab.

Im Oktober 1951, ein Monat nach Erscheinen von LA RAZON DE MI VIDA, suchte der Verfasser des Manuskripts, das wir niemals lesen werden, sie zum letzten Mal auf, um Abschied zu nehmen: Er kehrte nach Europa zurück. Er traf sie blaß und traurig an. Infolge ihrer Krankheit, aber auch, weil sie nicht genug Mut gehabt hatte zu verhindern, daß Perón sie so entmündigte. Sie meinte nur zu ihm: »Danke für das Buch. Es ist wie das Kind, das ich nicht bekommen habe«. Als sie das sagte, sproß in ihrem Leib bereits die Frucht ihrer Auflehnung: Unterleibskrebs.

Was bleibt von Evita in diesem Buch, das in den Schulen zur Pflichtlektüre wurde? Bisweilen trifft uns ein einsames Wort in seiner Lebendigkeit, Schlichtheit und Direktheit, und man meint, sie zu hören, so wie sie sich auf dem Land gab, wenn sie sich frei von Zeugen wähnte: unschuldig und voller Leidenschaft. Ansonsten sind die reaktionären Aussagen über die aufopfernde Frau und Mutter, die am heimischen Herd nur für ihre Kinder lebt, wenig aufschlußreich. Einerseits, weil man sich leicht vorstellen kann, woher sie stammen. Andererseits blieben sie auch, wenn Evita sie ohne Zähneknirschen unterschrieben hätte, ohne Interesse. Der Biograph einer intuitiven, aber ungebildeten Person kann diese nur jenseits der Worte erfassen. Das meint selbst Pater Benítez: Evita darf man nicht in dem suchen, was sie gesagt hat, sondern in dem, was sie getan hat. Man könnte noch ergänzen: auch in ihren unbewußten Gesten und ihrem Tod. Es war nicht der selbstlose weibliche Verzicht, der sich Luft machte, als sie sich nach dem Verlust zweier Sitze im Kongreß auf der Straße übergab.

Marysa Navarro verfolgt minutiös die Übereinstimmungen zwischen der Sprache von LA RAZON DE MI VIDA und der vor allem schriftlich vorliegendenen, von ihr gehaltenen Reden. Fügen wir noch die Artikel in DEMOCRACIA hinzu und die Kurse zur Geschichte des Peronismus, die seit 1951 in der ESCUELA SUPERIOR DEL PERONISMO gehalten wurden. All diese Texte sind in einer einheitlich simplen Sprache abgefaßt. In anderen Worten kommt auch Navarro zu dem Schluß, daß sie alle der gleichen Feder entstammen, und meint damit Evita. Unserer Meinung nach hat die offensichtliche Einheitlichkeit dieser Schriften einen einfachen Grund: Die Prosa der Verfasser wurde immer mit der gleichen Schere beschnitten, denn weniger flach wäre sie verdächtig gewesen. Einige häufig wiederholte Begriffe scheinen jedoch direkt von Evita selbst zu stammen. Es sind Worte, die Gefühle durch körperliche Befindlichkeiten, vor allem Schmerzen, ausdrücken. Man erkennt sie an dem körperlichen

Aspekt, den nur Evita beisteuern konnte. Sie muß sie ihren Schreibern eingegeben haben, die sie, in der Annahme, sie seien harmlos, durchgehen ließen. Bereits in Muñoz Azpiris Propagandatexten »Hacia un mundo mejor« (Für eine bessere Welt) sind solche Spuren zu finden: »etwas Beklemmendes, Hartes, das im Inneren keimt, in den Wurzeln des Leibes«.

So liest man auch in LA RAZON DE MI VIDA oder in den Reden Sätze, die vom Leib und dem geschundenen Körper sprechen: »Der Gedanke an das Unrecht hat mir immer ein Gefühl der Beklemmung gegeben, als könnte ich das Übel, das ich sehe, nicht ändern, als fehlte mir die nötige Luft zum Atmen«. »Seit ich denken kann, bereitet mir jedes Unrecht seelische Schmerzen wie Stiche direkt ins Herz. Aus jedem Lebensalter bleibt mir die Erinnerung an eine Ungerechtigkeit, die mich zutiefst im Inneren zerriß. Deshalb schreie ich mich bei meinen Reden heiser, bis mir die Stimme versagt, wenn ich dem immer heftigeren Zorn in mir Luft mache, der mir wie ein Stachel im Herzen sitzt«. »Nur ein Verdienst habe ich: meine Liebe zum Volk und zu Perón, die mir im Herzen brennt, den Leib zermartert und die Nerven entflammt.« »Ich habe mich körperlich verausgabt, um meinen unterdrückten Brüdern neues Leben einzuhauchen. Meine Seele weiß das, und mein Leib spürt es. Ich verwende alle meine Energie darauf, mit meinem Leib eine Brücke zum Glück der Allgemeinheit zu schlagen. Schreitet über mich.«

Bilder und Trugbilder

Die Fotos der berühmten Fotografin Gisèle Freund werfen ein überraschendes Licht auf Evita, als sei sie darauf aus, sich möglichst ungünstig darzustellen. Das verfälschende und unvollständige Bild einer Frau, die auf Materielles aus ist, den Feinden wie auf dem silbernen Tablett serviert, sei es aus reiner Naivität, sei es mit selbstzerstörerischer Absicht.

Gisèle Freund hatte Argentinien dank Victoria Ocampo während des Krieges kennengelernt. 1950 kehrte sie inkognito zurück: Sie wollte Evita fotografieren und wußte, daß ihre Freunde, fanatische Antiperonisten, das als Verrat ansehen würden. Monatelang wartete Gisèle Freund darauf, von dieser Frau empfangen zu werden, die sie als Künstlerin ungeachtet aller Vorbehalte interessierte. Das Treffen fand schließlich im Ministerium statt. Sie blieb bis zwei Uhr morgens, und mit Geduld eroberte sie Evita und bekam die Fotos. Am nächsten Tag lud diese die Fotografin zum Mittagessen im Heim für Hausangestellte ein. »Heh, Jungs«, rief sie ihrer Gefolgschaft mitten bei der Mahlzeit zu. »Ich habe mehrere Millionen Überschuß und weiß nicht, wohin damit. Wer will sie haben?« Kurz darauf warf ein Minister ihr vor, ein Dekret unterschrieben zu haben, und Evita lachte ihm ins Gesicht: »Was heißt schon eine Unterschrift mehr oder weniger?« Gisèle Freund begriff, wie unangenehm es diesen Männern war, daß Evita sich vor der Ausländerin so aufspielte.

Doch hier endet die Geschichte noch nicht. Evita lud sie zu einer Besichtigung bei ihr zu Hause ein, wo es nach Aussage der Fotografin »erschreckend luxuriös war«, und ließ sie den Inhalt ihrer Kleiderschränke fotografieren, »damit die ganze Welt sieht, was ich alles habe«.

Perón war dabei. Er wirkte nicht so, als ob es ihn störte, obwohl er bemerkte: »Die ganze Welt wird denken, daß du eine Varietétänzerin bist«. Evita hörte nicht auf ihn, so beschäftigt war sie mit der Anprobe eines weißen Tüllabendkleids, das von »blauen Diamanten« übersät war.

Diese Fotos sind berühmt geworden. Die ganze Welt konnte Evita vor den Vitrinen voller Schmuck sehen, die einen ganzen Raum des Unzué-Palastes ausfüllten. Reichten ihr überhaupt die 365 Tage pro Jahr, um die mehreren Hundert Paar Schuhe, Hüte, Kostüme und nach Gattung geordneten Pelze zu tragen, die in einer Reihe kleiner Kammern aufbewahrt wurden? Brauchte sie all das, um ihre Leere auszufüllen und die Angst zu bekämpfen, wie sie sich auch, um ihrer Einsamkeit zu entfliehen, bis zum Morgengrauen mit einer Gruppe von Getreuen umgab? Oder bedeutete dieser Überfluß, daß ihr im Grunde nichts gehörte, da materieller Besitz den Sinn verliert, sobald es unmöglich wird, die einzelnen Dinge im Gedächtnis zu behalten? Der Drang zu besitzen war mit dem Gefühl gepaart, daß alles, ihre Güter, ihr Name, ihr Körper, sinnlos war. Diese Frau, die hier ihre Schätze ausbreitet, wird nie etwas anderes sein als eine heimatlose Zigeunerin.

Doch natürlich deuteten die Feinde es anders. Um acht Uhr am nächsten Morgen rief Apold Gisèle Freund an und meinte: »Bringen Sie mir die Negative. Das ist ein Befehl«. Sie gab die Kopien einer Freundin, um sie im Fall eines Unglücks zu retten, und eilte mit den Negativen zum Flughafen. Sie nahm nichts außer ihrer Schreibmaschine mit. Alles, was sie in ihrem Appartement hatte, wo die Polizei zwei Stunden nach ihrer Abreise eintraf, mußte sie zurücklassen.

Das weiße Tüllkleid mit der straßbestickten Corsage wurde berühmt. Vielleicht war es das gleiche, das sie am 25. Mai 1951 zusammen mit einem ausgestellten Mantel aus Seidenbrokat bei der Galavorstellung im Teatro Colón trug. Jedenfalls hat man dieses oder ein ähnliches Kleid für die Rock-Oper EVITA ausgewählt, die 1978 in London uraufgeführt wurde. Die mit der Rolle betrauten Schauspielerinnen und Sängerinnen (Eliane Page, Patty Lupone, Paloma San Basilio) haben diese Prachtrobe mit dem bauschigen Rock und dem glitzernden, ärmel- und trägerlosen Oberteil getragen. Evita irrte sich nicht, als sie es vor der Fotografin aus der »weiten Welt« anprobierte. Ihr einziger Fehler war, ihren Feinden die ersehnte Munition zu liefern, doch sie war es auch, die ihren zukünftigen Regisseuren das unvergeßliche Bild vorgab.

Fast alle Abendkleider kamen von Dior. Für die Alltagskleidung sorgte ihr Couturier Luis Agostino. Von ihm stammten auch ihre Kostüme, als sie nicht mehr von Paco Jamandreu entworfen wurden. Warum hatte der »Schwule«, der das legendäre Hahnentrittkostüm für sie erfunden hatte, sich von ihr getrennt? Sie scheinen sich nicht zerstritten zu haben. Als Evita ihn lange nach der unerklärlichen Trennung auf der Straße traf, lachte sie furchtbar über sein altes Auto und verschaffte ihm ein neues. Als sie krank wurde, ließ Perón Jamandreu rufen, damit er sie mit der Vorführung schöner Modelle und glänzender Stoffe aufheiterte. Warum also die Trennung? Vielleicht mußte er dafür büßen, daß er Zeuge einer Zeit war, als Evita in Sachen des guten Geschmacks noch nicht sicher war.

Jedenfalls trat Agostino an seine Stelle. Doch der neue Couturier bekam die Señora bei den Anproben im Unzué-Palast nie ausgehfertig zu Gesicht, sondern immer nur im Pyjama. Der Wagen, in dem Perón zur Casa Rosada gefahren wurde, nahm Luis auf dem Rückweg mit in die Residenz. Um sieben Uhr morgens waren oft schon die Minister da, so daß der arme Couturier manchmals bis zum Mittag warten mußte. Wenn Perón zum Essen heimkam und ihn noch antraf, schüttelte er mißbilligend den Kopf: »Ach, diese Evita. sie ist unverbesserlich!«

Damit er sie nicht ausschimpfte, versteckte Agostino sich, sobald er die Schritte von Evitas Gemahl vernahm, wie ein heimlicher Liebhaber hinter der Gardine (dieselbe, hinter der sich auch die Dichter der Peña morgens versteckten, wenn Perón aufstand). Doch bald konnte man ihn so nicht mehr täuschen. »Er hatte eine gute Nase!«, erinnert sich Luis Agostino. »Er merkte immer, wenn ich noch da war.«

Luis Agostino kreierte Dutzende von hellblauen oder rosa Kostümen für Evita, aus italienischem Schantung oder aus »Haifischhaut«. Und natürlich entwarf er weiterhin die berühmten Hahnentrittkostüme, zu denen sie ein Hütchen mit Schleier trug. Die Jacken mußten bis oben zu knöpfen sein, da sie keine Bluse anzog. Sie trug nur diese »Bürokleidung« oder Nachtzeug, weder kurze Kleider, noch Wollmäntel, nur solche aus Pelz. Sie war einen Meter siebzig groß, doch die Plateausohlen machten sie noch zwölf Zentimeter größer. Ihre Maße betrugen: 92-67-94.

Die Verfasserin konnte nicht umhin, Agostino eine heikle Frage zu stellen: »Meine Mutter, die Evita verabscheute, meinte, sie sei mager mit rundlicher Taille gewesen. Was meinen Sie dazu? Hatte sie recht?« Und dieser zurückhaltende Mann, der nie darüber gesprochen hatte und keine Interviews gab, gestand überraschenderweise: »Ja, das stimmt. Sie hatte ein wenig Bauch. Wenn Dior die taillierten Jäckchen schickte, habe ich sie ein wenig an Hüften und Schultern ausgelassen und innen ein Gummiband eingearbeitet, um diesen Schönheitsfehler zu kaschieren.«

Hinter dem Vorhang

Die Szene hinter dem Vorhang bringt uns auf ein wichtiges Thema: das der Geheimnisse. Perón und Evita scheinen sich nur in Andeutungen miteinander verständigt zu haben, ein Austausch von Informationen, bei dem man nicht wußte, ob es darum ging, etwas mitzuteilen oder nur so zu tun und das Wesentliche zu verschweigen. Jorge Luis Borges meinte: »Weder war Perón Perón, noch war Eva Eva. Sie waren mysteröse, anonyme Gestalten, die uns weder ihr wahres Gesicht, noch ihre geheimen Namen verrieten«. In Wirklichkeit war Perón sehr viel weniger Perón als Eva Eva war. Beide spielten ihre Rolle im selben Schattentheater. Doch hinter der falschen Fee stand eine Frau.

Obwohl sie offen war und er hinterlistig, machte sie diese dritte Person, die aus ihrer Beziehung hervorging, wieder gleich. Das trifft auf jedes Paar zu, das aus zwei Personen besteht, jedoch gemeinsam eine dritte bildet. Wie bei ihnen im Kampf um die Macht, der sie vereint hatte. Evita ging auf ihre Art auf Lamajagd.

Angel Miel Asquía hat uns von den Schachzügen erzählt, zu denen sie greifen mußte, um Perón davon zu überzeugen, daß dieser oder jener Minister oder Staatsbeamte nicht mehr tragbar waren. Zunächst sagte sie es ihm. Er aber, der sich für unfehlbar hielt, war ausgesprochen dickköpfig (Sergia Machinandearena zufolge war er in seiner Sturheit manchmal unleidlich, während die weniger eitle Evita auf Ratschläge hörte). In diesem Fall suchte Evita nach einem Ausweg und fragte Héctor Cámpora um Rat: »Der General weiß nicht, daß der Soundso ihn hintergeht. Man müßte es ihm hinterbringen«. Der treue Gefolgsmann nahm sich dann der Sache an. Perón rief erstaunt aus: »Wie seltsam! Eva denkt genauso«. Ermutigt durch den Erfolg griff sie zur selben List, um den einen oder anderen anzuschwärzen oder zu loben. Diesmal schenkte Perón Cámpora nur einen verwunderten Blick. Und beim dritten Mal lauschte er ihm mit übertriebener Aufmerksamkeit, begleitete ihn zur Tür und sagte mit seiner üblichen, fast japanisch anmutenden Verneigung leise: »Sehr gut, Sie haben das Ihre getan, Cámpora. Grüße an Evita«.

Das Bild eines dickköpfigen Perón widerspricht scheinbar

dem des kosmischen und amorphen (ein Ausdruck des Schriftstellers José Pablo Feinman), den alle überzeugt zu haben glaubten, da er sich mit allen einverstanden zeigte. Tatsächlich aber war er unnahbar. Für den Regisseur Mario Sábato gibt ihn folgende Szenerie am besten wieder: Perón hat soeben X vor Y kritisiert, empfängt X aber dennoch mit einer herzlichen Umarmung. Über die Schulter von X hinweg zwinkert er dabei Y zu, der nun überzeugt ist, zu wissen, was Perón denkt, da er ihm zugezwinkert hat. So bleibt das Rätsel ungelöst. Wen verrät er? Den Adressaten seiner Umarmung, den seines komplizenhaften Blicks, oder beide, bzw. keinen von beiden?

Evita gab sich alle Mühe, Perón vor seiner inaktiven, dunklen Seite zu bewahren, vor diesem verschlossenen Bereich, in den er sich zurückzuziehen pflegte. War sie vielleicht schuld? Ganz bewußt hatte Evita, wenn sie sich zunehmend einmischte, nichts anderes im Sinn, als zu erreichen, daß die Leute ihn liebten, und seine Feinde zu vernichten. Man mußte ihn abschirmen, damit niemand sah, wie er wirklich war: »Kommt ihm nicht zu nahe, er ist wie die Sonne!« Doch irgendwie übertrieb sie ihre Wachsamkeit auch aus Furcht, selbst ausgeschlossen zu werden. So lebte sie, wie Penella sagte, »in einem permanenten Zustand der Wut«, wütend auf die echten und die vermeintlichen Feinde, die sie oft nur irrtümlich für solche hielt. Sie selbst hatte Raúl Mendé zum Nachfolger für Figuerola, den spanischen Franquisten, bestimmt, der mit Perón im Ministerium gearbeitet hatte und den Evita entlassen wollte, nur weil er kein Argentinier war. Selbst Méndez San Martín hatte zu den Evitistas gehört, bevor er beschloß, Peróns »erotisches Delirium« zu arrangieren.

Während der unerreichbare, apathische Perón Evita zutiefst irritierte und deprimierte, tat der hartherzige und verächtliche ihr eher leid. »Peróns einziger Fehler ist, daß er ein Militär ist«, sagte sie gegenüber Rosa Calviño. Eine seltsame Art, eine lange Liste von Fehlern anzuführen, indem man sie scheinbar auf einen einzigen reduziert. Natürlich war dieser Perón mit sturen Gewohnheiten, dieser Ordnungs- und Reinlichkeitsfanatiker, der sich mehrmals am Tag duschte und umzog, ein Militär, der manchmal eine verletzende Art haben konnte, die er zu verbergen suchte. Als ihn ein armer Mann einmal auf die Wange küßte, brüllte Perón ganz aufgebracht: »Wie ekelhaft! Ich ertrage es nicht, daß ein Mann mich küßt!« Da kam sie herbeigelaufen, um dem armen Mann aus dem Volk zu erklären, daß der LIDER ihn nicht hatte kränken wollen. Allerdings darf man nicht vergessen, daß die heutige Sitte, sich unter Männerfreunden zu küssen, damals noch nicht bestand. Militär oder nicht, die Männer wahrten Distanz und vermieden es sogar, ihre kleinen Kinder zu küssen. Es gab diesen Unterschied zwischen der herzlichen Evita und dem unnahbaren Perón, doch war er für damalige Verhältnisse weniger kraß, als er es heute wäre.

Eine Freundin von Erminda Duarte hat uns folgende Anekdote erzählt. Das Paar ist mit dem Wagen unterwegs nach San Vicente. Sie kommen in einen Stau, und Perón weist den Fahrer an, in verbotener Fahrtrichtung zu fahren. Ein junger Polizist hält sie an und gibt ihnen einen Strafzettel. Da meint Perón aufgebracht: »Aber sehen Sie denn nicht, wer ich bin?« – »Doch«, meint der Polizist, »aber trotzdem fahren Sie gegen die Fahrtrichtung.« Da will Perón seinen Namen wissen und macht sich trotz Evitas Protest die Mühe, den Kommissar aufzusuchen, um ihn um die Entlassung des Polizisten zu ersuchen. Die ganze restliche Fahrt über schimpft er: »Scheißindio!« Als sie in San Vicente eintreffen, ruft Evita heimlich den Kommissar »in Peróns Namen« an, damit sie den Polizisten, der nur ehrlich seine Pflicht getan hat, wieder einstellen und sich bei ihm entschuldigen.

Auch sonst telefonierte Evita in San Vicente ununterbrochen. Sie hatte die »Wochenendneurose«, und Perón mußte das Telefon herausreißen, damit sie nicht auch noch den gesamten Sonntag über am Hörer hing. Doch sie merkte es, reparierte das Telefon eigenhändig und deckte es mit Kissen zu, um das Klingeln zu dämpfen. Das Telefon war seit jeher ihre Leidenschaft: Während ihrer Europareise telefonierte sie jeden Tag mit Perón und mit dem Kongreß. Die Evitisten unter den Abgeordneten unterbrachen die Sitzung, um zum Apparat zu stürzen. Und Evita gab ihnen Anweisungen, deren Befolgung sie vierundzwanzig Stunden später sofort überprüfte.

Ganz im Gegenstz zu Perón, der sich, sobald er auf dem Land war, nur noch beim Herstellen von Mayonnaise für unentbehrlich hielt. Er war der einzige, der sie im richtigen Rhythmus schlagen konnte. (Außer der Mayonnaise hatte er wenige kulinarische Gelüste. In Teodoro Garcías Haus besaß er einen Keller mit ausgezeichnetem Wein, den Franco ihm geschickt hatte. Doch er trank immer seinen herben Rotwein, Marke TORO. Die Menüs in der Residenz waren von beklagenswerter Einfachheit. Evita aß überhaupt nicht oder bestellte ein paar Spiegeleier.) Der General war auch ein Experte darin, Schuhe auf Hochglanz zu polieren. »Das ist eine Sache des Handgelenks«, erklärte er seinen engen Freunden immer belehrend, so wie er ihnen auch Lektionen über sein Lieblingsthema erteilte: das Bügeln von Hosen.

In San Vicente bestieg Perón sein Pferd Manchita, einen Hellbraunen mit einem schwarzen Stern auf der Stirn, mit dem er im August 1950 bei einer Ehrung San Martíns aufmarschiert war. Für eine Frau ein berauschendes Spektakel, Perón auf dem Pferd zu sehen! Zu Fuß fielen seine füllige Taille und seine kurzen, meist über dem Bauch gekreuzten Arme mit den auf Nabelhöhe gefalteten Händen zu sehr auf. Überdies wirkte er in Zivil nicht besonders elegant: In einem Interview mit der Soziologin Marta Echeverría beschreibt Castiñeira de Dios Peróns braunweiße Schuhe mit gezackten Rändern. Zu Pferd, in Reithosen und Stiefeln, schwang er sich in andere Höhen auf. Man konnte unmöglich dem Eindruck dieser animalischen, kompakten Muskelmassen widerstehen. Doch in Gedanken ganz bei den Armen, die nicht bis zum Montag warten konnten, denn für sie war es immer zu spät, sah Evita ihn an, ohne ihn wahrzunehmen.

Ebenso langweilte sie sich mit Perón an Bord der Tacuara. Ihrem Mann zum Gefallen begleitete sie ihn manchmal auch zu einem Autorennen, um Juan Manuel Fangio zu sehen, oder zu einem Boxkampf mit Gatica, einem guten Freund von Juancito (sie war die Patin seines Sohns). Am Samstag kam sie nachmittags schnell von der Stiftung heim, um in einem Salon der Residenz mit Perón einen Film anzusehen. Perón beendete seine Siesta, wenn sie gerade mit der Behauptung, es sei ihr Nachtisch, an einem Apfel nagte. In Wirklichkeit hatte sie noch nichts zu sich genommen. Wenn sie einen Liebesfilm sahen, nahm sie es noch hin, ihr Mann bevorzugte jedoch Abenteuerfilme. Kann man sich ein durchschnittlicheres Paar vorstellen? Sie nervös und leidenschaftlich, er ruhig und phlegmatisch: tags wie nachts. Das galt, wie gesagt, nur für jeden einzeln. Im Zusammenspiel dessen, was man eine Paarbeziehung nennt – wo jeder ständig versucht, den anderen zu manipulieren –, waren sie untrennbar zusammengeschweißt.

Wen hatte Evita im Sinn, wenn sie sagte: »Unentschlossenheit ist mir zuwider«?

Gegen 1949 bestand das Gefolge von Evitisten aus dem Finanzminister und Verwalter der Stiftung Cereijo, Cámpora, Miel Asquía, Espejo und Nicolini. Miranda, der nur mit dem Fuß aufzustampfen brauchte, um ihr das Geld für die Stiftung zu besorgen, war nicht Evitas Gefolgsmann. Er kochte sein eigenes Süppchen, was ihn teuer zu stehen kam: Er wurde wegen Veruntreuung angeklagt und mußte nach Montevideo fliehen, um dem Schlimmsten zu entgehen. Es genügte freilich nicht, Evitas Kreis anzugehören, um ihr ganzes Vertrauen zu genießen. Manchmal verriet sie einem ihrer Getreuen ein Geheimnis, um zu sehen, wann es ihr wieder als Gerücht zu Ohren kommen würde. Diese Getreuen behandelte sie wie die übrigen Minister und Staatsbeamten, mit einer Mischung aus lockerer Kameradschaft und mütterlicher Nachsicht, kindlicher Koketterie und fast sadistischer Strenge. Mit erhobenem Zeigefinger machte sie eine theatralische Drohgebärde, die deshalb nicht weniger ernst gemeint war: »Man hat mir erzählt, daß du dich in letzter Zeit nicht so verhältst, wie du solltest. Nimm dich bloß in acht! Ich bin ja sehr geduldig, aber ...« Oder sie schürzte die Lippen: »Mach schon, sei so gut, und erledige mir diese kleine Sache bis morgen!« Oder sie beschimpfte einen direkt, wie Antonio Cafiero, einen noch aktiven Peronistenführer, den sie damals nicht haben wollte – später scheint sie ihre Meinung geändert zu haben –, weil er ein Abzeichen der katholischen ACCION CATOLICA und nicht das der Partei trug: »Sag mal, hast du eigentlich nur Scheiße im Kopf?«

Mit welchem Vergnügen unterzog sie einen der härtesten Prüfung! Enrique Pavón Pereyra hat uns erzählt, eines Tages habe Evita den Dichter Juan Oscar Ponferrada aufgefordert, einen dubiosen Leckerbissen, ein Geschenk des japanischen Botschafters, zu probieren. Der Dichter aß davon und meinte unter Würgen: »Das ist das größte Scheißzeug, das ich je im Leben gegessen habe«. Da brach sie in schallendes Gelächter aus: »Ich finde es auch ekelerregend. Aber vor Cámpora habe ich so getan, als ob es mir schmeckte, woraufhin er siebenmal nachgenommen hat«.

Streiche einer allmächtigen Frau, die ihre Verachtung für jede Art von Servilität bezeugen, was sie freilich nicht daran hinderte, Gehorsam zu forden. War sie zu echter Freundschaft fähig? Zumindest glaubte sie es. In Wirklichkeit hatte sie eher die Fähigkeit zu geben, was nicht das gleiche ist: Wer gibt, übt Macht aus. Sie schätzte es nicht sonderlich, wenn man sie um nichts bat, weder um Gunst, noch um materielle Dinge. Doch mit einigen hat sie eine einfache, unkomplizierte Freundschaft gepflegt. Dann war sie direkt und herzlich und machte wie jede junge Frau Späße. Fermín Chávez, der sie in der Peña kennenlernte, schreibt folgendes: »Die Evita, die ich kannte, hat nichts von der »Frau mit der Peitsche« oder von dem »finsteren Mythos« bzw. der Despotin, die manche beschrieben haben, auch nichts von der für den Psychiater reifen Person, die in manchen pseudowissenschaftlichen Büchern herumgeistert«.

Wenn auch eher bereit zu geben, als eine gleichberechtigte Freundschaft einzugehen, war sie doch fähig zu lieben. Als sie Salinas gegenüber meinte: »Der General hat keine Freunde. Er liebt niemanden und haßt niemanden«, wollte sie eine Grundeigenschaft von Peróns Persönlichkeit zum Ausdruck bringen. So kompliziert der General auch im Umgang mit Menschen war, so zeigte er im wesentlichen doch zwei Gesichter: Verführung und Kälte. Letztere stand hinter seiner vermeintlichen Feigheit. Mut erfordert Leidenschaft. Ein eiskalter Mann sieht keinen Anlaß, sein Leben zu riskieren. Evita fürchtete seine mangelnde Begeisterungsfähigkeit, seine Art, Zuneigung abzuwehren. Deshalb hielt sie Kontakt zu Doña Juana Sosa. Als Witwe hatte Peróns Mutter einen zwanzig Jahre jüngeren Tagelöhner geheiratet. Perón weigerte sich, sie zu empfangen. War es aus Scham, daß er sich mit dieser »dicken Indiofrau«, die seine Mutter war, nicht sehen lassen wollte? Sein Bruder war nicht ganz so wenig vorzeigbar, und dennoch lehnte Perón jeden Kontakt mit ihm ab. Er hatte ihm, sicher nicht aus Zynismus, eine Stelle im Zoo besorgt und seinen Bewachern untersagt, ihn in die Casa Rosada vorzulassen.

Vergessen wir schließlich nicht die literarische, »lateinische« Komponente dieser fruchtbaren, facettenreichen Verbindung: Perón war der Lehrer und Evita die bewundernde Schülerin, die ihm mit offenem Mund zuhörte, wenn er ihr die geheiligten, von seinem Vater geerbten Bücher erklärte, vor allem Plutarchs PARALLELE LEBEN. Deshalb konnte Evita in ihren Reden so voller Ehrfurcht von Alexander sprechen. Vielleicht waren Peróns Reserviertheit und seine Fähigkeit zur Selbstbeherrschung auch römische Tugenden. Vielleicht war er ein neuerstandener Julius Caesar.

Sie glaubte fest an die Intelligenz ihres Mannes, eine Annahme, die er teilte. Von früh auf hatte Perón große Stücke auf seine eigene Intelligenz gehalten, sicher weil er nur mit Militärs Kontakt hatte: Beim Militär ging er als Intellektueller durch. In Wirklichkeit war er schlau, willensstark und von mäßiger, eher praktischer Intelligenz, alles andere als ein Denker, wie seine Frau, seine Anhänger und auch er selbst meinten. Doch mit der Intelligenz ist es wie mit der Schönheit: Das Wichtigste ist die eigene Überzeugung, sie zu besitzen. Seltsamerweise kam Evita, die erst beschließen mußte, schön zu sein, nie der Gedanke, daß es mit dem ihr verschlossenen Bereich des Intellekts ähnlich sein könnte.

Bestärkt durch diese Selbstgewißheit, hatte Perón erkannt, daß das Land eine Vaterfigur suchte, einen gutmütigen Vater, einen typischen Kreolen in Aussehen und Sprache, witzig, sympathisch und, wenn nötig, auch autoritär. Kein Zweifel, daß er diese Vaterfigur war. Das zu erkennen, war seine eigentliche Intelligenz, nicht die eines Intellektuellen, sondern die eines Politikers: Was ist die Intelligenz eines politischen Führers anderes als die nötige Schläue, um die Sehnsüchte eines Volkes zu erkennen, und die Unverfrorenheit, sich zu sagen: »Ich bin der Ersehnte«? Sicher, um das zu begreifen, brauchte er Hilfe. Sein Anfall von Apathie hätte ihn 1945 beinahe daran gehindert, dem Ruf des »Schicksals« zu folgen. Schließlich brachten die Erwartungen seines Publikums seine Verführungskünste an den Tag. Erst dann fügte er sich in seine Rolle und schlüpfte in die Haut der Person, die wie eine Lawine Sympathie zu entfesseln verstand. Erst von da an genoß Perón es wahrhaft, Perón darzustellen: kalkulierte Ehrlichkeit, die Fähigkeit, die Wünsche der anderen zu reflektieren, so sehr, daß er es fertigbrachte, Millionen von Argentiniern weiszumachen, seine Wünsche seien die ihren. Der eigentliche Schauspieler dieses Paares, bei dem Evita ihre Eleganz und Schönheit beisteuerte, nicht aber ihre ehrlich empfundene Liebe zum Volk, war er.

Ob ein neuerstandener Julius Cäsar oder nicht, Perón hatte, wenn man Pater Benítez glauben will, einen Hang zum Esoterischen, der Evita völlig abging. Eine allgemeine Neigung unter argentinischen Militärs, die sie störte, weil sie ihr weniger caesarisch vorkam als einfach nur kindisch.

Tatsächlich hatte der Staatschef einen kindlichen Zug. In die Residenz von Olivos lud er oft den Kriegsminister General Sosa Molina ein, mit dem er gerne in Uniform durch den Park spazieren ging. Nicht, daß er mit ihm etwas hätte bereden müssen. Es war nur das Vergnügen zuzusehen, wie ein Vogel ihm an den goldenen Knöpfen herumpickte.

Ein baskischer Milchhersteller hatte ihm lachend gestanden, wieviel Wasser er in die Milch mischte, und sofort ernannte Perón ihn zum staatlichen Milchkontrolleur.

Bei Teodoro García zu Hause spielten er und Raúl Salinas mit der elektrischen Eisenbahn. Und um die Verstaatlichung der Eisenbahn zu feiern, hatte man ein Abzeichen mit Perón im Profil auf der einen Seite und auf der anderen eine Lokomotive entworfen, worüber er sich wie ein Kind freute. Auch die Engländer müssen sich eins ins Fäustchen gelacht haben, als sie ihm so schrottreife Züge angedreht hatten, als Trost für die bis heute nicht erhaltenen 67.500 Millionen Pfund. War Perón über diesen Betrug im Bilde, der laut Erkenntnis eines kürzlich in Brasilien stattgefundenen Kongresses neben Argentinien noch mehrere andere Länder der Dritten Welt in den Ruin trieb? Hat er die Bahn aus rein wahltaktischen Gründen verstaatlicht? Oder ließ er sich aus blindem Stolz oder aus Naivität, was im Widerspruch zu seiner Schläue stünde, von noch schlaueren Füchsen hinters Licht führen, wie von Ronald Richter?

Diesem deutschen »Wissenschaftler« war es gelungen, ihn zu überzeugen, daß er Atomkraft herstellen könne. Perón beauftragte ihn mit dem vermeintlichen Bau eines Atomwerks auf der Insel Huemul im Süden des Landes. In Argentinien fehlte es überall an Baumaterial, doch nach Huemul wurde tonnenweise Zement geschickt. Mit seinem Ölmantel und dem wirren Haar ganz im Stil des exzentrischen Wissenschaftlers brachte Richter alle Welt zum Lachen, außer Perón, der in diese Fall ganz ernst blieb. Evita meinte nur: »Der General ist sehr naiv«.

Auch geizig und habgierig, aber auf kindische Art. Er hatte seiner Frau eine billige Uhr geschenkt, was ihr schier die Sprache verschlug. Die Peronisten, die ihn in seinem Exil in Panama oder Madrid besuchten, waren geschockt von seiner Habsucht. Besser man tauchte bei ihm nicht mit einer Armbanduhr auf: Er bewunderte sie so ostentativ, daß einem nichts anderes übrig blieb, als sie ihm schließlich zu schenken.

Doch das Bild dieser facettenreichen Beziehung ist nicht vollständig ohne die Erwähnung des väterlichen Perón, der Evita ausschalt, wenn sie erst um fünf Uhr morgens heimkam. Guardo gegenüber beklagte er sich deswegen und schrieb es auch in seinen Memoiren: »Ich hatte kaum noch etwas von meiner Frau (...). Eines Tages habe ich zu ihr gesagt: »Eva, ruh dich ein wenig aus, und denk daran, daß du auch meine Frau bist«. Da wurde ihr Gesicht ernst: »Aber genau so«, meinte sie, »fühle ich mich als deine Frau«. Er hatte sogar Señora Mercante um Hilfe gebeten, damit Evita nicht so lange aufblieb. Evitas Antwort, im Stil eines verwöhnten Mädchens: »Sag ihm, er soll mir nicht auf den Nerv gehen«.

Wir haben es also mit einem verliebten Mann zu tun, der sich um die Gesundheit seiner Frau sorgt und ihr vor anderen vorwirft, daß sie sich nicht schont. Ist das die ganze Wahrheit? Hier berühren wir den wesentlichen Punkt dieser Geschichte: den Informationsaustausch über Evitas Krankheit. Stellen wir vorab schon einmal fest, daß genau diese Informationen wie ein Bumerang Peróns Wiederwahl und Evitas Kandidatur als Vizepräsidentin umkreisten. Krankheit und Macht: zwei eng verknüpfte Themen aufgrund der vagen Äußerungen, bei ihr aus Selbstschutz und bei ihm, weil es das war, was er perfekt beherrschte.

Informationsaustausch: Die Krankheit

Wann sie die ersten Symptome spürte, ist schwer zu bestimmen, da Evita immer eine angegriffene Gesundheit hatte. Wie nicht anders zu erwarten, gibt es widersprüchliche Aussagen von Salinas und Gambini, die einen frühen Zeitpunkt vermuten (1947), Perón (1949), und der offiziellen Version, wo vom 9. Januar 1950 die Rede ist. An jenem Tag fiel Evita während der Eröffnung der neuen Zentrale der Taxifahrergewerkschaft in Gegenwart des Arztes und Erziehungsministers Dr. Oscar Ivanissevich in Ohnmacht. Am 12. des gleichen Monats stellte Ivanissevich bei einer Blinddarmoperation die Diagnose Unterleibskrebs.

Laut dieser von Fermín Chávez bestätigten Version hat Ivanissevich Evita mitgeteilt, sie habe Krebs und man müsse sie operieren, und hinzugefügt, Doña Juana habe die gleiche Operation gut überstanden. Evitas kategorische Antwort: »Sie rühren mich nicht an. Ich habe nichts«. Monate später soll er darauf zurückgekommen sein, woraufhin sie ihm einen legendären Schlag mit der Handtasche auf die linke Wange verpaßte. Zutiefst gekränkt trat der Minister von seinem Posten zurück. Bei dieser Version glänzt Perón durch seine Abwesenheit. Was tat er während mehrerer Monate, in denen der Arzt mit sich rang, ob er weiter insistieren sollte?

Sehen wir uns den Fall näher an. Marysa Navarro sorgt sich um das Datum, das Perón in seinen Memoiren angibt: 1949. Da die Krankheit erst im zweiten Halbjahr 1951 öffentlich bekanntgegeben wurde, »bedeutet das«, wie Navarro schreibt, »daß Perón eineinhalb Jahre lang keinen Einfluß auf Evita nahm, damit sie sich schonte, was schwer zu glauben ist«. Deshalb folgert sie, Perón habe sich, wie mehrfach in seinem Buch, auch hierbei im Datum geirrt.

Tatsache ist, daß Ivanissevich laut offizieller Version seine Diagnose bereits Anfang 1950 bei der Blinddarmoperation stellte.

Schon 1949 war die Krankheit so sichtbar, daß Perón anläßlich einer Reise nach Formosa nahe der paraguayischen Grenze mit seinem gewohnten Sinn für Humor gegenüber seinem zukünftigen Biographen Enrique Pavón Pereyra meinte, wie der in aller Unschuld erzählt: »Sie ist so schwach, daß ich fürchte, eine Umarmung könnte sie umbringen«. Warum widersetzte er sich in diesem Fall der Reise nicht? Als wolle er Perón von jeglicher Schuld freisprechen, merkt Pavón Pereyra noch an: »Das Problem war, daß sie nichts aß. Sie ernährte sich nur von ein paar Pfefferminzbonbons, die ihr die französische Frau des Marquis de Chinchilla anbot«.

Worüber wundert sich Marysa Navarro also? Selbst in der offiziellen Version wird zugegeben, daß Evita (folglich auch Perón) seit Anfang 1950 die Wahrheit kannte. Ihre Verwunderung kann man nur ihrer Unfähigkeit zuschreiben, diesen »inakzeptablen Schluß« zu ziehen, denn tatsächlich ist es schwer zu akzeptieren, daß Perón seine Frau nicht zwang, ihre Krebskrankheit behandeln zu lassen.

Doch Hugo Gambini zufolge hat Ivanissevich ihm selbst bestätigt, daß die ersten Symptome bereits viel eher aufgetreten waren: Ende 1947. In jenem Jahr, vielleicht nach Evitas Rückkehr von der Reise, soll Perón Ivanissevich gebeten haben, seine Frau zu untersuchen. Die Diagnose soll Krebs im Anfangsstadium mit guten Heilungschancen durch eine Operation gelautet haben. Doch Evita soll, wie bekannt, erwidert haben: »Ich habe nichts. Sie wollen mich nur von der politischen Bühne entfernen«. Der einzige Unterschied zwischen dieser und der offiziellen Version besteht im Datum. Ein gewichtiger Unterschied, der Peróns Reaktion umso unverständlicher erscheinen läßt: Wie konnte er, wenn er die Diagnose seit 1947 kannte, zulassen, daß Evita sich nicht nur nicht schonte, sondern tagtäglich zwanzig Stunden arbeitete?

Obwohl er vom offiziellen Datum 1950 ausgeht, hat Mercantes Sohn eine aus psychologischer Sicht höchst aufschlußreiche Version parat. Seiner Meinung nach behandelte Perón Evita mit väterlicher Zuneigung, was sie mit dem Trotz eines verwöhnten Mädchens erwiderte: »Er war ein Taktiker, und noch hat man keinen Vollblutpolitiker jemanden schlecht behandeln sehen, der ihm nützlich war. 1950 teilte Ivanissevich Perón nach der Blinddarmoperation mit, daß Evita Krebs hatte. Doch Evita beschloß, nicht auf das zu hören, was Perón ihr vom Arzt ausrichtete. Und Perón bremste sie in ihrer hektischen Aktivität nur, um sie noch mehr anzuspornen, obwohl er sah, daß sie sich totarbeitete. Es lief so wie immer: Wie er sie gegen jemanden aufhetzte, indem er sie scheinbar beruhigte, so bremste er sie bei der Arbeit, mit dem Erfolg, daß sie sich doppelt anstrengte«.

Rodolfo Deckers Version kehrt die Tatsachen um: »Als Ivanissevich es ihr mitteilte, bat sie ihn, Perón nichts zu sagen, um ihn nicht zu beunruhigen, und drohte, ihm einen Schlag zu versetzen, falls er es doch täte. Ivanissevich sagte es Perón trotzdem, und Eva schlug ihn mit der Handtasche«.

Natürlich gibt es noch andere Varianten: Ivanissevich hatte nicht vor, sie zu operieren, sondern wollte sie nur zur Erholung in die Schweiz schicken; Ivanissevich teilte Perón die Diagnose mit, doch dieser war zu feige, es Evita beizubringen, und bat den Arzt, er solle es ihr selbst sagen.

Einzeln gesehen scheinen Evitas Reaktionen verständlich. Seltsam, aber verständlich. Da sie sich allmächtig fühlte und glaubte, alles unter Kontrolle zu haben, selbst ihre Krankheit, wehrte sie die schlechte Nachricht ab wie eine lästige Fliege. Innehalten wäre das Ende gewesen. Sie sollte ihren Feinden die Freude machen, ihre Posten aufzugeben? Niemals! Sie mußte einige List aufwenden, um den Ärzten zu entkommen. Morgens frühstückte sie rasch, bevor die Krankenschwester kam, um sie zu untersuchen. Und während des langen Arbeitstages im Ministerium maß sie sich mit dem Termometer falsch herum die Temperatur. Wen wollte sie täuschen? Die anderen oder sich selbst? Verweigerung ist immer mit einem unterschwelligen Wissen gepaart, das manchmal kurz aufflackert.

Eines Morgens äußerte sie sich bei einem Spaziergang durch das halb verschlafene Buenos Aires, wo die wenigen Menschen, denen sie begegnete, sie nicht erkannten, dem Dichter aus ihrer stupsnasigen Gefolgschaft, Héctor Villanueva, gegenüber: »Ich denke nicht daran, das Bett zu hüten und Kräutertees zu trinken. Die Leute brauchen jetzt meine Hilfe, und so will ich sterben«.

Peróns Reaktion wird umfassend durch einen Satz von Juancito Duarte charakterisiert, den er einem unserer Zeugen gegenüber geäußert haben soll: »Perón sagte ihr, sie solle sich schonen. Aber er sagte es nur so nebenbei, als sei die Sache nicht von Bedeutung«.

Der Informationsaustausch lief perfekt. Perón und Evita negierten die Krankheit beide und kehrten sie unter den gleichen Teppich. Hat sie diesen, wenn auch noch so geheimen, Fingerzeig verstanden und ihm gehorcht, indem sie verschwand? ...

Geheime Wünsche, die die Sprache verrät. Gambini zufolge soll Perón sich »mit Worten nicht in acht genommen« haben. Da sein Unterbewußtsein schneller funktionierte als er, kann sein Sinn für Humor uns hier einigen Aufschluß geben. Was folgt, sind nichts als ein paar Witze, doch sie lassen die wahren Gefühle gegenüber Frauen durchblicken. 1973 stand Perón nach achtzehn Exiljahren kurz vor der Rückkehr nach Argentinien. Carmen Llorca erzählt, er habe mit seiner melodischen Stimme gemeint: »Es wäre eine Glück, wenn sie uns Isabelita dort töten würden«. Pavón Pereyra spricht von einer ähnlichen Äußerung: »Perón sagte, als sie schließlich beschlossen, Evita behandeln zu lassen, war es für die Katz«.

Das ganze Leben ist von unbewußten Verbrechen durchzogen. Und es fügt sich aus widersprüchlichen Gefühlen zusammen. Das Gefühl einer unterträglichen Wiederholung (weshalb er sie ignorierte): Seine erste Frau, Aurelia Tizón, war auf gleiche Art gestorben: an Unterleibskrebs. Perón kannte die Symptome, abgesehen davon, daß er immer hatte Arzt werden wollen. Das Gefühl der Ohnmacht: Indem sie zu Bett ging, wenn er gerade aufstand, gab sie ihm (und den anderen) zu verstehen, daß sie kein Interesse daran hatte, an seiner Seite zu schlafen.

Informationsaustausch: Die Macht

Das zweite Kapitel zum Thema ausgetauschter Mitteilungen beginnt mit den Vorbereitungen zur Verfassungsreform von 1949. Es ging darum, Peróns seit 1943 eingeführte Sozialgesetze und Evitas Gesetze zur Alterssicherung in die Verfassung aufzunehmen. Außerdem sollte in der Präambel die Definition des peronistischen Argentiniens stehen: »Sozial gerecht, politisch souverän und wirtschaftlich stark«. Doch vor allem sollte der Artikel aus der alten Verfassung von 1853 gestrichen werden, der die Wiederwahl des Präsidenten verbot.

Alles wäre klar gewesen, wenn Perón einfach zugegeben hätte, daß er wiedergewählt werden wollte. Was war an diesem Wunsch so außergewöhnlich? Doch eingedenk seines Charakters war eine solche Klarheit kaum von ihm zu erwarten. Und wie es nicht anders sein konnte, wurde die Geschichte dieser Änderung zur Hölle.

Im folgenden eine ganze Palette von Versionen zu diesem Punkt:

Laut Rodolfo Decker, der, wie bekannt, Mercantes Gefolgsmann war, hatte Perón kein Interesse an einer zweiten Präsidentschaft. Er wollte durch die Welt reisen, um seine Lehre zu verbreiten und die neuen Verhältnisse in den Industrieländern zu studieren. Mercante war der Parlamentspräsident, der die Verfassung ändern sollte, und sein potentieller Nachfolger. Evita nannte ihn immer »Peróns Herz«. Wer sonst hätte ihm nachfolgen können? Später wollte Perón sich wieder wählen lassen, doch vorläufig hatte er alles auf Mercante als seinen Nachfolger abgestimmt.

Laut Decker haben die Hofintrigen den Lauf der Dinge verändert. Juan Duarte und seine Freunde wußten von Evitas Krankheit. (Diese Freunde nennt Decker nicht mit Namen, sondern spricht nur von »einem aus San Nicolás«, »einem, der Präsident der Republik wurde« und »einem, der Journalist war«. Die Hinweise sind so deutlich, daß wir sein Vertrauen nicht mißbrauchen, wenn wir ihre Namen nennen: Ramón Subiza, Héctor Cámpora und Raúl Apold.) Juancito Duarte und seine drei Musketiere fürchteten, Mercante auf dem Präsidentensessel plus Evitas Tod würden das Ende ihrer Laufbahn bedeuten. Deshalb machten sie sich daran, Mercante bei Evita anzuschwärzen, mit dem Argument, er wolle Perón ausschalten.

Evita machte sich keine Illusionen um ihren Gesundheitszustand. Unter dem Einfluß ihres Bruders und seiner drei Freunde begann sie sich zu fragen, ob mit Mercante als Präsident der

Ruhm ihres Mannes nicht verblassen würde, und teilte Perón ihre finsteren Gedanken mit. Obwohl Perón Mercantes Loyalität kannte, kamen auch ihm Zweifel. Inzwischen trommelte Evita einige Mitglieder der Verfassungsgebenden Versammlung zusammen und überzeugte sie von der Notwendigkeit, den besagten Artikel zu streichen, damit Perón wiedergewählt werden konnte. Als die Parlamentarier den Antrag auf Streichung stellten, reagierte Mercante überrascht. Doch als er sah, daß Evita den Antrag unterstützte, tat er es ebenfalls. Er hatte ehrlich geglaubt, daß Evita und Perón ihn zum Präsidenten machen wollten. Als er seinen Irrtum erkannte, gehorchte er klaglos wie ein Soldat.

Diese Sicht der Dinge widerspricht der allgemein akzeptierten Version, nach der Evita Mercante ausgebootet haben soll, um ihre eigene Kandidatur für die Vizepräsidentschaft zu betreiben. Deckers Schilderung vermerkt noch ein weiteres Detail, das die Inhaftierung des Radikalenführers Ricardo Balbín erklären könnte.

Zwischen 1949 und 1950 hielt Balbín drei flammende Reden gegen Perón. Er war der Kandidat der Radikalen für das Amt des Gouverneurs der Provinz Buenos Aires, das Mercante innehatte. Letzterer wollte aber für die nächste zweijährige Amtsperiode wiedergewählt werden. Er war ein guter Gouverneur gewesen, weshalb sein Bestreben völlig legitim war. Genau zu dieser Zeit ließ Perón Balbín in ein Provinzgefängnis sperren. Carmen Llorca schreibt: »Einer von Peróns engsten Mitarbeitern hat mir erzählt, diese Festnahme sei einer von Peróns Schachzügen, da der Präsident bemerkt hatte, daß Balbín an Ansehen verlor (...) Um das Kräfteverhältnis wieder herzustellen und Balbín wieder zu Ansehen zu verhelfen, bot er ihm eine Märtyrerrolle, ein bewährtes Mittel, um die Massen zu rühren«.

Warum aber wollte Perón das Gleichgewicht der Macht zugunsten eines gefährlichen Gegners wahren? Llorcas Bericht läßt diesen Punkt offen, den Decker scheinbar klarstellt.

Nicht zufrieden damit, Mercante als Präsidentschaftskandidaten ausgeschaltet zu haben, so meint Decker, haben die oben genannten vier Personen sich verschworen, um ihn auch als Provinzgouverneur zu entmachten. Balbíns Reden waren da ein willkommener Vorwand. Der Bundesrichter von San Nicolás, wo Suiza großen Einfluß hatte, meinte, diese Reden beleidigten den Präsidenten, und ordnete an, den Radikalenführer einzusperren. Mercante bat Perón inständig, den Haftbefehl nicht zu unterschreiben, damit niemand sagen konnte: »Der Gouverneur wurde nur deshalb wiedergewählt, weil Balbín in Haft saß«. Wie man sieht, geht es Mercante in dieser Geschichte weitaus mehr um sein eigenes Ansehen als um das seines Gegners. Perón versprach es ihm. Dennoch wurde Balbín am Vorabend der Wahlen inhaftiert.

Der Haftbefehl kam vom Richter aus San Nicolás. Decker unterließ es zu sagen: und von Perón selbst. Diese wichtige Information gibt uns indirekt Carmen Llorca mit Deckers Schilderung.

Trotz Balbíns »bewegendem Märtyrertum« wurde Mercante als Gouverneur von Buenos Aires wiedergewählt. Er blieb bis 1952 im Amt, als er von dem »Pferd« Aloe abgelöst wurde. Doch nie mehr wurde er als »Peróns Herz« bezeichnet. Erinnern wir uns, was Evita betrifft, an ihre Bemühung, Georges Bidault »Mercantes Verdienste« zu schildern. In einem bestimmten Augenblick hatte sie den Innenminister Angel Borlenghi aus ganzem Herzen gehaßt, weil sie ihn durch Mercantes Bruder Héctor Mercante ersetzen wollte. Doch das gehörte nun der Vergangenheit an. Jetzt war Mercante für sie wie für die meisten Peronisten ein Verräter. Valentín Thiébault scheint allerdings anderer Meinung. Er glaubt, Mercante sei loyal, aber wenig intelligent gewesen. Man hatte ihn überzeugt, er könne Präsident werden, und Perón, der ihn in diesem verständlichen Wunsch bestärkte, zog ihn einfach aus dem Verkehr.

Die Version von Raúl Salinas enthält neue Daten. Nach seiner Aussage meinte Perón: »Ich will nicht wiedergewählt werden«, um damit das Gegenteil zu verstehen zu geben. Zwei Personen nahmen seine Äußerung ernst: Evita und Mercante. Zwei weitere verstanden die versteckte Absicht: Subiza, der Mercante aus persönlichen Gründen haßte, und Juancito, aus Freundschaft zu Subiza. Ohne einen Moment des Zweifels an Peróns Worten haben erstere vielleicht an die Formel Mercante-Eva Perón geglaubt. Um den – expliziten – Wunsch des Präsidenten zu erfüllen, unterzeichnete Mercante einen Vorentwurf gegen die Wiederwahl. Salinas bemächtigte sich des Dokuments, ging damit zu Subiza und Juancito, und alle drei klopften bei Perón an, um es ihm zu zeigen: »Sehen Sie mal, was Mercante getan hat«. Perón setzt das betretene Gesicht eines in seinen tiefsten Gefühlen Verletzten auf. »General, erlauben Sie mir zu handeln?« fragte Subiza. Dann veränderte er den Vorentwurf, indem er die Klausel zur Abschaffung des Artikels einfügen ließ.

Als Evita davon erfuhr, stürzte sie in Subizas Büro, um an Salinas' Schulter in Tränen auszubrechen, der versuchte, sie zu beruhigen. Ihr war soeben klar geworden, daß Perón sie ins Fettnäpfchen hatte treten lassen. Von nun an würde sie aus Reue mit aller Macht Peróns Wiederwahl betreiben, indem sie den armen Mercante, der eine ebenso dumme Figur gemacht hatte, wütend attackierte.

Die Aussage eines ehemaligen peronistischen Abgeordneten der Provinz Buenos Aires und Nachbarn aus Los Toldos, Rufino Herce, die zu diesen Wahlmanövern nicht zu passen scheint, ist in zweifacher Hinsicht interessant: Erstens zeigt sie uns eine wütende Evita, die öffentlich einen Vertreter der Peronisten schlechtmacht, und zweitens erwähnt sie noch einen Feind von Mercante, der in den vorhergehenden Schilderungen nicht vorkommt. Man hatte Rufino Herce zum Obersten Parteirat in der Straße Moreno 711 geladen und im Saal zu Mercantes Freunden gesetzt. Perón, der kein Wort sagte, Evita, Cámpora, Borlenghi und Alberto Teisseire leiteten die Sitzung. Evita ließ eine Rede von außerordentlicher Heftigkeit gegen Teisseire vom Stapel, der bis zu den Ohren rot wurde. Sie beschuldigte ihn, gegen Mercante zu intrigieren. »Sie wusch ihm gehörig den Kopf!«, meint Herce. »Mercante, der neben mir saß, stieß mich mit dem Ellbogen an. Sie war einfach nur offen, impulsiv und sehr naiv in politischen Angelegenheiten.« Sie war weiß Gott naiv, so sehr, daß sie Mercante (natürlich vor den oben geschilderten Ereignissen) verteidigte, ohne Peróns drohendes Schweigen zu bemerken. Auch sehr spontan: Als Quijano während Peróns zweiten Mandats starb, ohne sein Amt ausgeübt zu haben, wurde Teisseire Vizepräsident. Es ist nicht auszuschließen, daß Perón den bereits schwerkranken Quijano nur mit der Absicht bestimmte, Teisseire nach dessem Ableben auf seinen Posten zu heben, was er nicht direkt tun konnte, weil Evita und ihre Anhänger ihn zu unsympathisch fanden. Teisseire sollte sich dann als so schlechte Wahl herausstellen wie der Erziehungsminister Méndez San Martín. Nach dem Sturz des Regimes beschuldigte er seine Genossen vor der Untersuchungskommission der Revolución Liberadora, ohne das geringste Detail auszulassen. Und er »sang« so gut, daß die Peronisten ihn Antonio Tormo nannten, nach einem berühmten Folkloresänger.

Blicken wir schließlich noch auf zwei übereinstimmende Zeugenaussagen aus dem Mund von Enrique Pavón Pereyra und José María Acosta, dem ehemaligen Journalisten von DEMOCRACIA.

»Perón wollte nicht wiedergewählt werden«, meint ersterer. »Man hatte Figuerola einen Text diktiert, der genau das besagte. Doch Figuerola, der damit beauftragt war, den Entwurf zur Verfassungsreform zu formulieren, hatte sich geweigert, einen solchen Unsinn zu schreiben, den Bleistift hingeworfen und wie ein Wilder gebrüllt: ›Es ist ebenso undemokratisch, dem Volk einen Regierungschef aufzuoktroyieren, den es nicht will, wie es an der Wahl dessen zu hindern, den es will‹.«

Perón wollte also nicht. Es folgt die Aussage des Journalisten: »Mercante, Cámpora und einige andere hatten Perón wegen dieses Artikels aufgesucht. Und Perón hat ihnen gesagt: ›Rührt ihn nicht an, laßt ihn, wie er ist, ich will nicht wiedergewählt werden‹.« Als Redaktionschef des politischen Teils der Zeitung traf Acosta sich oft mit Cámpora, der der Abgeordnetenkammer vorsaß. Cámpora ruft ihn an, um ihm zu erzählen, daß Perón nein gesagt hat. Acosta fragt sich: »Was will er damit bezwecken? Warum erzählt er mir das? Damit ich die Nachricht verbreite?« Er ruft also bei Apold, dem Zeitungsdirektor, an und fragt, was er tun soll. Apold schweigt zunächst und befiehlt ihm dann mit erstickter Stimme: »Rühren Sie sich nicht, bleiben Sie, wo Sie sind«. Dann rennt er zu Evita, um es ihr zu erzählen. Fünzehn Minuten später klingelt das Telefon. Sie ist am Apparat. »Wer hat Ihnen das erzählt?« – »Cámpora.« Evita stürzt aus dem Haus, platzt mitten in die Kongreßberatung, beschimpft alle, die Peróns Erklärung für bare Münze genommen haben, und erreicht die Streichung des Paragraphen.

Bei genauer Betrachtung stimmt diese Version mit einigen Punkten bei Raúl Salinas überein, obwohl Acosta an Peróns »Nein« zu glauben scheint. Evitas Wutausbruch wurde uns von einem anderen Zeugen bestätigt: von Tito, dem Kongreßfriseur. »Man merkte es ihr schon von weitem an. Wie sie ihren Mund verzog, Mamma mia! Ach, sie war eine große Frau. Sie kam schon frühmorgens, vor den Sitzungen, und kümmerte sich um alles. Und wehe ihnen, wenn sie den Stuhl von X oder Y nicht genau dorthin gestellt hatten, wo sie es wollte, sonst ...!«

Am liebsten hätte Evita eine Rede vor der verfassungsgebenden Versammlung gehalten. Das hatte sie während eines Essens zu Ehren von Espejo angedroht: »Ich werde sprechen, und sei es nur, um den Gegnern zu zeigen, daß die Behauptung, man ließe mich nicht, falsch ist«. Doch man ließ sie tatsächlich nicht, woraufhin sie in einem Brief an den Kongreß auf diese Ehre, die man ihr nicht gewährt hatte, verzichtete.

Informationsaustausch. Verschlüssselte Äußerungen, um zu verwirren, manipulieren, beherrschen. Informationen, die Evita ihrerseits abzufangen versucht, um schließlich, aber nur im äußersten Fall, zu verzichten.

Außer den Genannten gab es in der Versammlung von 1949 noch einen Stern, der weder durch Hinterlist, noch durch Naivität glänzte, sondern durch Intelligenz: Moisés Lebensohn. Der Journalist und Radikalenführer von Junín war von Juancito Duarte häufig konsultiert worden, der ihn noch vom Mittagstisch seiner Mutter her kannte, und von dem Notar Hernán Ordiales, der Perón und Evita getraut hatte. Wenn auch Regimegegner, so war er doch ein Nachbar und Freund, ein geradliniger und kluger Mann, dessen Ratschläge man sich anhören sollte. Perón hatte ihm angeboten, mit ihm und Evita zusammenzuarbeiten, und Hunderte von Malen wiederholt: »Mach schon, Russe, schließ dich uns an, mit den Radikalen kommst du nicht weit«. Doch der »russische« Journalist (in Argentinien nennt man alle Juden so, weil die ersten jüdischen Immigranten aus Rußland kamen) folgte nur der Stimme seines Gewissens und hielt eine denkwürdige Rede vor dem Kongreß, die hier als eine der wenigen positiven Ausnahmen erwähnt sein soll.

Der Ruhm des Scheiterns

Mercantes Sturz hinterließ »ein Vakuum, das nur Evita ausfüllen konnte«, wie Marysa Navarro bemerkt. 1950 organisierten Héctor Cámpora, Angel Miel Asquía und andere Getreue offizielle Ehrungen für Evita, die unterschwellig die Idee ihrer Kandidatur für die Vizepräsidentschaft aufkommen ließen.

Das war die Zeit ihres Sieges. Fast alle Minister waren auf ihrer Seite. Méndez San Martín, den Evita für einen Freund hielt, hatte den unglückseligen Ivanissevich abgelöst, der es gewagt hatte zu wiederholen: »Bitte, Señora, lassen Sie sich behandeln«. Evita hatte noch einige mehr hinausgeworfen: Picazo Elordy, Raúl Lagomarsino (Lilians Bruder), Bramuglia und Figuerola, und sie durch Emery, Barro, Paz und Mendé ersetzt. Außerdem bereitete sie den Sturz von Coronel Castro Cereijo vor. Nicolini, Freiyre und Carrillo, die in anderen Ministerien untergebracht wurden, waren treue Evitisten. Unangreifbar war nur Borlenghi, ein ehemaliger Sozialist, den man für einen Juden hielt, weil er mit einer Jüdin verheiratet war, und der schließlich nach Kuba ins Exil ging, wo er in elenden Verhältnissen starb. Borlenghi hatte ein zwiespältiges Verhältnis zu Evita, das aber nicht der Faszination entbehrte, und konnte sich lange im Amt halten. Außer ihm waren noch die von Militärs gestellten Minister unangreifbar, die nur vom Militär abgesetzt werden konnten. Alle übrigen hatte Evita einen nach dem anderen zu Fall gebracht, ohne daß Perón Einwände erhoben hätte.

Manchmal erklärte sie im Ministerium, wenn sie alle Minister um sich versammelt hatte (ein Haufen Männer mit gekrümmtem Rückgrat) ganz unvermittelt mit entsprechender Geste: »Jetzt reicht's, machen Sie, daß Sie rauskommen!«

Die nationale Konferenz der Gouverneure eröffnete sie an Peróns Seite. Vizepräsident Quijano stand in der zweiten Reihe.

Die offizielle Kampagne mit der Parole Perón-Eva Perón begann am 2. August 1951. Zweihundert Gewerkschafter der CGT suchten Perón auf, um ihn zu bitten, seine Wiederwahl zu akzeptieren, und gaben ihrem »glühenden Wunsch« Ausdruck, Evita mit einzubeziehen. Er sagte weder ja noch nein. Nicht einmal in der intimen Zweisamkeit war er in der Lage, Evita zu sagen »schwarz« oder »weiß«. Und da er nichts sagte, meinte sie, er ließe ihr freie Bahn.

Als Datum wurde der 22. August festgelegt. An diesem Tag wollte die CGT Perón und Evita offiziell bitten, jeweils ihre Kandidatur bekanntzugeben. Diesmal sollte das Spektakel nicht auf dem Balkon der Casa Rosada stattfinden, da man fürchtete, der traditionelle Platz würde für die Menschenmenge nicht ausreichen. Statt dessen wählte man die Avenida Nueve de Julio, diese Allee, die, so breit wie ein ganzer Häuserblock, die gesamte Stadt von Nord nach Süd durchteilt. Um Evitas Enthusiasmus in Szene zu setzen, brauchte es Platz.

In Buenos Aires scheint meistens die Sonne, nur im August, mitten im Winter, kann der Himmel bedeckt sein. Doch wie zu erwarten, war das Wetter am 22. August gut. Der Volksmund hatte für solche strahlenden Tage den Ausdruck gefunden: »Heute ist ein peronistischer Tag«. Die Feiern der Peronisten konnten immer mit unverändert treuem Sonnenschein rechnen, ohne den das Lächeln des Paares und der goldblonde Haarknoten um einiges weniger hell gestrahlt hätten. Leuchtende Bilder des Peronismus, so anders als die des deutschen Nationalsozialismus. Auch der italienische Faschismus war sonnenbeschienen, doch Mussolini ließ nie den Kiefer locker, aus Angst, ein glücklicher Gesichtsausdruck könnte zu unmännlich wirken. Der Peronismus hingegen war ein lächelnder Faschismus. Ein weniger faschistischer Faschismus, weil eine Frau dazugehörte.

Außerdem war er eingestandenermaßen ein volksnaher Faschismus, den die Massen mit Einheitswohnblocks und Sommerhäusern, Kliniken und Girlanden, bezahltem Urlaub, leicht erhaltener Rente, Ferien am Meer, Wettkämpfen, Kinderspielen und dem Gefühl, einem Spektakel beizuwohnen, in dem sie eine Hauptrolle spielten, glücklich genossen.

Fast eine Million Menschen hatten sich vor der riesigen Tribüne versammelt, die an der Ecke der breiten Allee mit der

Calle Moreno errichtet worden war. Alles war riesig, die Menge und das Spruchband, das die patriotische Parole verkündete. Die wehenden Fahnen, die Menschentrauben, die an Laternen und den PALO BORRACHO-Bäumen hingen, das Flugzeug, das »CGT, Perón und Evita« in den Himmel schrieb, die Stimmen der Abzeichenverkäufer, all das gehörte zum Ritual. Es war ein echter Tag der Peronisten, ein Tag, ein Festtag des neuen Glaubens. Hatte der aufkommende Verdacht der Kirchenvertreter, in Perón erwachse ihnen ein Rivale, nicht vielleicht mit dieser mystischen Stimmung zu tun? »Für einen Peronisten kann es nichts besseres geben als einen anderen Peronisten«, hatte Perón gesagt. Dieser »unerklärliche« Peronismus, der sich nur über das Gefühl definierte, war fast wie eine Religion.

Um fünf Uhr nachmittags nahm Perón im Kreis seiner Minister und Staatsbeamten auf der Tribüne Platz. Evita war nicht zu sehen. Espejo griff zum Mikrofon, um zu verkünden, der Grund für ihr Fehlen sei ihre Bescheidenheit, und er werde sie holen gehen.

Kurz darauf erschien sie. Sie hatte auf sich warten lassen, und sie erntete mehr Applaus denn je. Sie trug ein schwarzes Kleid ohne Hut und war sehr blaß.

Espejo eröffnete den feierlichen Akt mit einem historischen Hinweis: Das Volk war dort versammelt wie am 25. Mai 1810. Sie folgte mit einer langen Rede mit Anspielungen auf den 25. Mai 1810, den Tag der Gründung Argentiniens, als die Menge, die sich auf der Plaza de Mayo drängte, den Gründungsvätern zurief: »Das Volk will wissen, woran es ist«. Das Volk, so Evita, wisse immer, woran es sei: Es ginge darum, daß General Perón weiterhin »die Geschicke des Vaterlandes« lenke. Ihre glühenden Liebesschwüre gegenüber Perón und dem Volk und ihre wütenden Haßtiraden auf die Oligarchie kamen nicht unerwartet. Das Volk wollte es so: formelhafte Beschwörungen. Seit 1948, als Evitas Machtposition sich gefestigt hatte, besaß sie das Recht, an den Nationalfeiertagen, am 17. Oktober und am 1. Mai, zu sprechen. Die Menschen wollten immer wieder die gleiche Szene neu erleben, in der sie wie ein archaischer Volksstamm ihre Priesterin anbeteten. Der Archaismus dieser Reden war allerdings untermalt von revolutionären Tönen in aufrührerischem Stakkato jenseits aller Worte. Selbst ohne Spanischkenntnisse hätte ein Fremder den rebellischen Sinn dieser Worte erkannt. Evita begleitete ihre Worte mit ausgestreckten Händen, die Handflächen nach oben. Doch wenn sie drohend die Fäuste ballte oder ihre Hände beschwörend bebten, war klar, daß sie nicht zum Frieden, sondern zum Krieg aufrief. In Zorn und Schmerz schrie sie sich die Kehle wund und die Stimme heiser.

Kurze Zeit später beruhigte Peróns melodische Stimme die Menge wieder. Bei ihm kein Beben, kein Blut. Er sprach von den »starken und tugendhaften« Völkern mit einer Ruhe, die allerdings nicht das einzige Register war. Der »grasfressende Löwe« konnte auch zum Fleischfresser werden bei seinen zunehmenden Gewaltaufrufen, besonders nach Evitas Tod. Doch an diesem 22. August 1951 begnügte er sich damit, seine Kandidatur anzunehmen und mit offenem Mund die aufgeheizte Szenerie zu bestaunen. Ein Ruf unterbrach ihn: »Evita soll reden«.

Als der Präsident seine Rede beendet hatte, griff Espejo erneut zum Mikrofon, um anzumerken, Evita habe kein Wort zu ihrer eigenen Kandidatur gesagt, und zu erklären, die CGT verlange bis zum nächsten Tag eine Antwort.

Doch wieder einmal hatte man nicht mit dem Volk gerechnet. Wieder einmal, da dieser winterliche 17. Oktober Evitas Tag zu werden schien. Einmütig erwiderte das Volk: »Nicht morgen! Jetzt!«

Unmöglich, ihre herzzerreißende Stimme zu beschreiben, als sie erwiderte: »Zwingt mich nicht zu tun, was ich nie wollte!«

Dann bat sie um vier Tage Bedenkzeit.

»Nein, nein! Antworten Sie gleich, oder wir treten in Streik!«, tönte es aus dem Menschenmeer zu ihren Füßen.

Sie wollte ihre Gründe erklären: »Man hat das Gerücht in die Welt gesetzt, ich sei eine egoistische, ehrgeizige Frau. Ihr wißt sehr gut, daß das nicht stimmt. Und ihr wißt auch, daß alles, was ich tat, nicht in der Absicht geschah, ein politisches Amt in meinem Land zu besetzen. Ich möchte nicht, daß morgen ein Arbeiter in meinem Land nichts zu sagen weiß, wenn die Neider und Unfähigen, die mich nie verstanden haben noch verstehen, wenn sie glauben, daß ich all das nur aus niederen Beweggründen tue ...« Sie unterbrachen sie mit Protestrufen und weigerten sich erneut, ihr Bedenkzeit zu geben.

Da packte sie den Stier bei den Hörnern. »Das trifft mich unerwartet. Seit langem wußte ich, daß mein Name immer wieder fiel, und ich habe nichts dementiert. Ich tat es für das Volk und für Perón, denn es gab keinen Mann, der ihm auch nur himmelweit nahekam ...« Eigentlich wollte sie sagen: Weil die anderen Männer himmelweit von ihm entfernt waren. »Doch nie hätte ich in meinem einfachen argentinischen Frauenherzen geglaubt, ich könnte ein solches Amt annehmen.« – »Doch, doch«, schrien sie. »Gebt mir zwei Stunden für eine Antwort.« – »Nein, nein, jetzt!« Besiegt oder besser siegesgewiß reichte sie das Mikrofon Espejo zurück, der ganz verstört sagte: »Wir werden uns nicht von hier fortbewegen, bis Evita eine positive Antwort auf das Begehren des Arbeitervolks gegeben hat«.

Dank der Filmkameras konnte ganz Argentinien verfolgen, welche Nervosität auf der Tribüne herrschte, und über Mikrofon die Proteststimmen miterleben, besonders von Perón, der sich irgendwann erhob und sagte: »Hört mit all dem auf! Laßt uns endlich ein Ende machen!« Ein Exminister von Cámpora hat uns bestätigt: Perón sagte leise zu Evita: »Basta«.

War diese Bestätigung noch nötig? Zu den Kindheitserinnerungen der Verfasserin gehört dieser Moment, als »jemand Evita am Arm packte, um sie an einer Zusage zu hindern«. Vielleicht haben damalige Bemerkungen und die Pfade der Erinnerung das Bild von diesem Arm eingeschmuggelt. Doch jeder Argentinier, egal welchen Alters, hatte den Kern der Geschichte verstanden. Es war klar, daß Evita ihre Zwiesprache mit dem Volk hinzog, weil sie noch Hoffnung hegte, Perón zu überzeugen. Doch das gelang ihr nicht, und so endete für sie der 17. Oktober mit einem Fiasko. Beim Verlassen der Tribüne fiel sie in Ohnmacht. Wegen der Schmerzen, sagt Pater Benítez: »Sie hatte die ganze Zeit dieses Stechen im Bauch gespürt«. Und wegen der verlorenen Illusion.

Bevor sie ihre Rede hielt, war ihr etwas von dem Zorn zu Ohren gekommen, den die Ankündigung einer solch skandalösen Kandidatur beim Militär ausgelöst hatte. Darauf spielte sie an, als sie von den »Beschimpfungen und Verleumdungen« sprach und wörtlich hinzufügte: »Wenn sich die losen Zungen lösen« ... Der Zorn der Uniformierten hatte einen bestimmten Grund: Wenn Evita die Vizepräsidentschaft übernahm und Perón vor ihr sterben sollte, würde »diese Frau« ihm nachfolgen (wie zwanzig Jahre später Isabelita) und die Truppen abschreiten (wie es schließlich Peróns dritte Frau tat). Die Militärs wurden schon beim bloßen Gedanken an eine solche Konfrontation ganz blaß.

Allerdings hatte Perón sich nie besonders um die Reaktion der Armee gekümmert. Ganz im Gegenteil spielte er gern mit dem Feuer. Nicht nur daß er Evita geheiratet hatte, ohne sich einen Deut um den Abscheu seiner Kollegen zu scheren, sondern er provozierte sie auch, wo er nur konnte. In einem Interview mit Marta Echeverría schildert Raúl Lagomarsino, wie sehr Perón lachte, als er den Unteroffizieren die Genehmigung gab, sich Luxusautos zu kaufen, nur um die Obersten und Generäle zu ärgern. Tatsächlich kündigte sich ein Staatsstreich an, der bald stattfinden sollte. Die Militärs waren allerdings die ersten, die sich wunderten, daß Perón ihrem verärgerten Protest so viel Aufmerksamkeit schenkte.

Warum hörte er plötzlich auf sie, zumal er wußte, daß sie als erste sterben würde? Und warum erfüllte er ihr nicht den Wunsch, wo er doch wußte, daß sie das Amt nur kurze Zeit innehaben würde? Und warum hat er vor allem den getreuen Evitisten nicht schon vorher Einhalt geboten, als sie begannen, sie als zukünftige Vizepräsidentin zu feiern? Warum ließ er die Dinge laufen, bis es zu dieser dramatischen Szene kam, bei der die Hauptakteurin nicht zu wissen schien, was im letzten Akt geschah?

Wir kennen Perón jedoch schon so weit, um seine beliebteste Taktik zu kennen: abwarten und in letzter Minute zuschlagen.

Die Szene vom 22. August war allerdings improvisiert und daher von authentischer Dramatik jenseits aller Strategie. Peróns späte Reaktion war eher irrational. Er hatte wohl kaum eine Vorstellung von der Intensität der Liebe, die Evitas Dialog mit dem Volk leitete. Sich vom Glanz dieser Leidenschaft zwischen Evita und dem Volk in den Schatten stellen zu lassen und selbst als der störende Dritte ausgeschlossen zu sein, war von ihm nicht vorgesehen. Nichts entwaffnet den Berechnenden mehr als das

Unvorhergesehene. Seine hartnäckige Weigerung erfolgte nicht nur aus Neid, sondern auch aus Wut, in die Falle gegangen zu sein. Perón, der Jäger als der Gejagte.

Aber selbst dann sagte er nicht zu Evita: »Verzichte auf deine Kandidatur«. Das wäre zu einfach gewesen. Am Tag nach ihrem größten Triumph und ihrer schlimmsten Niederlage gestand Evita Ana Macri: »Seit drei Nächten schlafe ich nicht mehr. Perón hat mich verlassen. Tausendmal habe ich ihn gefragt, was ich machen soll, und tausendmal hat er geantwortet: »Hör auf die Stimme deines Gewissens«. Nachdem sie uns das erzählt hatte, schwieg Ana Macri lange. Erst nach einer Weile schloß sie voller Mitleid und nicht ohne Groll: »Die Ärmste, die Ärmste«.

Neun Tage später sprach Evita über den Rundfunk zum argentinischen Volk und teilte ihm ihren Entschluß mit zurückzutreten. »Ich hatte früher und habe auch jetzt nur ein persönliches Ziel«, sagte sie mit erstickter Stimme. »In dem wundervollen Kapitel, das die Geschichte Perón widmen wird, soll stehen, daß es eine Frau an seiner Seite gab, deren Aufgabe es war, dem Präsidenten die Hoffnungen des Volks zu übermitteln, und daß das Volk diese Frau zärtlich »Evita« nannte.«

Genau einen Monat, nachdem sie ihren einzig wirklichen Namen angenommen hatte, legte Evita sich ins Bett, um zu sterben.

Perons Hemd

Das Land stürzte mit ihr. Fortan wäre Evitas verschwenderische Freigebigkeit auch gar nicht mehr möglich gewesen. Die Kaufkraft war seit 1946 kontinuierlich zurückgegangen und die Inflation ebenso gestiegen. Deshalb hatte die Regierung eine Kampagne gegen die »Spekulation« gestartet, und Evita hatte ihre Lagerkette für Lebensmittel in den Armenvierteln organisiert. Wie wir sahen, hatte Perón auf einen wirtschaftlichen »Ausweg« gesetzt, der sich als illusorisch heraustellte: den dritten Weltkrieg. Doch Argentinien, das durch den zweiten Weltkrieg (trotz der englischen Schulden) reich geworden war, verarmte nun unaufhaltsam. Wir haben gesagt, Evita sei die Verkörperung des peronistischen Argentinien gewesen. Am 28. September führte

General Benjamín Menéndez, genau in dem Moment, als sie eine Bluttransfusion erhielt, einen Militärputsch an, um ein anämisches Regime zu stürzen.

Laut Decker war Perón im Bilde, noch bevor die rebellischen Truppen ihre Kasernen verließen. Doch, sich selbst treu, griff er nicht ein. Der Versuch entlockte ihm nur einen verächtlichen Kommentar, »CHIRINADE«, abgeleitet von einem gewissen Unteroffizier Chirino, der fünfundfünzig Jahre vorher einen ebenso verunglückten Staatsstreich versucht hatte wie nun dieser. Als die Ordnung wieder hergestellt war, kam General Berdaguer als Beauftragter des Militärgerichts, um Perón um seine Unterschrift unter das Todesurteil für Menéndez zu bitten. Pavón Pereyra zufolge hatte Perón angeordnet, die Rebellen sollten nach militärischem Recht abgeurteilt werden, das in Argentinien, im Gegensatz zum zivilen Recht, das Todesurteil erlaubt. Gegen Ende der Unterredung, als Berdaguer schon ging, rief er ihm noch nach: »Ach! Ich habe vergessen, Ihnen zu sagen, daß diese Hände sich niemals mit dem Blut eines Menschen beschmutzen werden. Ich werde das Todesurteil nicht unterschreiben«. – »Und das sagen Sie mir erst jetzt, nachdem Sie vorher das Gegenteil meinten?« rief der Militär überrascht aus. »Was für ein finsteres und kompliziertes Spiel!« Zum Schluß meint Peróns Biograph, diese Art sei »typisch kreolisch: mit dem Wichtigsten kam er erst am Ende«.

(War es auch typisch kreolisch, als er Evita riet, auf ihre Gesundheit zu achten, »aber eher nebenbei, als sei es nicht so wichtig«?)

Die CGT hatte zu einem Aufmarsch auf der Plaza de Mayo aufgerufen, um die Verräter zu verurteilen, und Perón sprach vor einem Volk, das sich über Evitas Fehlen wunderte. Ihr hatte man alles verschwiegen. Erst am Abend erfuhr sie davon und wollte im Radio sprechen. Mit gebrochener Stimme bat sie ihre Hörer: »Bittet Gott, daß er mich wieder gesund macht«. Doch, als scheine ihr der Wunsch zu genesen bereits ungebührend, beeilte sie sich hinzuzufügen: »Nicht meinetwegen, sondern wegen Perón und für euch, meine DESCAMISADOS«.

Am 10. September verlieh Perón ihr das Große Kreuz für außerordentliche Verdienste für ihren Verzicht, ihr RENUNCIA-

MIENTO, in diesem Fall mit großgeschriebenem -R-. Von nun an wurde alles, was Evita sagte oder tat, groß geschrieben. Die bittere Genugtuung, das leibhaftige Opfer zu verkörpern, hinderte sie nicht daran, insgeheim die Gewerkschaftsvertreter Isías Santín, José Espejo und Florencio Soto sowie Humberto Sosa Molina, einen der getreuen Militärs – den mit den für die Vögel im Park so verlockenden goldenen Knöpfen – zu sich zu rufen. Warum rief sie sie in ihrem schlechten Zustand zu sich? Um sie mit dem Kauf von fünftausend automatischen Pistolen und eintausendfünfhundert Maschinenpistolen zu beauftragen, die sie im Falle eines Militärputsches im Volk austeilen sollten.

Nach Evitas Tod bemächtigte Perón sich dieser Waffen und schenkte sie der Gendarmerie. Ein wenig geschickter Schachzug und ziemlich »unklug«, wie Atilio Renzi kopfschüttelnd sagen würde: 1955 benutzten sie nämlich diese Waffen und richteten sie auf Perón. Warum weigerte er sich, das Volk zu bewaffnen, wie Evita es gewünscht hatte, damit es die Revolution eigenhändig verteidigen konnte? Um einen sozialen Aufstand zu verhindern, den er als echter Reformist nie gewollt hatte. Evita hatte sich nicht geirrt, als sie zu Rosa Calviño meinte: »Die Feindin der Oligarchie bin ich, nicht der General«.

Die Massenveranstaltung vom 17. Oktober war ganz der Feier von Evitas RENUNCIAMIENTO gewidmet. Zum ersten Mal im Leben überhäufte Perón sie in seiner Rede mit Lob. Er, der sie, Penella de Silva zufolge, niemals lobte, drückte ihr zum Schluß seinen Dank aus, »dieser unvergleichlichen Frau in jeder Stunde«. In ein trauriges graues Kostüm gekleidet, wie in Trauer um sich selbst, lauschte Evita ihm wie in Ekstase. Als sie sprechen wollte, kam kein Laut über ihre Lippen. Schließlich sprach sie die Worte, die Argentinien ins Gedächtnis gegraben sind und die dank der Opposition, die sich darüber mokierte, verewigt sind: »Ich habe auf dem Weg Fetzen meines Lebens zurückgelassen«; »wir werden den Sieg erringen, koste es, was es wolle, auch wenn mancher auf der Strecke bleibt«.

Selbst in der allgemein gebildeteren Mittelklasse und in den Grundschulen gehörte es zum guten Ton, sich abfällig über die falsche Grammatik dieser »Ignorantin« zu äußern. Die Zeit kannte kein Erbarmen. Als man den Namen ihrer Krankheit erfuhr, stand an der Mauer des Unzúe-Palasts geschrieben: »Es lebe der Krebs!«

Am Ende ihrer Rede ließ Evita sich in Peróns Arme fallen.

Auf dem Bild ist er im Hemd zu sehen. Sie vergräbt das Gesicht an seiner Schulter, und ihre Hand mit den rotlackierten Fingernägeln stützt sich fest auf seinen Rücken. Fast scheint man Peróns Geruch durch den Stoff wahrzunemen: der Geruch nach sauberem Mann, groß und kräftig (Statur und Kraft prägen den Körpergeruch). Der beschützende Mann und die kranke CHINITA: Einen Moment lang werden sie wieder das Paar, das Arm in Arm im Delta spazierenging und die lehmigen Rinnsale betrachtete, die so sehr ihrem Schicksal ähnelten. Die Liebe kommt und vergeht. Sie ist immer unterwegs.

Evita hatte Yankelevich aufgetragen, diesen 17. Oktober für das Fernsehen aufzunehmen, ohne zu ahnen, welche Tragödie die Kameras als ihr Debut in Argentinien festhalten würden.

Als Kandidat für die Vizepräsidentschaft wurde schließlich wieder Hortensio Quijano gewählt. Auf dieser Kandidatur schien ein Fluch zu liegen. Quijano hatte nur noch sehr wenig von einem Provinzcaudillo. Er litt ebenfalls an Krebs. Pater Benítez erzählt, er habe gesagt: »Arme Evita! Mit einem armen Alten wie mir ein Wettrennen zu machen, mal sehen, wer zuerst stirbt!« Perón war Quijanos Gesundheitszustand sehr wohl bekannt, was die These widerlegt, er habe Evitas Kandidatur wegen der Erkrankung vereitelt. Quijano zu benennen, hieß ganz klar: »Für dieses Amt ernenne ich niemanden«. Etwas konkreter: weder Evita, noch Mercante oder sonst irgendeinen Rivalen. Vielleicht noch Teisseire, nach Quijanos Tod. Teisseire, unmoralisch genug, um manipulierbar zu sein. Wußte Perón aber, wie sehr Quijano darunter litt, zu sehen, wie er immer selbstgefälliger, eitler und korrupter wurde? Das Geheimnis nahm er jedenfalls nicht mit ins Grab. Pater Benítez kannte es und hatte keine Skrupel, es auszuplaudern, damit alle es erfuhren.

Am 3. November wurde Evita in die von der Stiftung erbaute Poliklinik »Presidente Perón« eingeliefert.

Dank zweier Artikel, der eine veröffentlicht in LA NACION im März und der andere in LA PRENSA im April 1991, kennen wir die Krankenakte, unterzeichnet von zwei Ärzten, die an der Operation beteiligt waren: Abel Canónico und Jorge Albertelli.

Ende August, also nachdem sie gerade jegliche Hoffnung verloren hatte, bekam Evita Blutungen. Laut Canónico bat Doktor Raúl Mendé den Gynäkologen Humberto Dionisi, Evita zu untersuchen. Dionisi stellte ein Geschwür am Muttermund fest und bat um eine Biopsie. Doktor Julio Lascano González, der mit der Analyse beauftragt war, stellte folgende Diagnose: Endophytisches Karzinom. Mit anderen Worten: ein bösartiger Tumor. Man beschloß, die befallene Zone zu bestrahlen.

Die erste Bestrahlung bekam sie am 28. September von Albertelli. Später bat man sie, in der Residenz zu bleiben, wo sie sich bis zu ihrem Tod aufhielt.

Vorläufig gab es bei den Untersuchungen keinen Hinweis auf Metastasen, der Krebs hatte sich also noch nicht ausgebreitet. Aber man mußte sie operieren. Canónico riet, man solle den Chirurgen George Pack zurate ziehen, einen hervorragenden Spezialisten des Memorial Cancer Hospital in New York, und er reiste in die USA, um ihn nach Argentinien zu holen. Pack und Canónico zogen in die Residenz in Olivos, wo sie, laut Albertelli, auf Evitas Wunsch hin die Untersuchung unter Vollnarkose durchführten. Der Patientin verheimlichten sie den Namen der Krankheit. Sie wußte nichts von Packs Anwesenheit, auch nicht von derjenigen Canónicos. »Warum diese Zurückhaltung?« fragte sich letzterer. »Einmal, weil damals nur die Erwähnung eines onkologischen Prozesses unweigerlich mit Leid und tragischem Ende assoziiert wurde. Zum anderen hätte das Urteil »Krebs« eine Patientin mit ihrem heftigen, hyperaktiven Temperament und ihrer Sensibilität zu schwer getroffen.«

Das Ergebnis der Untersuchung war eindeutig: Es mußte eine Totaloperation erfolgen. Pack kehrte in die Staaten zurück, um sich um seine Patienten zu kümmern, und die Operation sollte erst vierzig Tage später, Anfang November erfolgen. War das nicht zu spät?

»Obwohl wir Señora Perón gegenüber von einem Fibrom gesprochen hatten«, schreibt Albertelli, »ahnte sie, daß man eine größere Unterleibsoperation vornehmen mußte. Auf ihre Bitte hin wurde Doktor Finochietto als herausragender allgemeiner Chirurg gerufen, um der Operation ihren spezifisch gynäkologischen Charakter zu nehmen.« Mit einem Wort, »auf ihre Bitte hin« sollte die Operation nach etwas anderem aussehen. Doch insgeheim gab die gleiche Person, die nichts erfahren wollte, zu erkennen, daß sie es wußte. Pater Benítez bestätigt uns, daß Evita sich nicht täuschen ließ. Allein die Tatsache, daß man in ihrem Beisein nie das Wort »Krebs« benutzte, genügte ihr. »Ich weiß, gegen welchen Feind ich kämpfen muß«, äußerte sie sich ihm gegenüber. »Die Ärzte belügen mich, und ich belüge sie. Wir alle lügen. Doch alle kennen wir die Wahrheit.«

Von Canónico erfahren wir das Weitere: »Die Totalentfernung des Uterus und aller umliegenden Gewebe zeigte uns, daß der Tumor sich über den Muttermund hinweg ausgebreitet hatte. Die histologische Untersuchung des entfernten Gewebes, die Doktor Grato Bur durchführte, bestätigte, daß das Karzinom bereits das linke Parametrium befallen hatte«. Albertelli bezeichnete die Entfernung des umliegenden Gewebes als »Lymphatektomie des Beckenraums«, was bedeutet, daß die Lymphknoten entfernt wurden.

Pack kehrte in die USA zurück, ohne ein Honorar zu fordern. Die nachoperative Entwicklung schien zufriedenstellend. »Der Chirurg hatte«, wie Pater Benítez meint, »großräumig operiert, um sicherzugehen«. Natürlich konnte der Tumor nachwachsen, obwohl er völlig entfernt worden war. Doch nicht sofort. Als der Chirurg ging, gab er nur den Rat: »Sagen Sie ihr, sie muß essen. Sie soll keine Angst haben zuzunehmen, dann wird sie noch hundert Jahre leben«. Evita erfuhr nie etwas von diesem nordamerikanischen Chirurgen, der ihr ihre weiblichen Organe entfernt hatte. Sie glaubte, es sei Finochietto gewesen, der ihr einen niemals in ihrem Beisein benannten Teil ihrer selbst genommen hatte. Doch laut Albertelli glaubte sie, er sei es gewesen.

Am 11. November brachte man ihr die Wahlurne ans Bett. Am Vorabend war sie beim Gedanken an die Wahlen sehr nervös gewesen, wobei ihr Zustand sich derart verschlechterte, daß sie meinte zu sterben. Doch am nächsten Tag feierte sie das Ereignis, denn zum ersten Mal wählten die Frauen in ihrem Land. Sie steckte den Umschlag in die Urne und sagte mit erstickter Stimme: »Ich habe gewählt«. Dann brach sie in Schluchzen aus. Auf der Fotografie sehen wir sie im Profil mit spitzer Nase und tiefen Augenhöhlen, die Haare im Nacken zu zwei vom Kissen plattgedrückten Zöpfen zusammengebunden. Rein zufällig war der mit der Aufsicht über die Wahlen betraute Beamte ein junger Schriftsteller namens David Viñas. »Angeekelt von der Lobhudelei im Kreis um Eva Perón«, schrieb er später, »rührte mich der Anblick der Frauen, die auf Knien draußen auf dem Bürgersteig beteten, die Urne mit Evas Wahlzettel berührten und küßten. Eine ergreifende, eines Tolstoi würdige Szene.«

Perón erzielte vor allem dank der Frauen einen überwältigenden Wahlsieg. Doch Evita begriff trotz ihrer Euphorie sofort die Bedeutung der zehntausend leeren Wahlzettel. »Das sind die vom Peronismus Enttäuschten«, meinte sie. »Die besten haben wir verloren.« Pater Benítez fügt hinzu, diese stille Ablehnung habe »Perons Selbstanbetung, diesen moralischen Krebs, angezeigt, der viel schlimmer als Evitas physischer war und Perón nicht minder zerfraß«.

Weihnachten konnte sie eine Rede im Rundfunk halten und im Garten der Residenz Geschenke an die Kinder und ein wenig Apfelwein und Weihnachtskuchen verteilen, wie jedes Jahr, was für sie bedeutete, Weihnachten mit ihren HUMILDES zu feiern. Für die Opposition hatte das einen anderen Sinn: das Volk ans Betteln zu gewöhnen. Doch diesen Weihnachtskuchen zu essen und Cidre zu trinken erinnerte mehr an die Kommunion als an Bettelei.

Mitte Januar unternahmen Perón und Evita eine Reise an Bord der Tacuara. Sie fuhren durch das Delta, wo an den Ufern voller blühender Hortensien die Menschen sie mit einem Blütenregen willkommen hießen.

Im Unzué-Palast empfing sie im Liegen oder Sitzen, von Kissen gestützt, täglich immer noch Hunderte von Arbeitern, Ministern oder Funktionären.

Doch Mitte Februar kehrten die Schmerzen wieder: dieses Stechen im Unterleib. Und die schrecklichen Alpträume, die Appetitlosigkeit, der Gewichtsverlust, den Renzi ihr durch Manipulieren der Waage verheimlichte. Die Biopsie ergab ein Rezidiv, das drohte, sich auszubreiten. Pack reagierte auf das Schreiben seiner argentinischen Kollegen völlig überrascht. Er fand keine Erklärung dafür. Die Ärzte meinten: »Sie wird keinen Monat mehr leben«.

Sie lebte noch mehrere, denn einen so niederträchtigen Tod zu sterben war ihr ebenso unmöglich wie Niedertracht im Leben. In ihrer Vorliebe für Extreme machte sie so gewaltige Anstrengungen, ihre Tage zu verlängern, wie sie sich zuvor bemüht hatte, sie ein für allemal zu beenden.

Am 3. April stand sie auf, um an Hortensio Jazmín Quijanos Begräbnis teilzunehmen. Er war der Sieger im »Wettrennen zum Tod«. Am folgenden Tag las sie, hübsch und elegant wie immer, in einem Salon im Erdgeschoß des Unzué-Palastes vor einem »erlesenen Publikum« aus dem Manuskript von LA RAZON DE MI VIDA vor. Pater Benítez zum Trotz, der es ablehnte und auch meint, sie habe es kaum gelesen, fand sie, dieses Buch sei trotz Mendés Überarbeitung ein weiterer Triumph in ihrem Leben. Sie versuchte sich zu trösten, indem sie erneut Sätze wiederholte, die sie nie geschrieben hatte, mit einer Kleinmädchenstimme, die nicht ihr gehörte. Links neben ihr lauschte Prinz Bernhard der Niederlande mit höflicher Aufmerksamkeit. »Der Prinz verehrte Evita«, hat Irma Cabrera, das Dienstmädchen der Residenz, gesagt. Er hatte ihr gerade das Große Kreuz des Ordens von Oranienburg-Nassau verliehen, doch er war vor allem nach Buenos Aires gekommen, um Evita die fünftausend von ihr bestellten Pistolen und die tausendfünfhundert Maschinenpistolen zu verkaufen.

Am 25. April erhielten einunddreißig Frauen zum ersten Mal in Argentinien einen Sitz im Parlament.

Am 1. Mai schleppte Evita sich zum Balkon der Casa Rosada, um ihre letzte Rede zu halten. Ihre drohende Miene stand im Kontrast zu ihrer skelettartigen Magerkeit, verborgen unter einem unförmigen Kleid, das die wunden Stellen im Nacken und an den Knöcheln, Verbrennungen infolge einer rabiaten Bestrahlungstherapie, verdeckte. Ihre Schwester Blanca hat lange Zeit einen Fetzen schwarz verbrannter Haut aufbewahrt. Die von der Opposition so verlachte Metapher »Fetzen meines Lebens« wurde auf ungeahnte Weise wahr.

Auch ihre Rede verschwieg den wahren Adressaten ihrer wütenden Drohungen gegenüber den Feinden. Bewußt oder unbewußt richtete sie sich eigentlich gegen Perón, den Perón, der seinem Beichtvater zufolge »zum schlimmsten Feind seiner selbst geworden war«. Als sie so glühend darauf bestand: »Achtet auf den General«, wollte Evita eigentlich sagen: »Seht, er ist schwach, und das Schlimmste ist zu befürchten. Ersetzt mich, damit nicht verloren geht, was wir geschaffen haben. Bewacht ihn, wie ich es immer getan habe, damit er nicht umschwenkt, wenn ich nicht mehr da bin«.

Ihre Getreuen lauschten ihr mit geschlossenen Augen. Ihre Stimme kam wie aus blutiger Kehle. »Wenn nötig«, rief sie, »verschaffen wir uns mit eigenen Händen Gerechtigkeit. Ich bete zu Gott, daß er diesen Wahnsinnigen nicht erlaubt, die Hand gegen Perón zu erheben, wehe dem Tag! An dem Tag, mein General, werde ich, tot oder lebendig, mit dem Arbeitervolk, werde ich mit den Frauen aus meinem Volk, werde ich mit Peróns DESCAMISADOS aufbrechen und nicht einen Stein unversehrt lassen, der nicht peronistisch ist.«

Auf einem benachbarten Balkon wohnte Josephine Baker sichtlich bewegt dieser Szene bei.

Perón legte Evita den Arm um die Taille. Gemeinsam verließen sie den Balkon. »Im Raum hinter den Fenstern, durch die man die Menge noch nach Evita rufen hörte«, schreibt Perón in seinen Memoiren, »vernahm man sonst nur meinen Atem. Evitas war nicht wahrzunehmen vor Erschöpfung. Ich hielt nur noch eine Tote im Arm.«

Am 7. Mai feierte sie ihren Geburtstag. Dreiunddreißig Jahre.

Am 4. Juni, als Perón den Amtseid seiner zweiten Präsidentschaft leistete, wog sie nur noch siebenunddreißig Kilo. An jenem Morgen hatte Apold ihr ein Buch über die Erfolge des Peronismus gebracht. Als sie sich auf den Fotos sah, meinte sie:

»Sieh nur, wie ich einmal war, und wie ich jetzt bin«. Um sie abzulenken, meinte Apold, draußen sei es kalt. »Der General hat dir aufgetragen, mir das zu sagen«, rief sie wütend. »Aber ich werde nicht hier im Bett bleiben, es sei denn als Tote.«

Perón mußte die Strecke von der Residenz zum Kongreß im Wagen mit offenem Verdeck zurücklegen. Eva konnte kaum stehen. Doch in ihrer letzten Rolle wollte sie nicht sitzend neben einem stehenden Perón erscheinen. Also erhöhte man ihr die Morphiumdosis und fertigte ihr ein Gipskorsett an, mit dem sie stehen konnte. Der weite Pelzmantel verbarg den Gurt, mit dem man sie an die Vorderscheibe angebunden hatte. Die Leute meinten, man habe ihr auch den rechten Arm eingegipst, denn trotz ihrer Schwäche winkte sie auf der ganzen Strecke ihrem Volk, ohne den Arm einmal zu senken.

9
Märtyrerin, Mumie, Heilige und Großmutter

Ein kleiner, bescheidener Raum. Evita schreibt. Vergangene Zeiten. Die Agonie. »Und Argentiniens Herz blieb stehen«. Der Einbalsamierer ist verliebt. Beginn der Befreiungsrevolution. Perón in Madrid. Das Verschwinden der Mumie. Mysteriöses Erbe. Wer tötete Juan Duarte? Die drei Evita-Legenden. Die Rückkehr der Mumie. Wieder Präsident. Peróns Hände. Evita ist groß.

Nach dem 4. Juni konnte sie in Agonie fallen. Am Abend dieses Tages, an dem Perón den Amtseid geleistet hatte, schloß sie kein Auge. Ihr Hochgefühl hielt sie wach: »Sie hatte ihrem Mann und ihrem Volk diesen Sieg geschenkt«, schreibt Pater Benítez. Jetzt atmete sie auf. Man hatte ihr verboten, Vizepräsidentin zu werden und ein Amt im eigenen Namen auszuüben. Doch keine Frau in Argentinien oder der restlichen Welt hatte so viel Macht ausgeübt wie sie. Dieses Gefühl des Glücks bedeutete auch, an die Grenzen zu stoßen. Weiter würde sie es nicht bringen.

Nach ihrer Entlassung aus der Klinik hatte man sie in einem königlichen Raum mit vergoldeten Möbeln und rotseidenen Vorhängen untergebracht. »Ich mußte krank werden, damit man mich gebührend unterbringt«, hatte sie bemerkt. Dort hatte sie in der kurzen Zeit der Besserung auch ihren Besuch empfangen. Doch dann hatte man sie aus praktischen Gesichtspunkten in einen weiter entfernten Raum gebracht, damit sie Perón nicht mit ihren schrecklichen Schreien störte.

Und mit ihrem Geruch. Die eingefleischten Antiperonisten haben so viel darüber spekuliert, welchen Abscheu Perón gegenüber der Krankheit seiner Frau empfand, daß Autoren wie Marysa Navarro beschlossen haben, diese Gerüchte als reine Legende abzutun. In Wirklichkeit ist Unterleibskrebs in der Endphase mit einem ganz spezifischen Geruch verbunden, an dem ein erfahrener Arzt die Krankheit sofort erkennt. Pavón Pereyra, der kaum etwas von einem Gorilla hat (wie die Fanatiker der Befreiungsrevolution ihn nannten), hat uns folgende Szene geschildert: Eine Frau besucht Evita, die wie gekreuzigt mit offenen Wunden und bewegungsunfähig daliegt. Als die Frau sie küßt, verzieht sie unwillkürlich das Gesicht. »Ah«, ruft Evita aus. »Sie ekeln sich, mich zu küssen.« – »Aber nein!«, protestiert eine Freundin. »Sie hat nur einen Tic!« – »Mag sein, aber er hat sich genau in dem Moment verschlimmert, als sie sich mir näherte.«

Also richtete man ihr ein kleines Zimmer auf der anderen Palastseite her, mit dem Bett der Krankenschwester und dem Evitas: ein Krankenhausbett mit weißem Eisengestell und weißem Bettzeug. Manche Zeugen meinen verschämt, das ganze sei sehr schlicht gewesen, aber eine Freundin der Schwestern Duarte, präzisiert, das »Schlichte« sei ziemlich häßlich, ja regelrecht armselig gewesen: »Perón war so geizig, daß er anordnete, ihr keine feine Bettwäsche zu geben. ›Wozu?‹, meinte er, ›Sie wird sie mit ihren wunden Stellen ja doch beschmutzen‹.«

Hatte er Angst, sich ihrem Bett zu nähern? Dieselben Zeugen haben es bestätigt. Natürlich sind die dubiosen Geschichten der Gegner über Perón, der einen Mundschutz getragen haben soll, wenn er das Krankenzimmer betrat, haßerfüllte Übertreibungen. Doch die Angst bestand. Dabei fällt es allerdings schwer, ein Verhalten zu verurteilen, das zu seinen Manien und Phobien paßt. Stets bis ins letzte frisch gewaschen und gebügelt, war Perón unfähig, angesichts dahinsiechenden Fleischs die Nerven zu behalten. Pater Benítez hat Marta Echeverría erzählt, eines Nachts habe Evita es geschafft, sich bis zu seinem Zimmer zu schleppen. Da habe Perón entsetzt aufgeschrieen: »Bringt mir DAS hier weg!«

DAS konnte allerdings denken und sorgte sich um die Zukunft, Ängste, die, wie so oft, nichts waren im Vergleich zu dem, was sich dann tatsächlich ereignen sollte. Aber selbst wenn DAS nie geahnt hätte, was geschehen würde, war die Beunruhigung doch stark genug, sie auf Papier zu bringen. Erstmals war sie es selbst, die, im Bett sitzend, eigenhändig einen langen Text schrieb mit dem Titel MEINE BOTSCHAFT, von dem Perón nach ihrem Tod einen Bruchteil veröffentlichen ließ: das »Testament«. Die ersten Worte lassen den allgemeinen Ton erkennen: »Ich will ewig mit Perón und meinem Volk leben«. Beiden vererbte sie ihren Schmuck, als ständigen Fonds zur Errichtung von Wohnungen für das Volk. Viele Jahre lang war der Rest des Manuskripts verschollen, bis man ihn schließlich wiederfand und bekanntgab. Perón hatte den Text nicht veröffentlicht, weil er ihm zu hetzerisch schien.

Ohne anderes Vorbild als Muñoz Azpiri oder Mendé und Konsorten, übernimmt Eva deren Stil, verleiht den Worten jedoch eine Glut, die sie ärmer macht, ein vernichtendes Feuer, das nicht kocht, sondern verkohlt. Ihre Sprache besteht eigentlich weniger aus Worten als aus Aufschreien: gegen die Kirche und das Militär. Ihre Sprache kommt ohne Umschweife und Rhetorik aus. Was ihren Wahrheitsgehalt betrifft, hätte sie von einer Prophetin stammen können, doch in all ihrer Gewalt wirkt sie machtlos. Ihre Krebserkrankung drückte das noch deutlicher aus.

Es heißt, Sterbende rekapitulieren ihr Leben in einer raschen Abfolge von Bildern. Wir stellen uns vor, wie sie an die Stunden ihres Ruhms zurückdenkt, all die Augenblicke, in denen sie die Brust vorstreckte, damit ein Mann mit Krawatte ihr ein Kreuz, eine Medaille oder ein Band mit den Farben eines anderen Landes ansteckte. Es war noch nicht lange her, daß Prinz Bernhard sie im Namen Ihrer Majestät, der Königin Juliane ausgezeichnet hatte. Und an dem Tag, als der Botschafter Syriens ihr den Orden der Omajaden verliehen hatte, war sie zwar schon krank, aber dennoch aufgestanden und hatte ihr granatrotes Samtkleid, dessen Ausschnitt ihre marmorfarbene Haut zur Geltung brachte, angezogen. Der Aztekische Adler, das Großkreuz des Sonnenordens und der Malteser, nicht zu vergessen die kolumbianischen, haitianischen, brasilianischen, dominikanischen, ekuadorianischen, libanesischen Auszeichnungen ... Wie oft hatte man sie mit Exzellenz, Ehrwürden etc ... angeredet. Am 18. Juli, acht Tage vor ihrem Tod, bot ihr eigenes Land ihr die Kette des Ordens General San Martín an, das Höchste an naiver

Kunst aus Smaragden, Rubinen, Brillanten und Emaille, mit den Wappen aller argentinischen Provinzen um das argentinische, darunter ein Kondor, Lorbeer, ein Säbel und noch weiter unten eine Sonne mit 16 Strahlen aus Platin und Brillanten und 16 weiteren aus Gold, die das goldene Bildnis des Vaterlandshelden umrahmten.

Und dann die Galavorstellungen im Teatro Colón. Ihre Abendkleider, denen das Publikum entgegenfieberte wie einem großen nationalen Ereignis. Das Modellkleid von Jacques Fath aus schwarzem Samt mit einem Oberteil aus schuppenförmig angeordneten Federn und unten in einer plissierten Taftschleppe auslaufend. Das andere Modellkleid von Fath: weiße Satincorsage, federbesetzter Tüllrock, elfenbeinfarbener Satinmantel. Und die Modelle von Dior: blaßrosa Seidentüll, bestickte Corsage mit Silberpailletten, die sich bis über den Rock ergießen. Weißer Organdy mit Blumen an der Taille und ein Kurzmantel aus Satin mit Goldborte. Und schließlich das berühmte himmelblaue Tüllkleid mit Perlen und Perlmuttpailletten auf dem Oberteil und einem Rock mit mehreren Volants, dazu das Cape aus reinen, lachsfarbenen und hellblauen Federn, das Perón zu der Bemerkung veranlaßte: »Du siehst aus wie ein Huhn«.

Man belog sie ununterbrochen. Das ganze Land las Messen für ihre Genesung, die im Rundfunk übertragen wurden, doch man zog den Stecker aus ihrem Apparat, damit sie nichts davon erfuhr. Jeden Tag brachte man ihr die Zeitung, doch in einer gereinigten Ausgabe, in der die Berichte über ihren Gesundheitszustand fehlten. Geschürte Illusion: Perón hatte Paco Jamandreu gebeten, ihr die prächtigsten Stoffe und ausgefallensten Modelle zu zeigen, unter dem Vorwand, bald könnte sie sie tragen. Man zeigte ihr auch Reiseprospekte: »Sieh mal, Indien! Ägypten! Die Pyramiden! Da fahren wir hin, sobald du wieder gesund bist«. Sie nickte und spielte das Spiel halb gläubig, halb ungläubig mit, indem sie die frommen Lügen mit Anspielungen auf ihren Tod entlarvte, um die Reaktion zu beobachten. Einmal meinte sie zu Apold: »Heute nacht habe ich geträumt, ich stürbe, und du würdest die Nachricht in deiner Zeitung bringen!« Der Journalist begann stotternd zu antworten, als Juancito ihm zuflüsterte: »Gib acht. Sie stellt dich auf die Probe«.

Ein anderes Mal versammelte sie die Ihren um sich und kündigte ihnen ihren Tod an. Doch Doña Juana tat einen so schrecklichen Schrei, daß sie lachend meinte: »Nein, das war doch nur ein Witz«. Sie rief ihre Freunde, um Andenken und Medaillen mit ihrer eingravierten Unterschrift zu verteilen. Anfang Juli rief sie Pater Benítez zu sich. Sie wollte beichten. »Sie wissen genau, daß ich in der Falle sitze«, flüsterte sie. »Außer Gott können mich weder die Ärzte noch sonst jemand mehr hier herausholen.«

Sie sprach oft von Religion, vor allem mit ihrem an Syphilis erkrankten Bruder, der gegen Gottes Ungerechtigkeit aufbegehrte. »Im Gegenteil«, meinte sie, »Gott ist gerecht: Er ist sogar peronistischer Justicialist! Sonst hätte er mir als der Frau des Präsidenten nicht eine solche Krankheit geschickt. Aber ich füge mich in das Leid, wenn es wegen meiner Liebe zum Volk ist.« Ihre Vorliebe für den Stil der Radioserien begleitete sie bis zum Schluß. Als der Schmerz sich aber tiefer eingrub, im Leib und im Nacken, änderte sich auch ihre Sprache: »Ich wünschte mir ein wenig Ferien. Ich bin sehr klein für so viele Schmerzen«.

Sie sagte auch: »Wenn Gott mir die Gesundheit zurückgibt, werde ich auch nie mehr Schmuck oder schöne Kleider tragen. Nur Bluse und Rock«.

Und: »Er hat mich glücklich gemacht, mich, nur ein armes Mädchen, nichts als ein armes Mädchen«.

Sie hatte immer dicke Fesseln gehabt, und jetzt seufzte sie beim Anblick ihrer Knochen unter der Haut: »All die Opfer, die ich gebracht habe, um die Beine schlanker zu bekommen, und sieh nur, was für Stelzen ich bekommen habe«. Man hatte ihr einen berühmten Marsch mit dem Titel »Evita Capitana« gewidmet. »Jetzt bin ich nicht mal mehr Unteroffizierin«, meinte sie dazu.

Eines der letzten Fotos zeigt sie im Sessel sitzend. Das ist schon nicht mehr Evita, sondern ein Skelett, das versucht zu lächeln. Dabei kommt einem die Erinnerung an Auschwitz. Statt der Haarrolle trägt sie einen schlecht geflochtenen Zopf, der ebenfalls stark ausgedünnt wirkt. Von den spitzen Knien hängen die Hosen abrupt herunter. Sie trägt ein weißes Wolljäckchen und Sportschuhe mit weißen Söckchen. Der schmerzgekrümmte Rücken läßt sie armselig erscheinen, als ob die Krankheit sie in ihre Vergangenheit voller Armut zurückversetzt hätte: Reiche Kranke gibt es nicht. Die spitze Nase und die vorstehende Oberlippe scheinen nicht mehr zu dieser Frau zu gehören, die einmal schön war. Alle Sterbenden und alle Neugeborenen gleichen einander, als kämen sie vom gleichen Ort und kehrten dorthin zurück.

Sie ließ ihre Schwestern und Freundinnen sich im Achtstundenturnus ablösen, um ihr Gesellschaft zu leisten. Doch eines Tages hatte Lina Machinandearena, die Frau des Filmproduzenten, der sich schließlich von Perón getrennt hatte, in den Kopf gesetzt, sie gegen den Rat ihres Mannes zu besuchen. Beide Frauen hatten sich seit Jahren nicht gesehen. Wenn man bedenkt, daß Evita sich einmal von Lina Schmuck für ihre Rolle als DIE VERSCHWENDERIN geliehen hatte! Als Lina heimkehrte, rief sie völlig verstört aus: »Diese Frau ist einsam! Ich habe sie ganz verlassen in einem erbärmlichen Bett angetroffen! Sie war überglücklich, als sie mich sah, als ob niemand sie besuchen käme!«

Das traf zum Teil zu. Man versuchte zu verhindern, daß sie außer der engen Verwandten Besuch erhielt, um sie nicht zu sehr aufzuregen (und ihre Krankheit nicht so bekannt werden zu lassen). Doch sie sehnte sich, nicht aus Einsamkeit, sondern aus Nostalgie, nach allen, die sie nie mehr sehen würde. Sie hatte so viele Leute gekannt! Wo mochten sie jetzt sein?

Am 18. fiel sie in ein Scheinkoma. Man glaubte, sie würde sterben, und machte gerade Wiederbelebungsversuche, als sie inmitten von seltsamen Apparaten, Geschäftigkeit und ungewohnter Aufregung aufwachte »Was ist los?«, fragte sie. »Ich muß aufstehen. Wenn ich hier im Bett liegenbleibe, sterbe ich.« Und es gelang ihr noch einmal, auf die Beine zu kommen.

Ihrer Mutter hatte sie wie im Scherz gesagt: »Ich warne dich, wenn du nicht aufhörst zu schluchzen, erscheine ich dir. Dann bekommst du einen echten Schrecken!«

Nun verheimlichten die Ärzte ihr die Wahrheit nicht mehr und waren erstaunt, wie gut sie über Unterleibskrebs Bescheid wußte. Sie hatte jahrelang versucht, sich zu informieren. Hatte sie nicht schon 1945 die Fotografin Anne-Marie Heinrich mit

Fragen bombardiert, deren Mutter an der gleichen Krankheit gestorben war? Und eine so tapfere und informierte Frau hatte man die ganze Zeit über belogen!

Am Abend vor ihrem Tod rief sie Perón zu sich und wollte mit ihm allein bleiben. Sie sahen sich sonst nur im Beisein anderer. Laut Carmen Llorca hatte er sie seit Tagen nicht mehr besucht. Es war Freitagabend. (Während der Woche hatte Evita den Ihren mitgeteilt: »Bald werde ich wissen, ob ich am Samstag sterbe oder nicht«. War es der Einfluß des letzten Films, den sie in der Residenz gesehen hatte, wonach sie nicht schlafen konnte: Cyrano de Bergerac? Nach der Filmvorführung hatte sie seufzend ausgerufen: »Wie gerne würde ich so sterben, bis zum Schluß kämpfend!« Cyrano war an einem Samstag, 26. Juli, gestorben. Und der nächste Tag war ein Samstag, 26. Juli.) Sie rief also Perón zu sich und sagte: »Ich wollte dich ein wenig sehen«. Und dann: »Vergiß die HUMILDES nicht«, als fürchte sie, sie würden mit ihrem Verschwinden ebenfalls vergessen werden.

Klang ein Vorwurf aus ihrer Stimme? Castiñeira de Dios, der zur Zeit unseres Interviews Kulturminister war, gab uns offizielle Auskünfte. Doch nach Beendigung des Gesprächs machte er eine Handbewegung und ging mit hinaus auf den Flur. »Warten Sie! Ich muß noch etwas sagen. Perón liebte Evita, aber weniger als sie ihn liebte. Er war gefühlskälter und distanzierter. Als sie im Sterben lag, unterhielt er sich und rauchte völlig ungerührt vor der Tür.« Eine Freundin von Erminda und Blanca ging noch weiter: Zu der Zeit hatte er schon andere Frauen, und Evita wußte das. Er sprach in ihrem Beisein mit Pedro Ara und fragte ihn, was man genau mit ihr machen würde, als schliefe sie«. Ara war der spanische Arzt, der sie einbalsamieren sollte.

Am Samstag, dem 26., um 11 Uhr morgens kam Elisa, um Blanca abzulösen. Doña Juana verließ kurz den Raum.

»Arme Alte!«, seufzte die Sterbende.

»Warum arm?«, erwiderte ihre Schwester, als ob sie nicht verstünde, »Mama geht es doch sehr gut!«

»Das weiß ich. Ich meine, weil Eva fortgeht.«

Das waren ihre letzten Worte, die schönsten. EVA GEHT FORT. Ein perfekt intonierter Satz.

Und dann schlief sie ein.

Selbst der Moment ihres Todes blieb nicht von Lug und Trug verschont. Offiziell hieß es, sie sei um 20.25 Uhr gestorben, doch einige glauben, es sei kurz vor Mittag gewesen, andere sprechen von 2 Uhr nachmittgs, manche schließlich von 19.40 Uhr, als der Einbalsamierer Pedro Ara den spanischen Botschafter Aznar anrief und ihm sagte: »Sie ist soeben gestorben. Ich nehme sie mit ins Bad, um sie notdürftig herzurichten. Erschrecken Sie nicht, wenn die Nachricht erst in einer dreiviertel Stunde bekanntgegeben wird«. Die letzte Information erhielten wir von einem spanischen Journalisten, der anonym bleiben will. Andere Journalisten, etwa die Argentinier Eduardo del Castillo und Luis Clur, bestätigen, daß die Nachricht im Informationsministerium zurückgehalten wurde, obwohl bekannt war, daß Apold über die Verschlechterung des Zustands berichtete, um die Spannung zu erhöhen. Doch der Tod war bereits eingetreten. Wann immer sie auch starb, es war nicht um 20.25. Irgend jemand setzte diese Zeit überraschend genau fest. Um diese Zeit hatten Perón und Evita sich nämlich am 10. Dezember 1945 kirchlich trauen lassen.

Sie hatte einen sanften Tod. Sie atmete nur noch schwach, seufzte, und dann blieb das Herz stehen.

Juancito, der plötzlich gealtert war, verließ mit eingefallenem Gesicht das Zimmer und rief, während er die Treppe hinabstieg: »Gott gibt es nicht!« Erminda folgte ihm, holte ihn ein, nahm ihn in den Arm und meinte: »Doch, es gibt ihn. Sie hat es so gewollt«.

Der Bruder sah also im Gegensatz zu seiner Schwester in dieser Geschichte keinen Sinn.

Ein absurdes oder ein erfülltes Leben. Der Leser mag entscheiden.

Schön für immer

Während sie im Sterben lag, hob man sie draußen in den Himmel. Das marode Regime kam dank ihres Todes wieder zu Kräften. Jemand hatte geschrieben: »LA RAZON DE MI VIDA hallt in der Seele nach wie die Stimme Jesu«. In einem Parteibüro stellte man ihr Buch auf einem Altar zwischen Blumen und Kerzen aus. An ihrem Geburtstag ernannte der Kongreß sie zur Geistigen Führerin der Nation. Überall wurden Büsten von Evita aufgestellt. Die Bildhauer hatten Arbeit. Städte mit traditionellen Namen wie Quilmes, benannt nach einem Indianerstamm, hießen nun Evita Perón. Bald brachte man einen Text für die Grundschulen heraus mit dem Titel EVA VON AMERIKA; MUTTER DER ARMEN. Die Kinder mußten fortan im Chor wiederholen: »Sie war eine Heilige. Deshalb stieg sie auf zu Gott«. Eine Zeichnung im Buch zeigt ein paar Kinder, die sehnsüchtig einem kreuzförmigen Stern nachblicken, der die Nacht erleuchtet.

Das wahnwitzigste Projekt war allerdings das Denkmal für die Krypta. Evita hatte es selbst beim Bildhauer León Tomassi in Auftrag gegeben und ihm wörtlich gesagt: »Es soll das größte auf der Welt werden«. Sie dachte an ein Denkmal des DESCAMISADO, doch jetzt sprach man von einem Evita-Denkmal. Am 7. Juli nahm der Kongreß das Gesetz an, das seine Errichtung möglich machte. Von den vierundachtzig Lobreden, die aus diesem Anlaß auf Evita gehalten wurden, fiel die der Senatorin und Sängerin Juana Larrauri aus dem Rahmen: »Eva Perón steht über allen Ehren. Ich lasse nicht zu, daß man sie mit irgendeiner anderen Frau vergleicht, auch nicht mit irgendeiner Heldin aus irgendeiner Epoche«. Die Senatorin Hilda Nélida Casiñeira hatte nämlich gewagt, sie mit Königinnen und Heiligen zu vergleichen: »Eva Perón vereint die besten Tugenden von Katharina der Großen, Elisabeth I., Jeanne d'Arc und Isabella der Katholischen, doch ins Unendliche vervielfacht«.

Am 20. Juli ließ die CGT eine Messe für sie lesen. Um den Obelisk standen eine Million Menschen völlig still, den Blick starr auf den riesigen Altar gerichtet, wo Pater Virgilio Filippo seines Amtes waltete. Danach sprach Benítez. Er betete um Gesundheit für die Kranke, betonte aber, das erbetene Wunder sei bereits geschehen: daß ein Volk dank ihres Martyriums wieder gläubig geworden sei. Das war eine Art zu sagen, daß das Wunder ihrer Genesung nicht stattfinden würde. Perón hatte ihn gebeten, das Volk vorzubreiten. Nun konnte man die Wahrheit nicht mehr verheimlichen. Doch in allen Städten und

Dörfern von Nord bis Süd hörte man die Leute auf den Straßen noch beten, manche wollten sogar ihr Leben für sie opfern.

Um 21 Uhr am 26. wurde endlich ihr Tod bekanntgegeben. Die Köchin eines vornehmen Hauses hat uns erzählt, ihre Arbeitgeber hätten die Nachricht mit Champagner gefeiert, während die Dienstboten in der Küche weinten. Es gab eine solche Welle von Schmerz, daß die Verfasserin sich nach der Schule (im Alter von zwölf Jahren) in ihr Zimmer einschloß, um heimlich Tränen zu vergießen. Ihre Eltern waren Linke und gingen zwar nicht so weit, Evitas Tod zu feiern, doch sie hätten sich sehr gewundert, ihre Tochter weinen zu sehen.

Vom 26. Juli 1952 bis zum Sturz des Regimes wurde das Radioprogramm täglich unterbrochen, und ein Radiosprecher sagte mit melodramatischer Stimme: »Es ist zwanzig Uhr fünfundzwanzig, die Zeit, in der Evita Perón Unsterblichkeit erlangte«. Es wurde eine einmonatige Staatstrauer angeordnet. Die CGT wies alle Peronisten an, drei Tage lang einen schwarzen Schlips oder ein anderes Zeichen der Trauer zu tragen. Mit »alle Peronisten« war jeder gemeint, da die Parteizugehörigkeit obligatorisch war, wenn man seinen Posten behalten wollte. Die Dichterin María Elena Walsh wurde wie viele andere von der Schule, wo sie unterrichtete, verwiesen, weil sie sich keinen schwarzen Stoffetzen angenäht hatte.

Währenddessen vollendete Pedro Ara sein Werk.

Perón hatte gesagt, Evita habe selbst den Wunsch geäußert, sie wolle nicht in der Erde verwesen. Auf jeden Fall wußte sie, daß man sie aufbahren würde, denn sie bat ihre Maniküre, Sara Gatti, ihr statt des roten Nagellacks einen dezenteren, farblosen aufzulegen. Eine letzte Koketterie oder die Sorge der Schauspielerin, die ihren eigenen Tod inszeniert. Doch wollte sie im Innersten ihres Herzens wirklich mumifiziert werden, oder war es nur ein Wunsch, den sie äußerte, als sie nicht ganz bei Bewußtsein war? Wenn sie es wirklich wünschte, hat sie Peróns Zukunft wohl nicht zu negativ gesehen. Allerdings war ihr Mann gefährdeter als ein Pharao. Wollte sie um jeden Preis physisch präsent bleiben, trotz der bösen Vorahnungen, die ihr im Todeskampf genauso wie im Leben den Schlaf raubten?

Die Maniküre kam am Morgen des 27. in die Residenz. Zu dem Zeitpunkt hatte Pedro Ara Evitas Leichnam schon endgültig »unverwesbar« gemacht. Sara versuchte, die kleinen Fingernägel zu lackieren. Doch die langen, schlanken Finger (außer dem zu kurz geratenen Daumen) waren bereits steif, so daß Ara ihr helfen und sie gespreizt halten mußte. Danach war Pedro Alcaraz an der Reihe, der ihr das Haar bleichte, bis es leuchtete, und dann wie in glücklichen Zeiten zum Knoten flocht. Beide taten eine »traumhafte« Arbeit: der Friseur und die Maniküre von Dornröschen.

Sie lag unter einem weißen Leichentuch und einer hellblau-weißen Fahne in einem Sarg mit Glasdeckel. Zwischen den Fingern hielt sie den Rosenkranz, den Pius XII. ihr geschenkt hatte. So bahrte man sie in der Halle des Ministeriums auf.

(Allerdings nicht ohne Schwierigkeiten. Laut Sebastián Borro, zitiert bei Marta Echeverría, wollte die peronistische Rechte die Totenwache nicht im allzu symbolträchtigen Arbeitsministerium halten. Die zukünftige peronistische Politik zeigte sich bereits an dem Tag: Als Espejo und Santín von ihrer Freundin Abschied nehmen wollten, hätte man sie um ein Haar nicht eingelassen.)

Die Halle war flankiert von zwei großen Treppen. In der Mitte stand der Glassarg. Auf der einen Seite ging man hoch, betrachtete die hinter Glas Aufgebahrte und stieg auf der anderen Seite wieder hinunter, mit einem Bild im Gedächtnis, das noch unvergänglicher war als der Leichnam selbst. Ein Bild, das alle Märchenfeen in sich vereinte: Aschenputtel, Dornröschen, Schneewittchen, alle.

Ein Bild oder eine Abfolge von Bildern, die einem aufmerksamen Auge nicht entgehen konnten: Raúl Apold. Der argentinische Goebbels hatte Edward Cronjagar verpflichtet, den Kameramann von 20th Century Fox, der die Trauerfeier von Marschall Foch gefilmt hatte. Das Ergebnis war ein Dokumentarfilm mit dem Titel Y LA ARGENTINA DETUVO SU CORAZON (Und Argentinien blieb das Herz stehen).

Dieses Herz hörte dreizehn Tage lang auf zu schlagen. Es waren auch »peronistische Tage«, aber in negativem Sinn: Es hörte nicht auf zu regnen, als wollte das Wetter mittrauern. Die

Schlangen Weinender wurden immer länger, eine Zickzacklinie, überdacht von Schirmen und Zeitungen. Sie wurde auf drei Kilometer Länge geschätzt. Die Menschen warteten steifgefroren, völlig durchnäßt und hungrig, oft auch krank, zehn Stunden in der Schlange. Die Stiftung und das Rote Kreuz kümmerten sich um die Alten und teilten belegte Brote und Kaffee aus. Wenn die Wartenden schließlich am Sarg ankamen, waren sie erschöpft vor Müdigkeit und von all den Tränen. So schön, so jung, so zart. Sie küßten den Glasdeckel und fielen zum Teil in Ohnmacht. Dann kamen die Krankenschwestern der Stiftung, um sie aufzuheben und zu versorgen. Beim Hinausgehen war es dann schon dunkel. Waisenkinder sahen durch Tränenschleier, wie um 20.25 Uhr Tausende von Fackeln gleichzeitig erloschen. Und die Blumen. Tausende von Blumen. Der Duft verwesender Blumen auf der Straße. Und riesengroß ihr Abbild mit dem mehrere Meter breiten Lächeln auf der Plaza de Mayo. Als der Himmel aufklarte, meinten die Leute von der Insel Maciel, die 1945 den Riachuelo überquert hatten, der Mond zeige Evitas Antlitz.

Am 9. August wurde ihr Sarg auf eine Lafette umgebettet. Mit allen Ehren, umrahmt von einem Blumenmeer und zwei Millionen Menschen wurde sie zunächst zum Kongreß und dann zur CGT gebracht, wo sie ruhen sollte, bis das Grabmonument fertig war. Evita hatte der Arbeiterzentrale dieses prächtige Gebäude geschenkt. Die Gewerkschafter hatten die Genehmigung, sie bei sich zu behalten, nur unter großen Schwierigkeiten erlangt: Ihr letzter Wille war es gewesen, bei ihren Arbeitern zu ruhen. Man hat gesagt, die sterblichen Überreste seien eher von politischer als von menschlicher Bedeutung. Doktor Pedro Ara erwartete sie bereits in einem sorgfältig nach seinen Anweisungen gekühlten Laboratorium.

Er hatte lange auf sie gewartet.

Dieser Pathologe und nun Evitas Einbalsamierer war weltweit bekannt. Man munkelte sogar, er habe Lenins Mumifizierung beaufsichtigt, ein schmeichelhaftes Gerücht, das er weder bestätigte noch dementierte. Tatsache ist, daß er, als er sich in der vagen Funktion als Honorar-Kulturattaché der spanischen Botschaft in Argentinien niederließ, Manuel de Falla einbalsamiert hatte. Es hieß auch, er habe den Leichnam eines jungen Mädchens aus Córdoba mumifiziert, deren Vater sie in seinem unsäglichen Schmerz jeden Abend ankleidete und an den Tisch setzte. In seinem Haus hatte Pedro Ara eine Bar, wo er einen »Bettlerkopf« neben den Sherryflaschen aufbewahrte. Die Besichtigung dieses Wunderwerks hatte Perón veranlaßt, ihn mit der Arbeit zu betreuen.

In seinem Buch EL CASO EVA PERON (Der Fall Eva Perón) schildert Ara, wie er es anstellte, Eva noch zu Lebzeiten zu beobachten. Sie zu beobachten oder wie eine Spinne einzufangen. Am 17. Oktober wollte es der Zufall, daß er als Diplomat neben ihr auf dem Balkon der Casa Rosada stand. Als Evita das Wort ergriff, sagte er sich: »Jetzt wird sich die Widerstandskraft dieser Dame zeigen. Wenn es stimmt, daß sie, wie es heißt, eine schwere Anämie hat, wird die Atemnot bei der ganzen Anspannung sie daran hindern, sich in langen Sätzen zu ergehen. Sie wird gezwungen sein, bei jeder Pause Atem zu schöpfen, und die Ovationen, die sie immer wieder unterbrechen, nutzen. So bleibt die Ermüdung vielleicht unbemerkt. Ich aber stehe hier und kann ihre Kurzatmigkeit, ja sogar den beschleunigten Pulsschlag unter der feinen Haut ihres dünnen Halses SEHEN«. Er selbst unterstreicht dabei das SEHEN.

Zu seiner großen Überraschung – oder Enttäuschung – machte Evita nicht schlapp. Weder die Hand auf der Brust, noch der nach Luft schnappende Mund oder die sich verdrehenden Augen als Anzeichen für Luftmangel bzw. die flatternde Ader am Hals ..., nichts all dessen, was man an Anämischen sonst in solchen Momenten beobachten kann. Doch der Arzt tröstete sich mit einer anderen Beobachtung, die ihm später nützlich sein sollte: »Ich sah sie nur lächeln, mit halb geschlossenen Lippen, hinter denen die weißen Zähne sichtbar wurden – aufgrund des vorstehenden Oberkiefers«.

Evita dachte an diesem 17. Oktober noch nicht daran zu sterben. Mit der Zeit wußten alle, daß das Ende nahte. Die Beobachtungen aus diesen letzten Monaten divergieren. Ara zufolge lag die Idee, Evita einzubalsamieren, in der Luft. Mehrere halboffizielle Emissäre hatten es ihr gegenüber durchblicken lassen. Schließlich meinte Raúl Mendé, man solle ihr diesen Vorschlag unterbreiten. Doch der Arzt hatte sie erst nach ihrem Tod gesehen. Gabriel García Márquez behauptet das Gegenteil. In der Zeitung CLARIN vom 5. September 1983 schreibt er folgendes: »Der Mann, der sie einbalsamieren sollte, stellte während der langen Wochen ihrer Krankheit eine Wache im Vorzimmer auf, denn bei Eintreten des Todes mußte er sofort mit der Arbeit beginnen, um sie möglichst authentisch und dauerhaft zu konservieren«.

Während der drei Tage, die sie aufgebahrt lag, hatten einige Funktionäre eilfertig den Glasdeckel geöffnet, um ihn von innen sauberzuwischen. Wegen der ausströmenden Gase hatte man innen sogar für Luftzug gesorgt, um zu verhindern, daß das Glas beschlug. Der Arzt reagierte wütend: Er hatte angeordnet, den Leichnam nicht der Einwirkung der Luft auszusetzen. Das konnte speziell unter ästhetischem Gesichtspunkt zu irreparablen Schäden führen. Dafür hatte er in der Nacht des 26. nicht so viel gearbeitet, mit der Hilfe eines Katalanen, den Perón, sich selbst treu, mit den bekannten Worten empfing: »Ich habe die Katalanen schon immer sehr geschätzt!«

Solche Einmischungen (der unautorisierten Glaswischer) durften nicht vorkommen, und Pedro Ara hatte darauf bestanden, daß im Gebäude der CGT ein technisch perfektes, vor Indiskretion sicheres Laboratorium eingerichtet wurde. Außer Ara selbst sollte nur noch Perón den Schlüssel erhalten. Die langen Stunden, in denen Evita in Becken mit Gott weiß welchen seltsamen Flüssigkeiten getaucht war, blieben zutiefst geheimnisumwoben.

Pedro Ara gab nie genau Auskunft über den Inhalt der Becken. Wer es tat, war Doktor Domingo Tellechea, der Jahre später damit beauftragt war, die Mumie zu restaurieren: »Der Leichnam wurde nach der alten Methode der »spanischen Mumifizierung« ausgetrocknet, durch Infiltration einer Formalinlösung in den Blutkreislauf des Körpers und subkutan. Die wichtigste Injektion erfolgt in die Halsschlagader, damit das Konservierungsmittel bis an die Haarwurzeln gelangt. (...) An manchen Körperteilen wurden offensichtlich andere Konservierungsmittel angewandt – Karbolsäure, Borat, Quecksilberchlorid und Arsen –, doch nach der Mumifizierung und bevor der Leib mit einer harten Wachsschicht überzogen wurde. Von innen wurde der Körper mit Formalin und Zinkchlorid gespült. Manche Teile wurden geöffnet und die Höhlen mit reinem Paraffin gefüllt. Der Beweis ist ein Schädelschnitt, bei dem der Schädel durchbohrt wurde, oben genau am Scheitelbein und seitlich an der Naht zwischen Scheitelbein und Schläfen bis zur Schädelbasis.«

Die Arbeiten dauerten ein Jahr, in dem die »Damen« – Doña Juana, Elisa, Blanca und Erminda – regelmäßig kamen, um vor verschlossener Tür zu weinen und zu beten. Die Anführungszeichen deshalb, weil Doktor Ara, der verheiratet und Vater dreier Kinder war, in seinem Buch seltsamereise nie das Wort »Frau« gebraucht. immer nur »Dame«. Eine vielsagende Unterlassung, die sein Interesse an dem Thema mehr verrät als verdeckt. Evita irrte sich nicht, als sie verstand, sie habe Krebs, nur weil man das Tabuwort nie benutzte.

Im Juli 1953 war sie fertig, genau ein Jahr nach ihrem Tod. Nicht fertig war aber ihr Grabmonument. Der Peronismus verlor an Stoßkraft und verlangsamte seinen Rhythmus. So blieb sie weiterhin bei der CGT, in einer Art Kapelle mit einem Bild der Jungfrau von Luján, die Evita, laut Perón, verehrte. Sie lag unter einer Glasglocke auf einer winzigen, mit weißer Seide bespannten Bahre. Sie trug eine elfenbeinfarbene, weitärmelige Tunika, die Thana Palud, eine spanische »Dame« und Freundin des Einbalsamierers, kostenlos entworfen und genäht hatte. »Sie scheint zu schlafen«, waren Peróns unvermeidliche Worte, sobald er sie sah.

Von dem Tag an war ein begrenztes Publikum zugelassen, um sie zu sehen. Sie blickten in religiöser Andacht auf die Wachsmadonna und begannen immer zu weinen. Während der gesamten Zeit verschwand die Fassade des Gewerkschaftshauses ganz hinter einer Flut von Blumen. Doch die Besucher betrachteten den Doktor unwillkürlich mit Mißtrauen. Das Auftreten des Spaniers war überkorrekt. Alles an ihm wirkte nach Scheu vor natürlicher Gestik, so wie seine Schrift wahre Worte scheute. 1985 schilderte der Journalist Rafael Brown der Zeitung SIETE DIAS folgende Szene: »Eines Tages ging ich zur CGT, wo der Leichnam gezeigt wurde, und fand sie an den Füßen aufgehängt. Sicherlich hatte man sie gerade gebadet. Es hat mich zutiefst beeindruckt und abgestoßen. Ich fand es respektlos«.

Ara sandte ein Schreiben an die COMISION NACIONAL DEL MONUMENTO A EVA PERON, eine Kommission für Eva Peróns Grabdenkmal, in dem er bestätigte, daß der Leichnam Luftkontakt haben durfte. »Kein Hohlraum am Körper ist aufgeplatzt«, hieß es (obwohl Tellechea das Gegenteil behauptet). »Alle inneren Organe, gesund oder krank, sind erhalten geblieben. (...) Nicht das geringste Stück Haut oder anderer Gewebe ist entfernt worden, nur zwei kleine, oberflächliche Schnitte wurden durchgeführt.« Besondere Vorkehrungen waren nicht notwendig, außer die Überwachung der Zimmertemperatur (nicht mehr als 25°) und Vermeidung von Sonneneinwirkung. Die letzte Vorkehrung: Er würde den Schlüssel der Kapelle aufbewahren. Perón benutzte seinen bis zum 16. September 1955, als man ihn stürzte, nur dreimal.

An dem Tag war Juana Larrauri so klug, dem Einbalsamierer inmitten des Tohuwabohus noch die fünfzigtausend ausstehenden Dollar zu bezahlen. Insgesamt kassierte er nach eigener Aussage hunderttausend, doch auch er wurde Opfer des Säuberungsfiebers, das nach Peróns Sturz die Presse erfaßte, und wurde beschuldigt, das Dreifache kassiert zu haben.

Mit den Dollars unter dem Arm stürzte er inmitten von Panzern des Militärs und fanatisierten Banden zum Unzué-Palast. Eine Weltuntergangsatmosphäre. Natürlich regnete es. Auch am 16. Juni, beim ersten Putschversuch, bei dem es Hunderte von Toten auf der Plaza de Mayo gab, hatte es geregnet. Der Himmel blieb peronistisch, je nach Ereignis. Die sonnige Zeit war nun Vergangenheit. Man hätte meinen können, seit Evitas Tod hätte es nicht aufgehört zu regnen.

Die Residenz war von Soldaten umzingelt. Doch Ara schaffte es, in all dem Tumult auf Zehenspitzen hineinzuschleichen. Im Glauben, Perón sei nicht mehr dort (es hieß, er sei ins Ausland geflohen), bat Ara, Major Renner zu sprechen, dem er das Problem unterbreiten wollte, das ihm so zu schaffen machte: Was sollte nun mit Evita geschehen? Wie konnte man sie vor all den morbiden und perversen Feinden in Sicherheit bringen? Zu seinem großen Erstaunen sagte ihm Renner, Perón sei dort.

Das hieß aber nicht, daß er ihn empfangen oder Instruktionen über den Verbleib des Leichnams gegeben hätte. Er ließ ihm nur ausrichten, er würde ihn rufen. Die Umstände entschieden jedoch anders. Perón ging ins Exil, ohne dem Einbalsamierer seiner Frau ein Lebenszeichen zu geben. Weder aus Paraguay, noch aus Panamá, wohin er sich zuerst flüchtete, noch später aus Madrid, wo er zwanzig Jahre lang lebte, ließ er ihm die geringste Nachricht zukommen. Pedro Ara war sich selbst überlassen. Er hatte die alleinige Verantwortung für Evita, was ihm durchaus recht war.

Die Frau gehört mir

Eine Zeitlang wurde der Einbalsamierer nicht in seinem Frieden gestört. Jeden Tag stieg er in den zweiten Stock des Gewerkschaftsgebäudes, grüßte die Wachen, die niemand ausgewechselt hatte, und begab sich in sein Büro, nicht weit von Evita, um dort zu lesen und über die Dinge dieser Welt zu meditieren. Niemand störte ihn in seinen Gedanken. Der neue Präsdident, Eduardo Lonardi, hielt sich an das Motto, das er bei seiner Machtergreifung verkündet hatte: »Weder Sieger, noch Besiegte«. Ara versuchte, mit ihm Kontakt aufzunehmen und ihm zu sagen, daß Evita in seiner Obhut war. Doch der Einbalsamierer hatte die gesamte Operation mit so vielen Geheimnissen umgeben, daß dies nun Früchte trug: Die Gegner des Peronismus wußten nicht, daß sich Evita dort befand, oder fanden diesen zu perfekten Leichnam, der mehr wie eine Statue wirkte, suspekt. Schließlich ordnete die Regierung ein ärztliches Gutachten an, das dem seltsamen Verehrer Recht gab. Die Doktoren Nerio Rojas, Julio César Lascano González und Osvaldo Fustinoni kamen zu dem erschreckenden Schluß, daß sie es tatsächlich sei. Jetzt hatte man ein echtes Problem! Diese Frau störte immer noch. Lebend war sie ein Skandal gewesen und nun auch tot. Was sollte geschehen? Vor lauter Unentschlossenheit unternahm man nichts.

Lonardi hatte die Präsidentschaft am 23. September 1955 übernommen. Am 13. November wurde er von General Pedro Eugenio Aramburu abgelöst, der die Linie vertrat, daß die Sieger mehr Rechte haben sollten. Der Admiral Isaac Rojas, Vizepräsident unter Lonardi, blieb im Amt, da er eine harte Linie vertrat. (Über diesen eingefleischten Antiperonisten hat Castiñeira de Dios gegenüber Marta Echevarría gesagt: »Ich habe mit eigenen Augen gesehen, wie Evita Rojas einen Orden verlieh. Und er wiederholte immer wieder : »Señora, das ist die größte Ehre meines Lebens!«)

Drei Tage nach Aramburus Machtantritt wurde die CGT von den Militärs durchsucht. Seit Evitas Tod war Espejo als Gewerkschaftssekretär abgelöst. Er war zusammen mit anderen Überlebenden aus ihrer Gefolgschaft entmachtet worden, da Perón (offiziell sprachen die Peronisten von seinen »Mitarbeitern«) jede Spur von Evitismus beseitigen wollte.

Die unterschiedlichsten Uniformierten drängten sich nun um die Mumie. Schrecken, Lachen und Ungläubigkeit wechselten sich ab mit religiöser Ehrfurcht: So groß der Haß dieser Männer auch war, diese Frau hatte etwas Heiligmäßiges, dem viele sich nicht entziehen konnten. Unter den Besuchern befand sich Kapitän Francisco Manrique, ein hoher Kommandeur. »Sie war so groß wie ein zwölfjähriges Kind«, meinte er später. »Ihre Haut wirkte künstlich, wie Wachs. Die Lippen waren rot angemalt. Wenn man mit dem Knöchel anklopfte, klang sie hohl. Ara, der Einbalsamierer, wich nicht einen Moment von ihrer Seite, als sei ihm DAS ans Herz gewachsen«.

Der Konflikt, den DAS auslöste, boykottierte den Kult. Die Militärs von der Befreiungsrevolution fürchteten, jede letzte Ruhestätte für Evitas sterbliche Überreste würde zum Wallfahrtsort. Isaac Rojas brachte diese Befürchtung auf den Punkt, als er meinte: »Der Leichnam müßte aus dem politischen Leben verschwinden«. Wenn man bedenkt, wie sehr Evita zu Lebzeiten darum gekämpft hatte, gerade das zu verhindern, so sehr, daß sie selbst hinter Ivanissevichs Diagnose den Versuch witterte, sie aus dem Verkehr zu ziehen!

Der Oberstleutnant Carlos Eugenio Moori Koening war der Sohn eines deutschen Militärs, der im Ersten Weltkrieg gefallen war. Dieser stämmige, blonde Mann hatte es beim Militär bis zum Geheimdienstchef gebracht. Er kannte Evita bereits in ihrer geschrumpften Form, seit Pedro Ara in der Casa Rosada erschienen war, um Lonardi zu informieren, daß Perón ihn praktisch mit dem Leichnam unter dem Arm sitzengelassen hatte. Moori Koening hatte alles ruhig beobachtet, ohne ein Wort zu sagen. Doch in den Monaten all des Hin und Her war ihm eine Idee gekommen, die er schließlich Aramburu unterbreitete. Diese Idee nannte er »Operation Evasion«. Es ging darum, sich der explosiven sterblichen Überreste zu bemächtigen und sie an einem sicheren Ort verschwinden zu lassen. Sie sollten weder entweiht noch verbrannt werden. Immerhin war man gläubig, zum Teufel! Aramburu war einverstanden.

Zuvor hielten sie es für notwendig, die Mumie zu röntgen und ihr einen Finger abzuschneiden, um sich noch einmal ihrer Identität zu vergewissern. Würde man denn nie aufhören, ihr zu mißtrauen?

Am 24. November stieg Moori Koening um Mitternacht mit einer Gruppe von Militärs in den Keller der CGT hinab. Pedro Ara war schon da. Er hatte von Aramburus Entschluß erfahren und wollte sichergehen, daß alles einen geregelten Verlauf nahm. Der Leichnam kam wieder in den Sarg, in dem er im Ministerium aufgebahrt war, und Moori Koening hatte einen Schweißer mit der Schließung des Sargdeckels beauftragt.

Doch diese letzte Nacht seiner Bekanntschaft mit der Toten bescherte dem Doktor zwei ungeheure Überraschungen.

Er hatte immer geglaubt, Perón sei als einziger im Besitz des Schlüssels für den separaten Eingang, der direkt von der Garage zu den Büros der Gewerkschaftssekretäre führte. Dieser Eingang mußte für den Militärlastwagen geöffnet werden, der den Sarg vom Bestattungsinstitut brachte, das ihn aufbewahrt hatte. Doch das Tor war geschlossen, und niemand von der Wache hatte einen Schlüssel. Aus reiner Verzweiflung versuchte Ara es mit dem seinen. »Ich war ungeheuer überrascht«, schreibt er; »diese Tür wurde mit dem gleichen Schlüssel geöffnet wie das Laboratorium und die Kapelle im zweiten Stock. Worüber ich mehr als drei Jahre lang eifersüchtig gewacht hatte, war jedem mit dem gleichen Schlüssel wissentlich oder unwissentlich zugänglich gewesen.« In anderen Worten: Perón hatte wenig daran gelegen, einen Spezialschlüssel zu besitzen. Nie war ihm die Idee gekommen, sich im Haus, in dem Evitas Leichnam lag, als Hausherr zu fühlen. Eine Idee im übrigen, die nur ein Einbalsamierer normal finden kann. Ansonsten sorgte er sich in keinem Moment um die Sicherheit der »Operation«. Jeder der Wächter oder der Gewerkschafter, der im Besitz des besagten Schlüssels war, hätte während der geheimen Operation einen Blick in das Laboratorium werfen können. Eine zusätzliche Nachlässigkeit zu dem mangelnden Interesse am Schicksal der Mumie.

Die zweite Überraschung: Der Schweißer kam nicht. Der Sarg blieb offen und Evitas Leichnam fremden Blicken und Berührungen ausgesetzt.

An die zwanzig Männer beobachteten die Szene: Die Militärs, begleitet von Moori Koening, den Polizisten und Wachsoldaten sowie den Arbeitern der CGT, die geholfen hatten, den Sarg hochzutragen. Moori Koening richtete an letztere ein paar improvisierte Worte: »Wir wollten, daß Sie heute nacht dabei sind, damit Sie bezeugen können, daß wir bei allen Dingen die nötige christliche Ehrfurcht bewahren«. Dann entfernte er die peronistische Fahne, die den Leichnam bedeckte (die argentinische hatten andere Militärs vorher abgenommen).

Der Doktor schreibt wörtlich: »Evas Leichnam wurde sichtbar, mit ihrem neuen Totenhemd, das die nackten Füße bedeckte. (...) Ich winkte zwei Arbeiter herbei, damit sie mir halfen. Ohne sie aufzudecken, packte einer sie durch den Stoff an den Fußknöcheln. Der andere Arbeiter und ich faßten sie an der Schulter. So trugen wir ihren dünnen Leib ganz langsam und vorsichtig zum Sarg, ohne die Frisur oder die Kleidung durcheinander zu bringen. Meine zufälligen Helfer waren blaß und schweißbedeckt vor Ergriffenheit und banger Ehrfurcht. Es floß mehr als eine Träne, nicht nur unter fanatischen Peronisten«.

Sehen wir nun einen anderen Stil, der ohne Umschreibungen auskommt: ein Text von Rodolfo Walsh. Dieser für seine detektivischen Nachforschungen berühmte Schriftsteller, frei von allem Schwülstigen, hat die Spur von Evitas Leichnam verfolgt. In seiner berühmten Erzählung »Esa mujer« (Diese Frau) läßt Walsh Moori Koening reden, wie es kein Historiker vermöchte:

»Diese Frau« – höre ich ihn murmeln. »Sie lag nackt im Sarg und sah aus wie die heilige Jungfrau. Ihre Haut war durchscheinend. Man sah die Krebsmetastasen wie Zeichnungen auf beschlagenem Fensterglas. (...) Nackt. Wir waren vier oder fünf und konnten uns nicht in die Augen sehen. Da war der Marinekapitän, der Galizier, der sie einbalsamiert hatte, und ich weiß nicht mehr, wer noch. Als wir sie hochhoben (...), warf dieser widerliche Galizier sich auf sie (...). Er war in den Leichnam verliebt, berührte ihn, spielte an den Brustwarzen. (...) Sehen Sie, ich versetzte ihm einen solchen Schlag, daß er gegen die Wand flog. (...) Eine Göttin, nackt und tot. Der Tod, nackt und bloß.«

Kapitän Frascoli fuhr den LKW mit dem unverschlossenen Sarg aus der Garage der CGT und ließ ihn bis zum Morgengrauen im Patio des 1. Marineinfanterieregiments stehen. Lange Zeit später, als seine Nervenkrankheit bereits manifest war, erzählte Moori Koening, am nächsten Morgen habe man neben dem LKW eine Kerze und einen Strauß Blumen gefunden.

Die heimatlose Mumie wechselte beim Militär mehrmals das Gebäude. Zwanzig Tage lang war sie beim militärischen Geheimdienst in der Calle Sucre untergebracht. Sie mußte häufig den Ort wechseln, um die Peronisten, die nach ihr forschten, in die Irre zu führen. Doch an jedem Ort tauchten laut Moori Koening wie durch Zauber wieder die Blumen und die Kerze auf. »Ich hatte sie am 25. Mai in der Viamonte, hütete sie sorgfältig und hielt sie versteckt«, sagt der Militär in Walshs Erzählung. »Man wollte sie mir wegnehmen, etwas mit ihr machen.« Die Zeitschrift SIETE DIAS erzählt in der Januarausgabe von 1985 eine Anekdote im Zusammenhang mit der Mumie. Um den 1. oder 19. November 1955 herum tötete der Major Arandia in der Avenida General Paz 542 seine Frau, Elvira Herrera de Arandia, durch drei Schüsse ins Herz. Es erübrigt sich zu sagen, daß darüber unterschiedliche Geschichten kursierten. Die bekannteste Version ist folgende: Arandia gehörte zur »Operation Evasion« und hielt Evita versteckt in seinem Kleiderschrank. Mitten in der Nacht stand seine Frau, die ein Kind erwartete, auf, um ins Bad zu gehen. Mit den Nerven am Ende, meinte der Major, sie kämen, um den Leichnam zu rauben, sprang zu seinem Revolver, Kaliber 38, und schoß auf den sich im Dunklen bewegenden Körper.

All diese Dinge brachten Moori Koening zu der Überzeugung, daß man die Mumie nicht weiterhin ständig umquartieren konnte. Er nahm sie mit in sein Büro im vierten Stock der Geheimdienstzentrale SIE, Ecke Callao und Viamonte, und legte sie in eine Holzkiste, die Rundfunkmaterial enthalten hatte, mit der Aufschrift LA VOZ DE CORDOBA (Die Stimme Córdobas). Es hieß, zwei halb betrunkene Offiziere hätten ein paar Frauen mitgebracht, um ihnen die Tote zu zeigen. Dort blieb Evita bis 1957. Im Februar 1956 reiste Moori Koening in Aramburus Auftrag nach Chile, um sich dort mit Doña Juana zu treffen, die mit ihren drei Töchtern in Santiago im Exil lebte. Der Militär erhielt von ihr die Erlaubnis, Evita heimlich ein würdiges Begräbnis zu geben. Per Dekret Nr. 37 weist Aramburu Moori Koening an, die sterblichen Überreste in der Nische 275 der Sektion B auf dem Friedhof von Chacarita zu bestatten.

Doch Moori Koening widersetzte sich seinen Anweisungen. Er behielt Evita und betrachtete sie. Vielleicht hatte er sie vorher kurz auf einem unbebauten Gelände nahe der Avenida General Paz begraben, vielleicht zur Zeit der Episode, die Arandias Frau das Leben kostete. Walsh erklärte er schlicht und einfach: »Ich habe sie stehend begraben wie Facundo, denn sie war ein ganzer Kerl!«

Grub er die Frau, der gegenüber er seine Soldatenpflicht zu erfüllen glaubte, wieder aus, als er sie nicht in ihr Grab bettete? Und brachte er sie in seinem Büro unter, um an ihrer Seite nachzugrübeln wie Pedro Ara? Der zweite, der sich in die Mumie verliebte, erklärte schließlich gegenüber dem Schriftsteller Rodolfo Walsh: »Sie gehört mir. Diese Frau gehört mir«.

Endlich war die unbezähmbare Rebellin zum Objekt reduziert. Seit ihrer Kindheit hatte man sie als Frau ausgenutzt. Als sie krank war und starb, hieß sie nur DAS. Jetzt war sie eine Puppe zum Träumen, ein totes Objekt.

Irgend jemand erzählte es Francisco Manrique weiter, der sie ruhig in ihrer Nische Nr. 275 wähnte. Manrique suchte Moori Koening auf, der ihm seinen Schatz zeigte. Aramburu, den Manrique unterrichtete, entließ daraufhin Moori Koening als krank und setzte Coronel Cabanillas an seine Stelle. Major Arandia und Hauptmann Frascoli wurden ebenfalls vom Heer entlassen.

Manrique rief dann Major Hamilton Díaz und Coronel Gustavo Adolfo Ortiz zu sich. (Jahre später erzählte letzterer, ein entfernter Verwandter der Autorin, die Geschichte im Kreis der Familie.) Beide Militärs wurden damit beauftragt, die Mumie mit Hilfe eines von Pater Rotger, einem argentinischen Priester, vorgeschlagenen italienischen Priesters in ein europäisches Land zu bringen. Außer diesen Personen sollte niemand erfahren, wo Evita beerdigt lag.

Selbst sie durften nicht den genauen Ort kennen. Der Vatikan würde sich um alles kümmern. Wochen später kehrte der italienische Priester mit einem Umschlag nach Buenos Aires zurück, der alle Daten bezüglich ihrer letzten Ruhestätte enthielt. Präsident Aramburu weigerte sich, ihn zu öffnen, und hinterlegte ihn bei einem Notar mit der Bitte, ihn vier Wochen nach seinem Tod dem dann amtierenden Präsidenten der Republik auszuhändigen. Aus irgendeinem Grunde glaubte er, der Notar würde ihn überleben.

Der Herbst des Patriarchen

Drehen wir die Zeit noch einmal zurück. Wir haben gesehen, daß die wirtschaftlichen Probleme seit 1951 zunahmen. So sehr man die Löhne anhob, die Preise waren ihnen immer voraus. Doch noch lebte Evita und konnte eine »Brücke« zu den Arbeitern schlagen. Nach ihrem Tod schien alles zusammenzubrechen. Die Arbeiter hatten keinen Ansprechpartner oder Vermittler mehr. Perón versuchte, sich häufiger mit ihnen zu treffen; vor allem aber beschloß er, die an den Austausch mit der entgegenkommenden Evita gewöhnten Führer der CGT abzulösen.

Der 17. Oktober 1952 war ganz der Gedenkfeier der Toten gewidmet. Perón las das Testament vor und kündigte die von der Eva-Perón-Stiftung unabhängige Gründung einer Stiftung »Evita« an. Der Schmuck, den sie dem Volk vermacht hatte, sollte im Peronismus-Museum aufbewahrt werden, das man in der zukünftigen Gedenkstätte eröffnen wollte. Dieser Schmuck sollte zur Sicherung der Wohnkredite für die Armen dienen. Hinter diesem Schleier von Ehrungen und guten Absichten spielte sich das eigentliche Drama ab. Auf dem Platz pfiffen zu allem entschlossene Männer Espejo aus, der sofort von Vuletich abgelöst wurde. Die neue CGT bekam die Wende zu spüren: Peróns bisherige Politik der Umverteilung von Reichtum, der Verstaatlichungen und der staatlichen Wirtschaftskontrolle war nicht mehr möglich. Fortan würde man Auslandsinvestitionen, vor allem der Nordamerikaner, fördern. Perón hatte gesagt, eher würde er sich die Hand abhacken, als solche Maßnahmen zu ergreifen. Symbolisch war das nun geschehen.

Evita hatte all das auf dem Totenbett vorausgeahnt. Zu den physischen Schmerzen war noch der Schmerz des Zorns gekommen. Deshalb hatte sie Castiñeira de Dios, den sie lange nicht gesehen hatte, zu sich gerufen. Er hat die Episode selbst Marta Echeverría geschildert: »Man hat uns getrennt«, hatte sie ihm traurig gesagt. »Aber ich will Sie an der Spitze der Stiftung haben. Ich werde alles tun, was in meiner Macht steht, damit dieser Schurke Méndez San Martín sich nicht meiner Stiftung bemächtigt«.

Méndez San Martín verschaffte sich zwar nicht die Macht über die Stiftung, aber über Perón. Méndez San Martín, der wie Teisseire oder Raúl Mendé die peronistische Rechte vertrat. Vorläufer von López Rega.

Seit Evitas Tod scheint Perón das Land zu verkörpern. Das peronistische Argentinien schrumpft. Plötzlich scheint auch Peróns robuste Statur wie ein leerer Gummischlauch schlaff zu werden und an Muskelkraft zu verlieren. Wenn er mit seiner Brille auf der Indianernase im Ministerium an Evitas Schreibtisch sitzt und sie nachzuahmen versucht, wirkt Perón geradezu jämmerlich. Evitas Pläne waren nicht in Erfüllung gegangen. Perón hatte beschlossen, sie selbst zu ersetzen. Vor langer Zeit hatte sie einmal ihm im Ministerium nachzueifern versucht, und nun war er unfähig, seine Nachahmerin nachzuahmen. Evita hatte das Richtige vorausgesehen, als sie auf dem Totenbett weinte und ausrief: »Wer wird sich um meine Armen kümmern?«

Die Stiftung existierte jedoch auch ohne sie und Perón, der es bald leid war, diese Armen zu empfangen, die stanken und ständig drohten, ihn zu berühren, bis zum Sturz des Peronismus weiter. Man hat ihr eine personalistische Struktur vorgeworfen; doch nach Evitas Tod bestand die Stiftung unverändert fort. Man warf ihr auch Filz und Desorganisation vor. Nach fast einem halben Jahrhundert können wir heute nur feststellen, daß es nie eine besser organisierte Institution in Argentinien gab. Sie funktionierte auf eigene Weise ohne jede Bürokratie, aber sie funktionierte. Natürlich wurde der Traum von der Umverteilung von Mal zu Mal unrealistischer und erforderte fast selbstmörderische Anstrengungen. Evitas Nachfolgern gelang es jedoch, alle noch vorhandenen Kräfte zusammenzunehmen. Und Perón erfüllte den Wunsch seiner Frau, um den Tod zu verschleiern: Er bat die Menschen, Evita weiterhin wie zu Lebzeiten Briefe zu schreiben. Auf dem Umschlag sollte stehen: »Señora Eva Perón, Residencia Presidencial, Agüero 2502, Capital Federal«.

Auf den Fotos aus den wenigen Tagen, als Perón Evitas Arme empfing, erkennt man, daß sein Rücken ihn nicht mehr stützt. Sein Mund steht offen, nicht wie bei Evita wegen des vorstehenden Oberkiefers, sondern vor Erstaunen. Hatte er sie also doch geliebt? Ist die Leere, die ihm vom Gesicht, vom Körper abzulesen ist, nicht der Beweis? Gehörten dieses gegenseitige Ausnutzen und die Fallen, die sie einander stellten, nicht doch zu einer »Liebesgeschichte«? Wenn man bedenkt, daß er sie zuvor noch aus dem Weg haben wollte und sie nun derart vermißte, sich so hilflos, so ausgelaugt und ohne Rückgrat fühlte!

Méndez San Martín verstand rasch, was dem Witwer fehlte. Peróns größter Schwachpunkt war seine Eitelkeit, und dann kamen seine eigenwilligen sexuellen Neigungen. Dem Minister gelang es, beides zu vereinen, als er Perón davon überzeugte, daß ein politischer Führer wie er alle Frauen haben konnte. Liest man nicht genau das zwischen den Zeilen des angeführten Textes von LA RAZON DE MI VIDA, den Mendé verfaßt hatte? Die Intriganten brauchten ihn nur davon zu überzeugen, um ihn in der Hand zu haben. Die Namen kennen wir bereits: Méndez San Martín, Raúl Mendé (der laut HISTORIA DEL PERONISMO dem Präsidenten eine Hormonbehandlung verabreichte, um ihn in einen »sexuellen Taumel zu versetzen«) und Vizepräsident Alberto Teisseire. Noch mit seinen fast sechzig Jahren wollte Perón unreife Früchte genießen. Damit kehrte er zu seiner ursprünglichen Leidenschaft zurück: der Neigung zur Kindfrau, verstärkt durch Alter und körperlichen Verfall. Was er wünschte, war Frische, Unverbrauchtheit, Kindlichkeit, Naivität. Puppen, die ihn die Vergänglichkeit vergessen ließen und von der drückenden Erinnerung an die andere »auf ewig unvergängliche« Puppe befreiten. So entstand die UNION DE ESTUDIANTES SECUNDARIOS (Union der Oberschüler), kurz nur: UES.

In seiner Eigenschaft als Erziehungsminister trug Méndez San Martín viel dazu bei, die UES zum politischen Machtmittel und einem wirksamen Zeitvertreib zu machen. Scheinbar war die Mitgliedschaft nicht obligatorisch. Doch an den Schulen drohten die Schülervertreter denen, die sich weigerten, leise: »Du tätest gut daran, dich einzuschreiben«. So waren die Schüler ohne UES-Ausweis so spärlich gesät wie die Angestellten ohne Parteiausweis oder diejenigen, die im Juli 1952 keinen Trauerflor oder schwarzen Schlips trugen. Der UES-Ausweis hatte magische Kräfte: Er öffnete die Tore zur Residenz des Präsidenten in Olivos.

Das Thema UES ist nicht weniger oft als Peróns Angst vor Krebs von eingefleischten Antiperonisten ausgeschlachtet worden und ist daher schwierig zu behandeln. Doch auch wenn man die Moralkampagne, die sich in Argentinien nach Peróns Sturz ausbreitete, ablehnt, sollte man die Dinge nicht beschönigen. Die Fotos, auf denen Perón mit seiner berühmten Mütze in der UES zu sehen ist, sind ein beredtes Zeugnis. Perón erscheint mit seiner berühmten Mütze. Woher hat er nur diese Vorliebe für Schirmmützen, die seine schlaffen Gesichtszüge betonen? Die Taille ist noch breiter geworden, und die Arme haben sich flügelartig verkürzt. Er läßt sich mit dem Kosenamen »Pochito« anreden. Sein halb zynischer, halb kindlicher Humor hat alle Klarsicht verdrängt. Der herbstliche Patriarch ist umgeben von einer Schar junger Mädchen in weißen Blusen und schwarzen Shorts: die Schuluniform. Einige Shorts sind ausgebeult, was für die von zukünftiger Zellulitis bedrohten jungen Damen kaum vorteilhaft ist. Doch alle sind zufrieden: Er, weil er den Duft der Jugend genießt, der Minister, weil er ein Spielzeug gefunden hat, das dem hohen Herrn die Zeit vertreibt, und sie, weil sie sich auf ihre Geschenke freuen. Neben »Pochitos Mütze« wurden auch die Motorroller, die er an die Mädchen verschenkte, legendär. Eine zu häufig wiederholte Wahrheit wirkt leicht wie eine Lüge. Doch Pater Benítez selbst hat geschrieben, N.R., Peróns kindliche Geliebte, habe im Unzué-Palast gewohnt. Sie war dreizehn Jahre alt. Eine kleine Dunkle mit großen schwarzen Augen und ausgeprägten Brauen. Sie probierte Evitas Kleider unter den gerührten Augen des alten Generals. Atilio Renzi, Evitas treuer Mitarbeiter, verwaltete die Residenz wie immer. Für ihn war das wie ein Stich mitten ins Herz. Er weinte gemeinsam mit Benítez und bat Rosa Calviño, sie möge nichts davon schreiben, um Peróns Andenken nicht zu beschmutzen.

Als Jahre später jemand Perón N.R.'s Alter vorhielt, erwiderte er im Spaß: »Ach ja? War sie dreizehn? Macht nichts, ich bin nicht abergläubisch.«

Die Kirche betrachtete diese sportlich uniformierte Jugend in ihrer verordneten Sinnesfreude als verlorene Seelen. Perón war wütend auf den Vatikan. Bereits im Oktober 1950 hatte er gemurrt beim Gedanken, den Eucharistischen Kongreß in Rosario zu eröffnen. Die Katholiken waren gekränkt. Der Präsident hatte dem Kongreß der Wissenschaftsschule Basilio, der im Luna Park stattfand, einen Willkommensgruß geschickt. Sie kamen zu dem Schluß, Perón gehöre dieser Gruppe von Esoterikern an, und walzten es zum Skandal aus.

Tatsächlich fühlte Perón sich zu diesen Mystikern hingezogen. Pater Benítez hat es voller Bedauern bestätigt. Auch die Aussage von Leonor Troxler, Mitglied des peronistischen Widerstands nach Peróns Sturz, legt eine Verbindung beider Bewegungen, der politischen und der esoterischen, nahe. »Als Perón stürzte, verfiel das gesamte Volk dem Mystizismus«, meinte Leonor Troxler in einem Interview mit Marta Echeverría. »Die Basilio-Schule gewann Tausende von Anhängern. Die Basilier nannten sich Peronisten und riefen den weiblichen Geist an. Wir Frauen gingen in die Schule, um uns zu »reinigen« und auf Peróns Rückkehr zu konzentrieren.« Als López Rega Perón und die ehemalige Basilierin Isabel mitbrachte, ließ er einen Kult wieder aufleben, den viele alte Peronisten noch praktizieren: den brasilianischen Umbanda-Kult.

Aufgebracht durch die katholische Hetze, wollte Perón nicht nach Rosario gehen. Nur auf Evitas Druck hin ließ Perón sich, bestärkt von Benítez, überreden. Das Präsidentenpaar eröffnete den Eucharistischen Kongreß gemeinsam mit Ernesto Ruffini, und die Schülerinnen der katholischen Schulen huldigten Evita so sehr, daß die Nonnen sich bekreuzigten. Evita selbst machte 1951 eine Glaubenskrise durch. Der ehemalige Seminarist Raúl Mendé hatte sie überzeugt, daß der Peronismus die neue Religion war. Und sie, die eine Kampagne zur Durchsetzung des Religionsunterrichts in den Schulen geführt hatte, war fast soweit, die Kruzifixe aus den Krankenhäusern entfernen zu lassen. Erst im Angesicht des Todes befreite sie sich von Mendés Einfluß und wandte sich wieder Pater Benítez zu (und damit Gott).

Bevor sie beschlossen, nach Rosario zu gehen, sandte Perón Benítez einen Brief, den der Priester in der Zeitschrift CAREO 1964 bekanntgab, und in dem es heißt: »Ich habe beim Vatikan ein unverständliches und sehr indiskretes Verhalten bemerkt. Sie wissen, daß meine Regierung dort unter Quarantäne steht. Doch das ist noch nicht alles. Laut Aussage unseres Botschafters Arpezani hat der Papst persönlich erklärt, unser Regime sei totalitär. Minister Paz ist das gleiche zu Ohren gekommen, und er ist ebenso erstaunt wie ich, NICHT ÜBER DIE AUSSAGE; sondern über dem Mangel an Diskretion« (die Betonung stammt von uns). Warum ist Perón über die Aussage nicht erstaunt? Weil er als totalitärer Politiker keine Bedenken hatte, das auch zuzugeben. Die »Indiskretion« hingegen brachte ihn auf. Aber welche »Indiskretion«? Meinte er etwa, der Papst habe nicht das Recht, den Totalitarismus eines Präsidenten anzuprangern, dem er selbst Tausende von Nazis geschickt hatte?

Doch zurück zu Evitas Tod, der UES und der Zeit, als Perón sich ganz seinem Zorn auf die Kirche hingibt, der sich bereits deutlich in diesem Brief abzeichnet. Es hat unzählige Erklärungsversuche für diese Verärgerung gegeben. Der Brief läßt uns darauf schließen, daß Perón für die Kirche allmählich zur PERSONA NON GRATA wurde. Perón hingegen meinte, wer im Glashaus sitze, solle nicht mit Steinen werfen. Laut Benítez war wiederum Méndez San Martín derjenige, der drängte, daß Perón sich der schwarzen Bestie im Priestergewand entledigte.

Zu Pater Benítez sei nebenbei angemerkt, daß seine bedingungslose Treue zum Peronismus und seine aufopfernde Arbeit als geistiger Vater der Stiftung ihm das Mißtrauen der Kirche eintrugen, die wegen der Schließung der kirchennahen SOCIEDAD DE BENEFICIENCIA grollten. Zunächst war Benítez aus der Gemeinschaft Jesu ausgeschlossen worden, später hatte er trotz seines herzlichen Verhältnisses zu den Kardinälen Copello und Caggiano keine Beförderung in der kirchlichen Hierarchie erreicht. Er glaubte, die Kirche entferne sich von Christus, und wünschte eine volksnahe Kirche. Es besteht kein Zweifel, daß diese Gefühle Evita viel stärker beeinflußten als Raúl Mendés Versuche, sie wie Perón zu fanatisieren und so zu manipulieren.

Am 11. Juni 1955 organisierten die Katholiken traditionsgemäß die Fronleichnamsprozession. Doch die Prozession schlug in eine heftige antiperonistische Demonstration um. Perón beschuldigte sie nervös gestikulierend wie nie zuvor zu Recht oder zu Unrecht, eine argentinische Fahne verbrannt zu haben. Hören wir dazu wieder Pater Benítez in einem unveröffentlichten Interwiev mit Lila Caimari, das einen kaum bekannten Aspekt nennt: »Am 16. Juni 1955 klopft jemand um vier Uhr morgens an die Tür. Es ist Trenti Rocamora, der Nachfolger von Martínez Zuviría in der Nationalbibliothek. Er war ein enger Freund von Méndez San Martín und sein Komplize bei allen Missetaten. Ich bitte ihn herein, und er fragt mich, ob die Kirche Besitzurkunden für die Kathedrale von Buenos Aires hat. Ich erwidere: »Nein, aber der vorgesehene Standort ist auf Juan de Garays Gründungsurkunde von Buenos Aires vermerkt. Warum willst du das wissen?«. »Weil der Staat sie enteignen wird.« Ich sagte ihm, das sei Wahnsinn und würde einen internationalen Skandal auslösen. Dann blieb ich zu Hause, um zu beten. Mittags hörte ich von der Bombardierung der Plaza de Mayo. Die Säkularisierung der Kathedrale war an dem Tag um diese Zeit vorgesehen. Veröffentlichen Sie diese Aussage mit meinem Namen«.

Wußte die Luftwaffe von Peróns Plänen mit der Kathedrale, als sie die Massenkundgebung auf der Plaza de Mayo nutzte – eine Versöhnungsveranstaltung wegen der Fahnenverbrennung –, um sie massiv zu bombardieren, wobei Hunderte von Menschen umkamen?

Am Tag nach dem Massaker brachen die Brände aus: Die alten Kirchen aus der Kolonialzeit von San Ignacio, Santo Domingo und San Francisco wurden von wütenden Peronisten angezündet, vielleicht den gleichen, die am 15. April 1953 während einer Kundgebung für Perón anläßlich der Gerüchte über Juancito Duartes Tod den Jockey Club niedergebrannt hatten.

Eine Kugel im Kopf

Juancito Duarte folgte Perón nicht an Bord des paraguayischen Kanonenboots, mit dem er am 16. September 1955 floh, und ging nicht mit ihm ins Exil, wurde aber auch nicht während der Befreiungsrevolution eingesperrt wie Tausende von Peronisten, die weder Verbrecher noch Diebe waren. Er war auch nicht am oft heroischen peronistischen Widerstand beteiligt oder am Aufstand unter Juan José Valle, der auf Aramburus Befehl hin 1956 erschossen wurde. Juancito lebte nicht lange genug, um das noch zu erfahren.

Am 9. April 1953 fand man ihn tot in seiner Wohnung im 5. Stock, Callao 1944, auf. Er kniete in Unterhemd und Unterhose neben dem Bett. Links neben ihm lag ein Revolver Smith & Wesson Kaliber 38 auf dem Boden. Hinter ihm fand man auf einem Stuhl ein weißes Hemd und einen Anzug. Auf einem Tischchen befand sich ein Brief an Perón, in dem er den Grund für diesen Schritt angibt. Danach fühlte er sich vom Leben angeekelt. Er war geehrt worden und hatte nie aufgehört, Perón zu lieben und zu verehren. Aber er war mit seiner Schwester gekommen und wollte mit seiner Schwester gehen. Der Richter Pizarro Miguens schloß daraus, es habe sich um einen Selbstmord gehandelt. Juancito hatte die Syphilis, was Perón sein Schicksal bedauern ließ: »Armer Junge! Er kam aus der Provinz. In Buenos Aires hat er den Verstand verloren«.

Doch die Regierung selbst hatte den armen Jungen soeben beschuldigt, an schmutzigen Geschäften mit Fleischexporten beteiligt zu sein. Perón hatte, immer heftiger gestikulierend, in einer Rede verkündet, wenn ein Mitglied seiner Familie sich der Spekulation schuldig mache, würde er es unverzüglich bestrafen.

»Juancito hat nie etwas mit Fleischexporten zu tun gehabt«, versicherte uns Raúl Salinas. »Orlando Bertolini, Ermindas Mann, schon, aber nicht Juancito. Die Polizei legte kompromittierende Papiere auf Juancitos Schreibtisch, die Bertolini gehörten. Am Abend vor seinem Tod meinte Juancito gegenüber einem Freund: »Sag Raúl, daß der General mich hat fallen lassen«. Ob sie ihn töteten oder nicht: Auf jeden Fall trieben sie ihn in den Tod.«

Die Untersuchungen der Todesumstände schließen allerdings die These vom Selbsmord aus. Zum einen war die tödliche Kugel nicht Kaliber 38, sondern 45. Zum zweiten ist es unverständlich, warum ein Mann, der sich, laut Aussage des Richters, auf der Bettkante sitzend, eine Kugel in die rechte Schläfe gejagt hat, plötzlich davor knien soll, den Kopf gegen das Bett gelehnt und den Revolver links von sich. Auf eine entsprechende Frage gab Pizarro Miguens eine hervorragende Antwort: »In den Filmen kann man sehr genau sehen, wie ein Mann sich durch den Rückstoß dreht, wenn ihn eine Kugel trifft«. Diese Kinobildung reichte dem Richter aus, um keine Autopsie anzuordnen. Egal, daß Juancitos Diener aussagte, sein Herr habe in der Todesnacht nicht ein weißes, sondern ein gestreiftes Hemd getragen. Egal, daß weitere Zeugen erklärt haben, sie hätten den Leichnam auf den Knien gefunden, aber in einer anderen Haltung. Egal auch, daß mehrere Nachbarn im Haus versicherten, sie hätten noch spät in der Nacht Geräusche im Treppenhaus gehört, als würde ein schweres Paket hochgeschleift, und sie hätten gesehen, wie Botschafter Margueirat, Apold, Cámpora und ein Unbekannter, den sie »Galizier« nannten, sich im Schein einer Taschenlampe Papiere anschauten.

Richter Miguens ordnete auch keine graphologische Expertise von Juancitos Brief an. Allerdings war offensichtlich, daß jemand sich daran zu schaffen gemacht hatte. Schließlich »gestand« die Regierung, sie hätte die Orthographiefehler verbessern müssen. Hatte Juancito den Brief unter Drohungen geschrieben? Oder hatte man seine Schrift imitiert? Hatte man ihn woanders getötet und dann in seine Wohnung geschleppt? Jedenfalls rief der Richter das Bestattungsinstitut, noch bevor die Familie den Leichnam gesehen hatte. Doña Juana rief auf der Straße: »Sie haben mir meine beiden Kinder getötet!«

Im Oktober 1955 erklärte die Zeugin María Rosa Daly Nelson, eine Freundin der Duartes, die im sechsten Stock wohnte und um 2 Uhr morgens die drei oben genannten Männer erkannt hatte, vor der Untersuchungskomission, die den Fall wieder aufrollte: »Am Tag nach dem Tod traf ich Juana Ibarguren de Duarte und Elisa Duarte de Arrieta, die mir wörtlich sagten: »Apold hat ihn getötet«.

Perón entließ Apold im Juni 1955, nach dem ersten Putschversuch der Militärs.

Und der Schatz? Und Juancitos Reise in die Schweiz kurz vor seinem Tod? Kannte er die Kontonummern oder nicht? Und wenn ja, hatte er sie preisgegeben? War er dann, als er die Nummern verraten hatte, nutzlos und lästig geworden, wie Glenn I. Infield meint, so daß man ihn lieber beseitigte? Oder hat man ihn im Gegenteil umgebracht, um die Kontoauszüge an sich zu nehmen, oder auch als demonstrative Strafe? Er hatte versucht, das Land in Begleitung seiner Freundin Elina Colomer zu verlassen, als die Polizei ihn mit der Beschuldigung des illegalen Fleischexports festnahm. Eine Zeitung von 1955 hält es für möglich, daß man ihn von hinten erschoß und dann noch einmal in den Kopf traf, als er gerade ein Fluchtflugzeug besteigen wollte.

Tatsächlich hatte Juancito immer schon geschmuggelt, gemeinssam mit seinem Freund Jorge Antonio und mit weniger verderblicher Ware: mit Mercedes Benz. Außerdem hatte Evita ihn zum Inspektor des Kasinos von Mar del Plata ernannt (wo Doña Juana, die das Glücksspiel liebte, Augenblicke äußerster Seligkeit erlebte). Dieser Posten war wie maßgeschneidert für einen jungen Mann mit schlechtem Ruf (fast so, als ernenne man einen Basken zum Milchkontrolleur, der die Milch mit Wasser versetzt). Diese Geschäfte waren nie ein Geheimnis gewesen. Ihn genau ein Jahr nach Evitas Tod, nach seiner Rückkehr aus der Schweiz, des Schmuggels anzuklagen, war verdächtig.

Nach Juancitos Tod erstrahlte Jorge Antonios Stern in neuem Glanz. In der Boulevardzeitung AHORA vom 7. Oktober 1955 steht zu lesen: »Jorge Antonio taucht Anfang 1948 auf. Auf einem

Posten in der BANCO DE CREDITO INDUSTRIAL war er dem Ministerium für Technik unterstellt und arbeitete auf Anweisung von José Figuerola. In der Casa Rosada freundete er sich schnell mit Juan Duarte an. Als dieser nach seinem »Selbstmord« gefunden wurde, hatte Jorge Antonio den General aufgesucht, um ihm zu sagen, er habe eine Reihe wichtiger Besitzurkunden des Toten in Händen. Da bewies er ungeahnte Fähigkeiten als Verwalter und entpuppte sich als Finanzgenie«.

Ein anderes Blatt aus dieser Zeit, HECHOS EN EL MUNDO, berichtet in der Ausgabe vom 24. Oktober 1955: »Kurz nach Juan Duartes Tod ließ Doña Juana Ibarguren de Duarte den Nachlaß des Verstorbenen öffnen. Man versteht die Überraschung des Zivilgerichts Nr. 16 und des Vorsitzenden Dr.Ortiz, als sie Genaueres über das Vermögen erfuhren. Juan Duarte, der Mann, der über Millionen verfügt hatte und den die nordamerikanische Presse den »reichsten Junggesellen Amerikas« nannte, besaß nur einen Kredit von 850.000 Pesos von der BANCO DE LA PROVINCIA DE BUENOS AIRES. Dieser Kredit war mit ganzen 80.000 Pesos auf der FIRST NATIONAL BANK und zwei Automobilen sowie einem Flugzeug in einem geschätzten Wert von 620.000 Pesos abgesichert. (...) Doch alle wußten oder ahnten zumindest, daß er auf regionalen Banken mehrere Schließfächer gehabt hatte. Wozu hatte er sie gemietet, wenn er nichts hinterlegen konnte? (...) Wir wissen, daß alle Männer im Umkreis des Ex-Diktators, sowohl Aloe als auch Nicolini, über beträchtliches Kapital verfügten. Der einzige, bei dem es nicht verborgen blieb, war Juan Duarte. Was war aus seinem Vermögen geworden? Wer hatte es an sich genommen?«

Auf Peróns Bitte hin hatte Doña Juana auf ihren Erbanspruch auf einen Teil von Evitas Juwelen verzichtet. Perón hatte keine Verzichtserklärung unterzeichnet. Später führte Doña Juana einen Prozeß um Evitas Nachlaß, der mehrere Jahre dauerte. Das Verhältnis zwischen Schwiegersohn und Schwiegermutter ließ viel zu wünschen übrig, was leicht verständlich ist. 1959 schrieb Doña Juana einen Brief an Papst Johannes XXIII. mit der Bitte, ihr bei der Suche nach den sterblichen Überresten ihrer Tochter zu helfen. Dort hieß es: »Vor Peróns Sturz befanden ich und meine Töchter uns in Gefahr«. Doña Juana starb, ohne Evitas letzte Ruhestätte gefunden zu haben und bevor ihr Verfahren gegen Perón abgeschlossen war. Erminda und Blanca (Elisa war inzwischen ebenfalls gestorben) gewannen schließlich den Prozeß. Sie leben völlig zurückgezogen in Buenos Aires, wo sie niemanden empfangen.

Was war das für eine Erbschaft? Anders als Juancito hatte Evita handschriftlich und mit Fehlern eine Vermögenserklärung niedergelegt, in der es heißt, sie besitze ein Haus in der Calle Teodoro García und 1.300.000 Pesos in Schmuck und Geld. Doch nach dem Sturz des Regimes ließ die Befreiungsrevolution ihren Besitz öffentlich versteigern: Kleider, Pelze, Schuhe, Hüte und Schmuck. Laut Vacca und Borroni hat die Liquidationskommission vom 9. bis zum 19. Dezember 1957 fünfundsechzig Kilo Gold und ebenso viel Silber, einen Smaragd von achtundvierzig Karat, drei Platinbarren, eintausendsechshundertdreiundfünfzig Brillanten, einhundertzwanzig Goldarmbänder und hundert Uhren aus demselben Metall verkauft oder zum Verkauf angeboten. Schon vor der öffentlichen Versteigerung wurden 11.155.608,86 Pesos auf dem Konto der Kommission hinterlegt und später hundert Millionen mehr. In einem Bericht heißt es, einen solchen Kauf konnte nur jemand mit König Faruks Vermögen tätigen. In ihrer Evita-Biographie behauptet Libertad Demitrópulos jedoch, das gesamte Vermögen sei spurlos verschwunden. Die Mitglieder der besagten Kommission werden sich wohl gedacht haben, jetzt seien sie einmal dran.

In einer öffentlichen Studie der Zeitschrift TODO ES HISTORIA erzählt Adolfo Rocha Campos, Perón habe 1949 sein Vermögen offiziell deklariert, als man von einer zweiten Präsidentschaftsperiode zu reden begann. Er gab das Haus in San Vicente an und einige andere, unbedeutende Besitztümer. Evita machte damals eine ähnliche Erklärung, doch ihre blieb in einem Umschlag verschlossen.

Rocha Campos schätzt Evitas und Peróns Vermögen im Jahr 1952 auf jeweils 12.271.280, bzw. 11.265,438 Dollar, dazu das Haus in San Vicente und ein Grundstück in der Provinz Córdoba. Die Befreiungsrevolution sperrte dieses Vermögen 1955 per Dekret Nr. 5.148. Es war die Zeit, als die Antiperonisten rot sahen. 1973, als Perón nach Argentinien zurückkehrte, hatten sich die Zeiten freilich geändert: Man sprach von Frieden, und Peróns Gegner zeigten sich sehr großzügig, um die früheren Exzesse nicht wieder aufleben zu lassen. So war das Gesetz 20.503, das das eingefrorene Vermögen wieder freigab, wie das vorangegangene das Resultat einer Stimmung, nur diesmal einer entgegengesetzten. Doña María Estela Martínez, Peróns Witwe, sollte die Hälfte dieses Vermögens erben. Die andere Hälfte bekamen Evitas Schwestern.

Doch diese noch so exakten Zahlen sagen uns nichts über die Herkunft des Besitzes. »In den achtzehn Jahren seines Exils«, schreibt Rocha Campos, »hatte Perón Zeit genug, ein Vermögen anzuhäufen, persönlich oder mit Hilfe einiger Freunde, darunter der Geschäftsmann Jorge Antonio. Andererseits war von im Ausland angelegtem Geld die Rede, das ohne nähere Angaben (vielleicht weil keinerlei Information zugänglich war) im Urteil des Obersten Gerichts erwähnt wird, das das Verbot von 1955 aufhebt.« Anscheinend hat Perón, als er 1974 zum dritten Mal Präsident wurde, seine Finanzen nicht offengelegt. Niemand hat ihm das vorgeworfen. Um sich von den alten, eingefleischten Antiperonisten abzuheben, deren Zorn im nachhinein zum Teil lächerlich wirkte, wurde es üblich, mit den Achseln zu zucken, wenn diese Reichtümer zur Sprache kamen. Unbefangene Verhaltensweisen sind selten. Fast alles, was wir denken, ist eine Reaktion oder Gegenreaktion.

In ihrem Brief an Johannes XXIII. spricht Doña Juana auch ein Thema an, das für sie ebenso schmerzlich ist wie Evitas verschwundener Leichnam: die Entweihung von Juancito Duartes sterblichen Überresten. Nach Peróns Sturz hatte ein gewisser »Hauptmann Gandi« Juancitos Schädel entwendet, um zu beweisen, daß es sich um Mord und nicht um Selbstmord handelte. Müller, ein alter Peronist aus Junín und Freund von Juancito, hat uns versichert, als der Friseur dieser Stadt zur Aussage im Fall Duarte (natürlich nach 1955) vorgeladen war, habe er den Schädel auf dem Schreibtisch des Hauptmanns gesehen.

Juancitos »Selbstmord« löste eine Welle von Emotionen im Lande aus. Félix Luna schildert in ARGENTINA, DE PERON A LANUSSE (Argentinien, von Perón bis Lanusse): »In öffentlichen Kreisen herrschte eine Atmosphäre dunkler Geschäfte und heimlicher Bereicherung. Die Namen der mutmaßlichen Strohmänner hochstehender Persönlichkeiten waren ein offenes Geheimnis. In der Abgeordnetenkammer machte ein peronistischer Abgeordneter den Fehler, in seiner Ansprache einen der bekanntesten während des Peronismus kursierenden Slogans zu zitieren (»Im neuen Argentinien sind die Kinder die einzig Privilegierten«), woraufhin ein Vertreter der Opposition in gespielter Unschuld nach dem Alter einer der Personen fragte, die verdächtigt wurden, sich in schändlichster Weise bereichert zu haben« …

Die Atmosphäre war derart aufgeheizt, daß die CGT am 15. April eine Sympathiekundgebung für den Präsidenten organisierte. Das war der Anfang vom Ende. Die Opposition ließ mehrere Bomben explodieren, woraufhin Peronistenbanden den Jockey Club niederbrannten, ein Symbol der Oligarchie und der Kultur der »Elite« mit einer wertvollen Gemäldegalerie, die in Schutt und Asche versank.

Am 16. September, als die Befreiungsrevolution unter Führung von General Lonardi ausbrach, wollte Perón das Volk nicht bewaffnen. Seine Parteigenossen hatten ihn unter Tränen darum gebeten. Aber er erwiderte ihnen, er wolle kein Blutbad. Vielleicht fürchtete er auch, das Volk würde ihn nicht mehr so leidenschaftlich verteidigen wie 1945, oder er hatte Angst um sein Leben oder schreckte tatsächlich vor einem Blutbad zurück. Wahrscheinlich alles. Auf jeden Fall dankte er ab. Alle Peronisten und zahlreiche Antiperonisten sind sich in einer Hinsicht einig: Wäre Evita noch am Leben gewesen, hätte die Befreiungsrevolution nicht stattgefunden.

Wir haben gesagt, Evita habe in sehr »weiblicher« Form auf die Vizepräsidentschaft verzichtet, zumindest wurde es so gesehen (so wie Ehrgeiz als »männlich« gilt). Andererseits haben Abdankung und Exil seit San Martín und Rosas in Argentinien eine gewisse Tradition. Nun war Perón an der Reihe. Ist Abdankung vielleicht weiblich, argentinisch oder beides zugleich?

Als man von seiner Abreise erfuhr, strömte eine begeisterte Menge auf die Straßen. Eine andere Menschenmenge mit Leuten, die nicht von Evita beschenkt worden waren. Diese Menschen schrien »Freiheit! Freiheit!« Zehn Jahre lang wären sie fast erstickt, und nun konnten sie wieder frei atmen. Es wäre falsch zu behaupten, es seien nur Vertreter der Oligarchie gewesen. Viele Menschen kamen aus der Mittelschicht und glaubten mehr an Bücher als an Hanfschuhe, verabscheuten die Zensur und die Zwangsmitgliedschaft in einer totalitären Partei, den »Faschismus auf Argentinisch«. Sie hatten ihre Gründe wie die anderen auch. Alle hatten auf ihre Art recht. Doch viele verloren durch die Konfrontation mit der Gegenseite wie diese den Verstand.

Perón floh in die Paraguayische Botschaft und dann an Bord des im Hafen liegenden Kanonenboots in Richtung Asunción. Später ging er nach Venezuela, in die Dominikanische Republik und nach Panama, wo er eine Tänzerin kennenlernte. Sie hieß Estela, nannte sich aber Isabel. Sie war von zarter Gestalt, mit einem Vogelgesichtchen und winzigen, listigen Äuglein, Eigenschaften, die ihm zweifellos gefielen. Er lebte zwar mit ihr zusammen, weigerte sich aber, sie zu heiraten, um die Evitistas nicht zu brüskieren. Diesen Schritt wagte er erst, als das sehr katholische Spanien ihm Exil gewährte und er sich mit dem Vatikan aussöhnen wollte. Tatsächlich hob Johannes XXIII schließlich die 1955 von der argentinischen Kirche ausgesprochene Exkommunizierung Peróns auf.

Sobald er im Ausland war, begann er mit der Organisation eines peronistischen Widerstands. Guillermo Patricio Kelly, ehemaliger Nationalist und damaliges Mitglied des Widerstands, heute ein glühender Anhänger Israels, stellt seine Methoden in Frage. In einem Interview mit Marta Echeverría sagt Kelly folgendes: »Perón ging, weil er kein Blutbad in Argentinien anrichten wollte. Doch sobald er in Paraguay war, forderte er die Köpfe der Antiperonisten. Blut durfte also erst fließen, als er selbst weit weg und in Sicherheit war«.

In Madrid hat Perón wenig Kontakt mit seinem Freund Franco. Er lebt auf einem Anwesen in Puerta de Hierro, wo er Rosen züchtet. Hier entfaltet sich Perón in positivem Sinn, ein Perón, der umsichtig erklärt, wie man Pflanzen stutzt, ein ordentlicher, aufgeräumter, ruhiger Mann, zufrieden mit dem Alltag, der ländliche Wendungen und Sprichwörter gebraucht, eines lustiger als das andere. Ach! Perón mit seinen angenehmsten Eigenschaften, der seine Hosen bügeln, Mayonnaise schlagen kann, der Perón, den Evita nicht geliebt hat. Sie hat immer nur den Mann ihrer Vorstellung geliebt. Sie nannte ihn fast immer beim Nachnamen und nur selten Juan Domingo, noch viel seltener Juancito. Seltsamerweise war es bei Aurelia Tizón genauso gewesen. Der Ungeliebte war im Grunde genommen er.

Willfährig und dienstfertig spinnt López Rega wie vor ihm Mendé, Teisseire und Méndez San Martín sein Netz um Perón. Nach Aussage von Rosa Calviño hatte er als einfacher Polizist begonnen. Am Eingang zur Residenz zeigte er immer ein Lächeln und bot den Besuchern Mate an. Seither war er – kriechend – ein ganzes Stück weitergekommen.

Trotz des zuckersüßen Gurus hat Perón in Madrid seine Unbeholfenheit abgeschüttelt, ist aufgewacht, wieder aufgestiegen, hat seinen Humor wiedergefunden und Argentinien aus der Ferne regiert. Es gibt keinen Streik im Lande, bei dem die Regierung sich nicht zu Verhandlungen mit Perón gezwungen sah. Noch ein Thema, das Kelly keinswegs gnädig stimmt: »Perón organisierte einen Streik, zum Beispiel in der Fleischindustrie. Die Regierung schickte ihm jemanden, um die Sache mit ihm zu verhandeln. Daraufhin meinte Perón: »Schickt mir den Gewerkschaftssekretär, und ich sehe zu, was sich machen läßt«.

Dafür verlangte er die Freigabe eines Teils von seinem und Jorge Antonios Besitz. In der ganzen Zeit wartete das Volk auf ihn und riskierte dafür Gefängnis oder Tod. Das Volk, das Perón als Deppen bezeichnete!«

Die Deppen träumten davon, daß er in einem schwarzen Flugzeug nach Argentinien zurückkehren würde.

Als die Antiperonisten den Ex-Präsidenten beschuldigten, eine homosexuelle Beziehung zu dem Boxer Archie Moore unterhalten zu haben, schrieben die Deppen an die Wände: »Puto o ladrón / lo queremos a Perón« (Hurer oder Dieb / Perón ist uns stets lieb)

Auf dem Friedhof Chacarita hatte das peronistische Regime eine Evitabüste aufgestellt, die die Deppen mit Blumen überhäuften. Die Befreiungsrevolution hatte die Büste durch einen Müllplatz ersetzt. Da legten die Deppen ihre Blumen einfach auf dem Müllplatz ab.

Als sie in wilder Zerstörungswut jede Bettdecke, jedes Sporthemd mit der Aufschrift »Eva-Perón-Stiftung« verbrannte, beschwor die Befreiungsrevolution den hartnäckigen Überlebenswillen der Peronisten geradezu heraus. Das Blutvergießen weckte Widerstand. Die Antiperonisten zerstörten den Unzué-Palast und das Haus in der Calle Teodoro García. Sie zerstörten, aufgehetzt durch die verfluchte Aufschrift, eiserne Lungen. Kurz darauf brach eine Epidemie mit Kinderlähmung aus, bei der viele Kinder aus Mangel an eisernen Lungen starben. Es war ein Kampf der Symbole: Die hellblauen Transporter der Stiftung wurden umlackiert und der Presse die Erwähnung der Namen von Perón und Evita untersagt. Man mußte sagen »der Ex-Diktator« oder »der besiegte Tyrann«. Sie hatten nicht verstanden, daß jedes fehlende Wort, jeder nicht genannte Name, jedes verschwundene Gebäude auf schreckliche Weise präsent war.

Eine verherrlichte Abwesenheit: In den entferntesten, elendesten Hütten stand ein Foto von Evita mit brennenden Kerzen. Die Altäre leuchteten Tag und Nacht für die mythische Mutter, die selbst im Tod ihren Kindern die Brust gab.

Weiß, Schwarz und Rot

Zwei Legenden standen sich gegenüber: die weiße und die schwarze. Nach der ersten war Evita die leibhaftige Jungfrau mit allen ihren Tugenden: mütterliche Zärtlichkeit und Opferwillen. Nach der zweiten war sie eine Hure, eine machtbesessene Intrigantin.

Beide, die weiße und die schwarze Legende, gingen von der gleichen Voraussetzung aus. Die einen liebten Evita wegen ihrer Reinheit, die anderen haßten sie wegen ihrer Verderbtheit. Beide verdammten jede Geschlechtlichkeit. Die Jungfrau und die Hure waren zwei entgegengesetzte Bilder des gleichen Ideals. Selbst Borges hielt Evita für eine Hure. Ob man sie in den Himmel hob oder verdammte, beides verlieh ihr eine übernatürliche Größe. Liebe und Haß schienen sich auf etwas jenseits des Menschlichen zu richten. Man liebte und man haßte sie in religiöser Form. In LOS MITOS DE UNA MUJER (Frauenmythen) kommt Julie Taylor zu dem Schluß, daß Frauen wie Tote Verwirrung und Chaos stiften. Evitas symbolische Macht als »weiblicher Leichnam« war unbeschadet.

Wie sie exorzieren? Die Psychoanalytikerin Marie Langer schrieb in FANTASIAS ETERNAS A LA LUZ DEL PSICOANALISIS (Ewige Phantasien im Licht der Psychoanalyse): »Jeder hatte zwei widersprüchliche Vorstellungen (von Evita) in sich, doch die einen projizierten die gute nach außen und unterdrückten die schlechte, und andere taten das genaue Gegenteil«. Wir meinen, der Augenblick ist gekommen, keine von beiden zu unterdrükken ... und Gelassenheit zu zeigen. Selbst die weiblichen Toten hören auf, uns aufzuwühlen, wenn wir auf einmal nachsichtig über sie lächeln können.

Der CORDOBAZO von 1969 – ein Aufstand, bei dem ein Großteil der Bevölkerung von Córdoba gegen die Armee auf die Straße ging – steht am Anfang einer neuen Generation von Peronisten, die an die dritte Legende von Evita glaubten, die wir die »rote Legende« nennen wollen. Die neuen Peronisten waren linksgerichtet, obwohl manche von ihnen, die sich der Guerrillabewegung der MONTONEROS angeschlossen hatten – der Name gedenkt der an den Freiheitskämpfen des 19. Jahrhunderts beteiligten Gauchos – von extrem rechts kamen. Doch allen war ihre Jugend gemeinsam. Wer sich für die Guerrilla entschied, fühlte sich rein im Dienst einer Mission. Sie hatten einen feurigen Blick, dazu so schwarze Bärte und einen so ernsten Ausdruck, daß sie auf der Straße leicht zu erkennen waren. Dostojewski hat sie in DIE DÄMONEN beschrieben. Meist stammten sie aus der mittleren oder bürgerlichen Schicht. Ihre Väter waren Antiperonisten gewesen. Ein Grund mehr, zu begreifen, was der vorherigen Generation entgangen war, nämlich daß der Peronismus eine Bewegung der nationalen Befreiung war. Raubte Peróns großzügige Aufnahme der Nazis ihnen nicht den Schlaf? Für sie war das nur Geschwätz der Alten.

Es gelang ihnen, eine richtige Armee von 40.000 Mann aufzustellen; eine Armee gegen die Armee. Die kubanische Revolution und der Mai 1968 hatten sich bereits ereignet. Perón, den sie in Madrid aufsuchten, sagte ihnen, er sei ganz mit ihnen einverstanden. Hätte man sie gewarnt, er sage immer das gleiche, hätten sie es nicht geglaubt. Sie mochten die ironische Weisheit des LIDER und dachten daran, seine Bewegung zu infiltrieren und zu radikalisieren, und Perón ließ sie ruhig in diesem Glauben.

Doch der alte Schlaufuchs war nicht der romantische Held, den sie brauchten, um sich begeistern zu können. So nannten sie sich zwar Peronisten, wählten aber Evita für ihr Banner. Mit ihr teilten sie den Opferwillen und die Todesbereitschaft, sowie die Leidenschaft, die Berufung zum Robin Hood. Als sie Supermärkte überfielen, Millionäre kidnappten und die Beute in den Armenvierteln verteilten, meinten sie, in Evitas Sinne zu handeln. Sie sangen im Brustton der Überzeugung: »Si Evita vieviera / Sería Montonera«. (Wäre Evita noch am Leben / wäre sie Montonera).

Wäre sie es wirklich? Evita war konstruktiv, und die Montoneros wollten erst zerstören, um dann eine neue Gesellschaft zu schaffen. Niemand weiß, ob sie mit ihrem Sinn fürs Praktische nicht eine Gegnerin dieser aufbrausenden jungen Leute gewesen wäre und ob die Bombenleger die Stiftung am Ende nicht als halbherzig angesehen und Evita des Reformismus bezichtigt hätten. Noch am Leben, wäre Evita eine Linke gewesen (davon sind wir fest überzeugt). Aber nicht unbedingt Montonera.

Allerdings hatte der Tod ihr scheinbar ewige Jugend verliehen. Die Montoneros oder die Peronistische Jugend ließen in ihren Träumen die verlorene Puppe wieder aufleben. Die Evita, wie sie sie sich vorstellten, zeigte revolutionäre Züge, die sie an Perón vermißten. Einen Elan, den sie für ihre eigene Sache nutzten, der aber deswegen nicht falsch war. Aus heutiger Sicht kann man sagen, die »rote Legende« kommt der Wahrheit noch am nächsten. Trotz all ihres Prunks oder vielleicht gerade deswegen wirkte Evita wie eine echte PASIONARIA.

Die Montoneros träumten nicht nur von Evita, sondern auch von sich selbst. Die Welt, in der sie lebten (oder starben), war ein Traum. Dieser Traum entbehrte nicht der Schönheit, einer bedrohlichen Schönheit. Heute ist er ausgeträumt. Im heutigen Argentinien gibt es wie in der restlichen Welt nur eine verunsicherte Linke mit lauter offenen Fragen. Die neue Version des Montonero-Slogans lautet ganz bescheiden: »Wenn Evita lebte, wäre sie alt«. Fast ein peronistisches Augenzwinkern im Konditional, kein Lamento. Ja, wenn Evita noch lebte, wäre sie alt. Eine großartige alte Dame, eine robuste Großmutter mit wachem Geist.

Mit anderen Worten: Evita verdient es, von der heutigen Linken, von Sozialisten, Kommunisten oder peronistischen Dissidenten, die gegen einen »herzlosen« Liberalismus, wie sie gesagt hätte, rebellieren, respektiert zu werden. Respektiert, aber nicht zum Mythos erhoben zu werden, denn der Mythos ist respektlos, ob er nun überhöht oder verteufelt. Man sollte sie aber auch nicht kalt analysieren, denn man kann einen Menschen auch respektieren, ohne sich professoral am Kinn zu kratzen.

Der versehrte Leichnam

Die jungen Peronisten hatten noch ein großes Unrecht aus der Welt zu schaffen: Sie mußten Evitas Leichnam finden. Die Gleichgültigkeit, die Perón gegenüber Pedro Ara an den Tag gelegt hatte, bestätigte sich: der LIDER im Exil, wenn auch immer noch allmächtig, hatte niemals seinen Einfluß – als Anstifter oder Schlichter bei Streiks – auf die argentinische Regierung geltend gemacht, um die Herausgabe des verschwundenen Leichnams zu fordern. Die Montoneros, selbst zukünftige Leichname und »Desaparecidos«, Verschwundene, wollten das ändern. Der einzige, der wußte, wo die Tote lag, war Aramburu. Das glaubten sie zumindest.

Am 29. Mai 1970 präsentierten sich zwei uniformierte Männer bei dem Ex-Präsidenten und zwangen ihn, einen Lieferwagen mit geschwärztem Glas zu besteigen. Acht Stunden später erreichten sie einen einsamen Rancho in der Pampa und verkündeten dem Gefangenen, er werde vor ein Revolutionstribunal gestellt werden. Der Kommandant Mario Firmenich begann mit dem Verhör. Aramburu beantwortete alle Fragen. Er sprach von der Erschießung Juan José Valles und weiterer einundzwanzig Peronisten und bekannte seinen Teil der Schuld an dieser Exekution von 1956. Doch als man ihn fragte, wo Evitas Leichnam sich befinde, war er »wie erstarrt«, laut Aussage Firmenichs. Er machte eine Handbewegung, damit sie die Aufnahme stoppten, und flüsterte: »Das kann ich aus Gründen der Ehre nicht sagen«. Als seine Vernehmer insistierten, versprach er, darüber nachzudenken. Bei Tagesanbruch verriet er ihnen, der Vatikan habe sich um alles gekümmert, Evita liege unter falschem Namen auf einem römischen Friedhof. Später erfuhr man, daß sie in Wirklichkeit in Mailand lag. Was Aramburu aber nicht verriet, war der Name des Notars, dem er selbst den verschlossenen Umschlag mit genauen Informationen über Evitas Grab ausgehändigt hatte. Aramburu wußte nicht, wo der Leichnam sich befand. Er hatte es nie wissen wollen. Auf Grund seines hartnäckien Schweigens verurteilten die Montoneros ihn zum Tode, exekutierten ihn und veröffentlichten eine Mitteilung mit der Ankündigung, seine sterblichen Überreste würden der Familie überlassen »an dem Tag, an dem die sterbliche Überreste unserer geliebten Evita dem Volk zurückgegeben werden«.

Die Polizei aber fand Aramburus sterbliche Überreste. Und der Notar hielt das Versprechen, das er dem Verstorbenen gegeben hatte, nach all den Jahren: den Umschlag vier Wochen nach Aramburus Tod dem zu übergeben, der dann Präsident wäre.

Zufällig war das General Alejandro Lanusse. Seit langem schon wollte Lanusse mit dem Teufel paktieren, der Argentinien regierte und von Madrid aus Befehle erteilte. Lanusse öffnete den Umschlag, rief Coronel Cabanillas an und gab ihm die Namen eines Priesters und eines Friedhofs durch. Cabanillas begab sich daraufhin mit Pater Rotger, der den Leichnam auf seiner ersten Reise begleitet hatte, nach Mailand.

Inzwischen war der italienische Priester gestorben. Die einzige Lösung war, die Namen aller 1956 bestatteten Frauen in den Friedhofsregistern herauszusuchen. So stieß man auf eine gewisse María Maggi de Magistris, eine italienische Witwe, die nach Argentinien ausgewandert war und fünf Jahre vor ihrem Begräbnis in Mailand gestorben war.

Coronel Cabanillas ließ sich einen Schnauzbart wachsen und stellte sich den Friedhofsverwaltern als Marías Bruder Carlos Maggi vor. Er bat um die Erlaubnis, den Leichnam seiner Schwester nach Spanien zu überführen. Am 2. September 1971 versammelte sich eine Schar Männer am Grabstein, Bezirk 86, Garten 41. Das Grab war vernachlässigt. Es gab keinen Zweifel, daß es sich um dasjenige von Evita handelte. Und es war ihr Schicksal, sich dort als Mumie und unter falscher Identität in den Händen einer Männerschar zu befinden. Nachdem sie zunächst die Identität eines bei der Geburt gestorbenen Babys übernommen hatte, Juan José Uzqueda, lieh sie sich später den Namen einer anderen Frau, María Maggi, deren Leichnam zu suchen sich keiner die Mühe machte.

Der Leichenwagen überquerte mit dem Sarg die italienisch-französische Grenze. In Spanien wurde er dann von mehreren Wagen eskortiert. Perón unterrichtete man erst im letzten Moment von Evitas Ankunft.

Dieser Leichnam, vor dem er so lange geflohen war, holte ihn schließlich ein. Während seiner unsteten Jahre in verschiedenen Ländern Lateinamerikas hatte er sich nie von einem Foto von Evita getrennt, ein winziges, in ein Stück Papier eingewikkeltes Paßfoto, zusammen mit einem Heiligenbild von San Cayetano mit seinem Besen und einem von der Jungfrau von Luján. »Das kleine Päckchen hing an einem Nagel über seinem Bett«, hat uns Roberto Galán erzählt. In Madrid hatte er das gleiche winzige Foto auf seinem Schreibtisch. Liebe in Miniatur als Antwort auf eine maßlose Liebe. Auch eine abergläubische Liebe. Wer weiß. Aber die Leiche, nein! Wenn man bedachte, daß die Montoneros dafür getötet hatten. Jetzt schickte Lanusse sie ihm als Geschenk, um sich bei ihm einzuschmeicheln. Niemand fragte ihn nach seiner Meinung, die er aber wahrscheinlich doch nicht verraten hätte.

Als der Leichnam in Puerta de Hierro eintraf, waren Perón, Isabel, López Rega, Jorge Paladino, der argentinische Botschafter Rojas Silveyra und zwei Priester anwesend. Dazu gesellte sich natürlich Coronel Cabanillas.

Für das letzte Stück Weg hatte man den Wagen gewechselt: Evita kam nicht in einem Leichenwagen, sondern im Lieferwagen einer Bäckerei an.

Beim Versuch, den Sarg zu öffnen, verletzte Perón sich am Zinkdeckel. López Rega erntete konsternierte Blicke, als er auf die glorreiche Idee kam, einen Schweißbrenner zu Hilfe zu nehmen. Schließlich holte man einen stabilen Büchsenöffner, der dem verrosteten Sargdeckel gewachsen war. Da lag Evita. Perón rief bei ihrem Anblick aus: »Die Schufte!« Er fuhr mit einem Finger hinter das Ohr der Toten, wie um sich zu vergewissern, und brach in Tränen aus.

Während er das Formular zur Identifizierung des Leichnams unterzeichnete, löste Isabel Evitas Haarknoten, der feucht war. Doch sie weigerte sich, das gleiche Dokument zu unterschreiben. »Ich habe sie doch zu Lebzeiten nicht gekannt«, meinte sie, »wie soll ich also die Tote wiedererkennen?«

In einer Reportage, die in der Zeitschrift ASI am 24. September 1971 erschien, behauptete Peróns Rechtsanwalt Isidoro Ventura Mayoral, der Ex-Präsident habe dem Botschafter Rojas Silveyra und dem Coronel Cabanillas die kalte Schulter gezeigt. Doch der Journalist Enrique Bugatti schreibt am 11. November 1984 in CLARIN: »Wie Sie wissen, Rojas, habe ich Augenblicke der Freude, des Ruhms und des Glücks an der Seite meiner Frau erlebt, gestand Juan Domingo Perón dem argentinischen Botschafter und faßte ihn beim Arm«. Ein weiteres Zeugnis stammt vom Journalisten Rafael Brown, der einst so schockiert gewesen war, als er Evita an den Füßen aufgehängt sah. Brown erzählt: Als die Männer, die den Leichnam nach Puerta de Hierro gefahren hatten, schon im Begriff waren zu gehen, rief Perón sie zu sich. Er wollte ihnen zum Dank ein kleines Geschenk machen. In der Hand hielt er ein in Zeitungspapier eingewickeltes Päckchen, bei dem man den Inhalt sehen konnte: Es war Wurst, »fiambres«, in Argentinien eine umgangssprachliche Bezeichnung für »Tote«.

Warum hatte er bei der Öffnung des Sarges ausgerufen »diese Schufte!«?

Sogar das hat Kontroversen ausgelöst. Pedro Ara, der nach Madrid zurückgekehrt war, wurde gerufen, um sich die Schäden am Leichnam anzusehen. Wie üblich meidet er bei seiner Beschreibung direkte Worte. Der Hals war, wie er meinte, nicht eingeschnitten. Die Brüste zeigten keine Spuren von Gewalt. Alles war wiederherstellbar.

Blanca und Erminda, die nach Madrid gereist waren, um ihre Schwester zu sehen, veröffentlichten jedoch eine ganz anders lautende Mitteilung. Das geschah lange Zeit später, 1985, als Antwort auf einen Artikel von Doktor Raúl Matera, der in der Zeitschrift AHORA erschienen war: »Wir haben nicht die Absicht, alte Wunden aufzureißen, die immer noch schmerzen. Allerdings können und dürfen wir nicht zulassen, daß die Geschichte verfälscht wird. Deshalb bezeugen wir im folgenden die Schäden durch schlechte Behandlung der sterblichen Überreste unserer geliebten Schwester Evita:

– mehrere Messerstiche an der Schläfe und vier an der Stirn,

– ein großer Schnitt in der Wange und einer im Oberarm,

– eine völlig eingedrückte Nase und ein gebrochenes Nasenbein,

– ein praktisch durchtrennter Hals,

– ein abgeschnittener Finger

– zerschmetterte Knie,

– vier Messerstiche in der Brust

– die Fußsohlen bedeckt mit einer Teerschicht,

– der Zinksargdeckel wies Spuren von drei zweifellos mutwillig erfolgten Durchlöcherungen auf, das Kissen war aufgerissen, und die Füllung klebte am Haar,

– der Leichnam war mit ungelöschtem Kalk übergossen worden und zeigte an einigen Stellen Brandschäden

– das Haar war wie feuchte Wolle,

– das Leichenhemd war verschimmelt und zerfressen«.

Ventura Mayoral hatte 1971 seinerseits die Vergeßlichkeit der Antiperonisten bei der Beschreibung des Zustands, in dem der Leichnam sich befand, angeprangert. In einer Rede, die er in einer Basisvertretung hielt, zog er eine ähnliche Bilanz wie die

Schwestern und maß diesem Zeugnis eine solche Wichtigkeit bei, daß er mit den feierlichen Worten schloß: Wir wollen, daß diese Information weitergegeben wird, von Mund zu Mund, wie während der Gaucho-Kriege«.

Doch nichts geschah. Laut der Zeitschrift ASI vom 24. September 1971 wahrte der Oberste Parteirat der Peronisten Schweigen über die Märtyrer-Mumie. Perón verlor nie ein Wort über die eingedrückte Nase oder die tiefen Einschnitte.

Er bewahrte den Leichnam in der Mansarde seiner Villa in Puerta de Hierro auf, wo nach Aussage von Tomás Eloy Martínez López Rega versuchte, Evitas Seele auf Isabels Körper zu übertragen, doch vergeblich: Die Aufgabe war zu schwer.

Rückkehr ins Land des Vergessens

1973 gewann Héctor Cámpora die Wahlen und wurde argentinischer Präsident für einen Monat. Dieser »Monat Cámporas« – eines neuen, zum Linken gewandelten Cámpora – wird den Argentiniern als Beispiel für die Werte und Irrtümer einer echten Revolution im Gedächtnis bleiben. Einen Monat später kehrte Perón nach Argentinien zurück, um Ordnung zu schaffen und die Stellung einzunehmen, die ihm gebührte. Obwohl er einen Monat lang das Gegenteil meinen konnte, war Cámpora nichts als ein Strohmann gewesen. Man hatte ihn gewählt, als sei er eine Maske, hinter der Perón stand.

Am Tag seiner Rückkehr in sein Land, nach achtzehn Jahren im Exil, standen sich die links- und rechtsgerichteten Peronisten am Flughafen Ezeiza gegenüber. Sowohl den einen als den anderen hatte Perón gesagt, er sei ganz ihrer Meinung. Letztere waren aber besser gerüstet. Sie hatten sogar französische Söldner angeheuert, ehemalige OAS-Mitglieder. Und sie konnten auf López Rega zählen, den Gründer der TRIPLE A (ALIANZA ANTICOMUNISTA ARGENTINA), einer parapolizeilichen Todesschwadron, die so gut organisiert war, daß nach Isabel Peróns Sturz der Rasputin der Witwe seine Haut retten konnte, indem er die TRIPLE A als sein Werk General Videla vermachte. So blieb alles in der Familie.

Eine Million Menschen kamen, um Perón willkommen zu heißen. Die Straße zum Flughafen brodelte vor Menschen, fröhlichen Massen, wie sie nur der Peronismus vereinen konnte. Sie strömten aus allen Provinzen herbei, mit ihrem schwarzen Haarschopf und der kupferfarbenen Haut, glücklich, warmherzig und lachend und voller Ergriffenheit wie 1945. Sie hatten ihre BOMBOS mitgebracht und schickten sich an, ein Fest zu feiern, das ihrem Leben wieder einen Sinn geben würde. Seit fast zwanzig Jahren hielten sie nun schon mit schützender Hand über den Augen am Himmel Ausschau nach dem schwarzen Flugzeug, mit dem Perón zurückkehren würde.

Warum stellten sie es sich schwarz vor? Wieder einmal war die Phantasie ein Abbild der Realität. Das Massaker war unvorstellbar grausam. Oben von den Bäumen herab schossen die Söldner der Rechten auf die »Deppen«. « Deppen« aller Klassen: junge Intellektuelle, junge Arbeiter, junge, in ihre Ponchos gehüllte Bauern, alle brüderlich vereint. Es gab sogar eine Gruppe der Befreiungsbewegung der Homosexuellen, im Glauben, endlich sei ihre Stunde gekommen. Ein fataler Irrtum. Homosexuelle wie Heterosexuelle wurden ebenso massakriert wie ihre Illusionen. Hier zeigte sich das wahre Gesicht des Chamäleons Perón. Natürlich hatte er das Massaker nicht angeordnet. Aber es waren Leute aus seinem Umkreis. Vertreter der Rechten, die Perón wie eh und je aus freien Stücken ausgewählt hatte. Es hieß immer, Perón sei gut, nur seine Gefolgsleute seien schlecht. Aber machte man Perón nicht zum Hanswurst, wenn man die Schuld nur bei seinen Beratern suchte? Ja, er war alt; seine Senilität war bereits 1955 offensichtlich gewesen. Doch in der Stunde der Wahrheit fügten sich der senile und der pragmatische, mit allen einverstandene Perón zu einer in sich stimmigen Person zusammen.

Auf riesigen Plakaten waren jetzt drei Gesichter zu sehen: Perón in der Mitte, Isabelita rechts und Evita links.

Perón kehrte mit Isabel nach Argentinien zurück. Es gab Neuwahlen, Perón wurde Präsident und sie Vizepräsidentin. Der unerwünschte Leichnam war in Spanien geblieben. Perón hatte zwar versprochen, ihn heimzubringen, dann aber kein Wort mehr darüber verloren. Isabelita zeigte mehr Interesse: Sie wollte Evitas Mythos wiederbeleben und versuchte, sie nachzuahmen, und sei es nur durch die auftoupierte Hochfrisur, die im Vergleich zu Evitas ein wenig mausgrau wirkte.

Die Montoneros versteiften sich aber darauf, ihre strahlend blonde Heldin zu sehen. Und um das Maß dieser makabren Geschichte voll zu machen, schändeten sie auch noch Aramburus Grab und raubten seinen Leichnam. Eine rastlose Leiche für eine andere: Sie würden ihn erst an dem Tag wieder herausgeben, an dem Evita nach Argentinien heimkehrte.

Perón konnte seinen Ärger über diese falschen Peronisten nicht verhehlen, die entschlossen waren, ihm zuzusetzen, indem sie eine vergessen geglaubte Rivalität wieder aufleben ließen und den Peronismus zu der Linksbewegung machen wollten, die er nie gewesen war. Er stieß sie bei einem Massenauflauf auf der Plaza de Mayo vor den Kopf, indem er sie als »bartlose Grünschnäbel« bezeichnete, was ungerecht war, da viele wie auf Kuba Bärte trugen.

Schließlich gewannen die falschen Peronisten doch die Oberhand, zumindest in diesem Punkt: Evitas sterbliche Überreste kehrten nach Argentinien zurück. Perón war inzwischen gestorben. Seine Rückkehr an die Macht, die er nicht gewollt hatte, und die Trennung von seinen Rosen und dem friedlichen Leben im Exil richteten ihn rasch zugrunde. Isabel, oder besser Doña María Estela Martínez de Perón, übernahm die Präsidentschaft. Sie war es, die Evitas Traum in Erfüllung gehen ließ.

Am 17. Oktober 1974 überführte ein gechartertes Flugzeug Evita von Madrid nach Buenos Aires. Man brachte sie nach Olivos in die Residenz, wo Doktor Domingo Tellechea mit den Restaurationsarbeiten begann, die Perón vergessen hatte, in Auftrag zu geben, seit man ihm vor drei Jahren den Leichnam gebracht hatte.

Wie bereits berichtet, stimmte Doktor Tellecheas in der Zeitschrift SIETE DIAS erschienener Bericht über Evitas Zustand mit Blancas und Ermindas Mitteilung überein. Tellechea merkt allerdings noch ein Detail an, das Moori Koenings Schilderung in Rodolfo Walshs Erzählung bestätigt, nach der sie stehend beerdigt wurde. »Die Füße waren durch die offensichtlich vertikale Lage, das Gewicht des Körpers und die schlechte Behandlung beschädigt«, schreibt Tellechea.

Einen weiblichen Kadaver mit dem Aussehen einer Heiligen zu foltern, war nur eine Generalprobe. Von 1976 bis 1983 folterten die Militärs lebende Frauen, mit Vorliebe Schwangere, da sie so noch mehr der Heiligen Jungfrau glichen. Die Folter ist eine Anbetung mit umgekehrtem Vorzeichen, eine schwarze Messe. Sie geschieht nicht auf menschlicher Ebene und kann auf dieser auch nicht auf Verzeihung hoffen.

Die wiederhergestellte, verjüngte, frisch gekämmte Evita mit Nagellack und weißem Totenhemd, das Isabel ihr in Madrid angezogen hatte, wurde am 24. März 1976 aus der Residenz in Olivos geworfen, dem Tag, an dem General Videla Isabel Perón stürzte und eine Militärdiktatur errichtete, die mit dreißigtausend Verschwundenen endete.

Am 22. Oktober des gleichen Jahres nahmen Erminda und Blanca den Sarg in Empfang und begruben ihn auf dem Friedhof von La Recoleta in der Familiengruft der Arrietas, der Familie von Elisa Duartes Mann.

Evita hat kein Grab unter eigenem Namen. Das Geburtshaus in Los Toldos, das den Besuchern offiziell präsentiert wird, ist auch nicht das ihre: Da man das echte aus irgendeinem Grund nicht zeigen konnte, bestimmte man das gegenüberliegende Haus in ähnlichem Stil. Alles in ihrem Leben war irgendwie nachgemacht.

Unter Raúl Alfonsins Präsidentschaft wurde 1987 Peróns Grab geschändet, wobei man ihm die Hände abhackte.

Nekrophiles Argentinien.

Er hatte verkündet, eher würde er sich die Hände abhacken, als mit den nordamerikanischen Imperialisten zu paktieren, und tat es dann doch. War der Grabschänder vielleicht ein letzter Überlebender der »bartlosen Grünschnäbel«, die an seinen Lippen gehangen hatten und ihn nun in ihrer Verbitterung des Verrats bezichtigten? Die hartnäckigste und gleichzeitig absurdeste der zahllosen Legenden, die sich um dieses noch nicht aufgeklärte Ereignis ranken, ist folgende: Perón soll sich den Juancito abgerungenen Code des Schweizer Kontos in seinen Ring eingraviert haben. Ein weiteres Gerücht, ein weiteres Phantasma, das allerdings echte Schatten wirft.

Nehmen wir einmal an, Evita habe tatsächlich ein beispielloses Vermögen in der Schweiz deponiert. Und nehmen wir an, sie und Perón haben Skorzeny oder Bormann persönlich einen beträchtlichen Teil dieser Reichtümer zurückerstattet. Warum verriet sie dann ihrem Mann nicht den Code für den restlichen Betrag auf der Bank? Warum gab sie ihn ihrem Bruder?

Man darf nicht müde werden zu wiederholen: Es gibt keinen schlüssigen Beweis für Bormanns Schatz. Nichts als ein paar Hinweise, angefangen bei den deutschen U-Booten bis hin zu Juancito Duartes gewaltsamem Tod oder provoziertem Selbstmord.

Abgesehen davon, daß das Vermögen des Paares nicht allein aus dem vermeintlichen Schatz stammte, sondern von dem Geld, das die Nazis für ihre Pässe und die argentinische Staatsbürgerschaft zahlten, erlaubt der ungesicherte Teil der Geschichte es nicht, den Faden, und sei es nur der Vollständigkeit halber, zu Ende zu spinnen.

Daher bleibt nur die Schlußfolgerung, daß Evita Perón die Kontonummer nicht preisgab, um sich eine Hintertür offenzuhalten. Penella de Silva und David Viñas sind sich in einem Punkt einig: Wäre sie noch am Leben, hätten sich beider Wege getrennt. Perón und Evita blieben voneinander abhängig, jeder der Gefangene des anderen. Eine Scheidung wäre im damaligen Argentinien, noch dazu bei Personen des öffentlichen Lebens, völlig undenkbar gewesen. Etwas ganz anderes war es, für sich und den Bruder einen Teil des Schatzes und damit die eigene Unabhängigkeit sicherzustellen. Evita ging stets aufs Ganze.

Soll man Habsucht als einzigen Grund für dieses Wagnis sehen?

Etwas davon hatte sie natürlich: die Gier der Ungeliebten. Doch Evita war eine Vagabundin. Sie hing nicht an den Dingen oder am Geld wie die Seßhaften und Etablierten. So sehr sie es auch wünschte, die Dinge, mit denen sie sich umgab, waren reine Bühnendekoration. Sie dienten auch ihrem Seelenfrieden, obwohl sie um die Nichtigkeit von Besitz wußte. Wirklich am Herzen lag ihr nur eins: ihre soziale Tätigkeit. Geht man davon aus, ist es nur noch ein Schritt bis zur Vorstellung, sie könnte Perón, Bormann, Skorzeny und alle anderen in die Sache verwickelten Personen an der Nase herumgeführt haben, um unabhängig ihr Werk zu vollenden und für die Zukunft zu sichern. Ein Schritt, der zumindest in Gedanken erlaubt sein sollte.

Solche Überlegungen, seien sie auch noch so utopisch, lassen auch erkennen, wie riskant dieses Wagnis war. Sie konnte nicht gewinnen, und in der Tat war sie die Verliererin. Freude, Dörge und andere waren tot, auch Juancito bezahlte die Allmacht seiner Schwester mit dem Leben.

Warum halten wir uns nicht an ihre Taten, anstatt uns in Spekulationen zu ergehen, was sie getan hätte, wenn sie über den Schatz hätte verfügen können?

Aus zwei entscheidenden Gründen: Erstens, weil die verschiedenen Varianten zum Fall Bormann zahlreich und hartnäckig sind. Evitas Lebensgeschichte ist ohne ihn nicht vollständig erzählt. Wenn ihre bisherigen Biographen ihn außer acht gelassen (oder wie Fermín Chávez verneint) haben, dann deshalb, weil die Nachforschungen bis vor kurzem noch nicht weit gediehen waren.

Zweitens: Man ist nicht das, was man vollbracht hat, denn Werke sind vergänglich. Man ist auch das, was man hätte sein können, die angedeutete Bewegung, die unterstellte Geste. Und welch größeres Kompliment könnte man Evita machen, als daß man ihr zutraut, die ganze Welt hereingelegt zu haben, um das schmutzige Geld für einen edlen Zweck zu benutzen. Wichtig ist nur, daß wir sie aufgrund ihrer Lebensgeschichte und ihres Temperaments eines solchen Schachzugs für fähig halten. Sie hatte das Zeug für eine so eigenwillige, pragmatische und waghalsige Tat.

Alles in allem: War Evita gut oder schlecht?

Überlassen wir die Antwort auf diese schwierige Frage einem berühmten Franzosen und unparteiischen Beobachter. Pierre Mendès France, der Evita während ihres Frankreichbesuchs kennenlernte, meinte beim Abschied über sie: »Ich habe soeben eine große Frau kennengelernt«.

Größe: eine Tugend vergangener Zeiten.

Versuchen wir, uns zu erinnern, was Größe ausmacht. Sicher nicht Vollkommenheit (eher das Gegenteil).

Sie hat auch nichts mit Umsicht zu tun, obwohl sie ebensowenig nur aus Maßlosigkeit besteht.

Größe ist eher eine Eigenschaft, die Schäbigkeit nicht ausschließt, obwohl der umgekehrte Fall undenkbar ist.

Sagen wir einfach: Größe widersetzt sich einer simplen Auflistung. Größe ist eine schwer faßliche Aura, die die Person umgibt, mal wie ein Lichterkranz, mal wie ein tragischer Schatten, eine Anziehungskraft jenseits aller aufzählbaren Tugenden und Fehler.

In der Gruft von La Recoleta gibt es einen kleinen Ort, der auf sie hinweist. Heute drängt sich keine Menschenmenge mehr, um den Marmor zu berühren wie einst ihre Haut. Nur einige wenige in die Jahre gekommene Nostalgiker, fast immer Frauen, kommen bisweilen, um ihr eine Kerze anzuzünden. Ob es die gleichen sind, die dem Militärwagen folgten, um ihr Blumen zu bringen oder ein Feuer anzuzünden? Verblaßte, kaum noch erkennbare Traumbilder. Ausländische, weniger betagte Journalisten besuchen das Grab jedoch noch in Scharen. Die Presse, das Fernsehen, das Theater, der Film und die Literatur interessierten sich weltweit für sie. Hat Argentinien Evita für immer vergessen? Selbst in Argentinien, wo ihr Stern verblaßt wie der Himmel nach einem zu starken Morgenrot, gibt es Anzeichen für Evitas Rückkehr. Der Wunsch, den sie Lilian in einer Madrider Nacht gestand, ist in Erfüllung gegangen. Sie ist in die Geschichte eingegangen.

ISBN 3-351-02455-X

2. Auflage 1997
Aufbau-Verlag GmbH, Berlin

Einbandgestaltung Henkel/Lemme
Satz LVD GmbH, Berlin
Druck und Binden Clausen & Bosse, Leck
Printed in Germany

Evita
Bilder eines Lebens

Aus dem argentinischen Spanisch von
Petra Strien-Bourmer
Mit über 200 teils unveröffentlichten Abbildungen
208 Seiten

Eine fotografische Reise durch das kurze Leben der Evita Perón, deren Mythos lebendiger ist denn je. Evitas kometengleicher Aufstieg vom chancenlosen Mädchen aus einer kleinen Provinzstadt über die glamourhafte Karriere im Show-Business bis zur mächtigsten Frau Südamerikas wird zum ersten Male bildlich nachvollziehbar. Beeindruckende Bilder auch nach ihrem Tod mit gerade 33 Jahren – die Odyssee des Leichnams, der endgültige Aufstieg zum populären Mythos durch Andrew Lloyd Webbers Musical und Alan Parkers Kinofilm mit Madonna. So rätselhaft sie durch ihre vielen Identitäten auch scheinen mag: in diesen einmaligen Bildern erahnen wir etwas von ihrem Geheimnis.

Annegret Stopczyk

Nein danke, ich denke selber

Philosophieren aus weiblicher Sicht

---

300 Seiten
Mit 21 Abbildungen

Annegret Stopczyk ist die erste deutsche Philosophin, der es gelingt, abseits akademischer Institutionen eine eigene Philosophie zu entwickeln, die Denken, Fühlen und Erleben verbindet. Damit widerspricht sie der jahrtausendealten männlichen Tradition leibferner Denkanstrengung und begibt sich mitten ins gegenwärtige Leben hinein. Diese weibliche Art des Selberdenkens, das die Konfrontation mit dem konkreten Alltagsleben nicht scheut, kann Frauen wie Männer gleichermaßen bereichern.